新时代跨境电子商务创新与实践系列教材

跨境电子商务海外营销实践

总主编 贾如春
主　编 祖　旭　陈佳莹　王　冲
副主编 陈春梅　张正杰　段桂敏　庄爱玲

清华大学出版社
北　京

内 容 简 介

本书通过丰富的理论铺垫与案例分析，详细介绍了跨境电商的各方面知识。全书内容由易而难、由浅入深、循序渐进地介绍了跨境电商营销的知识理论和各类跨境电商平台运营技巧，并结合阿里巴巴、敦煌网、速卖通、亚马逊、Wish、eBay 等平台的市场状况、客户来源、盈利模式、运营规则与要求等特点进行了深入分析，勾画出跨境电商多平台运营的全貌。

本书通过五大情景的讲解，与读者分享了跨境电商大潮中最精彩的知识与经验，内容包括跨境网络营销导论、跨境网络市场分析、跨境网络运营分析、跨境网络站内推广分析、跨境网络站外推广分析，涉及市场营销、数据分析、电商选品、平台选择、跨境物流、客户服务等多个环节。

本书所有知识点都结合具体的案例和相关理论进行讲解，便于读者理解和掌握。本书适合作为高等院校电子商务、市场营销、国际经济与贸易、工商管理、物流管理及相关专业的教材。

本书封面贴有清华大学出版社防伪标签，无标签者不得销售。
版权所有，侵权必究。举报: 010-62782989, beiqinquan@tup.tsinghua.edu.cn。

图书在版编目(CIP)数据

跨境电子商务海外营销实践/贾如春总主编；祖旭，陈佳莹，王冲主编. —北京: 清华大学出版社，2023.4
新时代跨境电子商务创新与实践系列教材
ISBN 978-7-302-63212-2

Ⅰ. ①跨… Ⅱ. ①贾… ②祖… ③陈… ④王… Ⅲ. ①电子商务－运营管理－教材 Ⅳ. ①F713.365.1

中国国家版本馆 CIP 数据核字(2023)第 052459 号

责任编辑: 郭 赛 薛 阳
封面设计: 杨玉兰
责任校对: 郝美丽
责任印制: 杨 艳

出版发行: 清华大学出版社
网　　址: http://www.tup.com.cn, http://www.wqbook.com
地　　址: 北京清华大学学研大厦 A 座　　邮　编: 100084
社 总 机: 010-83470000　　邮　购: 010-62786544
投稿与读者服务: 010-62776969, c-service@tup.tsinghua.edu.cn
质量反馈: 010-62772015, zhiliang@tup.tsinghua.edu.cn
课件下载: http://www.tup.com.cn, 010-83470236

印 装 者: 三河市龙大印装有限公司
经　　销: 全国新华书店
开　　本: 185mm×260mm　　印　张: 26　　字　数: 603 千字
版　　次: 2023 年 6 月第 1 版　　印　次: 2023 年 6 月第 1 次印刷
定　　价: 69.90 元

产品编号: 093971-01

新时代跨境电子商务创新与实践系列教材

编写委员会

主　任：贾如春
委　员：（按姓氏笔画排序）

王　吉	王　冲	王贵超	王敏珊	韦施羽	邓　茜	邓海涛	申　帅
付咸瑜	向晓岚	向琼英	庄爱玲	刘　轩	刘治国	刘盼盼	刘　潼
江　兵	孙志伟	杜雪平	李成刚	李　岚	李柳君	李晓林	李惠芬
杨　勤	肖淑芬	肖　璟	吴岚萍	何　婧	何智娟	宋　璐	张正杰
陈　方	陈帅嘉	陈佳莹	陈春梅	易建安	易　鑫	罗倩文	周　露
郑苏娟	郑应松	封永梅	柯　繁	钟　欣	钟雪美	段桂敏	祖　旭
胥蓓蕾	莫恬静	贾泽旭	党　利	徐娟娟	高　伟	高　雪	郭　燕
诸葛榕荷	黄莹莹	黄善明	董俊麟	雷　瑞	廖品磊	廖　婕	
潘金聪	薛坤庆						

专家委员会

主　任：帅青红
委　员：（按姓氏笔画排序）

马啸天	王　杨	王诗博	包攀峰	刘丁铭	刘立俪	刘永举	刘　忠
李　成	李　晖	李源彬	杨小平	吴庆波	陈梓宇	姚　松	秦秀华
徐　炜	徐　震	朗宏芳	曾德贵	蒲竞超	管永林	谭中林	

  党的二十大报告提出"实施科教兴国战略,强化现代化建设人才支撑"。深入实施人才强国战略,培养造就大批德才兼备的高素质人才,是国家和民族长远发展的大计。为贯彻落实党的二十大精神,筑牢政治思想之魂,编者在牢牢把握这个原则的基础上编写了本书。

  跨境电商作为一个新兴的电子商务业务模式,逐渐得到社会各界的关注与重视。快速发展的跨境电子商务逐渐成为我国出口贸易新的增长点,为出口贸易注入了新活力。跨境电商的高速发展刺激了跨境电商人才的需求,对于高等学校相关专业人才的培养工作也提出了新的要求。

  本书包含大量的新内容、新方法和新技巧,并对所有的内容做了系统的梳理,希望能够带给读者更好的阅读体验。为了能够培养更加符合企业需求的跨境电商类专业人才,编者所在的高校与企业进行了深度的校企合作,从人才培养到课程教学都与企业紧密结合,以更加满足跨境电商类专业的教学需求。

  本书主要围绕跨境电商营销的相关理论及内容展开,做了全面详细的讲解,根据跨境电商营销岗位的工作任务及能力要求设计教学项目,主要介绍了跨境电商市场分析、跨境网络数据调研分析、跨境网络运营分析、跨境网络站内推广分析、跨境网络站外推广分析等内容,共分为五个学习情景。情景一(跨境网络营销导论)让学生对基本的营销概念和营销理论有一定的了解,培养良好的开拓跨境电商市场的潜力和思维能力。情景二(跨境网络市场分析)包括市场环境分析、数据调研分析和市场定位分析,帮助跨境电商企业了解跨境市场,更好地制定自身的目标市场营销战略。情景三(跨境网络运营分析)包括平台选择分析、市场选品分析和市场定价分析,展示了企业市场选品及市场定价的渠道方法及相关知识,帮助企业根据自身特点选择跨境电商平台。情景四(跨境网站内推广分析)包括阿里巴巴国际站平台、敦煌网平台、速卖通平台、亚马逊平台、Wish平台和eBay平台,在相关理论基础上学习各个平台运营的基础知识,再结合不同主流平台掌握站内推广方式,掌握各平台的基础店铺运营技巧。情景五(跨境网站外推广分析)包括搜索引擎付费推广、搜索引擎优化推广、社交媒体推广和其他站外推广方式,通过学习各种站外推广方式,最后形成完整的跨境网络营销体系。通过对以上五个情景的学习,读者不仅能够掌握跨境电商营销的基础知识和运营跨境电商平台的方法与技巧,还能培养独立分析与解决跨境电商营销实践问题的能力,提升个人综合能力素质,为今后从事电子商务及相关工作打下良好基础。为了便于读者掌握和记忆,编者还对运营技巧和方法做了优化调整,在每个情境或子情境的基础知识后面增加相关案例思考和实践操作,希望可以为读者提供一些新的运营视角和实操技巧。

本书由四川农业大学的祖旭、陈佳莹、王冲担任主编,由四川农业大学的陈春梅、张正杰,成都中医药大学段桂敏,成都大学庄爱玲担任副主编。参编人员还包括四川农业大学的赵智晶、陈晨、汤庆、沈鹏。具体编写分工为:情景一和情景二中的子情景一由陈佳莹完成;情景二中的子情景二由赵智晶完成;情景二中的子情景三由沈鹏完成;情景三中的子情景一由陈晨完成;情景三中的子情景二、子情景三由张正杰完成;情景四中的子情景一、子情景六由段桂敏完成;情景四中的子情景二、子情景三由陈春梅完成;情景四中的子情景四、子情景五由祖旭完成;情景五中的子情景一、子情景二由庄爱玲完成;情景五中的子情景三由汤庆完成;情景五中的子情景四由王冲完成。全书由祖旭负责统稿。

另外,特别感谢研究生团队在本教材编写过程中的专注和努力,尤其是何玉佩和张清在编写汇总工作中表现出的专业、敬业、高效等优秀品质!本教材还参阅了众多学者的专业文献与书籍,引用了一些公司的经典案例,在此表示诚挚的敬意!当然,学无止境,书中疏漏和不足之处,还期待各位专家同行和广大企业界朋友给予批评斧正。

编 者

2023 年 4 月

目 录

情景一 跨境网络营销导论 ……………………………………………… 1
    1. 跨境网络营销的相关基本概念 ……………………………………… 1
    2. 跨境网络营销的相关理论 …………………………………………… 2
    3. 跨境电商的发展历程 ………………………………………………… 5
    4. 跨境电商的运营模式 ………………………………………………… 7
    5. 跨境网络营销工具 …………………………………………………… 10
    案例思考 ………………………………………………………………… 13
    习题 ……………………………………………………………………… 14
    实践操作 ………………………………………………………………… 14

情景二 跨境网络市场分析 ……………………………………………… 17
    子情景一 跨境电商市场环境分析 ……………………………………… 17
        1. 跨境电商发展现状及趋势 …………………………………………… 18
        2. 跨境电商 PEST 宏观环境分析 ……………………………………… 24
        案例思考 …………………………………………………………… 33
        习题 ………………………………………………………………… 34
        实践操作 …………………………………………………………… 34
    子情景二 跨境网络数据调研分析 ……………………………………… 35
        1. 跨境网络数据调研分析 ……………………………………………… 36
        2. 市场数据分析 ………………………………………………………… 36
        3. 竞争对手数据分析 …………………………………………………… 43
        4. 店铺经营数据分析 …………………………………………………… 45
        案例思考 …………………………………………………………… 48
        习题 ………………………………………………………………… 48
        实践操作 …………………………………………………………… 49
    子情景三 跨境网络市场定位分析 ……………………………………… 49
        1. 跨境网络市场细分 …………………………………………………… 50
        2. 跨境网络目标市场选择 ……………………………………………… 54

3. 跨境网络市场定位 ·· 57
　　案例思考 ·· 61
　　习题 ··· 63
　　实践操作 ·· 64

情景三　跨境网络运营分析 ·· **67**
　子情景一　平台选择分析 ·· 67
　　1. 跨境电子商务平台发展现状 ·· 68
　　2. 跨境电商交易模式类型 ·· 68
　　3. 跨境电商平台模式分类 ·· 77
　　4. 平台选择 ·· 84
　　案例思考 ·· 93
　　习题 ··· 93
　　实践操作 ·· 94
　子情景二　市场选品分析 ·· 95
　　1. 跨境电商 ·· 96
　　2. 跨境电商产品 ··· 97
　　3. 跨境电商市场 ··· 99
　　4. 跨境网络营销选品策略 ·· 100
　　案例思考 ·· 114
　　习题 ··· 114
　　实践操作 ·· 115
　子情景三　市场定价分析 ·· 115
　　1. 跨境电商的产品定价策略 ··· 116
　　2. 跨境电商产品价格的特点 ··· 119
　　3. 影响跨境电商产品定价的因素 ··· 120
　　4. 跨境电商产品价格的组成 ··· 123
　　5. 跨境电商定价时需要注意的问题 ·· 129
　　6. 主流跨境电商平台的定价策略 ··· 131
　　7. 跨境电商产品价格的发展趋势 ··· 136
　　案例思考 ·· 137
　　习题 ··· 138
　　实践操作 ·· 138

情景四　跨境网络站内推广分析 ··· **140**
　子情景一　阿里巴巴国际站平台 ··· 140
　　1. 阿里巴巴国际站店铺开设 ··· 141

  2. 阿里巴巴国际站营销之顶级展位 …………………………………… 141
  3. 阿里巴巴国际站营销之外贸直通车(P4P) ………………………… 145
  4. 阿里巴巴国际站营销之明星展播 …………………………………… 151
  5. 阿里巴巴国际站营销之橱窗 ………………………………………… 152
  6. 其他推广方式 ………………………………………………………… 154
  案例思考 …………………………………………………………………… 157
  习题 ………………………………………………………………………… 159
  实践操作 …………………………………………………………………… 159
 子情景二 敦煌网平台 ……………………………………………………… 160
  1. 敦煌网简介 …………………………………………………………… 160
  2. 敦煌网平台自主营销 ………………………………………………… 165
  3. 平台活动 ……………………………………………………………… 173
  4. 敦煌网平台付费营销系统 …………………………………………… 175
  案例思考 …………………………………………………………………… 195
  习题 ………………………………………………………………………… 195
  实践操作 …………………………………………………………………… 196
 子情景三 速卖通平台 ……………………………………………………… 196
  1. 速卖通简介 …………………………………………………………… 197
  2. 速卖通平台自主营销工具 …………………………………………… 202
  3. 平台活动 ……………………………………………………………… 204
  4. 直通车 ………………………………………………………………… 206
  5. 速卖通联盟营销 ……………………………………………………… 211
  6. 速卖通客户管理 ……………………………………………………… 213
  案例思考 …………………………………………………………………… 216
  习题 ………………………………………………………………………… 218
  实践操作 …………………………………………………………………… 218
 子情景四 亚马逊平台 ……………………………………………………… 219
  1. 亚马逊平台 …………………………………………………………… 219
  2. 黄金购物车 …………………………………………………………… 224
  3. 跟卖 …………………………………………………………………… 231
  4. 促销 …………………………………………………………………… 237
  5. 秒杀 …………………………………………………………………… 243
  6. CPC 广告 ……………………………………………………………… 247
  案例思考 …………………………………………………………………… 253
  习题 ………………………………………………………………………… 253
  实践操作 …………………………………………………………………… 254
 子情景五 Wish 平台 ………………………………………………………… 254
  1. Wish 平台 ……………………………………………………………… 255

2. Wish 平台的政策 ·· 257
　　3. Wish 平台的推广方式 ·· 267
　　案例思考 ·· 274
　　习题 ·· 275
　　实践操作 ·· 275

子情景六　eBay 平台 ·· 276
　　1. eBay 店铺设置 ·· 276
　　2. 产品设置 ··· 279
　　3. 价格吸引策略 ·· 289
　　4. 运费优惠策略 ·· 297
　　5. 广告促销 ··· 300
　　6. 连带推广 ··· 308
　　7. eBay-promoted 直通车促销 ···································· 309
　　8. 店铺邮件营销 ·· 309
　　9. eBay 平台站外引流 ··· 309
　　10. eBay 和其他跨境营销工具的对比 ·························· 310
　　案例思考 ·· 311
　　习题 ·· 312
　　实践操作 ·· 313

情景五 跨境网络站外推广分析 ·· **314**

子情景一　搜索引擎付费推广 ·· 314
　　1. 搜索引擎 ··· 315
　　2. 搜索引擎付费推广 ·· 322
　　3. 添加关键词 ··· 326
　　4. Google Ads 账户结构 ·· 330
　　5. Google Ads 账户设置 ·· 331
　　案例思考 ·· 333
　　习题 ·· 334
　　实践操作 ·· 335

子情景二　搜索引擎优化推广 ·· 336
　　1. 搜索引擎优化基础 ·· 336
　　2. 关键词分析 ··· 339
　　3. 页面优化 ··· 343
　　4. 链接优化 ··· 345
　　5. 效果查询与分析 ··· 347
　　案例思考 ·· 349
　　习题 ·· 350

实践操作 ·· 351
子情景三　社交媒体推广 ······································ 352
　　1. 海外社会化媒体的价值 ·································· 353
　　2. 海外社会化媒体最佳实践 ······························· 353
　　3. Twitter 营销 ·· 359
　　4. Facebook 营销 ·· 365
　　5. LinkedIn 营销 ··· 371
　　案例思考 ·· 376
　　习题 ·· 376
　　实践操作 ·· 377
子情景四　其他站外推广方式 ··································· 377
　　1. 电子邮件营销 ··· 378
　　2. 内容营销 ··· 383
　　3. 联署营销 ··· 390
　　4. 视频营销 ··· 392
　　案例思考 ·· 396
　　习题 ·· 397
　　实践操作 ·· 398

参考文献 ·· **399**

情景一

跨境网络营销导论

 知识导读

随着网络化的发展,以及经济全球化的趋势,传统的国际贸易正在向跨境网络经济转变,跨境网络营销是时代发展的产物。读者通过本章将了解到跨境网络营销的基本概念、相关理论及应用,并能够结合安克公司的具体案例分析跨境网络营销理念及运用的营销理论,培养洞悉跨境电商有利市场及潜在机会的能力。

学习目标

知识目标

了解跨境网络营销的相关基本概念。
掌握跨境网络营销的相关理论及应用。
了解跨境网络营销的发展阶段。

能力目标

能够结合跨境网络营销基本概念和理论分析具体案例。
能够判断企业采取什么样的营销观念。

素质目标

培养能够洞察跨境电商的有利市场及潜在机会。
具有良好的开拓跨境电商市场的潜力和思维能力。

 相关知识

1. 跨境网络营销的相关基本概念

1.1 市场营销

市场营销是通过满足人类各种消费需求和欲望,来实现产品在个人或组织中互换的一系列活动和过程。

市场营销具有两个核心概念:交易和关系。通过了解这两个概念,可以更好地理解市场营销的内涵。

1) 交易

交易是两方或者多方正在进行谈判,并有达成协议的倾向,一旦他们之间达成了协议,就可以称其发生了交易行为。一次交易包括三个可以量化的方面:①至少有两个具有价值的事件;②买卖双方所答应的条件;③协议的时间和地点。

2) 关系

关系是指聪明的市场营销者为促使交易目的的达成而与其上游的生产供应商、下游的消费者等建立起长期的互利互惠友好关系。它促使市场营销者提供优质且性价比高的产品、良好的服务来促成双方的交易。

1.2 网络营销

网络营销是依托于互联网发展而成,通过互联网平台及时了解顾客的潜在需求及体验度,来满足消费者的欲望,从而实现企业营销目标的一种手段。网络营销的显著优势在于其信息传递的高效,传递方式多种多样,传递渠道更加多元化,且传递方向双向交互。网络营销贯通于企业经营的整个过程,包括市场调研、产品研发、生产流程、售后服务和反馈优化等环节。

1.3 跨境网络营销

跨境网络营销是在市场营销和国际市场营销基础上发展而成的,是顺应经济全球化的发展潮流,利用互联网来更高效地满足顾客的潜在需求和欲望,从而实现企业营销推广的一种手段。跨境网络营销是伴随着跨境电商的发展而形成的,它是通过分析不同消费者的购买行为以及购买习惯,从而有针对性地制定企业营销策略的过程。

2. 跨境网络营销的相关理论

2.1 4P 理论

随着营销组合理论的提出,出现了 4P 理论。美国密西根大学教授杰罗姆·麦卡锡在 1960 年将 4P 理论概括为 4 类,包括产品(Product)、价格(Price)、渠道(Place)、促销(Promotion)。1967 年,菲利普·科特勒进一步确认了以 4P 理论为核心的营销组合方法。

产品指的是企业为目标市场提供的货物和服务,包括产品的实体、服务、品牌和包装,这要求企业关注产品的开发,生产出独特的产品,将功能诉求放在首位。价格指的是企业售出产品所获得的回报,包括原价、折扣价、付款时间和借贷条件等,这要求企业根据不同的市场定位,制定不同的价格策略。渠道是指企业组织和实施的各种活动,包括环节、仓储和运输等,通过分销商和消费者建立联系,要求企业注重培育经销商并建立属于自己的销售网络。促销是指企业与目标市场的沟通,包括品牌宣传(广告)、公关、促销等一系列的营销行为。

4P 理论具有以下几个特点。

(1) 可控性。企业可以对构成市场营销组合的各种手段进行调节、控制和运用,例如,企业根据目标市场决定生产什么样的产品、制定怎样的价格、选择怎样的营销渠道、采用什么样的促销方式。

（2）动态性。市场营销组合并不是固定不变的,而是不断变化的,当企业自身的条件或者外部的环境发生变化时,市场营销组合会做出相应的反应。

（3）整体性。构成市场营销组合的各种因素不是简单的相加,而是一个有机的整体,各个部分相互补充,彼此配合,产生1+1＞2的效果。

4P理论的提出对市场营销理论和实践产生了深刻的影响,是营销理论中的经典。公司市场营销的基本运营方法就是在4P理论指导下实现营销组合。4P理论的提出奠定了管理营销的基础理论框架,该理论以单个企业作为分析单位,认为影响企业营销活动效果的因素有两种：一种是企业不能够控制的,如政治、法律、经济、人文、地理等环境因素,称为不可控因素,这也是企业所面临的外部环境；一种是企业可以控制的,如产品、价格、渠道、促销等营销因素,称为企业可控因素。企业营销活动的实质是一个利用内部可控因素适应外部不可控因素的过程,即通过对产品、价格、渠道、促销的计划和实施,对外部不可控因素做出积极动态的反应,从而促成交易的实现和满足个人与组织的目标,用科特勒的话说就是"如果公司生产出适当的产品,定出适当的价格,利用适当的分销渠道,并辅之以适当的促销活动,那么该公司就会获得成功。"所以市场营销活动的核心就在于制定并实施有效的市场营销组合。

2.2　定位理论

20世纪70年代,美国著名营销专家艾·里斯与杰克·特劳特提出定位理论。定位是定位理论中最核心、最基础和最早的概念和观点。里斯和特劳特认为,定位要从一个产品开始,那产品可能是一种商品、一项服务、一个机构甚至是一个人,也许就是你自己。但是定位不是你对产品要做的事,定位是你对预期客户要做的事。换句话说,你要在预期客户的头脑里给产品定位,确保产品在预期客户头脑里占据一个真正有价值的地位。定位理论的核心原理"第一法则",要求企业必须在顾客心智中区隔于竞争者,以此引领企业经营,赢得更好发展。

在竞争时代,企业要么实现差异化生存,要么无差异化而逐渐消亡,这就要求企业必须学习定位理论。商品只有被精准定位,才能在竞争中脱颖而出,因此差异化和定位对企业来说至关重要。为了验证和发展定位理论,特劳特花了20年的时间,形成了定位四步工作法。

第一步,分析整个外部环境,确定竞争对手是谁,竞争对手的价值是什么。

第二步,避开竞争对手在顾客心中的强势地位,或者利用其强势地位中蕴含的弱点确立品牌的优势位置。

第三步,为这一定位寻求一个可靠的证明——信任状。

第四步,将这一定位整合进公司内部运营的方方面面,以将其植入顾客的心里。

2.3　网络整合营销理论

网络整合营销传播是20世纪90年代以来在西方风行的营销理念和方法。它与传统营销"以产品为中心"相比，更强调"以客户为中心"。它强调营销即是传播，即和客户多渠道沟通，和客户建立起品牌关系。与传统营销4P相比，整合营销传播理论的核心是4C：即相应于"产品"，要求关注客户的需求和欲望，提供能满足客户需求和欲望的产品；相应于"价格"，要求关注客户为了满足自己需求和欲望所可能的支付成本；相应于"渠道"，要求考虑客户购买的便利性；相应于"促销"，要求注重和客户的沟通。

网络整合营销是基于信息网络（主要是互联网）之上，近年来新发展起来的一种营销模式。在深入研究互联网各种媒体资源的基础上，精确分析各种网络媒体资源的定位、用户行为和投入成本，根据企业的客观实际情况为企业提供最具性价比的一种或者多种个性化网络营销解决方案就称为整合式网络营销，也叫网络整合式营销，或者称为个性化网络营销都可以。简单地说，就是整合各种网络营销方法，和客户的客观需求进行有效比配，给客户提供最佳的一种或者多种网络营销方法。

网络整合营销具有如下几个特点：①传播资讯的统一性，即企业用一个声音说话，消费者无论从哪种媒体所获得的信息都是统一的、一致的；②互动性，即公司与消费者之间展开富有意义的交流，能够迅速、准确、个性化地获得信息和反馈信息；③目标营销，即企业的一切营销活动都应围绕企业目标来进行，实现全程营销。整合网络营销也被称为网络整合营销、整合型网络营销、整合式网络营销。

企业必须时刻关注消费者的价值取向，协调使用不同的传播手段，发挥不同传播工具的优势。在深刻理解消费者价值取向的基础上，将价值观融入品牌，通过品牌传达让消费者产生相应的价值取向心理体验，让品牌通过价值取向心理体验深深印入消费者脑海当中，从而形成品牌体验，达到口碑营销、品牌传播的目的。

2.4 网络关系营销理论

关系营销是1990年以来受到重视的营销理论，在关系营销的基础上，随着互联网的发展，出现了网络关系营销。网络关系营销是指企业借助联机网络、计算机通信和数字交互式媒体的威力来实现营销目标。它是一种以消费者为导向、强调个性化的营销方式，适应了定制化时代的要求；它具有极强的互动性，是实现企业全程营销的理想工具；它还能极大地简化顾客的购买程序，节约顾客的交易成本，提高顾客的购物效率。

在网络关系营销理论中，互联网是作为一种有效的双向沟通渠道，企业与顾客之间可以实现低费用成本的沟通和交流，它为企业与顾客建立长期关系提供有效的保障。这是因为，首先，利用互联网企业可以直接接受顾客的订单，顾客可以直接提出自己的个性化需求。企业根据顾客的个性化需求利用柔性化的生产技术最大限度满足顾客的需求，为顾客在消费产品和服务时创造更多的价值。企业也可以从顾客的需求中了解市场、细分市场和锁定市场，最大限度降低营销费用，提高对市场的反应速度。其次，利用互联网企业可以更好地为顾客提供服务和与顾客保持联系。互联网的不受时间和空间限制的特性能最大限度地方便顾客与企业进行沟通，顾客可以借助互联网在最短时间内以简便方式获得企业的服务。同时，通过互联网交易企业可以实现对整个从产品质量、服务质量到交易服务等过程的全程质量的控制。

另一方面，通过互联网企业还可以实现与企业相关的企业和组织建立关系，实现双赢发展。互联网作为最廉价的沟通渠道,它能以低廉成本帮助企业与企业的供应商、分销商等建立协作伙伴关系。网络化营销更多地强调企业应借助于电子信息网络,在全球范围内拓展客源,为企业走向世界提供基础。现代企业应充分发挥"互联网络"的互动优势,灵活开展网络营销,促进企业的持续发展。

网络营销是企业营销的组成部分,是以互联网为手段展开的营销活动,是电子商务的基础和核心。不同于传统的交易方式,跨境电商正是基于网络发展起来的。在回顾相关理论后,表1-1进行了总结。

表1-1 理论总结

名 称	提 出	核心价值
4P理论	1960年,麦卡锡	制定并实施有效的市场营销组合
定位理论	20世纪70年代,特劳特	企业必须在顾客心智中区隔于竞争,成为某领域的第一,以此引领企业经营,赢得更好的发展
网络整合营销理论	20世纪90年代	整合各种网络营销方法,和客户的客观需求进行有效比配,给客户提供最佳的一种或者多种网络营销方法
网络关系营销理论	1990年	企业借助联机网络、计算机通信和数字交互式媒体的威力来实现营销目标

3. 跨境电商的发展历程

3.1 代购时代(2005—2007年)

回想跨境电商的起始形态,从2005年起,跨境电商步入代购时代,个人或者私人机构是比较常见的代购模式的主体,请别人把东西买好后送货上门的模式可以为消费者节省一定的时间成本,并且整个过程会使产品支出成本降低。在该阶段,代购模式的主体主要是留学生群体,他们利用地理的优势为朋友与家人等代购国外产品,在买卖的过程中所涉及的商品大多为国内稀缺或者是国内有但价格高的物品,如化妆品、配饰、箱包等。交易时,留学生只需要按照一定的比例收取代购费用即可,这一消费现象催生了跨境电商后来的淘宝全球购模式,虽然该模式为一定的人群提供了方便,但该阶段的局限性比较强,原因在于代购的关系网比较简单,大多数关系停留在留学生与国内亲朋好友之间。随着时间的推移,代购关系在2005—2007年比较流行,这期间商品品种日益丰硕,为了让国内的消费者能够以更为便捷的方式购买到海外商品,许多的商家发现商机,聚集起来销售海外商品,满足国内消费者需求。

3.2 海淘时代(2008—2013年)

所谓海淘,就是以互联网为中介,检索相关海外商品信息,消费者通过电子订单的形式填写购物需求,然后在平台上留下自己的相关信息,最后商家将相关货物送到消费者手中。在这个过程中货物流通主要有两种形式,第一是海外购物网站利用国际快递直接发货,第二是首先由转运公司代收,然后再将其寄回国内。海淘购物平台有很多,被大家所熟知的有天猫国际、亚马逊、Wish、Joom 等。历经了代购时代,在 2008 年"三鹿奶粉事件"后,奶粉代购热逐渐兴起。为了让奶粉更有质量保障,国内许多家庭将目光纷纷投向海外原产地奶粉市场,此后便涌现出淘宝全球购以及许多海淘网站,接手海外奶粉代购业务。随着如母婴用品、服饰、箱包等海外商品的不断涌现,在国内赢得了消费者喜爱,由于许多商品在国内价格高昂,消费者便更倾向于购买海外商品,跨境电商从此由代购时代演变成海淘时代。海淘模式的交易过程如下,首先商家要建立相应的外文网站,卖家对外文网站进行了解,然后以双币信用卡或国际第三方支付 PayPal 支付的形式给海外购物网站支付一定的金额,当商家接收到买家的订单后,首先将相关产品运输给转运公司仓库,通过海外与国内快递公司相互衔接与转运,最终将商品送到国内消费者手中,并由其签收,这便是整个交易流程。

3.3 跨境电商时代(2014 年至今)

作为一种新兴的贸易方式,跨境电商近几年呈现出井喷式增长,其主要原因在于跨境电商中商品的进口非常正规,且相比于一般贸易进口而言,其拥有税收低的价格优势。由代购时代到海淘时代,再到现时的跨境电商时代,这是由于历史的经验累积与岁月的沉淀所造就的,海淘是跨境电商发展的中间阶段,该阶段虽然给人们购物带来了许多好处,但整个购物流程比较烦琐,为了简化流程,提高效率,跨境电商时代出现了。回顾 2013 年 12 月 10 日,中央经济工作会议首次提出"新常态",2014 年的新常态"跨境电商元年"。2015 年,国家对于跨境电商愈加重视,在政策上给予了方向与指导,比如在 2015 年 6 月国务院办公厅印发了《关于促进跨境电子商务健康快速发展的指导意见》,2015 年 11 月 30 日韩国国会批准了《中韩自贸协定》,2016 年 10 月 1 日国际货币基金组织宣布人民币加入 SDR(特别提款权)等利好政策的支持下,我国跨境电商呈现出快速增长趋势,在这个过程中也催生了现今大家熟知的 B2C 模式(京东全球购、聚美优品、网易考拉、唯品会、蜜芽宝贝、蜜淘、小红书等)、M2C 模式(如天猫国际、洋码头、京东全球购)及 C2C 模式(淘宝全球购、洋码头、淘世界、海蜜、街蜜等)和 B2B 模式。

跨境电商发展历程如图 1-1 所示。

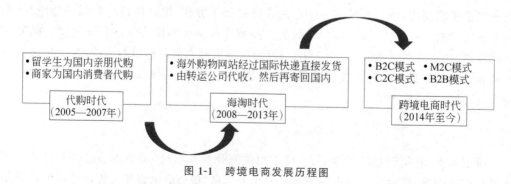

图 1-1 跨境电商发展历程图

4. 跨境电商的运营模式

4.1 B2C 模式

1) 概述

B2C 模式是指企业与消费者借助互联网这个平台进行产品、服务交换的一种商务活动。B2C 模式追求的是技术手段与业务流程、管理思想与组织结构等诸角度的变革,并不是简单的网络化。由于跨境电商愈加流行,目前越来越多的商家开始加入到跨境电商的行列之中,使得同行之间的竞争非常激烈。B2C 模式需要充足的资金、优秀的团队、优质的货源以及快速的物流等相关资源。跨境电商与国内电商有所不同,其面临的问题更多更复杂,首先要做好本土电商的运营工作,其次要解决相关物流仓储及货源采购等相关问题,最后需要更为庞大的良好的现金流等。目前,京东、顺丰等各种传统行业也在不断加入跨境电商企业行列之中。

2) 优点

价格方面,在采购货物时价格低廉,占据独特的价格优势,更容易以此来吸引更多的消费者,对于跨境电商而言,"便宜"是个很重要的特征,因为跨境电商一直秉承"我要既便宜又好的商品"的理念。质量方面,商品质量比较容易监控,售后服务难度不高,客户投诉率较低。物流方面,相对而言,跨境电商的物流在时效上更容易控制,能够以最短的时间送达消费者手里。由于有充足的资金给予支持,在商品的品类上可以不断延伸与拓展,拥有更为丰富的产品线。

3) 缺点

费用方面,我国很多中小外贸企业更倾向于通过 B2C 跨境电子商务平台来进行对外贸易,但许多主要的 B2C 平台普遍存在佣金率、店租等费用偏高的现象,这便增加了 B2C 平台商户的经营成本,而高昂的经营成本会使中小外贸企业的负担上升,对中小外贸企业日后扩大出口存在不利影响。信息方面,由于欺骗或沟通不畅,在买卖双方进行交易时,很容易产生信息失真等问题,这样不仅会使买方与卖方的权益受到一定程度的损害,严重时甚至会影响到 B2C 跨境电子商务平台的品牌形象,不利于整个 B2C 跨境电子商务行业的健康发展与成长。

4.2 B2B 模式

1) 概述

B2B 模式指企业与企业之间通过专用网络或 Internet,进行数据信息的交换、传递,开展交易活动的商业模式,包括发布信息、价格咨询及货物订购、支付与结算、票据开发、货物配送等环节,企业内部网与企业的产品及服务,通过 B2B 网站或移动客户端将客户紧密结合起来,借助网络的快速反应的优点,为客户提供更好的服务。B2B 为交易双方提供了一个大型购物平台,采购商可以从该平台上了解到所有销售商,以及他们所拥有商品的全部信息,然后根据自己相关需要,发布采购需求,销售商和采购商之间最终发生了交易行为。目前,B 端企业卖家一般通过入驻第三方跨境电商平台和自建独立站两种方式进行网上销售。

2）优点

入驻第三方跨境电商平台是由于它的购物流程体系较为完善，同时平台信用体系也能使相关合作店铺在消费者心目中拥有更加良好的形象。另一方面，第三方跨境电商平台拥有较多的流量，而电商最重要的一项数据就是流量，入驻第三方跨境电商平台，可以直接利用平台的资源，做好相应的推广工作，这样有助于企业快速打开和占领市场，建立更好的品牌形象，获得更多的利润。而自建站平台的优势在于更加自由灵活，企业可以根据自身的需要进行灵活调整，具有强大的灵活性、适应性以及延展性，同时不需要给予第三方平台额外的费用。

3）缺点

入驻第三方跨境电商平台的缺点是需要支付其相应的佣金，而且有时候会受到第三方平台各种规章制度的约束，可能会使自身的能力得不到充分的发挥，达到一定体量之后难以再突破。而自建独立站的缺点则是需要配备建设网站的基本设施设备，还需要拥有专业的运营和维护的技术及人员，这些会使商家的运营成本上升。另一方面，商家在自建网站初期时，流量和信誉都很低，要获取相应资源的难度较大。

4.3 C2C 模式

1）概述

C2C 的意思就是消费者个人间的电子商务行为。通俗来讲，即买卖双方都是消费者，他们之间通过特定的互联网平台连接起来，在第三方提供的在线交易平台上自由交易，达成协议。具体而言，以互联网为中介，以满足其日常购物需要，从而让每个人都能够参与到电子商务的交易活动中来。该模式相比于其他传统商务模式拥有独特优势，借着活跃的市场和现代信息技术，使我国网上零售交易的规模增长强劲。

2）优点

数量多且时间地域不同的买卖双方可以在同一个平台上对话进而促成交易。与商家相比，买手的数量更多。在没有找到合适的商家之前，买手模式做平台是比较合适的。该模式交易成本较低，不需要建立仓库，无须开设店铺，中间环节极少，使得交易成本大大降低。交易的时间比较灵活与方便。

3）缺点

管理成本相对高，售后服务质量得不到相应的保证；存在各种各样的欺骗信息；对后台功能的完备性要求较高；物流时效性不强；由于存在大量重复的商品，会引起激烈的同质化竞争；App 的界面展示如果不恰当，会产生大量冗余信息，所以商品信息的展现是需要思考及解决的问题。

4.4 M2C 模式

1）概述

M2C 是指生产厂家直接对消费者提供自己生产的产品或服务的一种商业模式，特点是流通环节减少至一对一，销售成本降低，从而使产品品质和售后服务质量得到了有效保障。消费者可利用M2C平台,告知自己的相关需求,该模式可以满足消费者独特的需求与欲望,使产品的附加价值得到提升。商家也可根据消费者喜好的产品,了解消费者的需求,从而对自身的产品进行不断的调整与优化,更好地贴合市场需求,从而达到双赢的目的。这样有助于消费者在该平台进行消费时,能直接享受厂家提供的各项服务,买卖双方直接对接,能有效缩短交流时间,提高沟通效率,使消费者的问题能得到及时的回应与落实,打消其后顾之忧。但M2C并不是简单的对接,如果商家要想真正取代代理商,还有许多事情需要做,例如,品牌经营、产品展示、价格制定、用户评价等都要有相应体系进行处理,该模式要求平台具备较好的运营能力、较高的公信力和影响力。

2)优点

价格方面,在M2C模式下,制造商绕开中间商将产品直接销售给最终消费者,从而减少了很多不必要的中间环节,不仅使渠道费用更加低廉,并且价格优势也愈加凸显。在资源拥有方面,M2C模式下,制造商拥有自己的销售渠道资源,并且建立有较为完整、高效的渠道信息系统,能够将产品配送、物流、订单处理等环节进行有效的整合。服务方面,与传统销售模式有所不同,M2C模式正引领着消费市场沿着"大众时代—小众时代—个众时代"的路径演化。在该销售模式下,制造商充分了解与尊重消费者的需求,产品从设计、开发、生产、宣传到销售都按照以人为本的服务宗旨一贯而至。由于中间环节比较少,制造商可以更加注重营销职能,针对消费者需求,提供个性化的产品和服务。

3)缺点

在能力要求方面,制造商不仅需要掌握商品制造方面的能力,还需要掌握产品的开发、销售及售后的能力,原来中间商所承担的职能都需要制造商来完成,总而言之,需要制造商具备较强的综合能力。在售后服务方面,由于存在跨境纠纷,问题解决的方式以及所要涉及的政策文本不同,所以遇到问题时,退换货的处理也是比较麻烦的。

跨境电商运营模式如图1-2所示。

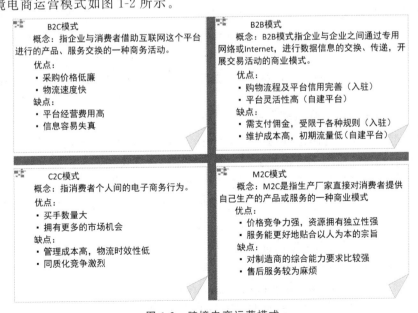

图1-2 跨境电商运营模式

情景一 跨境网络营销导论

5. 跨境网络营销工具

5.1 搜索引擎营销

1) 搜索引擎营销的内涵与特点

搜索引擎营销(Search Engine Marketing,SEM)正如其名,这个网络营销工具就是使用搜索引擎,经过分析人们关于该引擎工具的使用方法和习惯,在人们搜寻信息的时候将信息传递给最终的客户。随着时代的不断发展,如今的互联网存在大量的信息,像一个十分巨大的图书馆,这个图书馆在不断地产生更多的信息,而这些信息的数量远远超出了人们的想象与可控范围,因此搜索引擎的出现也帮助了人们去寻找需要的信息。

搜索引擎的工作原理并不复杂,首先用户进行搜索,搜索引擎通过人们的搜索内容来进行信息检索,然后就会返回结果,接着用户查看搜索结果,通过不断地单击搜索结果的内容和浏览内容所在网站,筛选到适合的网址来达到咨询搜索的效果。而这个过程不仅是客户进行检索的过程,也是企业通过搜索信息向客户展示自我、传递信息的一个过程。这就是搜索引擎的基本工作原理。

通过上述所讲的原理,不难发现,SEM 推广之所以能够得到普及获得巨大成功,需要有五个基本要素:信息源、搜索引擎信息索引数据库、用户的搜索行为和结果、选择搜索结果、进入网页。SEM 作为主要的跨境网络营销工具之一,具有适用范围广、信息的内容即刻更新等优点;由于该工具只具有向导作用,用户主动搜寻,因此利于获取新客户,竞争性强,以客户本身为主体出发。

2) 关键词广告

人们在搜索时,不可能将所有的搜索内容全部输入进去,因为这样一方面会加重系统的检索量,减慢检索速度;另一方面对于客户来说并不能很好地找寻所有需要的相关内容。因此,这个时候关键词就起到了极其重要的作用。关键词广告,即关键词检索。关键词广告是当用户需要通过一些特定的关键词进行检索时,在检索结果的页面上会出现与该关键词有关的广告或网址信息。正因为关键词广告是在用户对于特定关键词的检索时,才会在搜索结果靠前的位置,所以针对性是相对较高的,这也是一种性价比很好的跨境电商的营销推广工具。

关键词广告既可以是精简的一两个字或词,也可以是一小段语句。关键词广告分为以下五个类型:品牌关键词、大众关键词、语句关键词、检索关键词、竞价排名。品牌关键词是以搜索公司或品牌等词语进入公司相关的网站。大众关键词多以时下重要或者流行的人或者事情作为关键词。语句关键词是以一种吸引人的语句来吸引用户单击进入。检索关键词是企业事先向搜索方购买该关键词的相关关键词以获得显著位置。竞价排名是一种由用户自主来管理,通过结果所在位置或者排名来确定价格的高低。这一类广告按照单击次数收费,公司可以根据竞价自由选择位置,因此将其称为竞价排名。

3) 搜索引擎营销的优化

搜索引擎优化(Search Engine Optimization,SEO)分析搜索平台的排名规律,探求各种搜索平台如何进行检索、如何获取相关页面以及确定关键词的搜索结果排名。搜索引擎利用容易被检索的手段,特定优化相关网站,从而提升网站在搜索平台中的自然排名,利于吸引更多的用户访问网页,不仅可以增加网页的点击量,而且可以加强网站方的销售和宣传能力,优化网站的品牌效应。

由此可知,SEO 的首要优点在于其成本低,性价比高。一方面,相对于关键词广告它不需要支付单次单击费用,也不需要投入除相关人员以外的费用;另一方面,它还能够进行网站本身的内部优化,提高网站的排名,增强搜索引擎友好度。其次,SEO 的稳定性相对来说较好,只是简单的内部优化,除非有算法改变等重大变故,排名相对来说不会发生太多的变化。最后,SEO 可以优化无效单击,规避无效单击所产生的多余费用,优化企业内部的网站。

5.2 社交网络营销

1) SNS 营销的内涵与特点

随着时代的进步与科学技术的迅猛发展,人们不再拘泥于周围的有限社交圈,而是逐渐增加了对于社交网络平台的关注,而随着使用社交网络的用户不断地增加,网络点击率也在持续走高。社会性网络服务(Social Networking Services,SNS)是一种新兴的网络应用,是指不同地点的人们之间通过好友、志向、贸易、兴趣、爱好等一定关系通过社交而建立起来的虚拟网络结构,这种结构是基于现实六度关系理论创立起来的,具体化到人们日常生活中,如微博、微信等,这些应用拥有大量的用户群体,它们对很多人尤其是年轻人有着巨大的影响力,因而可以让企业通过 SNS 营销来创造更大的市场价值。SNS 营销是利用社交网站的分享功能,通过即时传播,提高企业产品和服务的影响力度和范围。例如,人们在社交网站上不断经过广告、口碑传播等进行产品以及品牌的推广等一系列活动。SNS 营销是一种随着网络社交而兴起的新型的营销方式,具有十分大的潜力与影响力。

由于 SNS 营销是可以通过社交平台,将人与人之间的距离拉近,同时通过社交关系提高产品或服务的信任度,因此其特点是传播范围广,传播速度快;网络上的互动交互性强;影响力与影响范围巨大;可低成本进行精准营销与针对性推广。

2) SNS 营销策略

(1) 品牌游戏融合策略。

将产品或者服务通过游戏再现场景,潜移默化地影响消费者,以达到企业的营销目的。例如,跑车游戏可以将跑车的车辆品牌与现实中的车辆进行融合,让玩家在不知不觉中体会到车辆的品牌、外形、价格等一系列因素,在游戏之中不断将该种车辆移入到玩家的脑海之中,以达到营销目的。除此之外,许多模拟经营类游戏内置了很多房子、食物、衣服等的广告,用户在这样的环境下更容易接纳产品,产生口碑效应,也容易使玩家对于产品产生购买的行为。

(2) 针对性营销策略。

由于 SNS 网站均是实名制,企业掌握了玩家的性别、年龄、爱好等基本信息,可以通过在社交过程之中制定精准的营销策略,企业针对性地将广告投放到特定的消费群体之中,提高营销的效率。例如,微博根据消费者的兴趣爱好,定位消费群体,从而将其投放到推荐一栏之中。

（3）交互营销策略。

SNS营销自身就具备交互性的特点，因此企业可以利用这一特点制定交互营销策略。企业通过增强社交群体或者社交群体与社交媒体之间的互动，来增强客户对于社交软件的使用程度，加强SNS营销的优势。例如，在直播平台上，不仅是主播与观看人员之间的互动，也存在着观看人员的互动，当一个人送了一个礼物后，就会促进所有观看人员送礼，哪怕只是免费的礼物，都已经加强了人与人、人与媒体之间的互动，提高了关注度。这可以起到很好的营销效果。

3）SNS营销优势

SNS作为一种社交通信工具，在营销方面加强了关于情感色彩的表述，对跨境电商来说能够更好地拉近双方之间的距离。SNS营销拥有极大的潜力，具有许多其他营销模式难以达到的优势。第一，它可以大大降低营销成本，随着社交网站用户的数量逐渐增多与用户的成熟度增加，许多用户愿意主动分享内容，这样可以降低网站营销所需成本，而且用户的主动分享也可以增加内容的真实性，提高口碑营销的效率。第二，达到精准营销的目的，SNS拥有大量客户信息，因此它可以定位消费者群体，达到精准营销。第三，符合用户本身需求，社交网站本身是为了客户满足兴趣爱好等进行虚拟沟通，因此，这样能够拉近客户们之间的距离，提高客户亲密度，增强应用的交互性，也更有利于进行口碑营销。

5.3 电子邮件营销

1）电子邮件营销的内涵与特点

邮件营销（E-mail Direct Marketing），即E-mail营销，通常将其简化为EDM营销。它是最传统的营销方法之一，也是最简单的方法之一。其工作基本原理就是企业通过EDM软件向目标客户发送EDM邮件，从而建立起与该客户之间的关系网络，向其传达产品或服务信息，用于达到营销的目的。

互联网的普及也给EDM营销带来了更好的发挥空间。EDM可以遍布世界各地，因此在使用方面具有范围广、营销成本低、用途广以及针对性强、反馈程度高等多个特点。除此之外，EDM邮件的内容也有极强的应用效果，EDM邮件内容可针对客户进行个性化定制，可以包含文本、图片、超链接等内容，具有丰富实用等一系列特点。

2）电子邮件营销的功能

为了监测EDM的效果，需要通过一些特定参数来衡量，从而做出下一步的改善。常用的指标有送达率、退信数、打开率、点击率。

送达率是一个十分重要的参数，是指送达客户收件箱数除以发送数。它可以很好地衡量EDM的效果，表明邮件可以幸存在客户邮件箱里而不是丢入垃圾箱。

退信数是指被客户退回邮件的数量。这个参数和送达率同样重要，可以帮助企业发现邮件的不足之处或者重新定位客户群体。

打开率是指多少人打开了发送的电子邮件（常用百分比形式）。电子邮件打开率通过一个微型图片来追踪，然而因为邮件软件商会阻拦邮件的部分内容，使得打开率并不能百分之百保证与追踪系统相符。

点击率是指单击数除以打开邮件数(常用百分比形式)。由于打开与单击可多次进行,所以不同企业对于点击率的衡量标准不同。

3) 电子邮件营销应用

电子邮件的实际应用需要考虑许多应用技巧,而并非简单地发送一篇邮件而已,具体操作流程大致可以分为以下三步。

第一,设计 EDM 邮件。据统计,文本邮件的反馈率要高于图片邮件的反馈率。因此在文字设计方面,主题应控制字数,不要含有网址,整个文本界面做到简洁整齐;图片设计方面,应控制图片数量,将大图通过裁剪变成小图,图片上不能含有广告字符,防止软件过滤;链接设计方面,控制链接数量不超过 10 个,使用绝对地址;主题设计方面,不要让邮件主题混乱,一个明显且优秀的主题是客户打开邮件的关键。

第二,发送 EDM 邮件。对于 EDM 邮件的发送的关键并不仅仅是一键单击"发送"按钮。首先,一个好的邮件标题可以吸引客户的眼睛,促使客户打开邮件。其次,发送邮件之前一定要细分客户群体,针对不同类型的客户群体 EDM 也要有所不同。然后,使用专用的邮箱发送,可以提高客户的第一印象。最后,一定要选择合适的时间段发送,除了不能在夜晚发送,还要注意客户的困倦时间,例如,不要在上午 8 点发送邮件,此时困倦的客户根本没有兴趣打开邮件。

第三,数据监测,邮件发送之后并不意味着 EDM 的结束,应重点监控邮件的数据,例如,上面所说的送达率、退信数等,这些数据一方面可以检测此次 EDM 的效果,同时也可以为下次的设计提供借鉴。

案 例 思 考

案例背景介绍

安克创新科技有限公司,简称安克公司,专注于充电宝、智能硬件领域近十年。2015 年,公司旗下智能充电品牌 Anker 陆续入驻亚马逊等跨境电商平台,向跨境电商进行转型。在短短几年的时间里,公司发展迅速,团队日益壮大,荣获了亚马逊颁发的"杰出中国制造奖"。

针对充电宝市场,存在着两类极端市场,一类是价格高昂的原装品牌市场,另一类是价格低廉的杂牌电池,而既有品牌、性价比又高的电池却存在缺口。因此,安克公司不断研究开发,将质量几乎接近原厂而价格却实惠的电池投入到电商平台,树立了良好的口碑,收获了忠实的消费者。

在消费的过程中,安克公司始终致力于加强用户体验。在安卓手机系统和苹果系统盛行的时代,安克公司又对产品进行升级,研发出兼容两种系统的充电线和充电宝,让多款电子设备能够进行兼容充电。此外,安克公司对亚马逊平台进行了页面优化,同时借助 Facebook、Twitter、Google 等营销推广平台进行宣传营销。直到今日,该类充电宝依旧获得消费者的认可,热度不减。

传统企业向电商转型已经成为大势所趋。在转型的过程中,企业要想得到更加快速的发展,就需要针对互联网的需求,打造出具有自主优势的品牌,这样才能在偌大的电商行业中获利。

问题和思考

1. 剖析该公司的营销理念及运用了哪些相关的营销理论?
2. 该公司采用了哪些跨境网络营销推广方式?带给你什么启示?

习　题

一、单选题

1. 传统4P理论不包括以下哪个?(　　)
   A. Product　　　　　　　　　　B. Price
   C. Process　　　　　　　　　　D. Promotion
2. 定位理论中最核心的概念是(　　)。
   A. 定位　　　B. 制造方法　　　C. 地域分析　　　D. 营销策略
3. 关系营销的核心是建立并保持与(　　)的关系。
   A. 供应商　　B. 领导者　　　　C. 分销商　　　　D. 消费者
4. 跨境电商的第一阶段可以称为(　　)。
   A. 商业多元化阶段　　　　　　B. 信息流发散阶段
   C. 代购阶段　　　　　　　　　D. 线上线下一体化阶段
5. B2C模式是指(　　)。
   A. 企业对个人　B. 企业对企业　C. 个人对个人　　D. 个人对企业

二、填空题

1. 一次交易包括三个可以量化的方面,分别是(　　)、(　　)、(　　)。
2. 4P理论具有(　　)、(　　)和(　　)三个特点。
3. 网络关系营销是一种以(　　)为导向、强调(　　)的营销方式。
4. 跨境电商的发展历程包括(　　)、(　　)和(　　)三个时代。
5. EDM营销的实用的三个步骤是(　　)、(　　)和(　　)。

三、简答题

1. 请简述网络营销、跨境网络营销相对于传统市场营销有何优势和不足?
2. 针对跨境电商的运营模式,选择其中一个并结合具体案例进行分析。

实　践　操　作

中国跨境电商存在的主要问题

跨境电商作为一种新型的贸易形式,打破了国家贸易之间的地理障碍。随着互联网的发展与科学技术层次的逐渐提高,加之我国逐步出台的法律政策,现阶段我国的跨境电商不断进步。然而我国的跨境电商依然处于初级阶段,仍然存在着许多问题需要去解决处理。

（1）国际贸易环境复杂。随着经济全球化一直在深入各个领域，全球各国的贸易不断加强，这也促进各个国家的经济发展，经济全球化不仅是贸易的全球化，更是科学技术、信息通信等的全球化。但是某些国家为了自身的利益，悍然提出反对全球化。这样的行为不仅会毁坏全球产业链的流畅运转以及国与国之间的分工体系，同时也会给全球化下的贸易带来极大的负面影响。

（2）法律及监管存在问题。作为一种新型的跨境营销模式，这种新型商业贸易模式对传统的法律法规提出了全新的挑战。首先，跨境电商的迅猛发展与进步，使得相应的法律法规难以与其同步适应，相关的法律制定相对滞后，这就造成了知识产权、欺诈等问题并不能很好地得到解决，这样就极大阻碍了跨境电商的发展。其次，虽然我国有着与之相对应的法律条例，但是我国的社会、文化等环境与其他国家均有差异，导致法律制定方面不能够有效地进行衔接，这给政府监管与法律的实施也带来了极大的困难。

（3）信用体系尚未有效构建。全新的营销模式不仅对网络消费市场，同时也对消费者造成了巨大的影响。但是与此同时，在这种跨境电商的贸易环境下，带来了信用缺失以及监管新问题。一方面，刷单、欺诈行为等依然存在，例如，由于电子微商模式的进入行业门槛相对来说不高，因为其中包含的商家数量众多，但是大多商家的规模都并不是很大，所以使得伪劣产品容易混入其中从而欺骗消费者，甚至泄露消费者个人信息。另一方面，一旦产品质量存在问题，售后服务难以达到合理的补偿，企业缺乏售后管理意识，甚至为了减少企业成本，将售后服务承包给第三方，但是对于第三方的管理约束却比较松散。

（4）物流配送痛点。跨境电商消费对于消费者来说最为重要的是物流。第一，物流成本高。物流成本一般占三到四成的总成本费用，而且对于中国来说，现如今的跨境物流成本更高。由于涉及跨境物流，物流费用不仅包括国内外的物流与海关费用、国际之间的运送成本，加之海关与商检，极大增加了物流上的成本费用。第二，物流配送时间长。跨境电商本身具有的特点就是其产业链相对来说更长，这也导致跨境配送时间远远大于国内配送，对于一些外国的重大节日，贸易频繁，使得各个环节配送缓慢，增大了物流时间。由此可见，物流配送是制约中国跨境电商持续发展的一个重要的关卡。

（5）通关效率低。传统跨境贸易是一种货物量大、频率低、周期长的贸易模式。现如今的跨境电商却是频率高、周期短的网络贸易，这就给海关带来了极大的难题。由于产品订单数量众多且繁杂，而且大都通过跨国快递进行邮送，这样的物件出口时大多不报关，监管人员对它们进行上机检验或者随机检验，无法经常进行核查。到达境外之后，出于各国政策监管不同，对于一些侵犯产权或者小件征收税用等一系列的工作量增大，使得跨境电商的通过效率低，不利于物流的顺畅邮送。

（6）电子支付与汇率问题。对于跨境电商来说，并不像传统贸易一般可以面对面沟通交流，这使得在支付问题上存在安全隐患。无论是当消费者消费时系统故障等问题使得消费支付出现问题还是非法人员对于系统造成入侵或者泄露信息，都会给企业和消费者双方带来极大的困扰。除此之外，由于跨境贸易，汇率问题会对跨境电商产生重要的影响。例如,当日元对于人民币贬值时,中国跨境电商在支付时通过日元交易,然而回款时却是人民币,这会让跨境电商的利润降低。

要求

1. 请以小组为单位讨论并分析中国跨境电商所处的宏观环境。
2. 以安克公司为例,剖析该公司现如今在跨境电商方面的优势。
3. 以安克公司为例,剖析该公司在跨境电商方面存在的问题并提出合理的解决方案。

情景二

跨境网络市场分析

子情景一 跨境电商市场环境分析

知识导读

跨境电商市场环境分析是跨境电商企业针对自身所处的内外部环境状况和自身地位进行分析,以作为市场决策基础的一种分析方法。跨境电商市场环境分析主要包括宏观、中观、微观环境分析,通过学习环境分析了解目前电商发展现状及趋势,掌握 PEST 宏观分析、波特五力模型以及波士顿矩阵和 SWOT 分析方法,培养洞察市场潜力的思维。

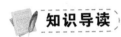

学习目标

知识目标

了解电商发展现状及未来趋势。

掌握跨境电商宏观环境因素及分析方法。

掌握跨境电商中观环境分析方法。

掌握跨境电商微观环境分析方法。

掌握跨境电商 SWOT 模型分析方法。

能力目标

能够结合电商发展现状及趋势谈谈个人的看法。

能够运用跨境电商环境因素对具体市场情况进行分析。

素质目标

培养根据不同市场多维度分析的能力。

培养洞察不同市场发展潜力的思维。

> 相关知识

1. 跨境电商发展现状及趋势

1.1 跨境电商发展现状

1.1.1 跨境电商发展历程

在国际上,各国为跨境电商的蓬勃发展营造了良好的环境。在国家的层面上从政策、物流、支付、知识产权、信息安全、互联网基础设施建设等方面都为跨境电子商务的发展给予了保障。美国实现了"线上交易免关税",同时海关与邮政机构实现了数据同步;在日本,除了提供政府资金扶持之外,还在物流发展方面提供了政策上对应的支持,以促进电子商务的发展。发展跨境电子商务在许多国家的经济活动中成为越来越重要的经济活动,各国也纷纷建议制定统一标准的跨境电子商务行业准则以规范和促进跨进电子商务的发展。欧美等发达国家对跨境电商所营造的良好发展环境为中国跨境电子商务企业创造了前所未有的发展机遇。与此同时,发展中国家蕴藏的巨大发展机会也是中国跨境电子商务发展的方向之一。发展中国家互联网技术发展尚未成熟,这其中蕴藏着许多的发展机会,跨境电子商务企业要运用自身的优势,把握机会,为发展中国家跨境电子商务发展助力的同时,也基于此寻求企业新的拓展机会。

欧债危机和经济危机爆发之时,全球各地经济发展尤其是外贸交易受到明显影响,作为进出口贸易大国,我国外贸也不能幸免,但是随之而来的是电子商务的应运而生。最早是 2000 年以来,随着海外留学、境外旅游的兴起出现了代购,为跨境电商的消费提供了机遇和基础,创造了新型消费模式。2007 年,海淘逐渐兴起,随着英语的普遍教学,出国留学的学生规模逐渐加大,出现了"海淘族",主要消费者是海内外华人和学生。随后到 2014 年,即跨境电商元年。这一年,海关总署相继发布了 56、57 号公告,此公告的诞生意味着电子商务交易合法化,给予了交易方更好的保障。这一时期,跨境电商正式走入人们的视野,对外贸易的发展呈现飞速上升趋势,走出去的企业数量和规模逐渐加大。2014 年作为跨境电商元年,成功完成了现代购物观念的转变。第二年是跨境电子商务的起飞之年,越来越多的国家响应"一带一路"倡议。随后 2016 年出台了跨境电商政策,对从事电子商务的企业和个人在行为准则上制定了更多规定,同时传统贸易稳定性受到影响。其中,中小企业受影响最大,跨境电子商务的便利性、效率和低风险吸引了许多中小企业。尤其是地域影响降低,中部不发达地区企业获得效益较多。2016 年之后,随着电商规模和数量的不断增加,国家对税收、门槛、规模等制定了各项政策,一方面规范了企业行为,另一方面监管行业发展,引导电商行业向着更持久健康的方向前进。

图 2-1 说明了跨境电商市场的交易规模。2015 年,跨境电商行业交易规模为 5.4 万亿元人民币,到 2018 年增至 9 万亿元人民币,期间交易规模持续增长,但增长率呈下降趋势,此后,增长率呈上升趋势,到 2019 年突破 10 万亿大关。2020 年,全球贸易萎缩的市场背景下,我国跨境电商规模仍持续上涨,达到 12.5 万亿元,整体相比 2015 年翻 2 倍,说

明我国跨境电商行业日渐成熟,趋于稳定。但是其间增长率上下浮动,因此我国需要加强对跨境电商管理,使其在发展路上稳扎稳打,促进跨境电商的发展得到更好的保障。

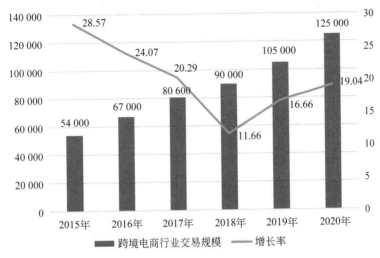

图 2-1 2015—2020 年跨境电商行业交易规模及增长率

数据来源:网经社电商大数据库

1) 跨境电商各种交易模式情况

跨境电商的发展十分迅速,目前用户已经达到了一亿,在线购买和消费能力逐渐上升,对生活品质和要求越来越高,同时,海外留学、代购和文化的输入营造了文化环境,用户对于各种商品的需要,使得跨境电子商务得到了很好的发展。《2020 中国跨境电商市场发展报告》中的数据表明,我国跨境电商交易方式主要包括 B2B 和 B2C 两种模式。目前,由于 B2B 具有降低采购成本,减少周转时间和减少库存的优势,因此在跨境电商中占据主流,交易占比达 80.5%。但 B2C 模式的重要性也日益凸显,2020 年交易占比 19.5%,并且近年来 B2C 交易模式进一步丰富,占比上升,市场潜力有望得到释放。

2) 跨境电商商家规模情况

2009 年之后的十年里,跨境电商的商户数量具体情况如图 2-2 所示。可以看出,2009 年仅为 7839 家,之后 2009—2013 年表现为大幅度上涨,究其原因,这段时间互联网技术日新月异,为大企业提供了足够强大的交易平台,吸引了大量中小企业的入驻,带去丰富产品的同时也扩大了生产规模,导致跨境出口力度加大。2013—2017 年表现为稳定上升,相比前几年的上升,该时间内商家总数增加不多,主要是由于我国跨境电商的稳定发展,出口产品能够达到一定的经济体量,电商红利的优势逐渐减少,所以吸引商家的数量有所减缓。到 2018 年,再一次上升至 15 645.2 家,相比 2009 年翻了 2 倍左右,说明我国电商发展迅速,在这十年里很大程度上表现出了强大的吸引力。

随着跨境电商的不断发展,平台的改进成为一种进阶方式,国内跨境电商市场可谓是鱼龙混杂,金字塔梯队分布上,随着行业"马太效应"加剧,一些中小型、不合规平台逐渐被

情景二 跨境网络市场分析

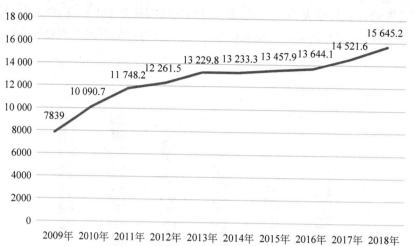

图 2-2　2009—2018 年跨境电商商户数量

数据来源：《2018 年度中国跨境电商发展报告》

市场所过滤淘汰。相关数据表明，我国进口跨境电商平台可以划分为"三个梯队"，如图 2-3 所示，网易考拉、天猫国际等大型企业正在形成大型平台成为"第一梯队"，它们作为"头部平台"拥有许多忠实的客户群体，具有明显的品牌效应和庞大的平台规模。其次是以洋码头、唯品会和小红书等组成的"第二梯队"，这些企业虽然规模和品牌效果不如第一梯队，但是也在电商市场上拥有一定数量的群体，可以称作"准一线平台"。最后是具有明显的产品特征的小型平台企业，比如宝贝格子以母婴产品为主。市场格局梯队层次鲜明，百花齐放。

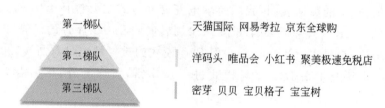

图 2-3　典型代表企业

数据来源：网经社电商大数据库

随着 2016 年"四八新政"的出台，低门槛电商的政策红利时代走到尽头，海淘带货和小型 B2C 进口商失去价格优势以及消费者的信任，利好逐渐向大型平台类企业偏移。如图 2-4 所示，2020 年第三季度进口跨境电商 B2C 市场份额中天猫国际＋网易考拉位居第一，占总市场份额的 65%，京东国际、唯品会国际紧随其后。B2C 市场一超多强局势明显，市场整体处在上升阶段，跨境购物现象愈发普遍，阿里系基本确立了在进口 2C 端市场的稳固地位，市场整体格局稳定。

3）跨境电商各省市分布情况

如图 2-5 所示，从地区分布看，2018 年跨境电商商家集中在广东、浙江、江苏和上海。

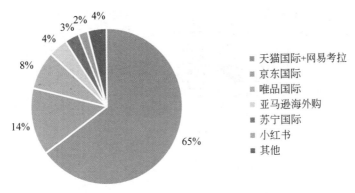

图 2-4 2020 年第三季度各跨境电商企业份额占比

数据来源:《2020 年度中国跨境电商市场发展报告》

其中,广东占比达到了 20.5%。由此可以看出,跨境电商的地区仍以长三角和珠三角为主,这与当地经济发展程度有关。观察这些地区发现,该地区具有良好的经济发展优势,且是传统贸易中最发达的地区,在跨境电商发展之后,这些地区在以前的优势上又得到了进一步发展,所以相比其他地区,长三角和珠三角依旧是卖家集中地区最多的地方。

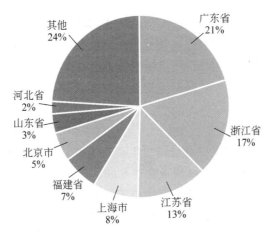

图 2-5 2018 年我国出口跨境电商地域分布

数据来源:网经社电商大数据库

4) 跨境电商出口目的国分布情况

如图 2-6 所示,从国家角度来看,2018 年跨境电商前五个出口国家分别是美、法、俄、英和巴西,这主要和这些国家的经济状况、基础设施、网络购物环境以及出口方面占据的有利条件有关。例如,在美国,许多高质量、廉价的产品吸引了许多美国青年人士。美国人均 GDP 水平高于其他国家,因此美国出口占比最大。同样的,法国和俄罗斯网购环境和人群也决定其出口占比。而近年来,巴西、印度等新兴市场方兴未艾,也吸引了我国大量电商企业及个人卖家争相布局。这些新兴市场有着相应的电商发展基础和广阔的发展前景,发展潜力巨大,是我国出口跨境电商发展的重要目标市场。

情景二 跨境网络市场分析

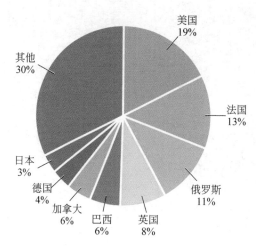

图 2-6　2018 年我国跨境电商出口国家和地区分布

数据来源:《2018 年度中国跨境电商发展报告》

1.1.2　跨境电商的优势

陈海权提出,从本质上讲,跨境电商最重要的功能是对传统商业模式的改造,供给方逐渐由外贸生产商向外贸供应商转变、由产品交易商向生产组织者转变、由价值实现者向价值提升者转变,而需求方逐渐由被动接受者向主动消费者转变。由供给端按自身生产计划生产,经过中间商,到达需求端,逐步转型为供给端根据需求端需要精准定制,直接或经过少数中间商卖给需求端,大大提高了生产和流通的效率,优化了资本配置,提升了利润水平。

1) 拓宽企业利润渠道

除了传统的线下渠道外,企业通过跨境电商渠道开展国际市场可以更好地提高运营效率。通过电商渠道,中国企业可以获得快速发展。在全球供应链中,中国发达的制造业已经占据重要地位,跨境电商方式可以帮助中国企业跨地区与全球的商业伙伴开展对接和有效的沟通合作,进而推动中国企业不断进步。

2) 拉动地方经济增长

跨境电商降低贸易门槛,增强流通效率,拓宽贸易渠道,提高资金、物流、通关等效率,给地方经济带来明显的推动作用。以郑州为例,跨境电商产业园区集邮件监管中心、快件监管中心、口岸作业区等监管功能于一体,为跨境电商购销、结算、配送等提供了便利,降低了企业的经营成本和监管部门的行政成本,使各方受益。此外,河南保税集团下的保税进口业务,打造了中大门项目。该项目已经成为中国最大的进口保健品、化妆品跨境电商交易基地,在中国跨境电商进口业务总量的占比均为一半以上。我国共有 59 个国家级跨境电商综合试验区,同时有上百个综合保税区,这些基础设施都将有助于促进跨境电商拉动地方经济增长。

3) 提升企业经营效率

跨境电商对于提高企业的科学决策水平具有显著的促进作用。研究发现,中国跨境电商企业采用信息和通信技术产品等技术资源,会引起运营模式更顺畅、更科学。而对于限制使用信息技术资源的企业,其跨境电商业务的发展会受到限制。不同地区消费者对互联网的态度和有效性感知以及跨境商品价格水平,都是影响消费者选择电商消费方式的重要因素。此外,跨境电商还带动了传统行业开展跨境业务,提升其品牌知名度和市场竞争力。研究发现:跨境电商方式为中小企业提供了通关、退税、结汇、金融等一揽子服务,简化了贸易流程,从而帮助中小企业极大地提升了国际竞争力,加速了普惠贸易时代的到来。这种新趋势大大降低了国际贸易的门槛,让国际产业链分工更加高效,更加精准。

1.1.3 跨境电商存在的问题

1) 全产业链生态圈建设不完全

传统出口外贸已经在长久的发展中建立了成熟的管理机制,潜在风险大大降低,各项政策执行逐渐落实,所以传统贸易处在一个成熟的交易环境中,争端和矛盾逐步减少,甚至部分地区没有突发事件。不过跨境电商作为一个新发展的行业,在很多方面都还有待完善,很多人都想找到灰色地带以谋取利益。以支付为例,跨境电商支付方式以电子交易为主,但是网络本身就是充满不确定性的地方,安全隐患、网络黑客等都会对其支付产生影响,操作风险依旧存在。与此同时,信用体系和争端解决机制尚未有效构建,信用风险依然存在。另外,跨境电子商务还具备信息交互复杂,数据量很大,转变发展迅速的特点。目前,各线上综合服务平台建设标准不统一,功能不完善,接入方式不一致等问题,导致跨境电商信息共享体系的建立不完全,给更加稳定的平台建设提出了建议。

2) 政策壁垒明显,进入门槛越来越高

美国、欧盟、澳大利亚等都在逐步提高跨境电商商品进境的准入门槛,对产品要求越来越高。同时,许多国家和地区限制外国企业进入的机会,并根据国内经济和政治发展情况进行调整和变化。特别是政治动荡,治理机构和政策的不断变化以及潜在的未知风险很高。由于国家的政治变迁或不可预测性,投资收益可能受到损害的风险类型。因此,海外运输站的建立也将成为重要难点。

3) 跨境物流运输成为新难点

跨境电商交易的货物多为批量小而多,订单来源广泛,采购时间紧张。目前物流行业的领头企业包括EMS国际快递、海外仓库等。对于跨境电商企业来说,根据消费者以及卖家集中反馈的信息得到以下问题:物流体验感不佳、物流成本过高、物流时效性差以及物流业务的专业化水平和物流可追溯性差。由于不同国家之间存在较大空间距离,因此很难在交易者之间建立快速而密切的贸易联系。买卖双方很少见面,很少有个人接触。从外国下订单到收到货物之间有很大的时间差。距离会产生更高的运输成本和更大的风险。发货和收货需要更长的时间,并且涉及可观的费用。在战争和自然灾害期间,货物的运输变得更加困难。同样,发送或接收信息的成本也很高。对外贸易涉及的风险比国内贸易大得多。货物长距离运输,暴露于海洋的危险中。这些风险中有许多可以通过海上保险来承担,但会增加商品成本。在国际环境中,卖方可能难以可预测的成本履行对客户的准时交货承诺。在很大程度上,这是因为全球范围内的海关法规和程序是为大规模重复性工业运输而设计的,而不是为构成电子商务交易的小批量独特订单而设计的。

1.2 跨境电商发展趋势

1.2.1 品牌化运作趋势

企业要注重品牌化和产品品质化,挖掘产品核心竞争力,品牌化经营和品质化管理是企业转型升级的必要条件。中国跨境电商要提升创新能力,摘掉商品模仿和同质化的标签,以原创产品和优质服务来赢得国外消费者的青睐,发展差异化、多元化产品,逐步将"中国制造"升级为"中国创造",借力各大电商平台,拓宽跨境营销渠道,提升各环节品控程度,加强客户管理,打造自己的品牌。从产品的页面展示到后台操作、客服培训,以及产品的包装,公司都要严格把控,打造品牌的形象来招揽消费者。

1.2.2 发展海外仓趋势

卖家运用海外仓有几个优势:①提升配送速度,改善买家体验。海外仓发货使用当地物流配送,相比国内邮件直发,特别是重大件货的直发,物流配送速度大大提升,卖家无须为物流纠纷感到忧虑。②降低成本。虽然货物发往海外仓备货压力较大,但对于某些热卖产品并不需要感到担忧,只需控制好销售趋势和库存数量,卖家不需要担心货卖不出去。通过海外仓发货,为公司节省了专门的仓库费用以及国内仓库所需要的人工成本。③增加买家消费信心,提高点击率和成交率。通过海外仓发货,买家所看到的物品所在地是在当地国,在购买时能打消物流疑虑。

1.2.3 多渠道运营趋势

自 2014 年以来,跟之前很多的选择单一电商平台销售的策略相比,更多的电商企业选择了多平台运营,甚至很多的企业通过分销的方式实现全网平台的铺货。而多平台运营其实就是把鸡蛋放到不同篮子里的策略,分散风险的同时吸引不同目标客户。另外,随着互联网行业的发展,不同平台在不同时期存在着此消彼长的发展状态,也推动着跨境电商采用多平台运营策略。社交媒体已经成为一个平台,很容易与任何网络连接,实践证明,这是一个廉价且实用的平台,为企业实施营销活动。另外,对于跨境电商来说,社交媒体可以增加网页流量,加强品牌影响力,拉拢准确的客户群体,利用 Facebook 和 Instagram 等社交媒体的推广引流在跨境电商行业非常流行并且实用。

2. 跨境电商 PEST 宏观环境分析

PEST 是从战略的角度出发审视企业外部宏观环境的分析法,如图 2-7 所示,具体是指通过四个因素即政治、经济、社会和科技来把握企业宏观的发展环境,由此来规避发展环境中可能遇到的劣势及威胁,利用发展环境中的优势及机会,为公司制定战略提供科学的依据。

2.1 政治环境

我国政府高度重视和支持跨境电商发展,把跨境电商当作传统贸易转型升级的重要抓手,因而从顶层设计上,对跨境电商做了一整套支持其规范发展的制度体系。当然,这

图 2-7　PEST 分析法

个制度体系的建立并非一帆风顺。自 2013 年以来,国家在发展跨境电商思路上,逐步走向稳定和成型。根据 2018 年国务院常务会议的决定和思路,在"十三五"乃至未来相当长一段时期内,中国发展跨境电商的原则主要有:一是鼓励创新和公平竞争,不搞政策优惠;二是坚持在发展中规范,在规范中发展;三是坚持先行先试、循序推进;四是明确促进产业发展作为重点,把 B2B 作为主攻方向。

上述 4 个原则,很好地串联形成跨境电商产业发展的总体思路,有目标、有措施、有重点、有注重事项,几乎涵盖了跨境电商产业面临突出的税负不公平、监管不对等、政策体系独立分散、主流业务不突出等核心问题,是现阶段对跨境电商发展的科学判断。有理由相信,这将是未来一段时间内中国跨境电商发展的指导原则,所有政策体系都应按照该框架起草制定。

2010 年以来,国家在鼓励互联网发展,支持信息经济创新推动经济发展和市场创新中出台了一系列支持政策,如建立自由贸易区、人民币的国际化和"一带一路"倡议,为跨境电商提供良好的发展环境。2013 年以后,跨境电商成为各界关注的焦点模式。商务、财政、海关、税务、外汇等部门相继出台鼓励跨境电商发展的措施,包括为探索可复制推广的经验开展的政策性综合和专项试点,支持跨境电商企业退税、支付、结汇,给予跨境电商进出口企业配套通关措施等。同时,地方政府也为支持跨境电商发展制定了鼓励措施和规划方案,都有效营造了适合跨境电商企业干事创业的营商环境。下面就几项主要政策的出台背景做分析和研究,如表 2-1 所示。

表 2-1　2013—2017 年中国跨境电商相关政策(不完全统计)

时　间	政　策	内　容
2013.8	国务院办公厅《关于实施支持跨境电子商务零售出口有关政策意见的通知》	确定电子商务出口经营主体备案登记手续,建立电子商务出口新型海关监管模式并进行专项统计,建立电子商务出口检验监管模式,支持电子商务出口企业正常收结汇,鼓励银行机构和支付机构为跨境电子商务提供支付服务,实施适应电子商务出口的税收政策,建立电子商务出口信用和市场监管体系

续表

时间	政策	内容
2015.5	国务院办公厅《关于大力发展电子商务加快培育经济新动力的意见》	加快建立开放、规范、诚信、安全的电子商务发展环境,进一步激发电子商务创新动力、创造潜力、创业活力,加速推动经济结构战略性调整,实现经济提质增效升级
2015.6	国务院办公厅《关于促进跨境电子商务健康快速发展的指导意见》	全面支持跨境电商各模式发展的政策措施,包括支持进口、出口、B2B以及海外仓发展等措施,从海关通关、税收、检验检疫、电子支付、金融支持、综合服务体系建设等方面提出明确支持方向
2016.4	海关总署办公厅《关于执行跨境电商税收新政有关事宜的通知》	税收新规定跨境电商个人交易限制为人民币2万元
2017.8	国务院办公厅《关于进一步扩大和升级信息消费持续释放内需潜力的指导意见》	部署进一步扩大和升级信息消费,充分释放内需潜力,壮大经济发展内生动力

我国最早涉及电子商务的相关法律规定出现在各种其他法律中,如《合同法》《会计法》《刑法》《关于维护互联网安全的决定》等。2005 年,我国颁布了《电子签名法》,其他关于电子商务的立法都是以政府规章和地方性法规的形式出现的。有关电子商务活动涉及的各项法律条款,都是在各种法律中查找依据,缺乏一部针对性的权威法律。

从 2013 年起,随着电子商务市场规模的日趋壮大,交易主体飞速增多,市场急切呼唤一部正式的《电子商务法》。该法的出台前后征求了四次修改意见,最终于 2018 年 5 月批准并颁布。自此,首部专门针对电子商务交易活动的法律正式出台。据多方反映,尽管《电子商务法》的内容不尽完善,甚至有些内容尚未触及,但已经比较契合我国电子商务发展的实际,给未来不断完善该法律提供了很好的基础和条件。

《电子商务法》主要涉及以下内容。

一是《电子商务法》的适用范围。法律将电子商务的范围定义为通过互联网等信息网络进行商品交易或者服务交易的经营活动。同时指出,如果法律、行政法规对商品交易或者服务交易有特别规定,则在实际行动中应适用其规定;其次,涉及金融类产品和服务、利用信息网络播放音视频节目以及网络出版等方面的服务不适用本法。《电子商务法》为我国电子商务行业及其未来发展提供了一个基础性的框架。

二是对经营主体类型的划分。法律将经营主体划分为"电子商务经营者"和"电子商务平台经营者"。其中,特别对立法监管的重点主体,即对第三方平台做出重点认定,认为《电子商务法》规范的重点在于电子商务第三方平台,而非其他类型的经营主体。对于普通电子商务经营者来说,他们与实体经营者并无实质区别。

三是平台经营者的法律义务。由于大型第三方平台具有的"准公共"企业的特征,因此法律设置了一系列特定义务,其中包括对经营活动的经营者进行相应的身份审查;建立登记档案并且定期核验;对自己平台内的商品和服务提供的合法性承担检查与监控的责任;采取必要的技术措施和管理措施,确保平台的正常运行,提供可靠的交易环节,保障电子商务的交易安全;针对平台内的交易活动,遵循公开、公平的原则,制定平台服务协议和交易规则。

2.2 经济环境

这些年,全球各地的电商活动逐渐活跃,买家市场的范围不断扩大,很多新兴市场受到了更多的关注,这些区域有非常惊人的网络用户,这也为国内的商家提供了非常多的潜在消费人群。这些国家电商行业都有了比较大的成长,同时人们更能接受新鲜事物,而且这些区域物资并不是非常丰富,还有很多人希望自己的生活品质更高。这一系列的因素,都为电商公司提供了发展的土壤。

图2-8是历年经济增长趋势图。总体而言,各个国家的经济趋势呈现出逐年下降的趋势,全球经济较为低迷,但是跨境电商的形式较为乐观。

图 2-8 2016—2020年世界经济增长趋势

数据来源:商务部、智研咨询整理

在2013年的时候,全球的跨境电商的消费总额排名前三的是美国、英国和德国。欧洲地区跨境电商的年复合增长率从2013年到2018年呈逐年上升的趋势。综合各国发展情况,可以看到,美国是全球跨境电商交易最为发达的国家,很多知名跨境电商品牌都来自美国,因此美国从跨境电子贸易中也获益最多,其次是英国的交易也很频繁。在跨境出口交易中,排名第一的是美国,英国、德国、斯堪的纳维亚半岛国家、荷兰和法国紧随其后。跨境电商进口交易排在前5位的国家则分别是中国、美国、英国、德国和巴西。而我国在跨境电商进口领域在2014年就已经是全球最具有发展潜力的市场,这一事实证明,中国的进口电商平台是十分具有发展前景的。

再以东南亚为例,其较为强劲的经济发展水平支撑其电商快速发展。到2019年年底,东南亚的互联网经济达到1000亿美元,比前一年年同期的720亿美元增长39%。东南亚地区在线用户增长迅速,目前估计约为4亿。除此以外,印度的人均收入远低于东南亚国家,但是当前亚马逊印度站的整体销量也在迅速上升。因此,无论国外的人均是高收入还是中低收入,只要存在有网络以及手机普及率较高的地方,电商的发展均是潜力巨大的。所以国内的商家一定要借助发展的东风,将产品销往世界各地,利用网络让更多的人了解自身的产品,这样才能更好地打开新兴市场的大门。

2.3 社会环境

研究社会环境需要重点关注各个国家的民族特征、价值观念、文化传统、教育水平、宗教信仰以及风俗习惯等因素。这是人类在认识、改造世界过程中长期积淀的智慧结晶,是人自身逐步形成的个人能力。对于不同国家或地区,人口文化素质没有唯一的衡量标准,有着不同含义;同时,对于个人和人口群体来讲,文化素质也有不同的衡量指标。

以美国为例,美国市场的线上购物平台更为完善,也有更久远的历史,居民对网购的认可度和接受度也更高一些。尤其是近几年各大电商平台开始布局移动端,居民的线上购物方式更为多样化、便捷化。由于电子商务使得买卖双方的沟通更为便捷,时效性也更快,同时购物网站的交易方式因为有技术和信用的支持更为简易,相对于实体店购物,节省了更多的时间和交通成本。根据 Bloom Reach 的调查显示,44%的美国消费者网购时优先选择到亚马逊搜索产品,21%的人会从特定零售商的网站购买商品。美国和英国的跨境电子商务 B2C 贸易关系较紧密,主要是源于语言因素的影响。美国说西班牙语的消费者数量和西班牙当地人口差不多,英语作为普遍的国际语言,在英国、加拿大、新西兰和其他国家有大量说地道英语的消费者,这是在美国购物的主力军。此外,也有不少美国消费者偏爱从中国购物,中国在美国消费者最喜欢的跨境购物国家中位列第二。在人口比例上,美国是一个严重老龄化的国家,但由于整体受教育比例较高,民众对互联网购物的接受比较容易。在消费习惯上,美国人尊崇实用性原则,并不会一味购买名牌,他们相信一分钱一分货的道理,这正是美国人愿意购买廉价产品的一大原因。电子商务实现了人们随时随地、无时无刻线上购物的愿望,完全不受时间、地点和空间的限制。比如美国大部分人口居住比较分散,在各个郊区,线下实体店购物相对来说不太方便,并且他们大部分人属于中产阶级,购物能力并不差,电子商务的线上购物解决了他们这方面的痛点。

2.4 科技环境

科技环境的分析着重关注信息流、物流、资金流三大流动。随着信息服务的爆发,营销服务现在已经不断完善。现阶段,国外顾客常用 Google、Facebook 等工具进行交流、查询,不少组织会借助此类品牌进行营销活动,起到了非常好的相互促进效果。信息的推广和传播决定了跨境电商商家的客户群大小,当前的 SNS 社交工具以及各类 KOL 营销服务,极大地促进了商家与潜在客户在信息交流层面的多维度触达和沟通。

2.4.1 物流

对于跨境电商来说,对其有非常重要的推动作用的就是物流信息化,这让行业有了非常快的成长。同时,海外建仓也对整个行业有非常明显的推动作用。跨境电商想要良好地成长,完善的物流体系是必不可少的,这是其中非常关键的一部分,物流信息化能够有效降低其中的纠纷;海外仓的出现,同样能够减少费用,并且让顾客得到更好的服务,让产品获得更多的份额。

2.4.2 资金流

在跨境电商交易期间,国际支付是其中非常重要的一部分,这些年,跨境电商有了非常快的成长,国际支付也得到了迅速发展,各种支付形式也在不断推陈出新。现阶段,比较常见的就包括 PayPal、PingPong、Webmoney 等,使得网上交易变得安全而且便捷。早在 2013 年,中国人民银行便针对相关的问题推出了指导意见,其中就各种类型支付业务的规范进行了指导。这些年,跨境支付公司也有了非常快的成长。这类问题现在得到了有效的处理。

2.4.3 信息流

对于跨境电商来说,大数据是其中非常重要的部分,其良好的运用对于整个行业是非常重要的。利用大数据进行研究,能够了解世界范围内的各种需求,这样就可以开展相应的生产活动,做好相应的销售工作。

2.5 中观环境分析

从 PEST 模型分析的外部环境综合来看,外部环境整体跨境电商企业还是有利的。而就跨境电商本身的行业内情况来看,以五力模型(如图 2-9 所示)的角度进行分析呈现出以下态势。

2.5.1 行业内部的竞争压力

随着网络技术的高速发展,人们的生活与消费方式不断升级改变,跨境电商逐渐进入高速发展的状态。2020 年,大部分跨境电商企业选择逆流而上,使得行业变得更加成熟,市场总量不断增加,需求量得以稳步提升。目前,国内跨境电商行业的竞争以几大领头的电商巨头为代表,包括天猫国际、苏宁全球购、京东全球购、唯品国际、网易考拉、亚马逊等成立时间较早、资金实力雄厚、知名度较高的企业,垄断态势逐

图 2-9 五力模型

渐形成,想要突破重围在行业内占有一席之地并非易事。此外,还有许多新兴创业公司,也已形成一定规模,如小红书等。就此来看,国内跨境电商市场格局已基本形成,行业内现有企业之间竞争十分激烈,未来潜在进入者只会只增不减。

2.5.2 供应商的议价能力

跨境电商企业无论是 B2B 模式还是 B2C 模式,绝大多数企业都只是作为服务商,其性质决定了是扮演"中间者"的角色,没有独立生产任务,供应商在确保需求的前提下可以根据各家电商的特色自主选择电商平台,此时的供应商具有一定的议价能力。但随着跨

境电商市场逐渐趋向饱和,跨境电商企业在行内已形成一定门槛要求,电商平台拥有独特的优势吸引供应方合作,此时将会削弱供应商的议价能力,企业会有更多的选择自主权。所以,现在跨境电商龙头企业都在开发自己的物流产业或代理发货业务,联合众多跨境电商企业以增强议价能力。而很多小型跨境电商企业或初创公司,需要面对供应商较高的议价能力,如不能及早建立自身平台的独特优势,其利润空间将会越来越小。

2.5.3 购买者的议价能力

同样的,因为目前跨境电商企业数量多,电商行业又竞争激烈,可供购买者选择的电商平台较为丰富,消费者的转移成本较低,可轻易实现货比三家,因此对价格较为敏感,购买者具有较高的议价能力。此时购买者的议价能力虽不能直接决定电商平台的产品价格,但是企业如果没有建立起让客户认同的产品价值优势,无法长期留住消费者,一旦当某些平台的大批量潜在客户转移到竞争对手方,最终也会间接地影响电商平台的产品定价。

2.5.4 潜在的进入者威胁

1) 初创公司的威胁

虽然目前的跨境电商行业内有以天猫国际、苏宁全球购、京东全球购、亚马逊等为代表的大型综合性电商企业,但反观行业现实,其准入门槛低,属于轻资产行业的属性,造就了目前行业内更多的仍然是小型跨境电商初创公司。仅在2019年,全国就新增注册跨境电商企业超过6000家。在这其中,不乏一个人、一台计算机、一间房的工作者,这些个人新进入者只需要2~3年,公司人员就能增加到10人左右,每年的销售额可以达到5000万元。由此可见,跨境电商初创公司不仅数量庞大,威胁性也不容小觑。

2) 相近行业的威胁

在国内,由于国家政策对跨境电商行业的大力支持,加之市场不断开拓带来的巨大诱惑,因为其行业准入门槛低的属性,未来潜在进入者的范围将会进一步扩大,相近行业的企业也有可能加入到竞争行列争得一羹红利。而这些具有规模经济的品牌和企业一旦进入跨境电商行业,其雄厚的资金资源,势必会在行业内形成一定影响,因此它们同样是需要重视的潜在威胁。

2.5.5 替代品的威胁

跨境电商行业的诞生本身就是实体企业销售的替代品,但是伴随着网络技术的进步与经济全球化的发展,很多传统实体企业甚至生产制造型企业也逐渐参与到跨境电商的队伍当中。他们之中,往往很多已经具备强大的现金流和忠实的客户群,甚至有的大型企业本身就已具备物流服务,可以结合传统跨境电商的中间段线上销售模式,实现一站式服务到家,转而又成为传统跨境电商的替代品。另外,部分实体销售店通过重新定位客户群体,实现线下高端定制,也对跨境电商构成了一定威胁。

2.6 微观环境分析

2.6.1 波士顿矩阵模型

波士顿矩阵模型如图2-10所示。

1)劣势与机遇并存型

该类型位于矩阵的第一象限,其发展特点为高市场增长率,但市场占有率较低。跨境电商企业可以将位于此象限的产品看作待开发的问题产品,尽管其发展优势尚未凸显,仍处于成长阶段,但其拥有广阔的市场前景,未来市场潜力较大,企业可采取加强型发展战略来增强其发展优势,通过增加资金投入,配备专业化队伍进行管理,把握其未来发展机遇。当然,跨境电商企业应该根据自身的实际情况,如业务需求、成本管理等方面加以考虑,进行有效取舍。因此,此类产品的未来发展取决于企业是否对其进行正确的引导。

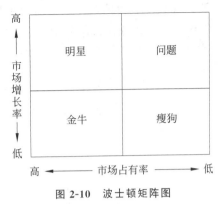

图 2-10 波士顿矩阵图

2)优势与机遇并存型

该类型位于矩阵的第二象限,其发展特点为高市场增长率,以及高市场占有率。跨境电商企业可以将位于此象限的产品看作明星类产品,由于其增长势头良好,拥有很好的盈利前景,具有很强的吸引力度,跨境电商企业可以采用稳定型增长战略和创新型战略,充分发挥其竞争优势,利用其发展机遇,将其作为企业现阶段和未来的重点发展业务,并通过不断增加投入和提升开发力度,加强产品的开放和升级,始终保持其较高的市场份额,以抢占在市场内的绝对领导地位。

3)优势与威胁并存型

该类型位于矩阵的第三象限,其发展特点为拥有较高的市场占有率,但市场增长率已经趋于饱和状态。跨境电商企业可以将位于此象限的产品看作金牛类产品,它处在产品生命周期中的成熟期阶段,该类业务是成熟市场的领头羊,也是企业现金的主要来源。因其拥有较高的市场占有率以及享有较好的规模经济优势,但市场增长率已经趋于饱和,所以企业无须对其再做大量的投资。而应该是通过整合相关资源,采用创新型战略,在发展中继续坚持科技创新发展理念,充分发挥支柱产业优势,并考虑其成本和风险,维持多元化业务,警惕出现衰退迹象。

4)劣势与威胁并存型

该类型位于矩阵的第四象限,其发展特点为低市场增长率,以及低市场占有率。跨境电商企业可以将位于此象限的产品看作瘦狗类产品,其正处于衰退期,已无竞争优势,因此没有发展前景。但是,并不代表企业对于此类产品就能盲目地采取全部放弃战略,而是应该尽可能规避发展此类产品过程中遇到的风险,合理地选择避开威胁,消除劣势。因此,跨境电商企业面对市场增长率及市场占有率低,及正处于衰退期的产品时,为保持行业竞争力,应当采取减少和剔除战略,结合当前发展中存在的劣势和威胁,将企业的有限资源转移到更有利的领域上。

2.6.2 价值链

迈克尔·波特在1985年首先提出了价值链的概念,他认为企业的价值创造是通过一系列的互不相同但又相互关联的生产经营活动构成一个创造价值的动态过程,即价值链,如图 2-11 所示。价值链的增值活动包括基本活动和辅助性活动两个类别。基本活动如生产开发、市场营销、后勤服务等，与商品的加工流转紧密相关，而辅助活动则包括采购管理、技术开发、人事管理和企业基础设施等。

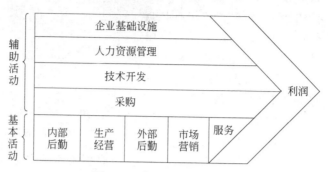

图 2-11　企业的基本价值链

价值链增值活动的各环节之间相互关联，相互影响。在跨境电商中，因其已经改变了企业内外活动的关系，若要给消费者提供更准确的产品和服务，就必须对实体价值链与虚拟价值链进行整合。实体价值链在跨境电商中承担的任务融合了基本活动与辅助活动两个方面内容，具体包括采购、生产、仓储、物流和售后等，而虚拟价值链的主要责任是为价值链中各主体提供信息流通渠道，确保交易效率。因为跨境电子商务的零售环节相对较长，结合其商业模式、供应链形式和通关模式，跨境电商价值链大致可以分为以下三类：一类是电子商务链，另一类是采购链，第三类是现货链。采购链和现货链往往存在灰色地带，而相比之下电子商务链的发展则更加规范和完善。跨境电子商务改变了传统国际贸易的扁平化供应链，贸易中间成本使批发商和外国进口商获得利润的最大化面临着巨大的压力。在大型电子商务的跨境商务发展中，最主要的发展方式是以"价值链整合"和"开放平台"这两个模式为代表。其中价值链整合是以产品流管理为企业战略核心，以现金流管理为企业提供系统支持，以信息流整合资源的一种纵向非一体化的网上零售业态。通过建立完善的供应链服务优势，搭建良好的供需平台，建立适合产品流管理的信息流管理，实现有效供需平衡。

2.7　SWOT 分析

在完成跨境电商外部和内部环境分析之后，各企业战略管理者需要对企业整个战略态势的分析进行总结、比较和匹配，并且在这个过程中激发和形成若干可选择的战略。SWOT 模型是企业战略管理者进行这项工作的有效工具之一，如图 2-12 所示。SWOT 分析法又称为态势分析法，其核心思想是通过对企业外部环境与内部条件的分析，明确企业可利用的机会和可能面临的风险，并将这些机会和风险与企业的优势和劣势结合起来，形成企业的不同战略措施。SWOT 分析的基本步骤如下。

第一步：分析跨境电商企业内部的优势和劣势，并把具体的判断放在矩阵对应的方格内（如图 2-12 所示）。这些优势和劣势既可以是相对企业目标而言的，也可以是相对竞争对手而言的。

	优势 (Strengths) 1… 2…	劣势 (Weaknesses) 1… 2…
机会 (Opportunities) 1… 2…	SO战略	WO战略
威胁 (Threats) 1… 2…	ST战略	WT战略

图 2-12　SWOT 分析模型

第二步：分析跨境电商企业面临的外部机会与威胁，可能来自于与竞争无关的外部环境因素的变化，也可能来自于竞争对手力量与因素变化，或二者兼有，但关键性的外部机会与威胁应予以确认，并把具体内容列入图 2-12 的矩阵内。

第三步：将图 2-12 中各种具体的陈述进行比较和结合，由此产生四种可能的应对策略，它们分别是：①SO 策略，就是指利用优势抓住机会的应对策略；②ST 策略，就是发挥优势减少威胁的应对策略；③WO 策略，就是利用机会克服劣势的应对策略；④WT 策略，就是避免劣势受到威胁打击的应对策略。

案 例 思 考

案例背景介绍

亚马逊的"中国行"

早在 2019 年，有关"亚马逊将退出中国市场"的消息备受业界关注。亚马逊回应称未来将继续投入并推动海外购、全球开店、Kindle 和云计算等业务的发展，并于 2019 年 7 月 18 日停止为亚马逊中国网站上的第三方卖家提供卖家服务。

业内有观点认为，在天猫、京东、拼多多等国内电商强势崛起之下，本土化缺位的亚马逊已逐渐被边缘化，最终只能黯然退场。但也有人士指出，亚马逊此番调整并非将电商业务撤出中国，而是将重心放在更具竞争力的跨境电商上。

不论亚马逊是知难而退还是以退为进，摆在眼前的事实是，亚马逊在中国市场的份额已严重缩水。此外，亚马逊在华市场扩张速度远不及众多中国电商平台，其中不乏阿里巴巴、京东等老牌对手，且在这几年又面临来自拼多多、云集等新晋电商平台的竞争，亚马逊很难在华"突出重围"。

不过，尽管在中国市场失利，亚马逊在全球范围内仍在高速发展，其中印度市场表现较为亮眼。这意味着，亚马逊与天猫、京东等国内电商平台的厮杀战场将转移至印度等境外市场,对后者而言,如何避免重走亚马逊中国之路,显得尤为重要。

问题和思考

1. 谈一谈亚马逊"中国行"折戟的主要原因是什么。
2. 亚马逊"中国行"给跨境电商企业带来了哪些启示?

习　题

一、单选题

1. 下列不属于五力模型分析框架的是(　　)。
   A. 行业内现有竞争者的威胁　　　B. 购买者的威胁
   C. 新进入者的威胁　　　　　　　D. 替代品的威胁
2. 下列属于跨境电商潜在的进入者威胁的是(　　)。
   A. 头部企业的威胁　　　　　　　B. 传统行业的威胁
   C. 中小型企业的威胁　　　　　　D. 初创公司的威胁
3. 跨境电商的价值链不包括(　　)。
   A. 电商链　　B. 代购链　　C. 现货链　　D. 物流链
4. 在SWOT分析模型中,属于发挥优势减少威胁的应对策略是(　　)。
   A. SO策略　　B. ST策略　　C. WO策略　　D. WT策略
5. 在波士顿矩阵中,哪类产品的发展特点为高市场占有率及低市场增长率?(　　)
   A. 明星产品　　B. 问题产品　　C. 金牛产品　　D. 瘦狗产品

二、填空题

1. 跨境电商的两类潜在进入者威胁为(　　)和(　　)。
2. 波士顿矩阵模型的四种类型为(　　)、(　　)、(　　)、(　　)。
3. SWOT分析模型包括的四要素为(　　)、(　　)、(　　)、(　　)。
4. 在跨境电商的发展中(　　)和(　　)两个模式是最为主要的发展方式。
5. 在跨境电商价值链中发展更为规范和完备的是(　　)。

三、简答题

1. 初创公司作为跨境电商的潜在进入者威胁,你认为其要想在行业内占有一席之地,需要重点加强哪些方面的努力?为什么?
2. 请选一个自己熟悉的跨境电商企业,运用SWOT分析方法对其进行分析。

实　践　操　作

小红书如何突出重围

2017年,中国成为全球第二大进口国,跨国零售收入超过90%,海外市场广阔,潜力巨大,国内跨国电子商务,如小红书、天猫国际、苏宁全球购、京东全球购、唯品国际等竞争激烈,不仅想得到国外优秀品牌的认可,还希望进行独家合作。

小红书目前最大的竞争对手是以天猫国际为代表的几个电子商务巨头,如苏宁全球购、京东全球购、唯品国际、网易考拉、亚马逊等成立时间早,发展速度快,且已经具备大型规模的公司,他们拥有足够的资金实力,以及较高的市场知名度,与之展开竞争并非易事。此外,还有新兴创业公司,经过多年的耕作,这些公司在一定程度上拥有了市场占有率和较高的客户忠诚度,其实力也不可小觑。

另外,由于我国海淘群体众多,跨国电商行业竞争激烈,消费者购物方便,对价格更加敏感,消费者虽然不能直接影响产品价格,但企业将竞争延伸至大量潜在客户中,最终会导致间接成本提升,进而影响小红书平台的产品价格,如果小红书没有足够的价格优势,消费者会认为产品体格难以体现产品价值,因此很难长期抓住消费者。

加之国家对跨国电子商务的支持,以及政策激励和市场开拓的巨大诱惑,潜在的竞争对手也不少,具有品牌效应和规模经济公司的类似行业公司也可能加入竞争,他们不仅影响力大,而且资本也很强,与其展开正面竞争很容易受到冲击。

要求

1. 根据案例资料,你认为小红书当前存在哪些竞争对手?
2. 请利用波士顿矩阵简要谈谈你对小红书当前产品的认识。
3. 请使用SWOT分析方法,谈一谈小红书可能面临的机会与威胁,以及优势与劣势,并尝试提出你的战略发展意见。

子情景二 跨境网络数据调研分析

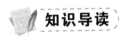

知识导读

跨境网络数据调研是指在互联网进行各种与企业相关数据的收集、筛选和分析,从而最大限度地帮助企业顺利开展跨境营销活动。在互联网飞速发展的今天,跨境网络数据的收集和分析很大程度上依赖于网络数据库和信息分析平台。本节主要介绍如何进行市场数据分析、竞争对手数据分析和店铺经营数据分析,以帮助读者更好地了解和掌握跨境网络数据调研分析。

学习目标

知识目标

掌握跨境网络的市场数据分析要素。
掌握跨境网络的竞争对手数据分析要素。
掌握跨境网络的店铺经营数据分析要素。

能力目标

能够运用跨境网络数据进行市场分析。
能够对竞争对手的跨境网络数据进行分析。
能够通过跨境网络数据了解市场发展趋势。
能够初步掌握Google Trends、Google News和"速卖通"平台的基础操作。

素质目标

具有对跨境网络数据的较高敏锐度。

具有对跨境网络数据独立思考的能力。

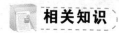

1. 跨境网络数据调研分析

跨境网络数据调研分析主要包括宏观市场数据分析、竞争对手数据分析和店铺经营数据分析。宏观市场数据分析帮助人们了解宏观数据分析的平台、工具和方法；竞争对手数据分析介绍如何从数据中掌握竞争对手店铺情况和产品情况；店铺经营数据分析在介绍店铺经营情况数据分析方法的基础上，详细介绍进行分析的各个指标含义。

2. 市场数据分析

跨境电商企业在确定调研目标后，需要收集信息并进行分析。在收集和分析信息时，为获取想要的数据信息以求更准确的分析结果，需要使用各种工具对跨境网络中已有的大量数据进行筛选和分析。首先必须熟悉搜索引擎的使用，其次要掌握网络信息资源的分布。随着网络的发展，信息分析平台不断推陈出新，各种平台可能会采用不同的方法，但其内容和结果并没有本质性的差别。利用信息分析平台一直是筛选和分析网络数据最有效的方式之一，市场数据分析主要分为以下几类。

2.1 宏观数据分析

不管是跨境电商还是其他企业，除了关注企业数据以外还应加强了解、跟踪整个宏观市场的数据，以了解市场发展趋势。对于跨境电商企业来说更是如此，因为其企业的定位和战略制定等都与宏观市场密不可分，而企业、消费者和政府都是宏观市场中的组成部分。一般跨境电商进行宏观数据分析常用 Google 公司的 Google Trends、Google Adwords、Google Analytics 和 Google News 这四种工具，通过它们都能较好地监控宏观市场数据。在四种数据分析工具中，最常用的是 Google Trends 和 Google News 这两种。

2.1.1 Google Trends

Google Trends 是 Google 公司开发的一款市场趋势分析工具，用户在 Google 中搜索过的内容都可以通过 Google Trends 查找到。相较于付费软件，作为免费工具，Google Trends 功能同样齐全，主要是查看用户选定来源于 Google 旗下的各个平台数据指标，以及在用户选定的特定范围内关键词的搜索热度及其变化趋势，这些在真实性和可靠性方面能得到保障。搜索结果都是以简单的图表呈现，初学数据分析的人也能一眼看懂，下面通过图片介绍具体的操作步骤。

(1) 首先打开 Google Trends，再在搜索框里输入搜索内容。打开 Google Trends 有两种方法，在搜索栏中输入 "trends"，就可以打开 Google Trends，或者直接打开网址 https://trends.google.com，单击进去后，在搜索栏中输入打算搜索的内容就可以使用其功能进行数据分析，如图 2-13 所示。

图 2-13　Google Trends 主界面

（2）设置范围和比较对象。可以自行设置时间范围、地域范围以及类别范围以准确得到关键词的热度和季节趋势等相关信息。同时还可以添加关键词比较对象，观察不同关键词间的联系和差异，比较对象最多可以设置 5 个，如图 2-14 所示。

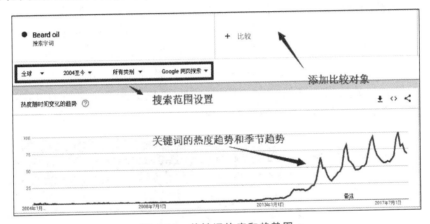

图 2-14　关键词热度和趋势图

（3）查看关键词的热度排名。切换想要查询的目标区域和城市得到其具体排名。这个排名可以帮助企业更为精准地定位目标市场和消费者。例如，Beard oil 在印度搜索热度更高，如图 2-15 所示，销售 Beard oil 的企业可以将印度这一市场作为营销重点，而在中国等国搜索热度还没有到前五，说明这些国家或地区可能对 Beard oil 的关注及需求不高，据此可以调整企业重心，将较少的精力放在中国等国的市场上。

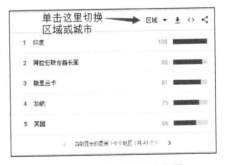

图 2-15　关键词热度排名图

（4）查询关键词相关内容。相关内容查询主要是针对关键词而言的相关联内容，可能会有相关主题和关键词的出现，通过图表直观了解这些相关词的热度和指数，如图 2-16 所示。这也是一种对比，前文提及的比较对象的添加主要是在有明确的对比需求时进行的，不一定是相关词，可能两个词并无一点关联。而此处的相关词是根据输入的关键词查找到的相关词，能在一定程度上帮助企业了解相关关键词的热度等。

情景二　跨境网络市场分析

图 2-16 相关词搜索图

（5）切换其他查询功能。除了上述已经讲解的查询内容，用户还可以通过切换界面的菜单栏，查询热门搜索排行榜、订阅内容和 YouTube 上的热搜视频等，如图 2-17 所示。可以通过查询以上内容帮助企业掌握热门词变热门的时间和分析大致的原因。同时可以及时抓取热门的事件，这些热门事件通常会给企业的营销带来启发，比如帮助企业抓住并利用实时热点从而展开自己的产品营销，这种趋势性流量和实时的热点流量能有效提升企业的知名度和产品销量。例如，生产产品的企业，可以关注最近热播的电视剧，并结合热门搜索中的演员来做一些站外营销主题策划。

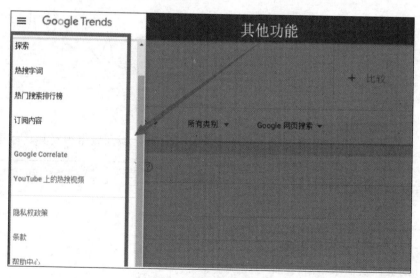

图 2-17 切换其他功能

Google Trends 主要有四个作用：①搜索内容本身的横向纵向对比结果；②同一个时间或地域中不同搜索目标的对比结果；③同一搜索内容在不同时间点、不同地区的搜索结果对比和差异；④提供目标搜索内容未来的搜索趋势预测。通过使用 Google Trends，可以不断筛选以得到最准确的目标关键词，对应着目标关键词，能够进一步查看对于关键词而言，选择哪个区域和市场对自身的发展最有利，并有针对性地去做相关的产品或市场的营销计划。同时通过对比分析和整个行业的宏观分析，衡量企业与竞争对手的差异和在整个行业中所处的位置，通过竞争对手分析掌握更多竞争对手的信息，收集店铺信息数据和产品信息数据,不断改善企业内容营销策略和产品营销策略等。

2.1.2 Google News

上文提及的 Google Trends 主要分析宏观的趋势,跨境电商企业还可以通过 Google News 这一工具及时了解国内外信息和流行趋势,同时,还可以获取关键词的搜索结果,然后通过对比同类产品不同子类目的商品搜索数量,来分析产品情况。Google News 同样是 Google 公司提供的信息搜索平台,它能够整合各地各平台新闻实况,并从各大网站中筛选出最新最热门的新闻信息,以向客户展示各种新闻网站在过去 30 天出现的新闻文章。用户可以通过谷歌单击 news 版块进入,也可通过 http://news.google.com 直接访问 Google News。

页面上的 Top stories 展示的是当天的热门新闻,可以随时了解和把握热门事件,跟进实事,不断调整与新闻相关的产品等。用户可以切换新闻地域,来查看当地或者整个国家的热门新闻,全球范围内的热点新闻。还可以通过单击如 Business 或 Technology 来选择查看感兴趣的新闻类别;For you 是根据用户的偏好和兴趣展示出来的新闻;Following 展示的是用户单击关注的话题;Saved Searches 展示的是用户在页面上方搜索框中输入查询话题之后,单击保存的话题。此外,用户可通过单击如 More stories like this 和 Fewer stories like this 等行为来帮助 Google 更好地理解个人偏好。对 Google News 的主要功能做个总结,可以归纳为以下四点。

(1) 个性化资讯。Google News 始终支持个性化选项设置。用户在最早登录时就可以设置感兴趣的主题和想使用的语言,在之后的使用中,Google News 会根据用户之前的个性化设置去推荐用户可能感兴趣的故事和主题。也就是说,企业不光可以通过 Google News 获得目标信息的资讯,还可以使用 Google News 创建自己的新栏目。在 Google News 的不同地区版本中混合和匹配现有的标准栏目,使企业的 Google News 主页个性化。Google News 的使用很方便,每次登录自己的账号时设置保存,这样当企业在别的计算机上登录操作时也可直接访问自己的个性化主页。

(2) 快讯。企业可以自行选择是否要使用快讯功能以及快讯内容推送时间,可以设置一周一次推送或者每天推送等,当然也可以设置随时推送自己关注的信息更新内容,这样一来可节约每次进行信息检索的时间。因为快讯的内容已经是企业初筛过无关新闻,与企业联系较为紧密,所以通过快讯,企业可以及时获取与企业有关的当前社会热点,了解发展趋势,获取更多企业商机。

(3) 联合供稿。企业可根据自己的实际需求使用 Google News 中的联合供稿阅读器。只需订阅 RSS 或 Atom 联合供稿即可接收栏目更新和 Google News 搜索结果。通过更新或搜索结果,找到企业感兴趣的内容并加以利用。

(4) 提高企业知名度。当企业相关内容出现在 Google News 时,对于提升知名度和流量都是有帮助的。因为信任 Google News 的用户较多,当企业的正面新闻出现在 Google News 上时,用户对于该企业的信赖度也会有所提高,从而带来更多订单和品牌效应。但与此同时,若是企业的负面新闻出现在 Google News,用户对企业的信任会大幅下降。

2.2 行业数据分析

不同行业的数据的收集和分析会有所差异,所以行业数据分析要充分考虑到不同行业间的特点。行业数据分析主要包括行业情报分析、搜索词分析、选品专家、爆款打造、成交分析和实时风暴。本书选用"速卖通"这一平台对行业数据分析进行详细介绍,因为"速卖通"属于阿里巴巴集团,是有一定代表性和可靠性的跨境电子商务服务与交易平台。

2.2.1 行业情报分析

行业情报分析主要有行业对比和寻找蓝海行业两个任务。使用"速卖通"收集和分析行业数据,可以使用其中"数据纵横"下的"行业情报"工具。企业可以通过对行业情报分析的四大板块的数据分析,有效地掌握整个行业的情报,即 TOP 行业排行榜、行业趋势、TOP 店铺排行榜和买家地域分布四大板块。

行业情报中的 TOP 行业排行榜包括各项行业的数据指标,由于不同行业之间的行业差距,企业可以通过发现更适合自己的行业,基于对行业数据的掌握,再规划进入行业;在进入行业之前,企业应该使用行业趋势板块选择不同指标,了解企业拟进入的目标行业的发展趋势。此外,企业还可以选择不同行业的数据来比较任何行业的发展前景;当速卖通平台上的企业想要查看当前各行业最畅销的店铺名称时,可以单击进入其店铺了解店铺运营情况;通过卖家地域分布板块,可以发现企业所在行业的客户大多来自何处,以此制定更有针对性的营销策划。企业通过上述行业概况分析不仅可以充分进行自身分析,同时还可以开展行业间对比分析。

蓝海产业是指买方需求很大,竞争还不激烈的产业。在比较不同行业后,寻找蓝海行业是每个卖家的期望。蓝海产业给卖家足够的空间和时间发展团队,立于不败之地,做得更好更强。企业在收集不同行业数据并进行分析的基础上,能够发现行业的发展趋势和新的商机,从而找到蓝海行业,所以说行业情报是分析整个行业情况的基础。

2.2.2 搜索词分析

"速卖通"平台中的"数据纵横"里单独有"搜索词分析"这一功能,搜索词分析又可细分为热搜词、飙升词和零少词三部分。这三者有着不同特点且针对企业能发挥的作用也存在较大的差异。

热搜词指数主要由搜索指数、搜索人气、点击率、支付转化率和竞争指数决定。搜索指数是指对关键字进行检索次数的数据处理后得到的相应索引。对应的搜索人气是指对搜索关键字的人数进行数据处理后得到的对应索引。点击率,即进入搜索关键字中出现的产品页面的单击次数与总印象次数的比率;支付转化率,也称为成交转化率,等于支付人数占展现量的比值;竞争指数,与搜索产品数的竞争度相关,即产品的对消费者而言的供需比经过指数化处理的结果。供需比,即在一定的时间段,关键词曝光量和在此时间段消费者对该关键词搜索人气的比值,该值越大说明产品的竞争越激烈。所以说热搜词有着搜索高、曝光量大的特性。

飙升词这一指标主要看搜索指数,即消费者搜索该关键词的次数经过数据处理后得到的对应指数;搜索指数飙升幅度,是指一定时期内的累计搜索指数较上期有所增加;曝光卖家数增长幅度,指在一定时期内,与上一时期选定的去年同期相比,每天平均暴露在外的卖家数量有所增加;曝光商品数增长幅度,一段时间内每天暴露的平均产品数量与上一个选定时期内选定的平均每天产品数量相比的增长率。飙升词对搜索词分析而言十分重要,且其特征是性价比高。

零少词又称蓝海词,是指相较于热搜词和飙升值,搜索不太受欢迎、相关产品较少、在同一行业中竞争力较弱的关键词。零少词具有转化比较高、具有一定潜力,点击量高但是曝光量低的特性。通过热度词、飙升词检索到的词代表在某一行业中的主流搜索词或流行搜索词,而零少词主要是对一些偏词进行分析,企业分析这些词可以更好更快地定位到小众市场。

2.2.3 选品专家

"选品专家"是"速卖通"里"数据纵横"中的另一版块,其主要作用是在选定的行业下,提供所选行业的热销产品和流行搜索关键字的数据。企业在"选品专家"中选择行业后,可以查看30条与行业热销产品相关的信息,包括产品本身及产品图片、标题、关键词、价格、在线状态等。还可以查看所选行业的前100个关键词,以及相应的搜索量、行业匹配度和产品知名度。这些数据围绕企业所选行业的热卖商品,帮助企业对热门的产品特征、价格等有一个基础的了解,便于自身在选品时对商品的选择和设定价格时有参考价值。

当然,卖家选品时很重要的参考就是买家搜索较多的商品,这能在关键词区得到体现。用户可以使用"选品专家"选择与关键词产品属性匹配或相似的产品,以及与网站上畅销产品属性匹配的相似产品数据。热卖产品区中的商品是已有的销售情况,通过营销等其他方式,直接或间接地,某一或某些有价值的产品和有偿服务在一段时间内的销售转化率非常大,甚至供不应求。"选品专家"下的潮流趋势是平台利用站内外大数据分析出的,如配饰、服饰、箱包、家具等类目的热卖趋势。企业通过选品专家进行选品方面的分析并以此为基础进行决策,可以了解行业产品趋势,发现爆品及潜力品,为企业后期的推广做铺垫。

2.2.4 爆款打造

在进行选品之后,用户目标是让自己的产品成为热门,即打造爆款。每个跨境卖家都想要打造出几个爆款,因为爆款为店铺带来的流量是无限的,这可以增加门店的自然流量,从而带动其他产品的销售,并且可以抓住流量,增加销量,提升品牌形象。

在速卖通的主页上有Categories的快捷入口,可以通过这个快捷入口查询到速卖通的所有畅销产品的分类。这些不同类别的产品涵盖不同的产品,如服装、珠宝、电子产品和保健用品。可以参考这些产品的分类,从中选择一些产品作为热门产品,在销量和评价上提升的速度会更多更快。Flash Deals是速卖通推出的平台活动,是由速卖通无线抢购以及Super Deals活动合并而成。该频道是速卖通更好地增加活动流量、帮助卖家进一步接触产品、提升用户体验的渠道。该频道同时具有PC和无线接入方式。速卖通还为新注册用户开通了专门针对新用户的相关优惠。在专门针对新用户的页面上,新用户可以看到低至1分钱的特卖产品推荐,这样可以更好地吸引更多用户到平台上,同时也可以提高新用户的平台体验。

也就是说,在选好产品作为自家店铺主推款后,要从各个方面不断优化产品,通过提升主推产品在整个平台的搜索排序,消费者在搜索时能发现企业店铺,才能使产品得到更高的曝光量和更多的流量,最终打造成爆款。在进行爆款打造过程中需要不断进行商品分析,商品分析的核心之处在于维护和优化包括曝光量、浏览量、点击率、下单转化率等在内的核心指标。这些指标可以为后期产品的优化作参考。在注重爆款打造的同时,还要兼顾长尾产品开发。长尾产品是指相对于爆款产品而具有品类深度的产品,用户的店铺里不可能只有两三个爆款作为全部的商品,选择一些与爆款相关联的产品,能有效地提升店铺销量。

2.2.5 成交分析

"速卖通"中的成交分析分为两个部分:成交概况和波动分析。成交概况里会有店铺的行业排名,是根据店铺支付成功的金额情况,按照最近30天以内支付成功的金额在同行同城中的比例进行的。成交概况的构成可以用公式表示:支付金额＝访客数×浏览一支付转化率×客单价。从这个公式可以轻易得出结论,企业可以通过提升访客数、浏览一支付转化率、客单价来达到提升店铺支付金额的目的。也就是说,当店铺提升10%访客数,而支付转化率和客单价保持不变,那么支付金额也会增长10%。想要提高支付金额,每个店铺需要根据自身情况选择运营策略,提高访客数、支付转化率和客单价都可能成为用户的运营重心。

成交情况的波动分析需要在有一定订单量的基础上才能进行,所以建议若是想采取波动分析这一方法的企业最好最近30天支付订单在30笔以上,否则波动结果受单个买家、订单的影响很大,数据较少时分析结果的可靠性不高。而且成交量本身存在一定波动是正常的,不需要针对微小的波动进行分析,但当波动超过一定范围时,就需要分析波动原因。在成交情况有大幅波动的前提下,通过波动分析可以找到造成波动的原因是由于店铺自身还是整个行业,因为如果原因分析错误,很容易导致错误的运营策略调整。通过波动分析,如果是店铺自身的原因,可以再从访客数、支付转化率和客单价中找引起波动的原因。通过上述成交概况和波动分析,可以了解哪些产品成交量较高、流量较高,以便后期进行产品优化。

2.2.6 实时风暴

"实时风暴"这一工具同样是在"数据纵横"中。实时就是指它有着非常好的时效性,数据24小时持续实时更新,包括曝光、浏览、访客、产品访客行为数据等,用最快的速度为用户提供信息,用户可以监控商店和平台活动的效果,发现潜在的产品。通过实时流量、实时交易等当下指标来即时关注企业的流量和交易情况,根据这些实时数据即时调整产品策略,提升企业整体交易额。实时风暴可以让卖家掌握产品曝光量和浏览量的峰值数据,通过数据分析得出产品在哪个时间段浏览量能达到峰值,从而在最优时间段发布和更新产品,以提升发布效果。比如用户在夜晚对零食方面的浏览量达到峰值,卖家就可以在该时间发布和更新产品信息。

2.3 卖家数据分析工具

上文介绍了 Google Trends 和速卖通等数据平台,但是每个平台有其侧重点和差异化的功能性,卖家可能不能通过这些平台获取自身需要的全部数据,因此还可以通过相关辅助工具来统计和收集更多的数据进行分析。例如,亚马逊可以运用 AMZ Base、Keepa、fakespot、Reviewmeta 等工具进行数据分析。AMZ Base 的特殊功能是查看 AliExpress、eBay 等其他 B2C 网上零售网站的上市信息,查找产品的历史价格;Keepa 可以查看亚马逊库存情况,避免因库存不足带来的问题;fakespot 可以检测亚马逊上的评论是否真实,还可以帮助检测和分析卖家上市评论的各种数据信息;Reviewmeta 帮助用户分析评论,同时帮助卖家改善亚马逊等平台上消费者的购物体验。Wish 平台可以通过卖家网进行数据分析,eBay 平台可以通过 Zenstores、MySales 等进行数据分析。

2.4 问卷调查分析

卖家除了可以运用上述数据分析工具外,还可以利用调查问卷收集数据。虽然调查问卷的方式有多种,线上线下都可以进行问卷调查,但是对于跨境电商来说,通过网络进行线上问卷调研比较现实,一般企业可以利用网上免费调查问卷网站,如 Survey Monkey、Type form 等。设计好问卷内容后,将问卷链接直接发给店铺客户,让客户单击链接回答问题,参与调查。但只要是涉及问卷调查,都要遵守其设计的基本原则,因为跨境网络问卷调查大概率是线上,同样需要遵守问卷设计的基本原则,并充分考虑阻碍问卷调查的因素。此外,由于针对跨国客户展开问卷调查,国外客户的问卷调查设计方式或回答形式可能由于文化差异、风俗习惯等的不同而不同于国内,所以,卖家在选择问卷调查系统时最好使用国外的网站以及网络调研问卷格式,以符合国外用户的习惯。

3. 竞争对手数据分析

通过分析竞争对手的数据,能使企业在了解对手的基础上,洞察对方的市场战略。竞争对手数据分析的前提条件,是要全面了解自己、市场、竞争对手三方的数据,避免在数据分析时产生较大的误差。所以企业只有在充分分析自身数据后,才可以过渡到竞争对手数据分析,通过数据分析来了解竞争对手,能更好地在实际经营中采取恰当的策略。竞争对手数据分析通常可以通过以下几个方面进行。

3.1 竞争对手店铺整体情况分析

要想进行竞争对手数据分析,第一步是定位竞争对手,找准自己的竞争对手首先是确定自己的产品定位,再根据自己的定位寻找与自己产品定位和所在行业类似的竞争对手,一般是选取跨境电商业务所在行业中销量前十的店铺进行分析。店铺整体情况分析的主要内容是店铺数据分析、店铺款型分配、店铺活动设置以及店铺整体装修。

店铺数据分析的指标主要有店铺好评、DSR 服务分、店铺等级。店铺好评的标准是最好高于 95%,至少要高于 90%,争取达到 97%;DSR 服务分不能低于 4.5,最好达到

4.7。这样才能在之后可能出现的二轮升级中拥有更多的店铺权重。店铺等级越高,平台给予店铺的权利越多,店铺可以参加的活动越多,也就越具有竞争力,这是良性竞争的循环,店铺等级越高,竞争力越大,进一步提高店铺等级的可能性越大。当然店铺数据分析指标还有转化率、客单价、销售额、PV、UV、加购收藏情况等。通过查看竞争对手店铺数据,主要目的是能正确意识到自己企业在行业中所处的位置,向竞争对手比自己强的方面学习。

企业在确定自身店铺款型选择情况下再分析竞争对手店铺款型的选择,因为对于店铺款型分配,不同的行业是不一样的,但企业选定同一行业店铺作为竞争对手时,选择的款型很可能一致。主要款型可以分为引流款、利润款和形象款。例如,以低价销售,单品利润低的店铺可能就选择引流款这种款型,主要目的是吸引潜在消费者。但是就算是选择同一款型的店铺,其状态可能也会与本企业店铺有一定的差异,这也就是在店铺分析中需要解决的问题。

店铺活动设置是有着较强的目的性的,需要与不同时期店铺的情况进行搭配,其策划要结合消费者感兴趣的热点,这样才更容易产生效果,并在竞争中获取流量。比如上述选择引流款款型的店铺在开始营业初期,可以选择多件打折类似的活动。企业通过分析竞争对手的活动和效果,可以为店铺后期推广提供参考,对效果好的活动适当借鉴,对效果不明显的活动进一步分析原因,避免自身店铺的活动出现同一问题。

店铺整体装修要符合目标消费者主流审美,企业要实时对比竞争对手的装修和活动策划,提升自身店铺的整体营销效果。同时,要不断进行消费者分析,发掘消费者对装修方面的偏好。因为对于装修而言,具有参考性的可能不只是竞争对手的店铺,不同行业的店铺装修风格等也能对企业的装修起一定的帮助作用。

3.2 竞争对手产品分析

竞争对手产品分析主要涉及竞争对手的爆款和热销款产品。上文介绍的"速卖通"平台等都可以进行竞争对手的产品分析。一方面,通过分析爆款和热销产品的销量、价格、产品特征、评价、适用目标人群等,可以帮助用户确定在市场方面竞争对手的产品有哪些竞争优势,同时分析竞争对手产品在市场上有哪些不足之处,可为后期自身产品的改进提供依据。另一方面,通过分析竞争对手的零少产品也可以发现竞争对手在市场上的不足之处,从而在产品的生产推广等方面合理分配企业资源。

3.3 竞争对手产品打造分析

在竞争对手产品打造分析中,主要针对某个确定产品的主图、详情页布局、美工、标题的编写以及关联营销等方面进行详细的分析。产品与文字的排版、选择的产品主图、图文的比例和整体的配色视觉等,这些详细内容的设计和布置直接决定了一个产品是否能有很高的首图点击率以及是否能够成为店铺的爆款,在竞争中胜出。卖家在后期可以借鉴竞争对手产品打造的思路不断优化和改进,提升自身的竞争能力。

4. 店铺经营数据分析

4.1 店铺数据分析

数据分析对于企业之所以重要,是因为数据分析可以让企业更好地进行店铺运营分析。利用好数据分析,合理调整产品布局,打造本店铺的爆款,为自己的产品选择最恰当的标题,可最大限度地实现引流和店铺转化率的提高。本文将上述店铺数据分析的内容详细分为以下三点展开。

4.1.1 分析数据,调整产品布局

分析店铺数据的第一点就是将店铺数据与同行业数据进行对比,通过对比可知同行业产品布局情况,据此了解产品整体布局是否合理,并争取提前规划好产品布局,做到在产品的淡季时段,店铺也能相对稳定地过渡,不会下滑太多,在与同行业竞争对手竞争时不处于劣势。在与同行业布局对比时,可以结合自身掌握的货源情况对比每个行业的情况,选出竞争相对较弱的类目作为自己店铺的产品。而在选定产品后,每个产品都会有自己的淡旺季。例如,通常情况下,保暖衣的旺季在秋冬季节,特别是在7~10月份,而春夏时期迎来其淡季,但是在每年的11月份和12月份,店铺所在平台可能会有比如"双十一"购物节之类的打折大促销活动,这时候虽然大部分消费者对保暖衣的产品需求在7~10月份已经得到满足,但随着整个平台流量的提升,店铺流量大概率也会提升,这时候的产品规划要考虑到这种情况,备好存货等。在春夏时期,虽然是淡季,但是可以提前为7月开始的旺季做好准备,比如先进行店铺引流工作。所以调整产品布局不只是能帮助店铺找到竞争较弱的产品,还可以让产品在淡旺季得到更好的经营。

4.1.2 用数据进行标题撰写

产品的标题会给消费者带来对于产品的直观感受,标题的重要性不言而喻,因此要对标题进行详细的分析,比如对标题里面使用的词语进行来源分析。一般标题词的来源可以通过以下五种途径进行收集。

(1) 数据纵横搜索词分析。

(2) eBay 等跨境电商网站。

(3) Google 等搜索工具。

(4) 海外论坛。

(5) 买家首页和搜索页。

在搜索到可以使用的恰当词汇后,用户再结合数据结果来进行标题撰写。例如,卖家可以下载热门搜索词中最近 30 天的原始数据,制作成 Excel 表格,单击表格中的感叹号,然后按 Ctrl+Shift+↓组合键选择所有网格并将表转换为搜索索引。然后,将搜索索引乘以事务转换率,得到事务转换索引。卖家可以根据表格中的排序选择适合自己产品的标题。需要注意的是,卖家在选词时要避开品牌词。选择合适词后,卖家需要先测试所筛选出的词,在主页搜索筛选词,查看匹配度是否适合自己的产品。此外,还要注意以下几点。

(1) 单复数词用复数比较好。

(2) 不是英语但是属于英文字母的一些词可以放在标题尾部作为流量词。

(3) 不了解的词如果可以再次搜索,查看是否属于自己的类目。

(4) 标题前半部分要清楚地表述产品,因为移动端只展示标题前半部分,所以前端部分将会对点击率产生直接的影响。

(5) 各种词顺序可调。

(6) 部分流量词可以填写到自定义属性中。

4.1.3 流量的来源及优化策略

流量的来源有搜索流量,即买家从搜索页单击进入店铺带来的流量;活动流量,即买家从主界面或者其他界面的活动页面进入到店铺带来的流量;店铺优化流量,即买家长时间在店铺停留,浏览商品带来的流量;推广流量,即店铺采取了推广措施后,带来的流量的增加;会员关系管理流量,即通过老客户回访带来的流量;其他流量,即店铺通过其他一些渠道吸引到的流量。

店铺在其整个阶段,流量数据会呈现不一样的状态,这时候想要增加流量,得采用不同的优化策略。一般情况下,在开店初期,可以适当投入一些付费流量来测试市场和款式,了解市场和顾客的喜好;在店面的成长期,根据初步测试,付费流量应该适当增加,但付费流量应该趋于爆发性,吸引流量,提高产品和商店的整体排名;在商店的稳定期内,付费流量减少。卖家可以分析最近 7 天内搜索曝光率最高的 20 款产品,因为这些产品是商店流量的主要来源,其他产品只需要做每日优化或支付最低的价格进行快速直通车推广。

4.2 店铺数据指标分析

对店铺进行数据分析时,需要经常对各种指标进行分析,如果用户不明白指标的含义,就不能很好地掌握数据所表达的意义。因此,只有熟悉了经常使用的指标,才能对店铺数据进行透彻的分析。

4.2.1 与流量相关的指标

(1) 页面浏览量(Page View,PV):店铺各页面被浏览的次数。

(2) 浏览量占比:从某个来源到达目标页面的浏览量占所有来源到达该页面的浏览量之比。

(3) 搜索曝光量:当天店铺某个商品在网站搜索结果页面的曝光数量。

(4) 访客数:当天访问商品详情页的去重人数。去重即指去掉同一用户在整个统计时间范围多次访问的次数。访客数与店铺的客流量正相关。

(5) 新客访客数占比:新增加的访客数占总的访客数的百分比。

(6) 老买家商品页访客数:当天老买家访问商品详情页的去重人数。老买家指在统计时间之前曾在本店有过支付记录的买家。

(7) 访问时间:用户在一次访问内访问店铺内页面的时长。平均访问时间即所有用户每次访问时访问时长的平均值。停留时间与店铺对用户的吸引力正相关。

(8) 访问深度:用户在一次访问内访问店铺内页面的次数。平均访问深度即所有用户每次访问深度的平均值。

(9) 跳失率：只访问了一个页面就离开的访问次数占该页面总访问次数之比。跳失率与页面对访客的吸引力负相关。

4.2.2 与成交相关的指标

(1) 浏览下单转化率：统计时间段内下单去重买家数占整个店铺访客数之比。

(2) 下单订单数：当天客户下单的总数量。

(3) 下单买家数：统计时间段内下单的去重买家。

(4) 老买家浏览下单转化率：统计时间段内老买家下单去重买家数占店铺访客数之比。

(5) 支付订单数：当天支付成功订单数之和，包括之前下单当天支付订单。

(6) 支付金额：当天支付成功订单金额之和，包括之前下单当天支付订单。

(7) 退款金额：在一定统计时间段内确认退款的订单金额，包括之前申请退款当天实际退款的订单。

(8) 风控订单数：在一定统计时间段内因风险控制关闭的订单数。

(9) 风控金额：在一定统计时间段内因风险控制关闭的订单金额。

(10) 客单价：平均交易金额，客单价与店铺业绩的提高正相关。

4.2.3 与访客行为相关的指标

(1) 加购物车人数：统计时间段内添加购物车的去重人数，一个人在统计时间内访问多次只记一次。

(2) 加收藏夹人数：统计时间段内添加收藏的去重人数，一个人在统计时间内访问多次只记一次。

4.2.4 与搜索相关的指标

(1) 成交指数：所选定的行业和时间范围内，累计成交订单数经过处理后得到的对应指数。注意：成交指数不等于成交量，指数越大成交量越大。

(2) 购买率排名：所选定的行业和时间范围中，该关键词购买率的排名。

(3) 竞争指数：供需比指数化的结果。供需比是所选时间段内每天按关键字曝光的最大产品数/所选时间段内每天平均搜索人气。价值越大，竞争就越激烈。

(4) 搜索指数：在选定行业的选定时间范围内，通过数据处理得到的相应索引，即关键字被搜索的次数。搜索索引不等于搜索次数，指数越大，搜索量越大。

(5) 搜索流行度：对所选行业所选时间范围内搜索关键字的人数进行数据处理得到的相应指标。搜索人气不等于搜索次数，人气越高，搜索次数越多。

(6) 品牌原词：有些产品是禁止和限制产品，销售此类产品将受到处罚。品牌产品必须经过授权才能销售。

(7) 点击率：搜索该关键词并点击进入商品页面的次数。

(8) 搜索指数飙升率：所选时间段内的累计搜索指数与前一个时间段内的累计搜索指数相比有所上升。

(9) 曝光商品数增长幅度：所选时间段内每天暴露商品的平均数量与前一时间段内每天暴露商品的平均数量相比的增加。

(10) 曝光卖家数增长幅度：与前一时间段相比，选定时间段内每天暴露卖家的平均数量增加。

案 例 思 考

案例背景介绍

京东国际站数据分析：为什么会出现无点击有访客或有点击无访客？

在京东国际站，有几种大家比较困惑的情况，我们根据下面几组数据一一进行分析。

第一种情况：无点击，有访客。例如，某产品后台数据显示曝光为 25，点击为 0，点击率为 0，访客为 3，反馈为 1，提交订单数为 0。

第二种情况：有点击，无访客。例如，某产品后台数据显示曝光为 26，点击为 3，点击率为 11.5%，访客为 0，反馈为 0，提交订单数为 0。

第三种情况：有曝光，有点击，有访客，且点击和访客数量一致。例如，某产品后台数据显示曝光为 1650，点击为 7，点击率为 0.42%，访客为 4，反馈为 0，提交订单数为 0。

第四种情况：有曝光、点击、访客、反馈，但访客比点击多。例如，某产品后台数据显示曝光为 3920，点击为 41，点击率为 1.05%，访客为 46，反馈为 5，提交订单数为 0。

第五种情况：有曝光、点击、访客、反馈，但点击比访客多。例如，某产品后台数据显示曝光为 3250，点击为 31，点击率为 0.95%，访客为 13，反馈为 3，提交订单数为 0。

第一次看到这些数据时，大家肯定是一脸迷茫，想弄清产品都经历了什么。那么，接下来分析一下为什么会出现这些情况。

问题与思考

1. 为什么会出现有访客、无点击或有点击、无访客的情况？
2. 在有曝光、点击、访客、反馈的情况下，为什么点击数与访客数不一致？

习 题

一、单选题

1. 市场趋势分析工具指的是（ ）。
   A. Google Trends   B. Google News
   C. Google Ads   D. Google Search
2. 通过观察搜索指数飙升幅度可以分析（ ）这一指标。
   A. 热搜词   B. 飙升值   C. 零少值   D. 平均值
3. 行业情报分析的主要内容是行业数据和（ ）。
   A. 数据纵横   B. 行业趋势   C. 搜索词分析   D. 商品分析
4. 当天访问商品详情页的去重人数会影响（ ）这一流量指标。
   A. 页面浏览量   B. 搜索曝光量   C. 访客量   D. 访问深度
5. 店铺数据分析的指标有店铺好评，其标准最好高于（ ），至少要高于（ ）。

A. 95%,90%　　　　B. 90%,85%　　　　C. 95%,85%　　　　D. 90%,80%

二、填空题

1. 选品专家的三个板块是（　　）、（　　）、（　　）。
2. 企业可以通过提升（　　）、（　　）和（　　）来达到提升店铺支付金额的目的。
3. 对竞争对手产品进行分析时，主要得详细分析竞争对手的（　　）产品和（　　）产品。
4. 对卖家所在行业的主要竞争对手进行分析，一般情况下可以通过（　　）、（　　）、（　　）这三个方面进行。
5. 标题词的来源可以通过（　　）、（　　）、（　　）、（　　）和（　　）这五种途径进行收集。

三、简答题

1. 请举例说明店铺的主要流量来源。
2. 为什么要进行跨境网络数据调研？
3. 店铺应当从哪些方面进行市场数据分析？
4. 请说明跨境网络市场分析要素。

实 践 操 作

卓润公司是2012年7月注册的外贸跨境电子商务平台，原始投资五十万人民币，公司跨境电子商务平台成立于2013年，2016年1月1日正式上线。公司主要经营女装，但由于内部管理问题，经营状况一直不好，为提升公司业绩，将进行跨境网络数据调研以改善经营。

要求

1. 卓润公司应该如何进行行业数据分析？
2. 卓润公司应该如何进行选品？
3. 请选择一个关键词，分别在"速卖通"和 Google Trends 两个平台上进行数据收集与分析。
4. 请为卓润公司打造一个爆款。

子情景三　跨境网络市场定位分析

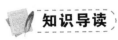

随着经济全球化的进一步发展，企业市场竞争越来越激烈，要想在激烈的跨境网络市场中获得成功，企业就需要了解跨境市场，对目标市场进行细分和选择，形成独特的市场定位。在市场营销学中也称STP战略，主要包括市场细分（Market Segmentation）、目标市场选择（Market Targeting）和市场定位（Market Positioning）三部分。跨境电商企业需

要制定自身的目标市场营销战略,只有充分研究市场,做好市场细分和目标市场选择和定位,企业才能在激烈的跨境电商竞争中赢在前列。

学习目标

知识目标

掌握跨境网络市场细分、目标市场选择的方法和标准。

掌握跨境网络目标市场营销和定位策略。

能力目标

能够运用跨境网络市场细分的标准和方法进行跨境网络市场细分。

能够运用目标市场选择和定位的方法策略进行跨境网络目标市场选择和定位。

素质目标

能够针对跨境网络市场状况进行合理有效的市场选择和定位。

能够针对跨境网络市场进行趋势性分析。

能够制定跨境网络细分市场的针对性营销策略。

相关知识

1. 跨境网络市场细分

1.1 跨境网络市场细分的概念

跨境网络市场由跨境网络消费者组成。跨境网络消费者由于生活在不同的环境中,因此具有不同的特性。跨境网络市场细分的过程就是将目标市场按某类标准分成多个可识别子群体。每个子群体中的成员在服务成本、偏好等方面有着极大的相似性,但不同群体成员之间在这些方面有着本质的区别。跨境网络市场细分是实施跨境网络推广的第一步。需要注意的是:跨境网络市场细分是根据不同于群体的跨境网络消费者需求的差异性来分类的,而不是根据企业和产品本身的特点进行分类。市场细分之后,跨境电商企业应能够明确自身市场的数量及各个子市场中需求的差异和特征。

大多数企业或产品所面对的市场是一个复杂而庞大的整体,它由不同的购买个人和群体组成。由于组成市场的这些购买个体和群体在地理位置、资源条件、消费心理、购买习惯等方面存在差异性,因此他们在面对同样的产品时,会产生不同的购买行为。跨境网络市场细分可以使跨境电商企业发现有利的市场机会,提高企业的市场占有率。此外,一个跨境电商企业的资源有限,要想满足所有消费者的需求很难。市场细分之后,可以使跨境电商企业明确各细分市场需求的特征,在市场选择时避免盲目性,有利于跨境电商企业合理配置资源,从而实现用最少的资源获得最大的效益。

1.2 跨境网络市场细分的基本模式

市场细分的方法有很多种,其中之一就是识别偏好细分,根据顾客对不同产品属性的重视程度,可以分为三种偏好模式。这种需求偏好差异的存在,是市场细分的客观依据。

在现实生活中,完全一样的偏好或者完全分散的偏好是极其罕见的,实际的情况是介于两者之间居多。

1.2.1 同质偏好
跨境网络市场上所有的顾客有大致相同的偏好,且相对集中于中央位置。在这样的条件下,各跨境电商企业所推出的产品特性必然比较集中,主要针对大量拥有相同需求和偏好的顾客推出产品和服务。

1.2.2 分散偏好
分散型偏好表示跨境网络市场上的顾客对某种产品属性的需求偏好呈现一种完全分散的状态,跨境网络市场上每个顾客都有自己的产品需求偏好,极其分散。进入该产品跨境网络市场的第一品牌可能定位于中央的位置,其产品以最大限度迎合数量最多的顾客。进入该产品跨境网络市场的第二品牌可以定位于第一品牌附近,与其争夺市场份额。或者与此相反,远离第一品牌形成自身产品有鲜明特征的定位,吸引对第一品牌不满的顾客群体。如果该市场潜力很大,会同时出现几个竞争品牌,定位于不同的市场空间,以体现与其他竞争品牌的差异性。

1.2.3 集群偏好
跨境网络市场上有时某种产品会出现几个群组的偏好,客观上形成了不同的细分市场。这时进入跨境网络市场的企业有三种选择:定位于中央,以赢得尽可能多的顾客群体;定位于最大的或某一"子市场";定位于不同的集群市场区域发展数种品牌满足顾客需求。

1.3 跨境网络市场细分的标准
进行跨境网络市场细分,可以从产品出发,分成中、高、低端;也可以做品类专业化,从消费者年龄层、性别等条件进行具体划分,还可以从风格差异化入手,拥有自己的风格,让人轻易记住。常用的跨境网络市场细分标准包括以下几类。

1.3.1 地理因素
地理因素标准即按照消费者所处的地理位置、自然环境细分市场,具体变量包括国家、地区、城市规模、气候及人口密度等。处于不同地理位置和环境下的消费者,对同一类产品往往会呈现出差别较大的需求特征,对企业营销组合的反应也存在较大的差别。例如,希尔顿酒店会根据所处的地理位置设计个性化的房间:美国东北部酒店更雅致和全球化,而西南部的酒店更乡村化;零售巨头如沃尔玛(Wal-mart)、凯马特(Kmart)都允许他们的区域经理存储货物以适应当地需求。地理细分对不同区域的识别和划分也有意义,企业可以根据产品在该区域上市的时间,将市场分为引入期或发育期市场(1~5年)、成长期市场(6~11年)、成熟期市场(11年以上)。显然,这样的划分有利于识别不同阶段市场的特征,制定具有针对性的营销策略。就总体而言,地理环境中的大多数因素是一种相对静态的变量,企业营销必须研究处于同一地理位置的消费者和用户对某一类产品的需求或偏好所存在的差异,而且必须同时依据其他因素进行市场细分。

1.3.2 人口因素

人口因素指各种人口统计变量,包括年龄、婚姻、职业、性别、收入、教育程度、家庭生命周期、国籍、民族、宗教、社会阶层等。例如,不同年龄、受教育程度不同的消费者在价值观念、生活情趣、审美观念和消费方式等方面会有很大的差异。对于跨境电商企业来说,这些人口统计变量的相关信息在各国政府或国际组织公布的统计资料中可以查到。各个国家人口的预期寿命、年龄结构等因素对食品、化妆品、服装、人寿保险等行业中的全球企业细分全球市场有特别重要的意义。需要注意的是,在用人口因素来进行市场细分时,用单一标准细分市场很容易得出偏颇的结论,需要企业结合其他细分标准对细分市场做出进一步的精细化研究,从而发现显著的顾客需求特征差异,以分别制定针对性的营销战略及策略。

1.3.3 心理因素

心理因素标准即按照消费者的心理特征细分市场。按照其他标准划分的处于相同群体中的消费者对同类产品的需求仍会显示出差异性,可能原因之一是心理因素发挥作用。心理因素包括个性、购买动机、价值观念、生活格调、追求的利益等变量。例如,生活格调是指人们对消费、娱乐等特定习惯和方式的倾向性,追求不同生活格调的消费者对商品的爱好和需求有很大差异。越来越多的企业,尤其是服装、化妆品、家具、餐饮、旅游等行业的企业越来越重视按照人们的生活格调来细分市场。消费者的个性、价值观念等心理因素对消费需求也有一定的影响,企业可以把具有类同的个性、爱好、兴趣和价值取向相近似的消费者集合成群,有针对性地制定营销策略。在有关心理因素的作用下,人们的生活方式可以分为"传统型""新潮型""奢靡型""活泼型""社交型"等不同类型。追求的利益是指消费者在购买过程中对产品不同效用的重视程度。

1.3.4 行为因素

行为因素标准即按照消费者的购买行为细分市场,包括消费者进入市场的程度、使用频率、偏好程度等变量。按消费者进入市场程度,通常可以划分为常规消费者、初次消费者和潜在消费者。一般而言,资产雄厚、市场占有率较高的企业,特别注重吸引潜在购买者,企业通过营销战略,特别是广告促销策略及优惠的价格手段,把潜在消费者变为企业产品的初次消费者,进而再变为常规消费者。而一些中小企业,特别是无力开展大规模促销活动的企业,主要注重吸引常规消费者。在常规消费者中,不同消费者对产品的使用频率也比较悬殊,可以进一步细分为"大量使用户"和"少量使用户"。例如,根据二八定律,商业银行80%的利润都来自于占顾客数量20%的高端客户,剩余20%的利润由普通储户提供,因此抓住"少量使用户",就能实现利润的最大化。

消费者对产品的偏好程度,是指消费者对某品牌的喜爱程度,据此可以把消费者市场划分为四个群体:绝对品牌忠诚者、多种品牌忠诚者、变换型忠诚者和非忠诚者。在"绝对品牌忠诚者"占很高比重的市场上,其他品牌难以进入;在"变换型忠诚者"占比重较大的市场上,企业应努力分析消费者品牌忠诚转移的原因,以调整营销组合,加强品牌忠诚程度;而对于那些"非品牌忠诚者"占较大比重的市场企业来说,则应审查原来的品牌定位和目标市场的确立等是否准确,并且随市场环境和竞争环境变化重新对定位加以调整。

每一个细分标准都不能完全定义某一个市场的状况,也没有直接就能套用到各个跨国电商企业的市场细分模板。为了选择更加合适的网络市场细分指标,需要对企业的营销战略进行分析,结合不同企业的营销战略目标,选择恰当的市场细分标准组合。对跨境网络市场可以按照一个标准或者多个标准的组合来进行细分。

1.4 跨境网络市场细分的方法

跨境网络市场细分的方法有主导因素法、综合因素法、关联因素法等。市场细分是一个分析、归类、选择的过程,在实施过程中必然会考虑各类进行市场细分的因素。

1.4.1 主导因素细分法

所谓主导因素法,是指根据跨境网络市场分析的报告,把影响消费者需求最主要的因素作为首要考虑因素,由此来展开市场细分。例如,玩具市场需求量的主要影响因素是年龄,可以针对不同年龄段的儿童设计适合的玩具。除此之外,性别也常作为市场细分变量而被企业所使用,如妇女用品商店、女人街等的出现。

1.4.2 综合因素细分法

综合因素细分法即结合两种或两种以上的因素纳入考虑因素对消费者的需求进行综合细分,例如,用生活方式、收入水平、年龄三个因素可将女性服装市场划分为不同的细分市场。综合因素法是把多个因素纳入到市场细分分析当中,这些综合因素的重要性是基本相同的,一般没有主导次要之分。

1.4.3 关联因素细分法

当跨境电商企业进行市场细分所要考虑的因素有多个,并且这些考虑的因素相互关联,存在一定的逻辑关系时,可以将这些关联因素进行归纳排次,按照内在逻辑进行市场细分,这种方法称为关联因素细分法。随着层层深入,细分市场会变得越来越清晰。

在实际应用当中,由单一主导因素影响市场细分的情况比较少,跨境电商企业往往采用综合因素细分法和关联因素细分法来进行市场细分。

1.5 跨境网络市场细分的原则

从企业市场营销的角度看,无论是消费者市场还是生产者市场,并非所有的细分市场都有意义,所选择的细分市场必须具备一定的条件。

1.5.1 可实现性原则

可实现性即跨境电商企业所选择的目标市场是否易于进入,根据企业目前的人、财、物和技术等资源条件能否占领目标市场。例如,通过适当的营销渠道,产品可以进入所选中的目标市场;通过适当的媒体,可以将产品信息传达到目标市场,并使有兴趣的消费者通过适当的方式购买到产品。

1.5.2 可营利性原则

可营利性即跨境电商企业所选择的细分市场应当具有能够盈利的规模,且有一定的发展潜力,使企业赢得长期稳定的利润。例如,如果专门为2m以上身高的人生产汽车,对于汽车制造商来说就是不合算的。

1.5.3 可衡量性原则

可衡量性表明该细分市场特征的有关数据资料必须能够加以衡量和推算。例如,在电冰箱市场上,在重视产品质量的情况下,有多少人更注重价格,有多少人更重视耗电量,有多少人更注重外观,或兼顾几种特性。当然,将这些资料予以量化是比较复杂的过程,必须运用科学的市场调研方法。

1.5.4 可区分性原则

可区分性指细分市场在观念上能被区别并对不同的营销组合因素和方案有不同的反应。例如,女性化妆品市场可依据年龄层次和肌肤类型等变量加以区分;汽车市场可以根据收入水平和年龄层次等变量进行区分。

2. 跨境网络目标市场选择

2.1 跨境网络目标市场选择的含义

跨境网络目标市场是跨境电商企业打算进入的细分市场,或打算满足的、具有某种需求的跨境网络顾客群体。跨境网络目标市场选择是指企业在网络市场细分的基础上,结合自身优势及时对外部环境做出判断,在细分后的市场中进行识别、挑选、评价、选择以作为符合企业经营目标而开拓的特定市场。跨境目标市场选择是指企业在划分了不同的子细分市场后,决定选择哪些和多少子细分市场作为目标市场。

企业一旦确定了市场细分方案,就必须评估各种细分市场和决定为多少个细分市场服务,并根据自身的发展目标、阶段战略等选择要进入的目标市场。在评估各种不同的细分市场时,企业必须考虑两个因素,即细分市场结构的吸引力,以及企业的目标和资源。

2.2 跨境网络目标市场选择的步骤

2.2.1 评估各个细分市场

1) 细分市场规模和增长率

这项评估主要研究潜在细分市场是否具有适当的规模和增长率。"适当的规模"是一个相对概念,大公司可能偏好销售量很大的细分市场,对小的细分市场不感兴趣;小公司则由于实力较弱,会有意避开较大规模的细分市场。细分市场的增长率也是一个重要因素。所有的企业都希望目标市场的销售量和利润具有良好的上升趋势,但竞争者也会迅速进入快速增长的市场,从而使利润率下降。

2) 细分市场的结构吸引力

一个具有适当规模和成长率的细分市场,也有可能缺乏盈利潜力。如果许多势均力敌的竞争者同时进入一个细分市场,或者说,在某个细分市场中存在很多颇具实力的跨境电商企业时,尤其是该细分市场已趋于饱和或萎缩时,则该细分市场的吸引力就会下降。潜在进入者既包括在其他细分市场的同行,也包括那些目前不在该行业经营的跨境电商企业。如果该细分市场的进入障碍较低,该细分市场的吸引力也会下降。替代品从某种意义上限制了该细分市场的潜在收益。替代品的价格越有吸引力,该细分市场增加盈利的可能性就被限制得越紧,从而使该细分市场吸引力下降。购买者和供应者对细分市场的影响,表现在它们的议价能力上。购买者的压价能力强,或者供应者有能力提高价格或降低所供产品的质量、服务,那么该细分市场的吸引力就下降。

一个细分市场的结构吸引力是由同行业竞争者、潜在的新加入的竞争者、替代产品、购买者和供应商五种力量共同决定的。分析每个细分市场的吸引力,是跨境电商企业选择目标市场时不能忽略的重要步骤。

3) 跨境电商企业目标和资源

选择目标市场除了满足上述两个条件,企业还要考虑自身的目标和拥有的资源。某些有吸引力的细分市场,如果不适合企业的长期目标,也只能放弃。对一些适合企业目标的细分市场,必须考虑是否具有在该市场获得成功所需的各种资源和能力的条件。

2.2.2 确定跨境网络目标市场的模式

在评价不同的跨境网络细分市场之后,电商企业往往会发现不止一个网络细分市场可以进入。企业到底该进入哪些网络细分市场,需要根据企业自身的市场覆盖策略来做出选择。跨境网络目标市场的选择模式通常包括市场集中化、产品专业化、市场专业化、选择专业化、市场全面化五种。

1) 市场集中化

这是一种最简单的目标市场模式。企业选取一个细分市场,生产一种产品,供应单一的顾客群,进行集中营销。例如,大众公司集中于小型车市场,保时捷公司集中于运动车市场。选择市场集中化模式一般基于以下考虑:企业具备在该细分市场从事专业化经营或取得目标利益的优势条件;限于资金、能力,只能经营一个细分市场;该细分市场中没有竞争对手;准备以此为出发点,取得成功后向更多的细分市场扩展。公司通过市场集中化,更加能够了解细分市场的需要,进而在该细分市场建立巩固的市场地位,也能够获得更高的经济效益。但是由于目标市场较窄,市场集中化的经营风险也较高。

2) 产品专业化

产品专业化是指企业集中生产一种产品,并向各类顾客销售这种产品。例如,显微镜生产商向大学实验室、政府实验室和工商企业实验室销售显微镜。产品专业化模式的优点是企业专注于某一种或一类产品的生产,有利于形成和发展生产和技术上的优势,在该领域树立形象。其局限性是当该领域被一种全新的技术与产品所代替时,产品销售量可能会因此而大幅度地下降。

3) 市场专业化

市场专业化是指企业专门经营满足某一顾客群体需要的各种产品。例如,某工程机械公司专门向建筑业用户供应推土机、打桩机、起重机、水泥搅拌机等建筑工程中所需要的机械设备。市场专业化经营的产品类型众多,能有效地分散经营风险。同时基于专门性的服务,公司容易获得良好的声誉,并成为顾客群体所需新产品的渠道。但由于集中于某一类顾客,当这类顾客的需求下降时,企业也会遇到收益下降的风险。

4) 选择专业化

选择专业化是指企业选取若干个具有良好的盈利潜力和结构吸引力,且符合企业目标和资源的细分市场作为目标市场,其中每个细分市场与其他细分市场之间较少联系。

宝洁公司推出佳洁士深层洁白牙贴时,最初细分市场所预订的目标是新订婚或是即将做新娘的女性。该模式的优点是可以有效地分散经营风险,即使某个细分市场营利情况不佳,仍可在其他细分市场取得盈利。采用选择专业化模式的企业应具有较强资源和营销实力。

5)市场全面化

市场全面化是指企业生产多种产品去满足各种顾客群体的需要。一般来说,实力雄厚的大型企业在一定阶段,会选用这种模式,以求收到良好效果。例如,当今可口可乐公司在全球饮料市场,宝洁在全球消费日用品市场等都采取市场全面化的战略。

2.3 跨境网络目标市场营销策略

跨境电商企业通过市场细分,从众多的细分市场中,选择出一个或几个具有吸引力、有利于发挥企业优势的细分市场作为自己的目标市场,综合考虑产品特性、竞争状况和自身实力,针对不同的目标市场选择营销策略。网络目标市场营销策略主要有无差异性营销、差异性营销、集中性营销三种。

2.3.1 无差异性营销

无差异性营销又称为无差别市场策略。无差异性市场营销是指面对细分市场,企业看重各子市场之间在需求方面的共性而不注重它们的个性,不是把一个或若干个子市场作为目标市场,而是把各子市场重新集合成一个整体市场,并把它作为自己的目标市场。企业向整体市场提供标准化产品,采取单一的营销组合,并通过强有力的促销吸引尽可能多的购买者,这样不仅可以增强消费者对产品的印象,也会使管理工作变得简单而有效率。实行无差异战略的另一种思想是企业经过市场调查,认为某些特定产品的需求大致相同或较少差异,比如食盐,因此可以采用大致相同的市场营销策略。从 20 世纪初开始,美国福特公司仅靠着 T 型车一款车型和一种颜色(黑色)占领了美国市场,至 1914 年时,福特汽车已经占有了美国一半的市场份额和较大的海外市场。在大量生产、大量销售的产品导向时代,企业多数采用无差异性营销战略经营。

采用无差异性营销战略的最大优点是成本的经济性。大批量的生产、销售,必然降低产品单位成本;无差异的广告宣传可以减少促销费用;不进行市场细分,相应减少了市场调研、产品研制与开发以及制定多种市场营销战略、战术方案等带来的成本开支。但是,这种战略也会由于产品品种、销售渠道、广告宣传的扩大化与多样化,致使市场营销费用大幅度增加。这种市场策略也存在许多缺点,即这种策略对大多数产品是不适用的,特别是在跨境网络市场中,客户需求趋于个性化,跨境网络市场中采用无差异性营销策略的企业几乎是没有的。

2.3.2 差异性营销

差异性市场营销,是指面对已经细分的市场,企业选择两个或者两个以上的子市场作为市场目标,分别对每个子市场提供针对性的产品和服务以及相应的销售措施。企业根据子市场的特点,分别制定产品策略、价格策略、渠道策略以及促销策略并予以实施。这种策略适用于小批量、多品种生产的企业,日用消费品中绝大部分商品均可采用这种策略。在消费需求变化迅速、竞争激烈的当代，大多数企业都积极推行这种策略。采用差异性营销战略的最大优点，是有针对性地满足具有不同特征的顾客群，提高产品的竞争能力。以宝洁公司为例，作为世界最大的消费品公司之一，宝洁所经营的300多个品牌的产品畅销160多个国家和地区。其在中国市场根据不同目标市场及诉求推出了相应品牌，例如，针对去屑市场推出海飞丝，针对女性市场推出飘柔，针对职业女性推出潘婷，针对城市消费人群推出伊卡璐。

差异性营销在创造较高销售额的同时，也增大了营销成本、生产成本、管理成本和库存成本、产品改良成本及促销成本，使产品价格升高，失去竞争优势。因此，公司在采用此策略时，要权衡利弊，即权衡销售额扩大带来的利益大，还是增加的营销成本大，然后进行科学决策。

2.3.3 集中性营销

集中性市场战略是将整体市场分割为若干细分市场后，只选择其中一个或少数细分市场为目标市场，开发相应的市场营销组合，实行集中营销，其指导思想是把人、财、物集中于某一个细分市场，或几个性质相似的小型市场归并的细分市场。不求在较多的细分市场组成的目标市场上占有较小的份额，而要在少数或较小的目标市场上得到较大的市场份额。集中性市场战略也称"弥隙"战略，即弥补市场空隙的意思。它适合资源较少的小企业。这些小企业与大企业硬性抗衡，往往弊多于利，因而必须寻找对自己有利的微观生存环境。借用"生态学"的理论解释，生物的发展必须找到一个其他生物不会占领、不会与之竞争，而自己却有适应本能的微观生存环境。也就是说，如果小企业能避开大企业竞争激烈的市场，选择一两个能够发挥自己技术、资源优势的小市场，往往容易成功。由于目标集中，可以大大节省营销费用和增加盈利；又由于生产、销售渠道和促销的专业化，也能更好地满足这部分特定消费者的需求，企业易于取得优越的市场地位。以非常可乐为例，在可口可乐、百事可乐等世界强手竞争中国市场时，选择被其忽视的中国广阔的二、三线城市及农村市场，通过"中国人自己的可乐""有喜事自然非常可乐"的定位切入可乐市场，形成了与可口可乐、百事可乐三分天下的局面。这一战略的不足是经营者承担风险较大。如果目标市场的需求突然发生变化，目标消费者的兴趣突然转移（这种情况多发生于时尚商品），或是市场上出现了强有力的竞争对手，企业就可能陷入困境。

3. 跨境网络市场定位

3.1 跨境网络市场定位的含义

"定位"（positioning）一词，是由艾尔·里斯（Al Reis）和杰克·特劳特（Jack Trout）在1972年提出的。他们对定位的解释是：定位起始于产品，一件商品、一项服务、一家公司、一个机构，甚至是一个人。定位并不是对产品本身做什么事，而是针对潜在顾客的心理采取行动，即把产品在潜在顾客的心中确定一个适当的位置。他们强调定位不是改变产品本身，改变的是名称和沟通等要素。市场定位，也被称为产品定位或竞争性定位，是根据竞争者现有产品在细分市场上所处的地位和顾客对产品某些属性的重视程度，塑造出本企业产品与众不同的鲜明个性或形象并传递给目标顾客，使该产品在细分市场上占有强有力的竞争位置。也就是说,市场定位是塑造一种产品在细分市场的领先位置。产品的特色或个性可以从产品实体上表现出来,如形状、成分、构造、性能等;也可以从消费者心理上反映出来,如豪华、朴素、时髦、典雅等;还可以表现为价格水平、质量水准等。

跨境电商企业在市场定位过程中,一方面要了解竞争者的产品的市场地位,另一方面要研究目标顾客对该产品的各种属性的重视程度,然后选定本企业产品的特色和独特形象,从而完成产品的市场定位。

3.2 跨境网络市场定位的依据

差别化是市场定位的根本战略,差异化需要对消费者有吸引力并与这种产品和服务有关。例如,斯沃琪(Swatch)的手表以鲜艳、时尚吸引了年轻消费群体的眼球;赛百味(Subway)推出健康的三明治而使自己区别于其他快餐。然而在有竞争的市场内,公司可能需要超越这些,另外一些途径还包括向市场提供有差异化的员工、渠道以及形象等,具体表现在以下几个方面。

3.2.1 产品差异化

产品差异化战略是从产品质量、产品款式等方面实现差别。寻求产品特征是产品差别化战略经常使用的手段。在全球通信产品市场上,苹果、三星、华为、小米、OPPO、vivo等颇具实力的公司,通过实行强有力的技术领先战略,在智能手机、数字通信等领域不断地为自己的产品注入新的特性,走在市场的前列,吸引顾客,赢得竞争优势。实践证明,某些产业特别是高新技术产业,如果某一企业掌握了最尖端的技术,率先推出具有较高价值和创新特征的产品,它就能够拥有一种十分有利的竞争优势地位。

产品质量是指产品的有效性、耐用性和可靠程度等。例如,A 品牌的止痛片比 B 品牌疗效更好,副作用更小,顾客通常会选择 A 品牌。但是,这里又带来新的问题,A 产品的质量、价格、利润三者是否完全呈正比例关系呢?一项研究表明:产品质量与投资报酬之间存在着高度相关的关系,即高质量产品的盈利率高于低质量和一般质量的产品,但质量超过一定的限度时,顾客需求量开始递减。显然,顾客认为过高的质量,需要支付超出其质量需求的额外的价值(即使在没有让顾客付出相应价格的情况下可能也是如此)。

产品款式是产品差别化的一个有效工具,对汽车、服装、房屋等产品尤为重要。日本汽车行业中流传着这样一句话:"丰田的安装,本田的外形,日产的价格,三菱的发动机。"这体现了日本四家主要汽车公司的核心专长,而"本田"的外形(款式)设计优美入时,受到消费者青睐,成为其一大优势。

3.2.2 服务差异化

服务差别化战略是向目标市场提供与竞争者不同的优质服务。企业的竞争力越能体现在顾客服务水平上,市场差别化就越容易实现。如果企业把服务要素融入产品的支撑体系,就可以在许多领域建立针对其他企业的"进入障碍"。因为服务差别化战略能够提高顾客购买总价值,保持牢固的顾客关系,从而击败竞争对手。服务战略在各种市场状况下都有用武之地,尤其在饱和的市场上。对于技术精密产品,如汽车、计算机、复印机等服务战略的运用更为有效。

强调服务战略并没有贬低技术质量战略的重要作用。如果产品或服务中的技术占据了价值的主要部分，则技术质量战略是行之有效的。但是竞争者之间技术差别越小，这种战略作用的空间也越小。一旦众多的厂商掌握了相似的技术，技术领先就难以在市场上有所作为。

3.2.3 形象差异化

形象差异化即企业实施通常所说的品牌战略和企业识别系统（Corporate Identity System, CIS）战略而产生的差异。企业通过强烈的品牌意识、成功的 CIS 战略，借助媒体的宣传，在消费者心目中树立起优异的形象，从而使消费者对该企业的产品产生喜好。形象差异化战略是在产品的核心部分与竞争者类同的情况下塑造不同的产品形象以获取差别优势。企业或产品想要成功地塑造形象，需要着重考虑三个方面：一是企业必须通过一种与众不同的途径传递这一特点，从而使其与竞争者区分；二是企业必须产生某种感染力，从而触动顾客的内心感觉；三是企业必须利用可以利用的每一种传播手段和品牌接触。具有创意的标志融入某一文化的气氛，也是实现形象差别化的重要途径。麦当劳的金色模型"M"标志，与其独特文化气氛相融合，使人无论是在美国纽约、日本东京还是中国北京，只要一见到这个标志马上会联想到麦当劳舒适宽敞的店堂、优质的服务和新鲜可口的汉堡和薯条，这样的形象设计就是非常成功的。

3.2.4 人员差异化

人员差异化战略是通过聘用和培训比竞争者更为优秀的人员以获取差别优势。市场竞争归根到底是人才的竞争。新加坡航空公司之所以享誉全球，就是因为其拥有一批美丽高雅的空中小姐；麦当劳的员工以彬彬有礼著称；迪士尼乐园的员工无论何时见到都精神饱满。

人员差别化战略对于零售商而言尤其重要，可以利用前线营业员作为差异化和确定其产品定位的有效方法。美国最大的零售书店巴诺书店（Barnes & Noble）与伯德书店（Borders），从外观上看没有什么不同：红木书架，大而舒适的椅子，雅致的装饰和飘散的咖啡香味，但是两家经营理念却有很大不同。巴诺书店看中的是雇员对顾客服务的激情以及对书籍的挚爱，他们的雇员通常穿着干净和有领子的衬衫，把书放进顾客的手中并且迅速地收款。而相反，伯德的雇员可能有文身，公司以他的雇员差异为豪并且雇佣那些能对特别的书和音乐散发出兴奋感的人们，依赖他们向顾客推荐而不是仅为用户找到想要的书。

3.3 跨境网络目标市场定位的步骤

3.3.1 识别潜在竞争优势

识别潜在竞争优势是市场定位的基础。通常企业的竞争优势表现在两方面：成本优势和产品差别化优势。成本优势是企业能够以比竞争者低廉的价格销售相同质量的产品，或以相同的价格水平销售更高一级质量水平的产品。产品差别化优势是指产品独具特色的功能和利益与顾客需求相适应的优势，即企业能向市场提供在质量、功能、品种、规格、外观等方面比竞争者更好的产品。为实现此目标，首先必须进行规范的市场研究，切实了解目标市场需求特点以及这些需求被满足的程度,这是能否取得竞争优势,实现产品差别化的关键。其次要研究主要竞争者的优势和劣势。可从三个方面评估竞争者:一是竞争者的业务经营情况,如近三年的销售额、利润率、市场份额、投资收益率等;二是竞争者核心营销能力,主要包括产品质量和服务质量的水平等;三是竞争者的财务能力,包括获利能力、资金周转能力、偿还债务能力等。该市场定位能让网上购买者获得较高价值的利益。

3.3.2　企业核心竞争优势定位

核心竞争优势是与主要竞争对手相比,跨境电商企业在产品开发、服务质量、销售渠道、品牌知名度等方面所具有的可获取明显差别利益的优势。应把企业的全部营销活动加以分类,并将主要环节与竞争者相应环节进行比较分析,以识别和形成核心竞争优势。

3.3.3　制定发挥核心竞争优势战略的定位策略

跨境电商企业在市场营销方面的核心能力与竞争优势,不会自动地在市场上得到充分的表现,必须制定明确的市场战略来加以体现。例如,通过广告传导核心优势战略定位,逐渐形成一种鲜明的市场概念,这种市场概念能否成功,取决于它是否与顾客的需求和追求的利益相吻合。

3.4　跨境网络目标市场定位的策略

跨境网络市场定位的基本原则,是掌握原已存在于人们心中的想法,打开客户的联想之门,使自己提供的产品在消费者心目中占据有利地位。因此,定位的起点是消费者的消费心理。只要把握了消费者的消费心理,并借助恰当的手段把这一定位传达给目标消费者,就可以达到较好的营销效果。但在网络市场中,仅做到这一点还是不够的。心理定位毕竟需要兑现成为产品的实际定位。在掌握消费心理的同时,也要使品牌的心理定位与相应产品的功能和利益相匹配,定位才能成功。定位需要企业的市场调研、定位策划、产品开发以及其他有关部门的密切配合。仔细分析定位内涵不难发现,定位是为了在消费者心目中占据有利的地位,这个"有利地位"是相对竞争对手而言的。从这个角度讲,定位不仅要把握消费者的心理,而且要研究竞争者的优势和劣势。在实践中,跨境网络电商应注意以下几个定位策略。

3.4.1　初次定位与重新定位

初次定位是指新成立的企业或新产品在进入网络市场时,企业必须从零开始,运用所有的市场营销组合,使产品特色确实符合所选择的目标市场。重新定位是对销路少、市场反应差的产品进行二次定位。这种重新定位旨在摆脱困境,重新获得增长与活力。这种困境可能是企业决策失误引起的,也可能是对手有力反击或出现新的强有力竞争对手而造成的。不过,也有重新定位并非因为已经陷入困境,而是因为产品意外地扩大了销售范围引起的。例如,本田试图把它的元素车型定位在21岁的消费者,公司把元素描述成"在轮子上的宿舍",广告表达的是一群年轻大学生在海滩上围绕他们的汽车开晚会,这吸引了很多新生代年轻人。而实际购买者的平均年龄却是42岁,许多年长的消费者在使用中能够找回自己年轻的激情。将怀旧情结作为卖点,本田开拓了中年消费者市场。

3.4.2 避强定位

这是一种避开强有力的竞争对手的市场定位。优点是能够迅速地在市场上站稳脚跟,并能在消费者或用户心目中迅速树立起一种形象。由于这种定位方式市场风险较小,成功率较高,常常为多数企业所采用。

3.4.3 迎头定位

这是一种与在市场上占据支配地位的、亦即最强的竞争对手"对着干"的定位方式。显然,这种定位有时会产生危险,但不少企业认为能够激励自己奋发上进,一旦成功就会取得巨大的市场优势。例如,在碳酸饮料市场上,可口可乐与百事可乐之间持续不断地争斗;在摩托车市场上,本田与雅马哈对着干,等等。实行对抗性定位,必须知己知彼,尤其应清醒估计自己的实力,不一定试图压垮对方,只要能够平分秋色就是巨大的成功。

3.4.4 心理定位

心理定位,是指按照产品带给消费者的某种心理满足和精神享受进行定位的方法。消费者在选择某种产品时,总是出于某种需求心理,因此心理定位也就是采取迎合他们心理的一种有效的定位方法。例如,"力士"香皂一贯坚持"国际著名影星的香皂"的定位,虽然从表面上看针对的是明星,实际上是以此来满足目标消费群体希望像国际著名影星那样迷人的心理需求。

跨境网络环境下电商营销策略可以参考一般的市场营销定位,同时又要考虑在跨境网络环境下的特点来制定商品的选品、定价、促销等营销组合。

(1)电商商品的选择:要选择适合进行跨境销售的产品和服务。

(2)目标消费群体分析:对潜在的跨境网络消费者的类型、爱好和需求进行分析。

(3)商品价格的定位:根据跨境网络销售的特点根据各个国家的国情进行商品价格定位。

案 例 思 考

案例背景介绍

日本零食巨头 Calbee(卡乐比)如何精准定位打造网红品牌?

以前人们赴日旅行购买马桶盖、电饭煲,现在人们去了日本购买最多的东西变成了日本零食,其中被疯抢的零食就有日本最大的休闲零食品牌——Calbee(卡乐比),曾经一度在各机场免税店卖断货,如今在天猫旗舰店销量更是一路飙升,可见人们对Calbee的喜爱,那么这位零食巨头在中国是如何成为网红的呢?

Calbee公司2011年销售额仅为37亿日元,但是2014年达到143亿,2015年达到200亿,短短4年销售额实现了近5倍的增长。而在此期间,产品没有变化,也没有投入巨额宣传费,那么为什么可以如此跃进呢?

卡乐比株式会社(Calbee, Inc.),是日本最大的休闲食品上市公司,总部位于东京都千代田区,主要经营休闲食品。Calbee创立于1949年4月30日,在1964年推出了天然海盐虾条经典零食,1972年开始生产土豆食品,1977年推出薯片、薯条、营养早餐、蔬菜片等新商品。其中最为中国消费者所熟悉和喜爱的产品便是北海道薯条三兄弟和早餐麦片。

Calbee这个词由钙质(英文单词calcium)的前面部分"Cal"和维生素B1的后面部分"bee"组合而成的。钙质是矿物质中具有代表性的营养元素,维生素B1是维生素B群的最核心营养素。本着生产对人身体健康有益的食品的理念,Calbee这个品牌诞生了。

1949年,在当时的日本广岛县广岛市成立了松尾粮食工业株式会社,后于1955年更名为Calbee制果株式会社。1964年推出的以濑户内海产天然虾为原料的河童虾条深受消费者喜爱,使Calbee成为在日本家喻户晓的品牌。1972年成立Calbee食品株式会社。1973年总部从广岛迁至东京都,并更名为Calbee株式会社,在休闲食品业界率先在包装袋上打印生产日期。Calbee始终坚持以人为本,通过研发薯片、谷物燕麦片、薯条等新产品及在日本国内外创建新工厂不断发展壮大。于2011年3月11日在东京证券交易所上市。

重新定位抓准早餐细分市场

水果麦片在这几年销售额急速成长,但是谷物在美国作为主食受到关注还要追溯到20世纪70年代,1988年,Calbee公司称要研发出"适合日本人的谷物"。1991年,有一款名为"Fruits Granola"的产品旨在"为活跃在职场上的女性进行健康管理",然而存在感稀薄,销量也不怎么样。

2009年,现任会长兼CEO松本晃就任,使这项产品有了戏剧性的变化。2011年,"Fruits Granola"更名"Furugura"(即现在的这款水果麦片),并被要求销售额最低也要达到100亿日元,这对于当时250亿日元的总市场规模来说简直难于登天。不过,该公司转变了想法,瞄准的并不是谷物市场,而是拥有17兆日元市场规模的"早餐市场"。

说到"谷物以外的早餐",目标市场未免太大,既包括以面包为主的西式早餐,也包括以米饭为主的和式早餐。Calbee试着将水果麦片加入到鸡蛋料理和薄烙饼中,味道都还可以,但并没有造成太大轰动,直到酸奶改变了这一现状。

酸奶作为早餐的选择之一,迷你杯或是450g左右的原味酸奶深受消费者喜爱,特别是选择后者时,一般还会搭配果酱、水果等一起吃。这给了Calbee一个提示:把水果麦片从主角的立场换下来,让它成为"酸奶伴侣"。

事实证明这个思路是对的。与酸奶搭配食用,这个新定位打开了新市场,"酸奶搭配水果麦片的口感"和"酸奶中的乳酸菌与水果麦片中的膳食纤维效果叠加"等正面评价,都肯定了这个组合的价值。

代购热引发购买狂潮,线上线下齐发力中国市场

Calbee起初在中国热度火起来的原因是代购热,国内的代购一度炒起来购买Calbee零食的热潮。随着赴日游的中国旅客对Calbee商品需求增加,为了增加亲近感,Calbee借助跨境电商平台的官方渠道正式进入中国市场。2015年12月31日,Calbee就入驻天猫国际,在平台上销售产品,主要是北海道薯条三兄弟、佳可比品牌产品以及其他日本热门商品。此外,Calbee还入驻了京东和网易考拉平台。为持续拓展中国市场,富果乐水果麦片于2018年1月在实体店上架,并计划进驻以华南、华东为中心的山姆、家乐福、华润

万家、OLE等连锁超市的约6.3万个门店,线上线下齐发力中国市场,进一步赢得中国消费者的心。

高品质赢得消费者信任

Calbee自创立以来,长期致力于为顾客提供高品质的产品和服务,以薯片事业为例,坚持5个业内首创,为顾客提供高品质产品与服务。至今唯一采用农工一体化管理,确保了高品质的原材料供应链;首创世界最短赏味期,远远短于市场所谓的保质期,让每一位消费者都能享受到食物最好的风味;首创先进的土豆存储技术;从温度、湿度、排风等全方位影响原料新鲜的因素管理储存刚摘下的新鲜蔬果;首创铝金属蒸镀薄膜5层包装;5层包装技术并充入氮气,全面保持出厂商品的新鲜度;每一袋薯片可以追溯到土豆栽培记录,可以从编号中查到每一袋产品的生产土地、栽培记录,严格把控食品生产环节。

好吃好玩俘获年轻时尚消费者

为了赢得中国年轻消费者的心,Calbee不断开启花式营销大招,引领美食新潮流。2019年8月期间,Calbee联合天猫国际妙享日推出了一个全新口味的麦片——咖喱乐风味麦片。这一产品区别于经典水果麦片,是Calbee推出的首款咸味麦片。为了让中国消费者爱上这款咖喱麦片,Calbee为麦片解锁了一百种新奇吃法。在广告片中,无论是蛋包饭、寿司还是冰淇淋,咖喱乐风味麦片都可以和它们成为绝佳拍档,解锁出让人意想不到的美味。此外,Calbee邀请抖音达人挑战新奇的麦片吃法。看电影可以吃麦片,吃火锅都可以用麦片蘸酱。全新的网红吃法,俘获了不少年轻人的心。这一系列的营销动作,不仅深受年轻人的喜爱,还赋予了品牌有趣、时尚的属性。

Calbee 2015年营业额约合160亿人民币;土豆使用量约38.4万吨;日本国内生产量约19.6亿袋;日本零食食品占有率53.2%;资源有效利用率99.9%。负责战略推广的M3 Company社长松本淳表示:"Calbee水果麦片成功的最大原因在于改变了产品定位,它不是投入现有市场的竞争,而是融入另一个大市场的浪潮中。"要达到千亿日元的销售额,还需要进一步发力,Calbee打算继续攻克和式早餐市场。

问题和思考
1. Calbee如何进行市场细分和目标市场选取与定位?
2. Calbee要进一步拓展海外市场还应注意哪些问题?

习 题

一、单选题
1. 企业打算进入的细分市场,或打算满足、具有某种需求的顾客群体是( )。
   A. 目标市场   B. 目标消费者
   C. 目标组织   D. 目标市场营销
2. 跨境网络市场细分的依据是( )。
   A. 产品类别的差异性   B. 消费者需求与购买行为的差异性
   C. 市场规模的差异性   D. 竞争者营销能力的差异性
3. 在跨境网络市场细分的基础上,采用无差异性营销战略的最大优点是( )。

A. 能充分满足消费者需求　　　　　　B. 能够最大限度适应市场
C. 能够节约营销成本　　　　　　　　D. 能够快速地提升市场占有率

4. 企业不断完善自身服务体系、提升自身的服务质量，推出特色服务提升消费者对品牌的综合满意程度的是（　　）。

A. 产品差异化　　B. 形象差异化　　C. 服务差异化　　D. 市场差异化

5. 企业避开强有力竞争对手的主要市场领域，迅速在市场上站稳脚跟，在消费者心中迅速树立起自身品牌形象，这种定位方式被称为（　　）。

A. 变化定位　　B. 迎头定位　　C. 避强定位　　D. 重新定位

二、填空题

1. 跨境网络市场细分的基本模式有（　　）、（　　）、（　　）。
2. 企业进行跨境网络市场细分的原则有（　　）、（　　）、（　　）、（　　）。
3. 跨境网络目标市场的选择模式通常包括（　　）、（　　）、（　　）、（　　）、（　　）。
4. 跨境网络市场定位的依据有（　　）、（　　）、（　　）、（　　）。
5. 跨境网络目标市场定位的策略有（　　）、（　　）、（　　）、（　　）。

三、简答题

1. 请举例阐述跨境网络目标市场细分步骤。
2. 请举例分析一家成功企业是如何进行市场定位的。

实 践 操 作

得物App：年轻人的潮流社区

新消费时代悄然来临。在更多年轻人眼中，消费已经不局限于购物行为，而成为一种生活方式。触网而生，他们的自我意识与日俱增；伴随着他们日益增强的消费能力，年轻消费逐渐成为在线新消费整个版图中不可小觑的一块。专注于满足年轻人对美好生活的需求，上海本土互联网企业得物App应运而生，并表现出强劲的增长势头。

2020年，迎来第5个年头的得物App已经成长为扎根上海、面向全国的新一代潮流网购社区。"正品潮流电商和潮流生活社区是得物App两大核心业务，"得物App相关负责人介绍道。据了解，得物App上聚集了大量年轻的消费人群，其中1990年后出生的电商主力消费人群占比超过75%，覆盖一线城市、沿海地区，广泛分布于全国。

每3个年轻人，就有1个使用得物App

"得物App平台上的所有商品，本质上都是根据我们的目标人群，或者说是我们用户的消费特征和喜好来选择的。"截至目前，平台商品品类已经覆盖潮鞋、潮服潮搭、手表、配饰、潮玩、3C数码、家居家电、美妆等。

自成立起，得物App一直将年轻人作为主要服务对象。2015年，得物App初版以资讯App上线，帮助年轻人了解球鞋文化和潮流资讯；随后，得物App专注打造国内主流Sneaker互动社区；2017年，基于对潮流文化的了解和对年轻人的消费洞察，得物App上线交易功能。

近年来，年轻人在消费方面表现出很强的个性化特征。他们不仅乐于尝试新鲜事物，外显属性、社交属性也成为他们决策消费的动力之一。众多品质尖货、限量联名、明星潮牌、个性小众品牌也因此热衷于将得物作为新品首发阵地。换言之，用户也可以第一时间在得物上买到自己心仪的商品。

2020年以来，明星和潮流达人纷纷携其主理的潮牌入驻得物App，并将得物作为独家首发渠道；卡西欧与航海王联名运动手表、李宁与迪士尼联名球鞋等商品也在得物App首发，并取得了不俗的销售成绩……仅2020年6月，平台新上架超过400个品牌的近万款潮流商品，其中将近100款商品为全球独家首发。

"越来越多精神价值导向的东西在更多地主导消费者决策，这个我们觉得是一种有趣的消费变化，这也是得物看到的趋势。"

洞察年轻消费需求，做最懂年轻人的网购社区

除了追求商品的精神价值、乐于接受新鲜事物，年轻的消费者也正在追求"更加愉悦的消费体验"。

根据QuestMobile春节期间的数据，得物App的平均日活用户飙升25.9%。得物App相关负责人表示，这从某种程度上也得益于平台一直以来在网购"黑科技"上的大量投入。

此前，得物App利用3D扫描技术建立了全球最大的"3D球鞋全息空间"，通过采集商品3D全息信息，用户在浏览商品时能够720°无死角查看单品的细节，从而对心仪的商品拥有更全面生动的感知。

得物App上线的"AR虚拟试穿"功能也赢得了众多年轻用户的好评。用户单击选中鞋款并将手机摄像头对准自己的双脚，即可体验"真实上脚"的效果。由于贴合度、真实性等达到"像素级"还原，用户即便不出门也能体验到沉浸式的购物乐趣，这将在极大程度上加快用户的购买决策，进一步促进线上消费行为。

此外，为了给用户带来更好的"开箱体验"，得物在一枚小小的防伪扣上下足了功夫。2020年4月，得物进行了防伪包装升级，在原有防伪扣的基础上增加了经过近千次香氛测试及迭代的植物香型，并且搭载全新夜光科技，给用户带来从体感到观感全方位体验升级。

社区＋电商，"网购社区"占领年轻消费心智

沪上知名主持人、潮流品牌NPC主理人早在2018年年初便入驻得物社区。作为得物社区的资深用户，2020年开始通过得物社区的直播栏目与用户积极互动，晒出自己热爱的潮流单品及日常生活，并分享NPC热卖商品及最新单品。除此之外，数千场的潮流达人直播活动汇聚了北京鞋鬼、大怪兽等在内潮流圈头部达人，与用户在线互动，分享潮流好物及时尚穿搭。

2020年4月，潮流品牌CANOTWAIT_正式官宣入驻得物App社区。随后，CANOTWAIT_在得物App全球独家首发，所有商品上架3小时全部售罄。有用户购买后在得物社区直喊"真香"，还有晒出穿搭表示"不撞衫，蛮潮哒。"也有用户晒图留言说："爱就是一切意义。"

在社区发现和了解心仪的商品，到交易版块购买商品，再回到社区交流自己的消费体

验,同时这些评论又可能让更多用户发现和了解这款商品。在得物上,用户们完成了不断"种草""拔草""再种草"的热爱循环,不断解锁从"了解"到"获取"再到"交流"的年轻消费新生态。

通过抓住"社交化"触点,以得物App为代表的垂直电商逐渐占领年轻人的消费心智。相对于传统电商,新一代潮流网购社区得物App通过"社区＋电商"双业务模式,帮助年轻用户了解、获取、交流让他们有幸福感、愉悦感的各种事物,打造完整年轻消费生态圈的同时,满足了年轻一代消费新需求,促进年轻消费回补与潜力释放。

上海开放包容、时尚潮流的气质孕育了新一代潮流网购社区得物App。诞生于上海、扎根在上海,得物App深耕潮流文化和年轻消费多年,也加快了上海打造"国际时尚之都"的步伐。

"我们希望成为全国年轻人时尚消费和品质消费的风向标和发声阵地,对年轻消费,我们有信心。"当被问到,得物瞄准的年轻人的年龄会随着时间增加从而不再年轻时,得物App相关负责人表示:"年轻人终会老去,但总有人正在年轻。"

要求
1. 下载使用得物App分析它主要为青少年提供了哪些服务?
2. 体验得物App立体球鞋全息空间、AR虚拟试穿、球鞋鉴定等功能。
3. 分析得物App能够成功的主要原因是什么。

情景三

跨境网络运营分析

子情景一　平台选择分析

知识导读

作为推动经济一体化、贸易全球化的基础,跨境电子商务发展迅猛,极大地促进了全球资源的优化配置,达成了企业间的互利共赢,因此受到各国企业的追捧。目前,跨境电子商务平台众多,为了有效地降低渠道成本,确保企业与各国终端消费者建立直接的联系,企业是选择独立自营平台,还是选择第三方平台进行运营呢?为了更高效地解决平台选择的问题,本章将回顾了解跨境电商平台模式类型,学习各知名跨境电商平台的特点,并分析目前跨境电商平台的发展趋势,在此基础上,学习选择跨境电商平台的步骤。希望帮助企业根据自身特点选择跨境电商平台。

学习目标

知识目标

了解跨境电商交易模式的分类。

了解跨境电商平台模式的分类。

熟悉知名跨境电商平台的特点。

了解选择跨境电商平台的步骤。

能力目标

根据企业的具体情况选择跨境电商平台。

能够掌握各个跨境电商平台的相关规则。

能够对不同跨境电商平台进行分类整理。

能够分析目前跨境电商平台的发展趋势。

素质目标

具有调查、整理电商平台信息的综合分析能力。

具有结合平台信息进行平台选择的基本素质。

> **相关知识**

1. 跨境电子商务平台发展现状

2020年,我国跨境电子商务进出口高达1.69万亿元。虽然2020年国内外形势严峻复杂,但是我国却实现全球唯一经济正增长,外贸进出口显著优于预期,外贸规模甚至再创历史新高。我国跨境电子商务取得的优异成绩,主要依赖于跨境电商平台的发展。

根据《2021年中国跨境电商出口物流服务商业研究报告》调查发现,"跨境电商独立站近年来作为跨境电商新兴销售渠道快速发展,其发展得益于跨境贸易本身的蓬勃向上以及独立站模式可以使外贸卖家直接掌握消费者数据资产,形成用户画像,便于精准营销和针对性SKU规划。此外,海外第三方平台较高的运营成本逼迫中小卖家自建独立站,以阿里巴巴、eBay、亚马逊为例,2020年平台的货币化率分别为5.1%、10.3%和22.5%。根据《2020年雨果网第二季度跨境电商行业调研报告》,26%的外贸企业选择自建独立站或品牌站。未来,随着独立站模式的进一步推广,跨境电商物流服务行业会迎来新的增长点",如图3-1所示。

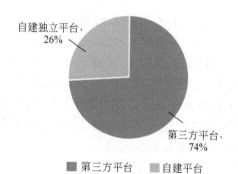

图3-1 2020年自建独立平台和第三方平台比例

数据来源:新浪VR 2021.06.21

2. 跨境电商交易模式类型

2.1 按交易主体属性分类

按交易主体,跨境电商交易模式主要分为B2B、B2C、C2C三种交易模式。

2.1.1 B2B跨境电商模式

1) B2B模式简介

B2B(Business to Business)跨境电商是企业对企业的电子商务,是企业主体与其他企业主体之间,利用互联网进行的有形商品、无形服务及信息交换的过程。具体而言,这些交换过程包括:发布企业之间的供求信息,订货信息及确认订货信息,支付流程信息及票据信息(签发、传送、接收),确定、执行、监控配送流程等。这里的B是广义的企业概念,可以是生产或者外贸企业,即传统的外贸企业从线下发展到线上,而传统的生产企业利用跨境电子商务进入到国际贸易市场。在B2B模式背景下,企业在跨境电商平台上发布广告与信息,具体的成交过程和通关流程大部分是通过线下进行,其本质仍然属于传统的国际贸易,现在其交易额已经被纳入海关的一般贸易统计中。B2B模式的代表企业有阿里巴巴国际站、敦煌网、中国制造网、环球资源网等。

2) B2B模式代表企业

作为阿里巴巴企业面向全球贸易的B2B网站,阿里巴巴国际站(如图3-2所示)是迄今为止全球第一大的B2B国际贸易市场,尤其是服务于中小企业的网上贸易平台。目前已经有大量企业注册成为会员,是我们国家外向类型企业采用的最主要的跨境电子商务平台之一,并且连续七年荣获《福布斯》杂志评选的全球最佳B2B网站的称号。在阿里巴巴国际站,海外买家可通过发布采购信息搜寻卖家,卖家同样也可以通过公司或产品信息来搜寻买家。阿里巴巴国际站作为B2B交易平台,为买家、卖家提供了沟通工具、账号管理工具,为双方的网络交易提供了诸多便利。阿里巴巴国际站的特点有:①互动,阿里巴巴国际站为交易双方提供社区频道,在这里可以与其他商友进行交流和沟通,分享网络贸易的成功经验;②可信,阿里巴巴国际站可以向付费会员提供其认可的第三方客观认证服务,尽最大可能将网络贸易的风险降到最低;③专业,阿里巴巴国际站拥有人性化的网站设计,类目丰富的搜索和网页浏览,简便的沟通工具、账号管理工具;④全球化,阿里巴巴国际站作为全球知名的B2B电子商务网站,其用户遍布全球,为企业开拓海外市场创造了更多机会。

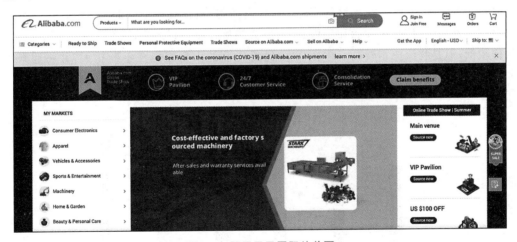

图3-2 阿里巴巴国际站首页

敦煌网(如图3-3所示)创建于2004年,与其他电商平台不同,敦煌网专注小额B2B赛道,被视为小B2B跨境电商模式,是我国首家为中小企业提供B2B网上交易服务的网站,为跨境电商产业链上的中小微企业提供"店铺运营、流量营销|仓储物流、支付金融、客服风控、关检汇税、业务培训"等环节全链路赋能,帮助中国制造对接全球采购,实现"买全球,卖全球"。敦煌网的特点是:①收费机制不同,敦煌网是在保证交易成功的前提下,收取海外买家服务费佣金,而佣金收取比例是依据不同行业的特点制定的;②敦煌网通过

诚信担保的有效机制,完成了零售卖家、贸易商与小制造商之间的联系与对接;③敦煌网针对技能欠缺的企业推出了外贸管家服务,及时定期地与该类企业在产品和推广等方面进行交流沟通,保证交易成功率。

图 3-3 敦煌网首页

2.1.2 B2C 跨境电商模式

1) B2C 模式简介

B2C(Business to Customer)跨境电商是企业针对消费者开展的在线购物电商活动,C 指的是消费者,企业为消费者直接提供在线商品购买、在线医疗咨询等服务。由于消费者绕过了外国进口商、批发商和零售商,可以直接从企业买到商品,减少了中间环节,通常价格较低,但是物流成本较高。中国 B2C 跨境电商的市场规模在不断扩大,并将迎来强劲增长(如图 3-4 所示)。B2C 模式的代表企业有亚马逊、Wish、兰亭集势、速卖网等。

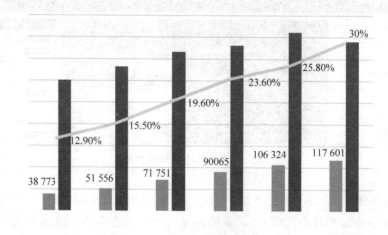

图 3-4 2020 年中国网络零售额渗透率

资料来源:国家统计局、行云跨境电商研究院整理

2) B2C模式代表企业

(1) 跨境电商第三方平台代表——亚马逊。

亚马逊(如图3-5所示)是最早在互联网上经营线上交易的电商公司之一,最开始亚马逊只是在线上进行书籍销售,现在的业务范围非常广阔,目前已经是全球范围内商品品种最全的线上零售企业,并且是美洲、欧洲和日本等国的主流网购平台。亚马逊的特色服务之一是FBA(Fulfillment by Amazon),即亚马逊仓储物流,它为用户提供物流和仓储的配套服务,并收取一定费用。在北美市场,货物将在下单后2～3天送达,在欧洲市场,亚马逊可以为供应商提供5个欧洲国家(英国、法国、德国、意大利、西班牙)的统一存储和物流服务,并且可以送货到其他欧盟国家,以便供应商可以通过亚马逊向欧洲卖家提供本地化的服务和快速交付服务。亚马逊的另一大特色就是对卖家的要求高。它不仅要求卖家的产品质量有优势,而且必须要有品牌。真正要成为亚马逊的卖家需要满足几点要求:①优秀的产品资源,因为亚马逊重产品,轻店铺;②要求企业熟练掌握操作技巧及店铺入驻、产品发布的相关规则;③开设账号和美国银行卡。

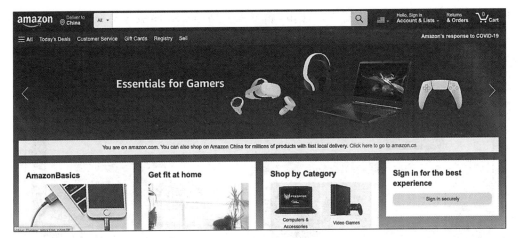

图3-5 亚马逊网站首页

(2) 移动电商平台代表——Wish。

与亚马逊等传统电商不同的是,Wish是一款移动电商购物App(如图3-6所示),卖家准入门槛低,平台流量大,利润率较高。目前eBay和亚马逊平台Top50的卖家都在做Wish。Wish于2011年独立设计开发,在最开始,Wish只是帮助客户进行管理的小程序,现在发展成为一个跨境交易市场平台。Wish凭借商品优质的性价比、一流的服务和风控吸引了大量客户,主要经营的产品品类多为电子产品、服装、装饰品等。Wish以欧洲、美洲、澳洲等国家和地区为主,能够利用智能推送技术通过反复计算以及消费者行为和偏好来个性化推送产品。

(3) 跨境电商自营平台代表——兰亭集势。

兰亭集势(Lightinthebox)(如图3-7所示)是一家以技术驱动、大数据为贯穿点,整合供应链生态圈服务的在线B2C互联网跨境电子商务公司(Lightinthebox to Customer, L2C)。该公司拥有一系列的供应商,并拥有自己的数据仓库和长期合作的物流合作伙

图 3-6　Wish 平台手机端页面展示

伴。兰亭集势如同一个在线零售大超市，旗下主营网站业务涵盖包括服装鞋包、珠宝手表、电子及配件、运动户外、玩具宠物、家居假发、美甲及婚纱礼服及配件等近百万种商品。此外，兰亭集势还面向全球，支持 20 多种支付方式，如 PayPal、VISA 等。

图 3-7　兰亭集势网站首页

3）案例分析：B2C 跨境电商平台"出海"研究报告

电子商务是 20 世纪 90 年代以来随着互联网科技兴起和普及而出现的一种新型商业形态。随着全球逐渐进入信息时代，电子商务大量应用于贸易领域，在世界进出口贸易中占据越来越大的比重。在全球各个经济体中，中国和美国是世界上最大的电子商务市场，各自孵化出了阿里巴巴、亚马逊和 eBay 这样的电商巨头。同时，伴随着各国互联网渗透率的不断提升，信息基础设施和物流基础设施的升级，各国电商的业务开始向国外延伸，跨境电商在国际贸易领域开始兴起。

由于互联网本身具有信息跨境跨界实时流动的特点，受此影响，跨境电商的主要特征表现为三个：无边界交易、无形交易和即时交易。这种交易上的便利性在很大程度上满足了日益增长的全球贸易需求,因此得到迅速发展。目前,货物贸易仍是跨境电商贸易中的主流,服务贸易占比较小但是增长迅速。B2B(企业到企业)模式的跨境电商占据全部跨境电商贸易的主要部分,但 B2C(企业到消费者)模式的跨境电商贸易增速较快。由于跨境电商大幅降低了交易成本,相于传统贸易有更加深远的发展空间。它在不远的未来有可能会成为全球贸易中最主流的交易形态之一。在 B2C 跨境电商贸易不断发展的过程中,新的电商模式也在不断融入跨境电商贸易中,如国内兴起的社交电商正在逐渐渗入 B2C 跨境电商进口(即海淘)和出口当中。

跨境电商在发展过程中也凸显出一定的风险。相对于国内电商市场,跨境电商在国际贸易上面临的供应链条更长,各种交易环节也更加复杂,存在的交易风险包括知识产权、各国和相关贸易组织之间不同的贸易标准和准入规则、通关程序和物流状况。此外,随着宏观经济局面和国际贸易格局的变化,在支付过程中涉及汇率以及结算等问题。大量的线上交易还带来数据跨境流动安全的问题。这都是跨境电商有待解决的难题。目前,在全球各个国际贸易组织和多边贸易协定当中,还缺乏有效的监管措施对跨境电商贸易进行监督,贸易便利化措施也不尽统一,这对于规范跨境电商贸易并引导其发展不利,且对风险管理的影响也是负面的。

上述风险在 2018 年迄今的全球宏观经济环境变化中表现得比较明显。受到各种突发事件的影响,跨境电商面临的不确定性增加,这对于电商或者跨境电商来说,意味着新的机遇来临。一方面,跨境电商将可以深入开拓新的市场,做大这一蛋糕的增量;另一方面,线上消费和零售将会带来丰富的数据资源,推动入驻平台企业开始数字化转型,带来更大的发展动能。例如,B2C 跨境电商出口平台通过吸纳全球各地的用户入驻,带动供应环节的扁平化,推动跨境电商出口与本地电商零售紧密的结合。

B2C 跨境电商出口平台在推动跨境电商交易方面发挥着不可或缺的作用。平台通过集聚中小电商获得规模效应,通过流程化服务降低中小电商成本,成为推进中小企业对外出口的重要渠道。目前,全球 B2C 跨境电商出口市场上,速卖通(AliExpress)和亚马逊(Amazon)两个主要的头部平台是主要参与者。亚马逊业务以电商业务较为成熟的欧美市场为主,速卖通则通过灵活的市场策略在俄罗斯、欧洲、拉美等区域占据一定的优势。虽然中国跨境电商出口平台在海外业务竞争中商业运营方式更加灵活,但由于相关的中小企业的产品和营销原因,也存在不少问题。主要表现在对外出口的产品同质化情况比较严重,主要集中在 3C 消费电子产品和服饰服装上,贴牌产品较多,品牌营销不足,同时对于知识产权的认知不到位,常常遭遇侵权投诉等。

针对这些问题,各个头部跨境电商出口平台尝试通过与政策的协调配合以及开发新技术,来适应不断变化的国际贸易环境和新老客户的需求。技术和营销创新成为这些平台努力的方向。

未来跨境电商的发展趋势会怎样,中国的跨境电商出口平台应该如何布局以应对各种不确定性? B2C 跨境电子商务平台"出海"研究报告以速卖通作为主要案例,对上述两个问题做出尝试性解读。通过汇总以及分析各种数据,得出结论:跨境电商未来在国际贸易中将逐渐接近传统线下贸易的份额,这一趋势不会发生改变,但是国际市场将会因为主要 B2C 跨境电商平台布局和出海力度的加大,而出现较为激烈的竞争,其中包括阿里巴巴在内的中国跨境电商平台将会成为重要竞争者。建议未来中国 B2C 跨境电商平台应积极参与跨境电商国际标准的设立，开拓新兴市场并推动供应链管理整合，加强品牌建设，提升知识产权保护水平，以此加强竞争力。

2.1.3 C2C 跨境电商模式

1）C2C 模式简介

C2C(Customer to Customer)模式指的是在不同关境下的个人买方和个人卖方通过第三方交易平台实现在线交易。首先，个人卖方发布其销售的商品和服务的信息及价格；其次，由个人买方进行筛选，然后在跨境电商平台上下订单，支付货款；最后，跨境物流将商品送达，完成交易。其代表企业有 eBay、洋码头等。

2）C2C 模式代表企业

(1) C2C 在线交易社区——易趣。

易趣(如图 3-8 所示)是由 eBay 和中国 TOM 公司合作打造的合资公司。易趣于 1998 年在上海创立，之后在 2002 年与 eBay 结盟，并快速发展为中国第一大的线上交易社区。秉承着"帮助任何人在任何地方能实现任何交易"的宗旨，为卖家打造了一个自我实现的线上创业平台，并且通过提供优质的商品信息和资源，丰富了买家的购物体验。2006 年年底，易趣与 TOM 在线合作，利用双方优势资源的整合，定制了全新的在线交易平台，为中国的买家和卖家带来了更多的在线和移动商机。

图 3-8　易趣网站首页

(2) C2C 买手模式平台——洋码头。

洋码头(如图 3-9 所示)于 2010 年成立，是中国独立海外购物平台的领军者。作为一站式海外购物平台，洋码头是业内创新性创立买手商家制的电商平台，通过买手商家模式建立碎片化的弹性全球供应链，用扫货直播的方式，以及跨境直邮快递、安全的运输，为消费者提供有保障的正品服务，让中国消费者不用出国门，也能安心享受海外正品和服务。

图 3-9　洋码头首页

洋码头致力于建设跨境物流系统——贝海国际,使得中国消费者能安全、及时地享受海外优质商品。目前,洋码头全球化布局已经完成,在海外建成了 15 大国际物流仓储中心(纽约、洛杉矶、旧金山、拉斯维加斯、芝加哥、波特兰、法兰克福、墨尔本、悉尼、大阪、东京、伦敦、巴黎、仁川、杭州),并且与多家国际航空公司合作实施国际航班包机运输,每周 40 多个全球班次入境,大大缩短了国内用户收到国际包裹的时间。

2.2　按商品流动方向分类

按商品流动方向,跨境电商交易模式分为跨境电商进口模式和跨境电商出口模式。

2.2.1　跨境电商进口模式

跨境电商进口模式指的是跨境电商从事商品的进口业务。具体指的是国外商品利用电子商务这种方式销售到我国市场上的一种国际商业活动,该活动包括交易的达成、结算支付、跨境物流、交易结束等过程。代表企业有京东全球购、洋码头、天猫国际、唯品会等。

目前,跨境电商进口的主要模式是直购进口模式和保税进口模式。直购进口模式是指消费者在跨境进口平台上下单购买后,平台将电子订单、支付凭证、电子运单等实时传输给海关,商品通过海关跨境电商专门监管场所入境,按照个人邮递物品征税。直购进口模式符合国家海关的相关政策,其清关过程透明,保证了商品来源和消费信息的安全性。保税进口模式是指先将大批来自国外的商品运到保税区,消费者下单后,商品直接从保税区运出,通过快递送到消费者手中。保税进口模式具有保税区特殊监管的政策优势,采取"整批入区、B2C 邮快件缴纳行邮税出区"的方法,大大降低了进口商品的价格,最后一程走国内快递的运输方式也缩短了从下单到收货的时间。

直购进口模式和保税进口模式是电子商务进口的两种平行模式,适用于不同类型的电商企业。其中,直购进口模式更适合代购及品类较宽泛的电商企业,可直接从国外发货,具有品类多样的优势。保税进口模式在价格和时效上具有优势,适用于备货量大、商品种类相对集中的电商企业。二者之间的差异如表 3-1 所示。

情景三　跨境网络运营分析

表 3-1　直购进口模式和保税进口模式的差异

对比项目	直购进口模式	保税进口模式
模式类型	进口 B2C 模式	进口 B2B、B2C 保税备货模式
海关监管	电子订单、支付凭证、电子运单实时传输,实现阳光化清关	货物存放在海关监管场所,可实现快速通关
适用企业	代购、品类宽泛的电商企业	品类相对集中、备货量大的电商企业
发货地点	国外	保税港、保税区
时效	7～10 天	5 天以内
商品种类	丰富	有限制

2.2.2　跨境电商出口模式

跨境电商出口模式是指跨境电商企业在跨境出口平台上达成出口交易,支付结算完成后,通过跨境物流运输商品,并完成交易的一种线上国际商务活动。外贸出口的跨境电子商务分为以下几种运营方式。

（1）借助本土外贸电子商务平台。其价值链形态为：出口商品的供应商至跨境电子商务平台至境外消费者。借助本土外贸电商平台,平台进行 IT 架构的搭建,把平台本身建设成运营中心,将供需双方聚集在一起,利用规模效应进行推广。

（2）借助国外知名电子商务平台。在这种模式下,出口企业在国外电商平台注册成为其会员,借助其平台为海外消费者直接推广产品。

（3）寻求国外网店分销商品。

（4）外贸企业自建跨境电子商务系统,直接面向海外市场。

2.3　按服务类型分类

2.3.1　信息服务平台

信息服务平台为境内外会员商户提供网络销售平台,传递供应商或采购商家的商品或服务信息,促成双方交易完成,如阿里巴巴国际站、环球资源网、中国制造等。这类平台不直接参与交易,不提供资金、物流等信息,仅搭建一个供买卖双方相知的平台,其主要收入来源是用户的会员费以及营销推广费用。

2.3.2　在线交易平台

在线交易平台的业务比较全面,不仅提供企业、商品和服务等各方面的信息,还覆盖了整个购物链环节,包括物流体系和支付平台。采购商可以在平台上完成搜索、洽谈、下单、支付、物流、评价等一系列环节。代表企业有速卖通、敦煌网、大龙网、米兰网等。

2.3.3　外贸综合服务平台

外贸综合服务平台囊括金融、通关、物流、退税、外汇等代理服务。跨境贸易具有长链条、众多操作环节的特点,因此传统中小型外贸企业和个人卖家难以操作。而综合服务平台的出现可以一站式解决这些企业和卖家的问题,是真正服务于基层的平台,为企业提供通关、退税、保险、融资等一系列服务。其代表企业有阿里巴巴的一达通。

2.4 按涉及的行业范围分类

2.4.1 综合跨境电商

综合跨境电商与垂直跨境电商不同的是,综合跨境电商部聚焦于特定商品或某一品类的商品,而是展示与销售多种商品,涉及多个行业,如亚马逊、eBay、兰亭集势等。

2.4.2 垂直跨境电商

垂直跨境电商可按品类或地域归类,一般都是针对某一行业或细分市场深化运营。品类垂直跨境电商主要专注于某一类商品的运营,如母婴类商品,代表企业有蜜芽宝贝;地域垂直跨境电商则是专注于某一地域的商品运营。

垂直类跨境电商企业与综合性跨境电商企业相比,最大的特点即为产品差异化与市场的细分化。更为精准的市场定位、更深化的产品与服务质量、更强的客户黏性以及独特的品牌附加度成为垂直电商应有的特点。同时垂直跨境电商凭借其在某一细分市场上的专注于专业,通过更加细致的产品运营与售后管理,能够提供消费者更加符合其需求特点的消费产品,与综合跨境电商相比,更能满足消费者需求,更容易取得消费者的信任,从而取得更强的客户黏性,塑造更强的品牌口碑与品牌价值,得到消费者的认可,最终实现良好的业态循环。凭借自身在某种商品上的专业性和价格合理性,垂直跨境电商比综合跨境电商具备了更多的竞争优势,是一种具有"刚性"的电商企业模式。

3. 跨境电商平台模式分类

跨境电商平台模式主要有以下四种。

3.1 传统跨境大宗交易平台

传统跨境大宗交易平台是指服务于中国较大规模进出口贸易的 B2B 电子商务交易平台,主要为境内外会员企业提供网络营销平台,传递供需双方的信息,并且帮助双方顺利完成线上交易。供应商即卖家在交易过程中生产或提供出售商品和服务,通过 B2B 平台获得相关采购商信息,并将其供应信息传递给采购商;采购商根据自身的采购需求,通过 B2B 平台获取相关供应商信息,并将其需求信息传递给供应商。买卖双方之间的信息提供和传递借助 B2B 平台完成,B2B 交易平台通过收取会员费和营销推广费用盈利。

3.2 第三方跨境电商平台

1) 第三方跨境电商平台简介

第三方跨境电商平台催生于互联网科技时代,与传统贸易方式相比有不可否认的市场优势和活力,已经成为对外贸易的一股新兴力量,并且推动着跨境零售出口成为下一个外贸交易增长点。第三方跨境电商平台的优势在于跨境电商平台的开发和运营,其不参与商品的采购和销售,重点放在网站流量的挖掘、前期招商、关键辅助服务环节上。其买卖双方一方是作为卖家的国内外贸企业,另一方是作为海外买家的消费者。作为中间平台,提供第三方平台的企业为外贸企业的自主交易活动提供信息、资金信息和物流服务,盈利方式是通过收取一定比例的佣金。

第三方跨境电商平台的核心业务在于建立平台网站,吸引流量,以及进行招商。日常业务重点在于对卖家、买家、商品及平台自身的管理,保证平台能正常运营,帮助卖家建立良好形象,帮助把控商品质量,举行各类促销活动以推动商品销售,持续与买家沟通,进而提升卖家和买家对平台的满意度。此外,第三方平台还会开发一些相关服务,弥补入驻平台的卖家在支付、客服、物流、监管等方面的短板和劣势,这些服务对扩大平台流量、增加卖家入驻数量、确保商品质量与提升买家满意度具有重要作用。表3-2列出了第三方跨境电商平台的业务内容。

表3-2 第三方跨境电商平台的业务内容

建站	跨境电商网站的开发与建设;网站域名、名称、Logo等;网站布局与风格;语言开发与设置
引流	利用广告、市场活动扩大知名度,提升品牌形象
招商	严格把控卖家资质审核,确保商品质量;增加入驻的卖家数量,扩大商品种类
平台	平台管理是日常重点工作;对卖家与商品进行日常管理;约束卖家不良行为,确保商品供应与品质;开展促销活动,推动商品销售
物流	多使用直邮方式,搭建物流系统;搭建物流体系,为卖家服务;创建物流信息系统,提供物流信息对接服务;自建保税仓、境外仓等,服务卖家
服务	针对卖家服务短板,补充售后与客服环节;提供在线信息沟通工具,扮演客服角色;监督卖家的服务质量,处理买家投诉;承办部分退换货工作

资料来源:柯丽敏、张彦红编著的《跨境电商运营从基础到实践》

2) 第三方跨境电商平台的类型

(1) B2B第三方跨境电商平台代表——环球资源。

环球资源(如图3-10所示)是一家扎根中国,面向全球的专业展览主办机构。其旗下直隶的环球资源网站是深度行业化的专业B2B外贸平台,为行业提供广泛的媒体及出口市场推广服务,同时提供广告创作、教育项目和网上内容管理等支持服务。环球资源的主要业务是通过英文媒体,如环球资源网站、印刷及电子杂志等,促进亚洲各国的出口贸易。

图3-10 环球资源首页

环球资源于1995年率先推出全球首个B2B电子商务跨境贸易平台globalsources.com。公司目前拥有超过1000万来自全球各地的注册买家和用家。环球资源与时俱进，于2019年在印度尼西亚举办环球资源电子展，在中国与东南亚市场间搭建起贸易桥梁。此外，环球资源是华南地区极具规模的制造业盛会——"深圳国际机械制造工业展览会"及其旗下相关项目的主要股东。

成立50多年来，环球资源的愿景一直致力于促成国际贸易，并通过展会、数字化贸易平台及贸易杂志等多种渠道连接全球诚信买家及已核实供应商，为他们提供定制化的采购方案及值得信赖的市场资讯。

（2）B2C第三方跨境电商平台代表——全球速卖通。

全球速卖通，简称速卖通，是阿里巴巴集团旗下覆盖全球的跨境电商平台（如图3-11所示）。2010年发展至2017年，速卖通就已拥有44个品类，18个语种站点，业务遍及全球220多个国家和地区，成为我国当时最大的国际B2C交易平台，也是全球最活跃的跨境电商平台之一。

图3-11　全球速卖通首页

速卖通面向的主要客户群体是新兴市场，其中，巴西和俄罗斯消费者是平台的主要客户。同为阿里巴巴旗下的平台，速卖通在初期与淘宝共用同样的用户，并沿用淘宝低价的营销策略，而且绝大多数商品采用平邮小包的物流方式，导致商品利润低，而且客户体验差。但是，经过不断的打磨和改进，速卖通不断提高和完善招商和用户考核的标准，因此其服务水平也得到了提升。尤其是其出台的个人卖家转企业买家策略，尤为特殊，该策略要求所有商家必须满足拥有自己品牌的企业这一标准。速卖通能吸引卖家的原因主要是操作系统简易，规则少，尤其适合刚开始进入跨境电商的卖家，并且提供线上视频培训课程给"小白"，帮助卖家解决可能遇到的所有问题，这更为跨境新人入门创造了条件。

速卖通平台及其业务具有以下特点。

① 进入门槛低，能满足众多小企业做出口业务的愿望。对卖家没有资金与企业组织形式等的局限，方便进入。

② 交易流程简单,买卖双方的订单生成、发货、收货、支付等,全在线上完成。
③ 操作模式类似国内的淘宝操作平台,非常简便。
④ 速卖通平台上的商品具有较强的价格竞争优势,跟传统国际贸易业务相比,具有较强的市场竞争优势。

(3) C2C 第三方跨境电商平台代表——eBay。

作为全球最大拍卖及购物 C2C 平台,eBay(如图 3-12 所示)是一个供全球民众使用的,上网买卖物品的线上拍卖及购物网站。eBay 集团于 1995 年 9 月成立于美国加州硅谷,其在全球范围内拥有 3.8 亿海外买家、1.52 亿活跃用户及 8 亿多件由个人或商家刊登的商品,覆盖了全球 38 个国家和地区。与速卖通相比,eBay 投入比较小,eBay 对卖家的要求更严格,对产品质量要求较高,但同样要求价格具有优势。另外,由于 eBay 主要面向欧洲和美国市场,因此最好是在美国和欧洲市场基础好的产品的情况下选择 eBay。

图 3-12　eBay 首页

除了有和其他平台类似的常规产品出售外,二手货交易也是 eBay 业务的重要组成部分。eBay 的卖家可以通过拍卖和一口价两种方式在该网站上销售商品。其中,拍卖模式是这个平台的最大特色。一般卖家通过设定商品的起拍价以及在线时间开始拍卖,然后看下线时谁的竞拍金额最高,最高者获得拍卖物品。

eBay 主要依托全球一流的支付工具 PayPal,为全球商户提供在线零售服务。eBay 向卖家收取发布费,即卖家在 eBay 网站上发布商品信息所缴纳的费用。此外,eBay 还收取手续费,即卖家和买家交易成功后,eBay 将向卖家收取一定比例的佣金。eBay 的优势在于其国际影响力,它覆盖了全球市场,而且与 PayPal 支付合作密切。在物流方面,eBay 和中国邮政速递合作,使中国供应商的跨境电商物流服务更加方便、快捷。正因如此,eBay 逐步从美国、澳大利亚和德国等发达国家扩展到新兴市场,如俄罗斯。eBay 通过大数据技术及买家质量评估,加强对卖家的支持,助力卖家业务的快速发展。

3.3　自营跨境电商平台

1) 自营跨境电商平台简介

随着第三方平台的稳步发展,平台卖家之间的竞争也日渐激烈。一些实力强大的外贸企业建立起各自独立的跨境外贸电商平台网站,即自营跨境电商平台。这些企业独立联系国内外外贸企业作为供货商,即平台直接从外贸企业采购商品,买断货源,然后自建 2B 或者 2C 平台将商品销往境外。在这种模式下,电商平台企业本身就是独立销售商,其盈利模式是商品的利润。

采用这种类型的电商企业是以标准化的要求,对其经营的商品进行统一生产或者采购、展示、在线交易,并通过物流配送将商品投放到最终消费群体的手里。此类平台具有品牌力强、商品质量可控以及交易流程管理体系完备等特征,他们通过组建自己一整套的渠道供应链,销售特定类型的产品。具体而言,他们具有两个特点:商品集中差异化和货物的小包化。商品集中差异化是指这类电商大都选取一类或几种利润比较高的商品,如 3C 数码、化妆品等;而货物小包化则指的是他们的客户大多是终端消费者,无须大宗货物的物流,而只需特定的国际快递来解决。

自营跨境电商平台不同于第三方跨境电商平台,反而与传统零售公司类似,可以理解为将商品交易场所从线下转移到线上。自营跨境电商平台充分参与整个商品供应链,包括所销售商品的选择、供应商的开发、电商平台的运营等,还要深入参与物流服务、客服服务和售后服务。表 3-3 列出了自营跨境电商平台的业务内容。

表 3-3 自营跨境电商平台的业务内容

建站	电子商务网站的开发与建设;网站域名、名称、Logo 等;网站布局与风格;语言开发与设置
引流	需要借助广告、市场活动扩大知名度,提升品牌形象
供应商	开发供应商,供应商包括制造商、品牌商、零售商、经销商等;获取境外品牌授权
选品	选品追求要准确、要有前瞻性,避免商品滞销;追求商品畅销,选择爆款或热销款;挖掘未被开发的优质商品;还要避免商品滞销
运营	负责商品运营与销售,以多种方式推动销售;以社交网络、品牌营销、价格补贴、大数据推荐等多种方式提升运营效果,促进商品销售
物流	自建或租赁保税区、自贸区、境外仓等;承担跨境物流组织,与第三方物流商合作;自建或租赁各种类型的仓库
服务	自建服务团队,提供标准化服务;售前、售中、售后服务统一管理;自建采购、运营、客服、售后团队,提供退换货服务

资料来源:柯丽敏、张彦红编著的《跨境电商运营从基础到实践》

由于平台与商品都是自营的,平台掌控能力较强,能保证商品的质量,商家信誉度好,消费者信任度高,货源较稳定,跨境物流、通关与商检等环节渠道稳定,跨境支付便捷。这些都是自营平台的优势。然而,整体运营成本高,运营风险大,资源需求多,资金压力大,需及时处理商品滞销、退换货等问题,这些都是自营型平台的劣势。

2)自营跨境电商平台的类型

自营跨境电商平台可分为综合型自营跨境电商平台与垂直型自营跨境电商平台。前者的商品来源与品牌商类似,有较强的商品包装能力和促销能力,加上省去了中间环节的诸多成本,具有明显的价格优势。后者的最大优势在于可以精准挖掘利基市场,了解目标群体,提供深入的服务,具备出色的选品能力与良好的销售转化率。但由于其将市场定位于利基市场,决定了其商品品类单一,并受政策性因素的影响较大。再加上垂直型自营跨境电商企业在规模实力、流量与管理水平等方面均表现较弱,与商品供应商,尤其是一些大型品牌商合作存在一定的难度,因此在商品价格上与综合型自营跨境电商企业相比,垂直型自营跨境电商企业不具备较多优势。

(1) 垂直型自营跨境电商平台——Zalando。

Zalando(如图 3-13 所示)是德国一家时尚电子商务互联网公司。它的在线销售产品以鞋、时尚服装为主。该公司在 2008 年(由 Rocket Internet)创立于德国,总部设在柏林。一开始,Zalando 专门销售鞋类产品,但后来公司的零售业务逐渐发展,并涵盖了时尚、生活、体育等领域。

图 3-13　Zalando 首页

2009 年,Zalando 首次在德国之外的国家开展经营活动,并开始提供到奥地利送货服务。2010 年,Zalando 的零售服务拓展到荷兰和法国。2011 年,它在英国、意大利和瑞士发布了本土化的网站。2012 年,其网站在瑞典、丹麦、芬兰、挪威、比利时、西班牙和波兰推出了本土化的网站和零售业务。目前,Zalando 的商业运营活跃在德国、奥地利、瑞士、法国、比利时、荷兰、意大利、西班牙、波兰、瑞典、丹麦、芬兰、挪威和英国。至 2015 年,Zalando 在德国本土有超过 8000 名员工,其中柏林地区有超过 1500 名员工,其经营区域超过 15 个国家和地区。

Zalando 的优势:超过 1470 万活跃客户;每月访问次数超过 1 亿次;提供超过 150 000 种产品;占据德国时尚电商市场 10% 的份额。依靠这些优势,目前 Zalando 拥有 15 个主要的销售网站,欧洲当地物流服务最多的是 DHL,但是 Zalando 为了和法国 Ventre Privee(奢侈品限时打折网站)竞争,也推出了自己的打折平台 Zalando lounge。另外,为了消化库存压力,在柏林 kreuzberg 区开设了 Zalando outlet。Zalando 当前已成为德国地区的第三大电商平台。

不过想要入驻 Zalando,还需要满足平台自身的条件:①产品类别如下:服装、鞋子、配件和运动(不接受其他类别的产品),入驻该平台的第三方品牌最好是平台需要的补充品牌。②Zalando 平台提供免费送货和 100 天免费退货政策,同时也希望卖家提供同样的服务。③第三方卖家在 Zalando 平台上没有类似 Amazon、eBay 店铺,只有在卖家自己的列表下面才会标注出卖家品牌名称,Zalando 自营产品有优先级。④Zalando 除了对产品品类要求严格之外,第三方卖家上线的产品描述和图片也要和整体网站风格相统一。⑤无论订单金额大小,一律包邮。⑥品牌必须开通了网上商店。⑦以 zalando.de 为例,入驻卖家或品牌在德国必须有注册的办公室。⑧卖家必须用有效的营业执照和品牌或获得品牌授权。

(2) 综合型自营跨境电商平台——考拉海购。

考拉海购(如图 3-14 所示)是阿里巴巴旗下以跨境业务为主的会员电商,销售品类涵盖母婴、美容彩妆、家居生活、营养保健、环球美食、服饰箱包、数码家电等。考拉海购以 100% 正品,天天低价,30 天无忧退货,快捷配送,提供消费者海量海外商品购买渠道,希望帮助用户"用更少的钱,过更好的生活",助推消费和生活的双重升级。

图 3-14　考拉海购首页

考拉海购主打自营直采的理念,在美国、德国、意大利、日本、韩国、澳大利亚、中国设有分公司或办事处,深入产品原产地直采高品质、适合目标消费者的商品,从源头杜绝假货,保障商品品质的同时省去诸多中间环节,直接从原产地运抵国内,在海关和国检的监控下,储存在保税区仓库。除此之外,考拉上线蚂蚁区块链溯源系统,严格把控产品质量。

考拉海购以其海量用户,以及包括资金、资产以及资本市场资源在内的资本优势,成为考拉海购区别于其他电商平台的持续核心优势,而且考拉海购作为一个媒体型电商可以友好地解决信息不对等的现状。考拉海购可以用丰富的媒体手段,如文本、视频甚至网络红人来更好阐述这个商品究竟对消费者有怎么样的好。具体而言,网易考拉的优势如下。

① 自营模式。考拉海购主打自营直采,成立专业采购团队深入产品原产地,并对所有供应商的资质进行严格审核,并设置了严密的复核机制,从源头上杜绝假货,进一步保证了商品的安全性。

② 定价优势。考拉海购主打的自营模式拥有自主定价权,可以通过整体协调供应链及仓储、物流、运营的各个环节,根据市场环境和竞争节点调整定价策略。考拉海购不仅要降低采购成本控制定价,还要通过控制利润率来控制定价的策略,做到不仅尊重品牌方的价格策略,更重视中国消费者对价格的敏感和喜好。

③ 全球布点。考拉海购坚持自营直采和精品化运作的理念,在旧金山、东京、首尔、悉尼等近10个城市成立了分公司和办事处,深入商品原产地精选全球优质尖货,规避了代理商、经销商等多层环节,直接对接品牌商和工厂,省去中间环节及费用,还采用了大批量规模化集采的模式,实现更低的进价,甚至做到"海外批发价"。

④ 仓储优势。通过保税的模式,既可以实现合法合规,又能降低成本,实现快速发货,所以能够给跨境电商用的保税仓是稀缺资源。考拉海购在杭州、郑州、宁波、重庆四个保税区拥有超过15万平方米的保税仓储面积,为行业第一。同时,位于宁波的25万平方米现代化、智能化保税仓已经破土动工,不久后也将投入使用。目前,考拉海购已经成为跨境电商中拥有保税仓规模最大的企业。未来,考拉海购还将陆续开通华南、华北、西南保税物流中心。在海外,考拉海购初步在美国建成国际物流仓储中心,并将开通韩国、日本、澳大利亚、欧洲等国家和地区的国际物流仓储中心。

⑤ 海外物流优势。目前,考拉海购已经快速融入阿里巴巴的基础设施,技术底层全部迁至阿里云,全球物流、仓储等业务则和菜鸟打通。

⑥ 充沛现金。考拉海购借助雄厚的资本,在供应链、物流链等基础条件上投入建设,同时也能持续采用低价策略。虽然考拉海购有雄厚资金作后盾,但其一开始并没有大动作,反而花了大半年的时间,主要集中精力做基础准备工作,如拿地建仓、外出招商、梳理供应链。

⑦ 保姆服务。对于海外厂商,考拉海购能够提供从跨国物流仓储、跨境支付、供应链金融、线上运营、品牌推广等一整套完整的保姆式服务,解决海外商家进入中国的障碍,省去了他们独自开拓中国市场面临的语言、文化差异、运输等问题。考拉海购的目标就是让海外商家节约成本,让中国消费者享受低价。

在这种模式下,外贸企业通过外贸电商代运营服务商,如四海商舟(BizArk)、锐意企业(Enterprising & Creative)等建立跨境电商平台。服务提供商不直接或间接参与任何电子商务的买卖过程,而是为从事跨境交易的中小企业提供不同的服务模块,如"市场研究模块""营销商务平台建设模块""海外营销解决方案模块"等。这些平台仅为那些从事小额跨境电子商务贸易的公司提供通过的解决方案,为其提供后台支付、物流、客服、法律咨询等服务,帮助外贸企业建设独立的电子商务网站平台,并能够提供全方位电子商务及解决方案,使其直接把商品销售给国外零售商或消费者。跨境电子商务贸易服务提供商的盈利模式是赚取企业支付的服务费用。

4. 平台选择

各类跨境电商平台都有不同的特点和长处,也各有不足。那么卖家该如何选择跨境电商平台呢?具体而言,卖家应该对自身企业、产品和目标市场有所了解,并对各跨境平台优势、平台收费情况、信息流操作模式、资金流动模式和物流模式进行深度分析,根据自身的情况选择最适合自己企业的跨境电商平台。

4.1 步骤一：明确企业目标市场电商发展情况和产品定位

1) 全球跨境电子商务区域发展状况

随着互联网信息技术的广泛应用,全球网民的数量将进一步增长。全球互联网正在快速普及,这为电子商务的快速发展提供了良好的基础。全球电子商务快速发展,成为全球居民消费的重要渠道。2019年,全球网民总数达到41亿人,同比增长5.3%。全球网民渗透率从2005年的16.8%上升到2019年的53.6%。从地区来看,互联网使用率最高的地区是欧洲,最低的地区是非洲。2019年,欧洲互联网渗透率为82.5%;美洲互联网渗透率为77.2%;独联体互联网渗透率为72.2%;阿拉伯国家互联网渗透率为51.6%;亚太地区互联网渗透率为48.4%;非洲互联网渗透率为28.2%。

另据联合国贸易与发展会议近日发布的一份报告显示,2020年电子商务在全球急剧增长,这使在线零售在所有零售中的份额从16%增加到19%。根据最新估计,2019年全球电子商务销售额跃升至26.7万亿美元,较2018年增长4%。报告还指出,2020年排名前13位的B2C电子商务公司的商品交易总额增长了20.5%,高于2019年的17.9%。按照GMV排名,阿里巴巴位居第一,销售额高达11 450亿美元,是排名第二亚马逊5750亿美元的近2倍。

但纵观全球电子商务市场,各地区发展并不平衡,从2019年商务部发布的数据来看,2019年中国网络零售总额为19 347.8亿美元,增长27.30%;美国网络零售总额为5869.2亿美元,增长14.00%;英国网络零售总额为1419.3亿美元,增长10.90%;日本网络零售总额为1154亿美元,增长4.00%;韩国网络零售总额为1034.8亿美元,增长18.10%;德国网络零售总额为818.5亿美元,增长7.80%;法国网络零售总额为694.3亿美元,增长11.50%;加拿大网络零售总额为498亿美元,增长21.10%;印度网络零售总额为460.5亿美元,增长31.90%;俄罗斯网络零售总额为269.2亿美元,增长18.70%。可见,目前全球跨境电子商务呈现出美国、欧洲、亚洲三足鼎立的局面。

美国是跨境电子商务的积极推动者和倡导者,拥有3.15亿居民、2.55亿网民、1.84亿在线购买者,电子商务交易额约占全球电子商务交易额的25%,为跨境电子商务发展奠定了坚实的基础。美国不但试图主导全球跨境电子商务发展空间和规则,在促进跨境电子商务发展方面也采取了较多做法。

欧盟电子商务起步较美国晚,但发展速度较快,主张采取自由化跨境电子商务发展战略,已成为全球电子商务发展较为领先的地方。尤其需要强调的是,欧盟制定的《电子商务行动方案》明确了欧盟应在信息基础设施、管理框架、技术和服务等方面为发展电子商务奠定基础。《电子签名指令》旨在协调欧盟各成员国之间的电子签名法律,将电子签名区分为简单、一般和严格三类,并根据技术的安全级别,给予不同的法律地位,在法律上如证据的效力方面进行区别对待。欧盟的《电子商务指令》全面规范了关于开放电子商务市场、电子交易、电子商务服务提供者的责任等关键问题。

然而,相比其他区域,东南亚地区仍然是引领世界经济复苏的重要力量。2017—2022年,全球电商零售额逐年增加,其中2020年增速最快。2022年零售电子商务销售额增长

20.6%,增速最快;其次,电商零售额增速较快的为拉美地区,达到 20.4%;西欧地区的电商零售额的增速最慢,为 6.1%。2022 年全球电商零售额增速约为 12.2%。详细数据请见图 3-15。

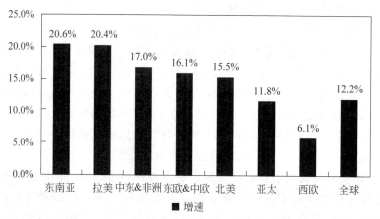

图 3-15 2022 年各地区零售电子商务发展情况

资料来源:观研天下数据中心整理

2)掌握产品定位

企业应该熟悉自身商品的种类、数量和特点。基于产品特点明确是入驻综合型跨境电商平台还是入驻垂直型跨境电商平台,卖家必须根据自己的特点做出合理的决策。例如,专业性较强的企业不宜选择综合型跨境电商平台,而应选择垂直型跨境电商平台。

除了掌握产品定位外,卖家需考虑以下问题:首先,所卖产品的本质是什么?是数字产品还是实体产品?销售数字产品的卖家在选择合适的平台时没有太多困难。但是销售实体产品的卖家,就要考虑各个平台的发货成本问题。其次,支付方式是什么?虽然 PayPal 是卖家偏爱的一种支付方式,但并不是所有电商平台都支持第三方支付商。卖家要确保平台能提供自己偏好的支付方式。然后库存规模有多大?这很大程度上取决于产品本身,但从总体来说,卖家需要考虑自己的库存规模,以确保售出的每一件产品实现利益最大化。最后采购计划也是一个关键因素,但既然卖家已决定要创建自己的网店,肯定已经了解到要进行相应的投资。

4.2　步骤二:了解跨境电商平台的影响力

1)查找跨境电商平台

大多数人了解本土的知名电商,但是跨境电商平台到底有哪些,还是比较陌生,也许只能说出亚马逊、eBay 等较为知名的跨境电商。但是存在的跨境电商平台远远不止这些,而且每个跨境电商平台,都有其特定的优势和目标市场。卖家在选择跨境电商平台之前,必须依据目标市场查找跨境电商平台。例如,在所有跨境平台中,东南亚的两大新兴平台 Lazada 和 Shopee,发展势头很猛,潜力非常大,卖家数量增长迅速。东南亚市场的购买力和购买基数已不容小觑。尤其 Lazada,作为东南亚地区最大的在线购物网站之一,业务遍及整个东南亚地区,仅用了三年时间便成为东南亚最大的电商平台,目前,年经营额已达十亿美元,日均访问量400万,入驻商家数超过1.5万。

目前,主要的跨境电商平台如下。

(1)出口跨境电商交易平台:速卖通、亚马逊、eBay、环球资源网、中国制造网等。

(2)进口跨境电商交易平台:洋码头、天猫国际、苏宁云商海外购、网易考拉海购、顺丰海淘等。

(3)跨境电商信息服务平台:阿里巴巴国际站、环球资源网、中国制造网等。

(4)各国主流跨境电商平台。

北美:Amazon、eBay、Wish、Walmart、Newegg

德国:Amazon、Otto、Zalando、eBay

日本:Rakuten、Amazon、eBay

俄罗斯:AliExpress、Ulmart、eBay、Ozon、Amazon

东南亚:Shopee、Lazada、Qoo10、AliExpress、Zalora

印度:Flipkart、Amazon、Snapdeal、eBay、AliExpress

中东:Souq、Noon

南美:eBay、Amazon、AliExpress

英国:eBay、Amazon

法国:eBay、Cdiscount、Amazon、Priceminister

韩国:Gmarket、AliExpress

非洲:Jumia、Kilimall、AliExpress、eBay

2)分析各跨境电商平台排名情况

利用全球网站排名数据分析平台 Alexa(网址 www.alexa.cn)可以帮助企业了解跨境电商平台网站的排名情况。如图3-16所示,亚马逊位列跨境电商平台首位,而中国的速卖通和淘宝网分别在第六位和第十位。

排名	网站	类别	更改	平均访问时长	页面数/访问	跳出率
1	amazon.com	E commerce and Shopping > Marketplace	=	00:07:22	8.88	36.01%
2	ebay.com	E commerce and Shopping > Marketplace	=	00:07:04	7.57	35.98%
3	amazon.co.jp	E commerce and Shopping > Marketplace	=	00:06:50	7.93	38.65%
4	amazon.de	E commerce and Shopping > Marketplace	=	00:07:08	9.34	32.04%
5	rakuten.co.jp	E commerce and Shopping > Marketplace	=	00:06:18	7.46	37.57%
6	aliexpress.com	E commerce and Shopping > Marketplace	+1	00:06:30	7.48	38.79%
7	craigslist.org	E commerce and Shopping > Classifieds	-1	00:08:37	10.85	25.96%
8	amazon.co.uk	E commerce and Shopping > Marketplace	=	00:06:26	7.73	37.48%
9	walmart.com	E commerce and Shopping > Marketplace	=	00:05:32	5.36	50.56%
10	taobao.com	E commerce and Shopping > Marketplace	=	00:18:30	5.92	35.51%

图3-16 Alexa全球网站排名情况

此外,还能利用 Alexa 网站了解某个具体网站的流量状况。以亚马逊网站为例,进入 Alexa 网站,单击标签栏上的"流量分析",在搜索框内输入亚马逊的网址即可进行查询。例如,图 3-17 展示了亚马逊网站当日、周平均、月平均及三月平均的 UV 和 PV 数据,图 3-18 现实了亚马逊在各国的流量情况。从图中可知,亚马逊最主要的访客来自美国。

网站流量 以下UV&PV数据为估算值,非精确统计,仅供参考

访问量	当日	周平均	月平均	三月平均
UV	174080000	149760000	144640000	142688000
PV	2123775000	1602432000	1446400000	1408330000

图 3-17 亚马逊网站流量

国家/地区访问比例

国家/地区名称	国家/地区代码	网站访问比例	页面浏览比例
美国	US	62.3%	70.3%
印度	IN	6.1%	4.4%
日本	JP	4.1%	3.6%
加拿大	CA	2.1%	1.8%
韩国	KR	2.1%	2.2%
墨西哥	MX	1.5%	1.2%
巴基斯坦	PK	1.2%	1.0%
澳大利亚	AU	1.1%	0.8%
沙特阿拉伯	SA	0.9%	0.7%
哥伦比亚	CO	0.6%	0.6%
埃及	EG	0.6%	0.4%
新加坡	SG	0.6%	0.5%

图 3-18 亚马逊国家或地区访问比例

4.3 步骤三:了解跨境电商平台排名规则

每个平台都有自己独有的排名规则,排名规则会直接影响平台推广卖家的力度,以及卖家在该平台上的流量。卖家在如何选择跨境电商平台这一个问题上需要多进行总结摸索出最适合自己商品的规律。下面将介绍四家跨境电商平台的排名规则。

1) 亚马逊搜索排名规则

亚马逊自营和 FBA 卖家排名靠前;店铺指标因素(主要影响店铺排名的店铺指标有销量、好评率及绩效指标;三个因素表现越高,排名越靠前);搜索及类目相关性。

2) 速卖通搜索排名规则

规则一:搜索词与商品相关性。

(1) 商品的标题描述与搜索词的匹配程度。

(2) 商品属性的正确性对排名的帮助。

规则二：商品质量。速卖通对于商品质量的因素判断有四个方面：商品图片质量、商品价格、商品销售情况、商品销售转化率。

（1）商品图片：对于图片质量，除了清晰外，还需要在上传主图时上传6~8幅图片，且要求图片必须包含商品主体、细节、包装、材质等要素，简单理解就是用户可以通过图片对商品主要性质进行了解。

（2）商品价格：速卖通更偏向于上传的商品与平台上同类商品的主流价格，价格与主流价格越接近越好。

（3）商品销售情况：即店铺商品的历史销售数据，数据越合理商品质量越高。

（4）商品销售转化率：即其他所有条件相同，在固定时间内商品的销量越高，排名越靠前。这里需要注意的是，如果在一定的时间内商品的曝光次数越高而销量很少的话，商品质量会被速卖通判定为不好。

3）eBay搜索排名规则

对eBay来说，商品的排名有一个最重要的指标就是最佳匹配（Best Match），而影响最佳匹配的因素包括：近期销售记录、即将结束时间、卖家评级（DSR）、买家满意度、商品标题相关性、商品价格和运费、卖家表现、退换货服务等。

（1）近期销售记录：这个记录主要是对eBay定价类商品，它是判定卖家的列表中，有多少被不同买家所购买的数据。商品的记录越高所能获得的曝光度就越多。

（2）即将结束时间：这个因素主要是对拍卖类商品，事实上就是拍卖商品的下架时间。拍卖的商品在即将下架时的排名是最好的。

（3）DSR：评价的维度有4个方面，包括商品描述、客服、物流时间、运费。评价越高，商品排名越靠前。

（4）买家满意度：有三个衡量标准，即中差评数、DSR中1~2分数量、INR/SNAD投诉数量。满意度越高，排名越靠前。

（5）商品标题相关性：即用户的搜索词与商品的标题和关键词的匹配程度。

（6）卖家表现：这里的卖家表现指的是卖家在诚信方面的表现，因素比较多，包括买家投诉的比例，买家满意度和评价等。

（7）退换货服务：卖家如果提供退换货服务排名会更好。

4）Wish规则

Wish与其他几大平台的不同之处在于，它本是基于移动端的平台，且前身又类似社交软件，所以Wish在规则上弱化了搜索的功能，增强的是个性化推送功能。每个用户通过Wish所看到的商品都是不一样的，那么如何可以提高推送就需要符合一些Wish的规则。

Wish会根据用户的兴趣特征、社会属性、自然属性，把用户分为不同的标签，再结合用户的需求标签结合进行匹配。同时Wish还可以通过Facebook、谷歌邮箱账户直接登录，因此Wish可以调取这些平台数据记录，通过用户的平时兴趣爱好等对用户进行细分。

因此，在Wish这样的规则下，卖家需要做的就是结合自己的商品做目标客户的用户画像，然后通过标签设置将自己的商品与Wish上的目标客户进行匹配。

4.4 步骤四：跨境电商平台入驻条件及服务项目的收费情况

1) 入驻条件

这一资料能够帮助卖家挑选入驻平台。关于各跨境电商平台的入驻条件，可以在各平台官网进行查询。表 3-4 是知名跨境电商平台入驻条件的整理结果。

表 3-4 知名跨境电商平台入驻条件

平台名称	入 驻 条 件
速卖通	（1）企业：所有商家准入该经营大类，账号需要完成企业支付宝认证。 （2）产品清单：卖家需在系统中上传 10 款即将售卖的产品供平台审核。 （3）商标：卖家须拥有或代理一个商标经营，并根据商标资质，选择经营官方店、专卖店或专营店
eBay	第一步：注册 PayPal 账户 & 完成 PayPal 账户认证。 第二步：申请 & 注册企业 eBay。 申请资格：①合法登记的企业用户，并且能提供 eBay 要求的所有相关文件；②须注册为商业账户；③每一个卖家只能申请一个企业入驻通道账户；④有 eBay 客户经理的卖家请通过客户经理申请。 需准备资料：①政府核发的营业执照；②身份证明：中国二代身份证、护照、驾照；③地址证明：信用卡账单、银行账户的月结单、水电煤气账单、电话账单、房地产所有证；④企业入驻通道申请表（需下载）；⑤账户操作人授权书（如有需要）（需下载）；⑥现有账户申报表格（需下载）；⑦Value-Added Tax（VAI）（如使用海外仓）；⑧商标注册证（如有需要）9CE/FCC/RoHS/CCC/CQC，安全认证（如有需要）
亚马逊	（1）说明： ①国内注册的有限公司法人。 ②不接受个体工商户。 ③复印件应该清晰可读，营业执照不能过期，且营业执照上的公司名称应与注册的亚马逊账户上的名称一致。 （2）身份证正反两面的扫描件（应清晰可读）。 ①您的身份证明文件必须为以下语言之一：中文、英语、法语、德语、意大利语、日语、葡萄牙语或西班牙语。如果不是其中任何一种语言，请提供您的护照或公证翻译成其中一种语言的身份证明文件。 ②身份证上的姓名应与您注册的亚马逊账户上的名称一致。 （3）公司账单或者法人个人账单（入驻美国站点不作强制要求，欧洲/日本站点暂不需要）。 （4）一张 VISA 信用卡。 说明： ①可使用中国境内银行签发的 VISA 双币信用卡（能扣美元），日本站除 VISA 外也可用 JCB 卡（能扣日元）。 ②美国/日本站点可使用持卡人为他人的信用卡。 ③欧洲站点的信用卡持卡人必须为公司法人/受益人或者由公司承债的商务信用卡。 （5）一个海外收款账号。 （6）具备 ISO9001 质量标准认证。 不论是哪种类型的卖家，均需要具备国际资质专业检测公司审核颁发的有效 ISO9001 质量标准认证。生产厂商需提交 ISO9001 质量管理体系认证，贸易服务提供商需提交所售产品工厂的 ISO9001 质量管理体系认证

续表

平台名称	入 驻 条 件
敦煌	(1) 注册敦煌网账号时请如实填写注册资料： 建议使用 Hotmail、Gmail、163 等国际通用的邮箱作为注册邮箱，以确保顺利接收来自敦煌网天海外买家的邮件。确认注册邮箱完成注册。 (2) 请前往您的注册邮箱查收敦煌网发送的确认邮件，激活敦煌网账户即可。 (3) 卖家身份认证：为保证买卖家的交易安全，敦煌网平台已经打通了"卖家身份认证系统"，卖家有效的身份认证会使您具备网络交易的买家身份，保证了网络交易的安全且完成企业身份认证后，更加容易获得买家的信任。 (4) 卖家银行认证：收款账号为人民币账户以及外币账户，收款时可任意选择一个币种进行收款
Wish	(1) 入驻条件： ① 中国公司注册：营业执照、法人身份证(原件扫描/拍照)。 ② 个人注册：个人身份证。 ③ 企业账号认证需要准备好企业营业执照，法人身份证信息。 (2) 入驻链接： https://china-merchant.wish.com/welcome (3) 入驻费用：收取 2000 美元的店铺预缴注册费

2) 服务项目收费情况

人们在购买商品时,大多会考虑价格因素。同样,卖家在跨境电商平台上购买各种收费服务也要考虑价格因素。虽然平台也会提供一些免费的服务,但对认证、排名等服务有各种限制。卖家应该根据自己的需求和购买力选择合适的平台服务项目。如表 3-5 所示展示了亚马逊、eBay 和速卖通三家跨境电商平台的入驻收费情况。

表 3-5　国际电商平台入驻收费参考

国际电商平台入驻收费标准		
电商平台	费用名称	收 费 标 准
亚马逊	入驻费用	免费
	月服务费	专业销售计划：每月 39.99 美元
		个人销售计划：无服务费
	物流费用	专家买家：无每件费用
		个人卖家：每件所售商品 0.99 美元
	佣金	一般为 8%～15%，亚马逊设备配件为 45%
eBay	入驻费用	免费
	刊登费用	超出免费条数，每条 0.03～2 美元
	佣金	拍卖佣金 9%以上
	可选费用	订阅费、功能升级、广告费等
速卖通	入驻费用	10 000 元起技术年费
	佣金	销售金额的 5%～8%

资源来源：https://baijiahao.baidu.com/s?id=1697190907920713940&wfr=spider&for=pc

虽然亚马逊、eBay 等国外电商平台并不收取入门的保证金,但是对于入驻的条件审查都较为严格,需要提前开通 PayPal 等国外收款账户,并且对于商品的 SKU 都有严格规定,部分国外电商平台要求 SKU 不得少于 2000 个。

4.5 步骤五:对搜索到的跨境电商平台进行分类整理

1) 第三方跨境电商平台

第三方跨境电商平台通过线上为商家搭建商城,并整合物流、支付、运营等服务资源,吸引商家入驻,为其提供跨境电商交易服务。同时,平台以收取商家佣金以及增值服务佣金作为主要盈利模式。代表企业有速卖通、亚马逊、Wish、敦煌网等,见表 3-6。

表 3-6 部分第三方跨境电商平台

平台名称	成立时间	经营范围	优 势	收费模式
速卖通	2010 年	综合	占据市场大,覆盖 220 多个国家和地区,日近 5000 万海外流量;利润高;行业类目多;信息流、资金流、物流完善	佣金制,收取年费
亚马逊	1995 年	综合	品种多,包括 32 大类,上千万种产品;国际直邮,拥有自己的仓储物流系统 FBA;个性化配送服务	佣金制,收取账号月租费
Wish	2011 年	主要为时尚类产品	售出商品之前无须支付任何费用;专注移动端,高效的移动商务;根据买家浏览记录,个性化推荐产品	佣金制
敦煌网	2007 年	综合	建立时间早,影响力大;完善的信息流、资金流、物流和风控系统	佣金制,高级会员收取会员费

资料来源:徐娟娟,郑苏娟主编的《跨境网络营销》

2) 自营跨境电商平台

自营跨境电商平台是通过在线上搭建平台,平台方整合供应商资源通过较低的进价采购商品,然后以较高的售价出售商品。自营模式平台主要以商品差价作为盈利模式。代表企业有兰亭集势、米兰网、Chinavasion、易宝等,见表 3-7。

表 3-7 部分自营跨境电商平台

平台名称	成立时间	经营范围	优 势	收费模式
兰亭集势	2007 年	以计算机、通信和消费类电子产品为主,扩展至服装、服饰、玩具、家居、体育用品、化妆品、保健品等	吸收大量风投资本,发展迅速;集合国内供应商向国际市场提供消费者平常消费很少、次数很有限的选购品目,"长尾式采购"模式	平台直接采购,不收取额外费用
米兰网	2008 年	服装类	拥有庞大的国际网络外贸销售平台;拥有日本站、法国站等分类	
Chinavasion	2008 年	消费类电子产品	网站搜索引擎优化手段突出;专注于消费类电子产品	
易宝	2007 年	消费类电子产品	低价销售策略;论坛推广模式	

资料来源:徐娟娟,郑苏娟主编的《跨境网络营销》

案例思考

案例背景介绍

农产品跨境电商如何脱困？

2015年，小茗创立了茗茶茶业有限公司，开始自己的茶叶生意，从自建品牌、自建渠道开始，迅速扩张。到2020年，不到五年的时间，茗茶茶业成为当地知名的茶叶企业。这时的小茗，想带领当地的茶农一起致富。但是随着成本的快速上涨，再加上线下市场的限制，外部经济环境的变化正在透支着企业的利润，这种冲击几乎波及所有的茶企业。但是，受到《数字乡村发展战略纲要》启发，以及"一带一路"倡议下跨境农产品电商建设项目的支持，小茗开始深入思考自己的经营模式：全产业链的模式做传统行业，战线拉得太长，调头缓慢，不利于企业的长期发展。而彼时正是电子商务如火如荼之时，经过慎重的思考，小茗果断决策：进军互联网，试水茶叶电商，带领全村茶农走向世界！

但是，面对众多跨境电子商务平台，小茗该如何选择？近年来，随着网络信息技术的发展，中国农村电子商务和农产品跨境电子商务影响实现了可持续发展。于是，小茗也想借助跨境电商平台，带领全村茶农致富。但是在小茗寻找合适的跨境电商平台时，却发现了问题。首先，很多跨境电商平台不愿意小茗的茶产品入驻电商平台，只有中国的部分跨境电商平台同意其茶产品入驻平台；其次，即使入驻跨境电商平台后，茶产品能够选择的出口市场有限；最后，关于茶产品的订单问题烦琐，很多技术性问题小茗的企业无法解决。

问题与思考

1. 茶产品在跨境电商平台会出现哪些困境？

提示：可以从产品质量认证、信息安全、农产品进出口流程等角度进行分析。

2. 为了解决农产品跨境电商的困境，未来的农产品跨境电商平台应该如何发展呢？

习 题

一、单选题

1. 阿里巴巴国际站和环球资源都是中国主流的国际B2B平台，但阿里巴巴与环球资源不同的是，阿里巴巴国际站的目标客户定位于（　　）。

  A. 中小企业   B. 中国制造企业
  C. 大型企业   D. 外贸企业

2. 在网上商城系统建设中，商家对客户直接销售的是（　　）。

  A. B2B   B. B2C   C. C2C   D. 以上都是

3. Alexa平台（网址 www.alexa.cn）的作用是（　　）。

  A. 帮助企业了解跨境电商平台的排名情况
  B. 帮助消费者搜集商品信息
  C. 帮助企业选择买家

D. 以上都是

4. 以下选项中不属于跨境电子商务第三方交易平台的是(　　)。
　　A. 全球速卖通　　　　　　　　B. Wish
　　C. 兰亭集势　　　　　　　　　D. 环球资源网
5. Wish 平台是一家(　　)。
　　A. B2B 电商平台　　　　　　　B. 移动 App 平台
　　C. C2C 电商平台　　　　　　　D. 以上都不是

二、填空题

1. 按贸易方向,跨境电商模式分为(　　)几种。
2. 目前盛行的"海淘"属于(　　)模式。
3. 天猫国际属于(　　)平台。
4. (　　)是 eBay 的特色。
5. 选择跨境电商平台时需要考虑(　　)。

三、简答题

1. 简述第三方跨境电商平台和自营跨境电商平台的区别。
2. 简述亚马逊平台的特点。
3. 简述 Wish 平台的特点。
4. 分别说出 B2B、B2C、C2C 跨境电商模式的电商代表。
5. 说明跨境电商平台选择的步骤。

实 践 操 作

1. 选择一个跨境电商平台,搜索整理其资料,进行平台介绍。
要求:以小组形式完成(小组成员 3~5 人);搜索查找有关选定跨境电商平台的资料,如历史背景、特征、优劣势等;作业采用 PPT 形式展示。
2. 利用 Alexa 网址分析下列平台的流量分布情况(选取流量排名前五的国家或地区即可),如表 3-8 和表 3-9 所示。

表 3-8　Wish 平台(www.wish.com)

国家/地区名称	国家/地区排名	网站访问比例

表 3-9　Lazada（www.lazada.com/en/）

国家/地区名称	国家/地区排名	网站访问比例

子情景二　市场选品分析

知识导读

跨境电商市场选品分析是指从供应市场中，选择合适目标市场需求的产品，在店铺进行销售。卖家深知选品的重要性，"七分靠选品，三分靠运营。"这是亚马逊卖家都耳熟能详的一句话。选品要解决卖什么的问题，决定卖什么要有选品思路，而且选品思路要对，即选品不能靠拍脑袋决定，要有原则，有依据。此外，选品也要掌握一些技巧，才能做到有的放矢。那么如何选好产品，怎样选取产品，怎样才算好的产品？本章将展示企业市场选品的渠道方法及相关知识。

学习目标

知识目标

知道跨境电商概念。
掌握跨境电商产品特点。
掌握跨境电商产品市场。
掌握跨境电商产品开发策略。
熟悉跨境电商选品原则、依据及途径等。

能力目标

能够分析平台行业概况及产品的销售情况。
能够对产品进行准确的定位。
能够选择适合不同目标市场的商品。
能够运用平台内外的数据分析工具发现市场机会。
能够为商品找到稳定的货源。

素质目标

具有严谨务实的工作态度。
具有较强的团队合作能力。

相关知识

1. 跨境电商

1.1 跨境电商概念

在全球互联网浪潮中,跨境电子商务作为一种新兴的国际贸易方式,仍呈现出快速增长的态势。当前在国家各项政策的不断出台,大力鼓励发展跨境电商的趋势下,跨境电商企业今后将更加阳光化操作,往合规化发展方向靠拢。

跨境电商,即"跨境贸易电子商务",国际上一般的叫法是 Cross Border E-commerce,专指跨境互联网零售,如出口外贸小额贷款批发及 B2C 类。

实际上,跨境电商,可以说是买卖行为主体分属于不一样的"关境",包含进出口贸易,依靠互联网技术达到买卖、开展电子支付,并选用包裹、快递等方法通过国际货运将货品送到顾客手上的交易方式,是一种国际性商务活动。从实际意义上说,跨境零售是贸易的组成部分。买家中也会带有部分碎片化小额交易的 B 类卖家客户,实际中这类 B 类卖家和 C 类个体买家难以区分开。

一般来说,从海关多角度而言,跨境电商相当于网上开展小包的交易,主要用于买家。传统的进出口贸易 B2B 货物只有销售给进口商,必须签署传统的外贸购销合同,提前准备纸质发票、备箱单报关单等纸版报关单证,不归属于跨境电商层面。

跨境电商将传统的贸易流程智能化、数字化、碎片化,购买特性以批量生产、多批次、单笔交易额度小为主导,包含立即买卖和有关服务项目,即"产品＋服务",可按进出口贸易方向、交易方式、运营方、服务类型、服务平台等多角度归类。

1.2 跨境电商现状——前途光明,道路曲折

首先,相对于国内已经较为饱和的电商市场来说,国外的市场潜力是非常巨大的。中国的制造业很发达,商品种类繁多,成本较为低廉。国外的种族、人群差异大,对于商品的需求也不尽相同,需要选定方向认真研究,找到契合不同人群需求的商品。

其次,政策和平台的扶持以及产业链的不断完善,也给跨境电商卖家们带来了一定的安全感。"一带一路"倡议、速卖通、敦煌网、京东国际等国内平台的崛起,海外仓、物流等服务的不断完善,诸多第三方工具的兴起,都在不断地克服跨境电商卖家的阻碍。

最后,跨境电商比起国内电商还是有一定的门槛的,英语、物流、关税、各个平台规则等,给善于学习以及善于使用互联网的人带来了更大的机会,更少的竞争对手。

亚太地区的电商销售占到了全球零售总额的 15.7%,然后是北美和西欧地区,分别占到全球零售份额的 10.3% 和 9.9%;而从国家视角出发,除了中国之外,日本、德国、英国和美国这些传统经济强国的电商市场份额也在全球名列前茅。

2. 跨境电商产品

2.1 跨境电商产品特点

(1) 商品的市场潜力足够大,利润率比较高。根据经验,做跨境电子商务的产品利润率一般在50%以上。

(2) 商品适合国际物流,不能太大、太重或太脆。

(3) 商品的操作简单,否则后续的客户投诉和服务成本会非常高。

(4) 产品有自己独立的研发、包装等设计能力,不违反平台和目的国的法律法规,知识产权。

2.2 跨境电商特点

2.2.1 全球性

网络是一个没有边界的媒介体,具有全球性和非中心化的特征。依附于网络发生的跨境电子商务也因此具有了全球性和非中心化的特性。电子商务与传统的交易方式相比,其中一个重要特点在于电子商务是一种无边界交易,丧失了传统交易所具有的地理因素。互联网用户不需要考虑跨越国界就可以把产品尤其是高附加值产品和服务提交到市场。网络的全球性特征带来的积极影响是信息的最大程度的共享,消极影响是用户必须面临因文化、政治和法律的不同而产生的风险。

2.2.2 无形性

网络的发展使数字化产品和服务的传输盛行。而数字化传输是通过不同类型的媒介,例如数据、声音和图像在全球化网络环境中集中进行的,这些媒介在网络中是以计算机数据代码的形式出现的,因而是无形的。

2.2.3 匿名性

由于跨境电子商务的非中心化和全球性的特性,因此很难识别电子商务用户的身份和其所处的地理位置。在线交易的消费者往往不显示自己的真实身份和自己的地理位置,重要的是这丝毫不影响交易的进行,网络的匿名性也允许消费者这样做。在虚拟社会里,隐匿身份的便利性导致自由与责任的不对称。

2.2.4 即时性

对于网络而言,传输的速度和地理距离无关。传统交易模式,信息交流方式如信函、电报、传真等,在信息的发送与接收间,存在着长短不同的时间差。而电子商务中的信息交流,无论实际时空距离远近,一方发送信息与另一方接收信息几乎是同时的,就如同生活中面对面交谈。

2.2.5 无纸化

电子商务主要采取无纸化操作的方式,这是以电子商务形式进行交易的主要特征。在电子商务中,电子计算机通信记录取代了一系列的纸面交易文件,用户发送或接收电子信息,整个信息发送和接收过程实现了无纸化。

2.2.6 快速演进

互联网是一个新生事物,现阶段它尚处在幼年时期。网络设施和相应软件协议的未来发展具有很大的不确定性。但税法制定者必须考虑的问题是网络,像其他的新生儿一样,必将以前所未有的速度和无法预知的方式不断演进。

2.3 跨境网络产品的生命周期

2.3.1 产品萌芽期

跨境电商店铺的萌芽期即新品上架期,卖家在上架新品时,切忌采用低价吸引流量的做法,而应从产品本身出发,客观分析产品,然后根据产品本身制定定价方案,大概有以下两种:第一种方案,新品自带光环,有非常明显的优势,又刚好是市场上受消费者追捧的热销品,卖家可以将价格定高一些,待产品热度逐渐消减,再酌情降价;第二种方案,新品自身优势不明显,与同类产品相比竞争力较弱,在这种情况下,为了让产品迅速打开市场,卖家可将价格定低一些。但是,必须在充分考虑产品的成本及利润的基础上定价,否则非但赚不到应得的利润,反而会让买家低估商品的价值,甚至怀疑你在卖假货。新品上架期需要着重关注目标平台关联数据的商品表现。比如我要上一款新型电视机,现在市面上没有一样的产品,我需要关注的就是旧型电视机等关联商品的销量、评论、广告投放量等数据,从而推演出产品的定位受众,并设计实验去验证你的假设。

2.3.2 产品成长期

上升期产品是指产品处于预热推广期,有一定的热度增长但是还没有形成稳定的销量。在新品上架期,无论选择哪种定价方案,能顺利走到产品成长期,卖家都积累了一定的忠实粉丝。同时,产品在销量、好评、星级分数等指标上也有了一定的基础,通常情况下,销量应该处于稳步上升阶段,该类商品往往竞争度并不高,但数据的基数比较小,针对这类产品一味地关注销量、评论总数这些数据并没有太大意义。这个时候,卖家可以稍微提一下价格,当然一定要找一个说得过去的理由,这里的提价有个原则,就是将价格控制在比竞争对手稍微偏低一点的范围。

2.3.3 产品成熟期

成熟期的产品销量已经相当稳定,排名、流量、星级评分、销量等各方面的指标都很不错,在市场上积累了不少的人气,市场竞争较为激烈,各方面的数据都显示是一款爆品,这时产品更多的是代表品牌形象与店铺定位,卖家可以将价格设得比市场价高一些。如果想从红海中分一杯羹,那么关注产品销量、评论甚至各项数据变化情况只会给你建立盲目信心,因为那些商品已经有一些成功的卖家在做了,照本宣科只能碰运气。这时候需要关注的是热卖店铺评论(尤其是差评)关键词的词频,根据词频的数据去做垂直细分或者差异化。

2.3.4 产品衰退期

盛极而衰是所有行业的发展规律,具体到单一产品的销售也是如此。当产品在市场火过后,就会慢慢地进入衰退期,消费者的忠诚度也会随之下降,市场需求也会逐渐减弱,销量与利润会大不如前,那么卖家们也没必要继续强推这个产品。如果还有库存的,可以进行清仓处理,如满减、打折、包邮、搭卖等。

3. 跨境电商市场

3.1 跨境电商市场选择

欧美电商的生态跟国内不太一样,国内的淘宝、京东、拼多多三家基本占据了整个电商份额的80%,用户和流量都在平台手里面。但是海外的流量相对分散,尽管亚马逊已经做到最大,但它在欧美也就是30%左右的市场占有率。

在国内,不管要买什么东西,基本都是会到天猫、京东、拼多多上面去,但放眼欧美,亚马逊可能有些品类是有优势的,但有些品类人们还是愿意在独立网站或者App上购买。

从市场绝对量来说的话,欧美的绝对数量是最多的,但是前几年因为竞争特别激烈,所以越来越多的中国商家开始去做一些新市场。新兴的市场里面主要分为几块:一个是东南亚,因为东南亚人多,消费习惯跟中国比较类似,他们也是处在一个电商渗透率快速增长的阶段;另一个是中东、拉美和非洲等。总的来说,市场主要集中在欧美和发展中国家,欧美总量比较大,但是竞争很激烈;发展中国家起步比较晚,但增长很快。

3.2 跨境电商产品市场

3.2.1 纯植物和自然美容市场

2022年,纯植物和自然美容类已成为一个价值40亿美元的产业。行业增长可归因于整体消费者转向更健康的替代品。销售纯植物天然面罩、除臭剂和身体磨砂产品将吸引注重健康的消费者。

3.2.2 婴儿设备市场

婴儿设备市场有超过6000家企业在进行产品销售,婴儿设备是一个蓬勃发展的行业。随着每天婴儿的出生,对尿布袋和婴儿床等婴儿设备的需求总是很高。不仅要面向父母,还要面向可能购买婴儿洗澡产品的大家庭和朋友。

3.2.3 维生素和补充剂市场

随着人们将焦点转移到选择更健康的生活方式,维生素、粉剂和补品市场将继续增长。2022年这类产品的销售额达到252亿美元。在选择要出售的产品时,应关注植物纯天然产品,特别是健身类产品。

3.2.4 抹茶市场

在过去的几年中,抹茶茶叶的市场迅速增长。凭借其令人难以置信的健康益处和抹茶独家茶吧,它仍然是一个持久的趋势。中国现在正在生产"抹茶式"的绿茶,根据制造商的说法,它可以尝到苦味。一定要做好研究,并确保你的供应商提供优质的产品。

3.2.5 手工制品市场

通过销售独一无二的手工制品来满足那些寻找独特礼品或产品的需求。提供当地手工艺品或来自其他国家的家居装饰品、首饰、钱包和其他配饰。通常情况下,手工商品的数量是有限的,这意味着竞争会更低。

3.2.6 宠物用品市场

这是美国的一个大市场。2022年,宠物行业在美国已达到1300亿美元,美国宠物狗居多,日本宠物猫居多。宠物主人将他们的宠物视为家庭成员,专注于为毛茸茸的朋友销售高品质的产品。2022年,天然食品和零食、老年及宠物补品和配饰销量继续呈现上升趋势。

3.2.7 旅行配件市场

随着旅行变得更实惠和便捷,旅行配件市场将继续增长。可通过出售旅行配件、土特产品和全球食品来捕捉旅行背包族的兴趣。大部分旅客都懂技术,专注于数码、行李秤、Wi-Fi热点、充电器、移动电源和GoPro相机等产品。

3.2.8 男士美容产品市场

男士美容产品预计将达到535亿美元的市场。随着男性对自我护理看法的不断发展,该行业将继续增长。市场上的产品,如保湿剂、抗衰老面霜和胡子油、发胶算是发展前景比较好的产品。

3.3 跨境电商未来发展主流

未来跨境电商产品可以多,但是不要杂,专注于一个类目,做精、深耕,是目前比较主流的做法,也是未来跨境电商的发展主流。

优点一:营销推广更轻松。因为专注于一个类目,销售目的更明确,用户群体更精准,因此成本更低、效率更高、利润也相应提高。

优点二:获得更高的搜索引擎排名。因为产品不多,跨类目不杂乱,如果专注于小众主题和长尾关键词方面去优化产品和网站,那么SEO策略将更加有效,流量也会更多。采用这种方法,将更有可能到达目标受众群体,这意味着客户可以更轻松地查找和购买到产品。

优点三:较低的竞争。获得竞争优势是销售利基产品最直接的过程。借助特定的产品、针对性的受众群体,可以专注于建立所在领域影响力,建立信任和品牌忠诚度会更容易。

优点四:增大成功的机会。从一个小而美的产品范围开始,而不是广泛的撒网铺货。销售一些利基产品可让商家减少时间成本、价格,以潜在的壁垒扩大销售。商家可以研究目标受众并建立一个良好的营销计划。使用有针对性的营销策略,获得较高的SEO搜索排名和较低的竞争,以达到成功的目的。

4. 跨境网络营销选品策略

4.1 前期工作

4.1.1 平台

首先,要选择一个合适的平台,现在比较主流的平台有亚马逊、速卖通、Wish、Lazada、敦煌网,还有新兴的Vova等。熟悉各个平台的规则和一些限制条件,选择一个适合自己的平台。

4.1.2 店铺的定位

要对目标市场和群体做市场分析,如什么季节、信仰什么、忌讳什么、喜欢什么、需要什么、节日有什么。还可以使用跨境平台的行业分析调研,要善于借助数据工具帮助自己分析市场,因为数据调研的价值在于帮你从不同层面分析产品的定位和市场前景,所以数据调研分析很重要。还要考虑选择的产品线一定要有可以长期运营的类目,不要全是季节性的,每个子类目的产品数量要有一定的规模,品类线应该丰富,产品的价格应该有不同的层次,且有做品牌的潜力。

4.1.3 产品

无论是做国内电商还是跨境电商,产品的重要性都是毋庸置疑的。跨境电商选择产品前,做产品调研时,一定要考虑到跨文化的一些内容,从不同文化背景、不同人群的需求出发,寻找与之相匹配的产品。

(1) 目标产品对市场是否刚需。首先在选择产品时要考虑,该款产品是否是市场刚需,也就是这款产品是不是人们日常生活中能够频繁使用的产品,而不是一些对于市场来说可有可无的产品,从这方面来确认产品的领域类目。大家都知道想要赚钱的话,产品对于市场来说就必须是一些易消化的产品,这样的产品也更加有助于后期的推广与变现。

(2) 该产品是否是高频使用的易耗品。选择的产品一定要是使用频率较高的产品,因为使用频率越高的产品,消耗也就越大,这样的产品更加有助于推广。高消耗频率的产品,往往只要推广一次,用户购买后,只要质量上没有问题,很大程度上用户在下次购买的时候还会直接使用这个链接进行购买,这样也就会减少推广费用。这类产品就非常有助于跨境电商卖家,因为推广次数的减少往往伴随的是前期投入资金也会相应地减少。

(3) 产品在跨境物流中的成本。在选择产品时一定要把产品的跨境运输费用计算进去,在选择的时候尽量要选择小件商品和重量较轻的产品,这样就可以很好地控制物流成本,如果选择的商品有海外仓的话,那样会更好,这样物流成本将会更少,也能避免在运输途中的一些损坏或者不确定性因素,同时也能减少买家退货退款后所造成的损失。

(4) 产品的定位。跨境电商卖家,在选品的时候一定要清晰自己所选择产品的定位是什么,要知道所选择产品要面向的是哪些群体,所选择产品中哪些地方会让用户群体产生购买欲望,这一点非常重要,当你清楚自己产品定位的时候,你的推广和引流目的就会非常准确,这样就能够用最少的成本获得最大的收益。但是相反,如果你根本就不知道自己产品的定位,那同样也就不知道你所选择的产品要面向哪些群体进行售卖,这样就会大大增加推广流量费用,导致虽然流量也很大,但是转换比率会非常低,最后可能会出现一个入不敷出的现象,所以说产品定位也是非常重要的一个环节。

(5) 分辨产品是烂大街的公模产品,还是差异化的创新产品。对于传统电商卖家来说,产品的创新可能不是很重要,但是对于跨境电商卖家来说,创新和新奇的产品往往都是自带流量的,因为好奇心是不分国界的,是存在于每个人内心的东西,所以新奇和具有差异化的产品通过跨境电商平台展示,会因为好奇心导致这个产品的曝光率大大增长,结合平台推荐机制,将会使这个产品的曝光率成为一个良性循环。一旦这个产品的曝光率够大,那么哪怕它的转换率非常低,这其中的成交数量也会非常大,因为它的基数大,所以就算转化率低也是没有问题的。所以具有差异化明显的创新产品对于跨境电商来说是非常重要的。

(6)产品的目标市场容量是否足够大。产品的市场容量也就是市场需求量对比线上存在量,通俗地讲就是所选择的产品所面对的市场有多大,同类型产品在线上有多少,产品是否是高消耗产品,这样一结合就能够得知所选择的这款产品的市场容量是多大,是否能够快速获利,同样也就会知道这款产品的市场竞争力有多大。

4.1.4 物流

跨境电商卖家可以选择的物流方式主要有三种:线上发货、线下发货、海外仓发货。

线上发货即选择各个平台自有的物流渠道,物流受到平台的保护,亚马逊对于选择线上发货的卖家还会给予产品更多的权重,增加曝光率,更安全,但同时价格也更高。

线下发货即自己选择物流渠道,国内也有一些专门做跨境物流的物流商,会有一定的风险,不受平台保护,自己承担物流纠纷,但价格相对较低,选择一家靠谱、口碑好的物流商也是不错的选择。

海外仓发货,即一次性地将货物大批量运到当地的海外仓,买家下单后,再从当地的仓库发货。海外仓发货的优势在于买家收货速度提高,退换货物也方便快速,店铺易获好评,形成良性循环。但它的仓储费用较高,比较适合大中卖家在旺季时使用。

4.1.5 选择一款 ERP 软件

ERP 就是企业资源管理。跨境电商 ERP 就是将各平台的店铺、各渠道的物流、各地区的仓库以及一些人员的子账号等一系列的资源进行整合的软件,能极大提高业务的效率,减少重复性的劳动。现在市面上针对超级大卖的 ERP 软件有易仓、ECCP 等,针对中小卖家的 ERP 有店小秘、通途、马帮等。

4.1.6 产品市场调研

在选品的时候,产品市场调研是非常重要的一个环节,做好市场调研不但能够节省时间,更能够避免一些不必要的损失。

1) 关键词

通过 Google Trends 搜索关键词,查看该关键词在最近一段时间的搜索数据和在个别地区的数据是多少,还可以预测关键词在未来一段时间内的搜索结果。并且还可以通过 Google Trends,搜索某些关键词在某些特定地区的搜索量,从而判断该关键词下的产品在该地区的需求量。通过在跨境电商平台上搜索关键词,来查看竞品数量和竞品销量情况。其次,可以通过 Google 关键词规划师,输入所选择的产品的关键词,进行搜索,可以看到在特定时间内,有多少人正在搜索你所选择的这款产品。Google 关键词规划师还能提供各种相关的关键词,这些相关的关键词可以帮我们知道用户一般都是通过哪些关键词来搜索该款产品的,并且也可以告诉我们各个地区的用户习惯通过哪些相关关键词来搜索该款产品。

2) 社交媒体

在数字经济时代,社交媒体不仅为消费者提供了高效便捷的消费模式,也为企业发展提供了新的途径。可以通过对社交媒体的研究得知产品潜在用户对于产品的相关评价,让人们足不出户也能体验到购物的乐趣,而通过跨境社交媒体进行电商贸易将为商品带来更多的流量和曝光度。社交媒体能够帮助我们从其他方面了解产品的目标市场,获取产品文案、产品关键字、产品描述及用户偏好,这些信息会在日常营销中为我们带来非常大的帮助。还可以通过社交媒体查看产品标签及整体趋势,从而进行相关营销的创作,增加与潜在消费用户的互动。

3) 建立受众

这个问题基本存在于选择代发的个人跨境电商卖家,可能他们手里没有产品,所以想要在社交媒体上进行推广的话,可以通过搬运或者叙事受众来进行推广。

首先可以在国内短视频社交媒体上面查找该款产品的测评视频,然后直接搬运到海外短视频平台上面,这样只要进行简单的搬运就能够获取非常准确的流量,从而可以非常有效地帮助我们通过跨境电商平台来进行变现。

选择线上叙事品牌,通过自制的情景剧,反复地提出这款产品的名字,并表示迫切地需要这款产品,但是出于种种原因没有办法获取到,现在面向全网求助这款产品能够在哪里买到,然后再用其他账号在评论区进行有限的推动,能够帮助我们用跨境电商变现,但是不可避免的是会损失一大部分流量,流量不会如上面的搬运测评视频准确,但是两个方法都能够非常有效地帮助我们获取到海外短视频平台上面的巨额流量从而反哺到跨境电商上面。

4) 竞争对手

分析竞争对手,是在每个阶段都要做的一件事情,因为往往同行才是最好的老师,我们要经常分析身边的同行,取长补短能够帮助我们及时抢占先机。判断我们所做的这个领域上是否已经存在了销量巨头,分析该产品在跨境市场上面有多少竞争对手,分析比我们卖得好的竞争对手有哪些地方是值得学习和改正的。

如果发现所选择的这款产品在市场上已经出现了销量垄断的现象,那么就要考虑换一款产品了,因为一旦出现这种销量垄断现象,很难获得平台上面的流量,虽然可以通过短视频社交平台来获取流量,但有可能出现被对方截流的现象。

选品时一定要分析所选择的这款产品在市场上面的竞争对手数量大概为多少,如果达到以万计算的话,那么做这款产品想再获取流量的话就非常难了,想要在这种情况下截取到流量的话,只能通过短视频社交平台结合我们相对具有差异化的产品来获取流量。

4.2 跨境电商产品开发策略

4.2.1 单价

一般单个采购金额不超过 200 元人民币,根据自身状况而定,以 XShoppy 平台卖家的经验,大部分卖家会选择单价不超过 100 元的产品。

4.2.2 重量

特殊产品除外,一般产品不超过 2kg,建议不超过 1kg,因为在发物流的时候重量越重就意味着运费越贵,如果产品利润没有那么高,那么建议首选重量不超过 1kg 的产品进行开发。

4.2.3 起批量

一般起批量不超过 20 个,这里需要注意的是,在一些采购平台有一定的起批量,例如,有的平台起批量是 5 件,但是一件里面就有 20 个产品,那一次就需要采购 100 个产品,这样对于刚起步的卖家来说是有风险的,所以建议选择起批量为 1~20 个的商品进行开发。

4.2.4 体积

产品体积根据公司自身状况而定,避免体积太大的产品,因为在物流中,体积越大的产品物流费用就越高。另外,体积大的产品对于仓储要求也高,这样会加重投入成本,所以建议在开发商品的时候尽量避免大体积的商品。

4.3 跨境电商选品策略制定

4.3.1 关键词

所谓关键词选品,就是通过搜索关键词的参数质量,来决定选品方向。那么决定关键词选品的参数有哪些呢?

搜索量:这个很好理解,搜索量越大,意味着潜在客户越多。

商品关联度:搜索量不代表购买转化,所以需要选择与商品关联度高的关键词,这样才能最大效率提高购买转化。

搜索结果数:搜索结果越多,说明竞争者越多,搜索结果少,说明竞争者较少,更有把握成功。

另外就是长尾关键词,所谓长尾关键词,就是搜索量没有核心关键词那么多,但是商品关联度却比较高的词。多覆盖这类关键词,对于提升曝光是有很大帮助的,而且在投放性价比上也比较有优势。

4.3.2 品牌塑造

在选品的时候,需要提前思考如何打造品牌。主旨鲜明的品牌对销量的帮助是毫无疑问的,我们不需要打造人尽皆知的品牌,但品牌本身的包装,可以树立一种调性,并吸引到一批受众,再借助差异化来打造壁垒。

4.3.3 寻找市场痛点

在新兴市场,寻找市场痛点切入的策略会非常有效,找到用户尚未得到满足的需求,交付合适的产品即可。如果是成熟市场,那么就不太可能存在明显的痛点了,这时候需要"包装痛点"。举个例子,挪车牌这个商品,许多商家强调的是质量好、号码可隐藏、色彩丰富,但完全可以从背光下清晰、耐高温等角度去包装,通过差异化制造二级痛点。

4.3.4 消费者调研

当大的品类已经确认后,需要认真考虑受众群体的喜好,才能挑选出合适的细分品类进行销售。以香水为例,不同国家的人群,因环境、文化、习俗不同,有不同品类的偏好,就需要提前做好功课,针对当地客群的实际情况,选择对方最乐于接受的品类。

4.3.5 成为消费者

当你挑选商品时,需要让自己变成一名消费者,这样就能够从客户的角度,去思考怎样的商品呈现、文案宣传、互动形式,才最能够打动你。能够以消费者的角度,快速提炼出有特性和优势的商品,才是值得选择的。

4.3.6 用新品打市场

当通过调研发现了一个蓝海市场,那么接下来就是去评估这个市场的规模,以及用怎样的成本和方式去触达目标客户;同时还需要了解潜在的竞争对手数量(如果潜在竞争对手太多,很有可能对方也在开发同类产品);最后就是根据调研情况,判断是通过现有产品迭代还是研发新品。

4.3.7 选择熟悉的领域

这一点和炒股一样,选择熟悉的领域,才能够比对手更有优势,在选品中可能遇到的谈判、抉择时也会更有底。

4.3.8 关注潮流

保持对售卖商品细分领域的持续关注,对于趋势的把握,一方面能够帮助明确选品的目的是赚快钱还是做长期生意;另一方面也能够帮助跟随市场趋势,选中最受消费者青睐的商品。

4.4 选品原则

选品的核心原则是质量、价格,选择符合目标市场需求的商品,并且突出竞争优势。跨境电商市场选品首先应该选择一个符合自己店铺站点的产品,产品应当有很大的市场需求,最好是满足特定外贸市场的产品,要有自己的选品特色。其次,供应商的选择很重要,因为供应商的价格、产品质量、产品款式最终决定着跨境店铺的命运。

4.4.1 已出现在跨境电商平台前台的产品

已出现在跨境电商平台前台的产品就是所选择的这款产品在跨境电商平台上面有多少个卖家在卖。在我们要做的跨境电商平台上面搜索出想要售卖的这款产品,在产品下方就会出现这个词汇下面该产品大概存在的数量是多少,这样通过自己所选择的这款产品结合平台上面的数量,就能够大概知道所选择的这款产品在该平台上面大概销量是多少。

4.4.2 运输成本

在选择产品的时候,一定要把运输考虑进去,运输所涉及的不仅是运输成本还会涉及资金的回笼速度,为什么运输还会涉及资金的回笼速度?首先,运输不会涉及资金的回笼速度,但是我们选择的运输类型是会涉及的。拿美国站来说,如果选择的商品是小商品,那么就可以考虑选择空运,虽然利润可能会有所下降,但是它的运输时长会大大短于海运。虽然选择海运利润会变高,但是运输时长会大大增加,可能选择空运的话,7天就送到了顾客手中,但是选择海运的话,两个7天它还是在海上漂着,产品送不到顾客手中,顾客就不能确认收货,顾客不能确认收货,这个钱就是在平台上面压着,所以运输是会涉及资金回笼速度的。而且所选择的运输方式不一样,可能会导致产品还没有送到顾客手中,顾客就选择了退货退款,所以运输方式不同,所造成的结果也是不一样的。

4.4.3 合理的销售价格区间

产品的售卖区间在选品的时候是一个非常重要的指标,首先尽量要选择在跨境电商平台上面的售卖价格低于 100 美元的产品。当我们知道了产品的售卖区间的时候，就要考虑选择哪个类型的产品，再结合产品成本和运输成本等一些系列因素，选择出要售卖的产品的大概类型。那么在知道了产品的成本和运输费用时，价格设置一般为产品成本＋运输费用的 3 倍，否则产品就没有利润可赚。

4.4.4　高热度低竞争度

在选品的时候尽量选择一些热度较高的产品，通过社交平台搜索所选择的产品在近期是否有爆款视频，并且要查看用户在留言区是否表示出了一定的求购欲望，然后利用在社交平台上所找到的关键字，在跨境电商平台上面进行搜索，查看该款产品在跨境电商平台上面已经有多少卖家，如果低于 1000 款产品的话可以选择。

4.4.5　有无品牌垄断和销量垄断

在选品的时候，一定要在跨境电商平台上面查看该产品，在平台上面是否有品牌垄断或者销量垄断的情况，如果没有，就可以继续考察下去。如果该产品已经被大牌垄断或者被头部商家销量垄断，就可以直接更换产品。

4.4.6　处于上升生命周期

在选择产品的时候一定要考虑该款产品目前在海外市场的表现，是否处于一个持续上升的趋势，反之，如果该产品在海外市场处于一个持续走低的情况，并且买家评论少，评论内容差的话，则不予考虑。

4.4.7　功能简单易于清关

对于跨境电商卖家来说，如果选择的商品没有海外仓只能在国内发货的话，报关是一件十分重要的事情，选择功能简单易于清关的产品，能够减少烦琐的流程，并且节约成本。

4.5　选品依据

这部分内容和上文的部分内容是紧密相关的。在介绍完选品原则后，这里将展开陈述选品有哪些依据。

4.5.1　按平台特性选品

要对自己做的平台有足够的了解，不同的平台有不同的特性，要知道平台的商业理念是怎样的，知道自己做的平台哪些品类是热销的，哪些品类是平台大力扶持的，知道什么类型的产品容易获得推荐等。

4.5.2　上游货源是首选

做出口跨境电商，选货最好是一手货源，而非各级代理商的产品。倘若你没在生产商进货的话，那么在价格上将难以保持足够的优势，甚至无法获得合理的利润。

4.5.3　是否有涉及侵权

除了要考虑产品的体积、重量和价格外，还需要考虑产品的物流和品牌授权。选品倾向于选择体积小，重量轻，款式多且更新快，功能不复杂，而且单价高，不难运送，物流成本不高的产品。更重要的是，应选择一家靠谱的供应商，避免涉及侵权。作为跨境电商卖家，首要的是选择一个愿意与你并肩作战，共同开拓海外市场，互相扶持的合作伙伴。

4.6 选品雷区

4.6.1 季节性产品要慎重

如果选择的产品是属于季节性产品范畴,那么它就一定会有淡旺季之分,这样就会对店铺的后期运营造成影响,产生很大的库存压力和运营压力,不建议跨境电商个人卖家选择这种产品。

4.6.2 受众较小产品要慎重

市场容量小的产品对于跨境电商来说是一个选品禁忌,当跨境电商选择产品的时候,一定要判断产品的市场容量问题,可以参考跨境电商平台上面售卖同行数量和市场销量问题。有很多新手跨境电商卖家,在初期都是本着要选择竞争对手小的产品进行售卖,但是如果选择了一款非常小众的产品,虽然竞争对手变少了,但是产品的市场容量也是和竞争对手成正比的,该款产品的流量可能已经被这些少量的竞争对手给垄断了,即便能够获取到流量,小众产品也非常难以出现大的订单。因为产品市场容量小,行业的天花板非常容易被触及,想把这个小众产品做大是非常困难的一件事情,不建议选择市场容量较少的小众产品。

4.6.3 被巨头品牌占据的市场要慎重

已经出现巨头品牌的产品,跨境电商卖家在选择的时候也是要非常慎重,因为出现巨头品牌的产品,市场往往已经被这些巨头品牌所占领,那么个人跨境电商卖家就非常难以在这样的环境里发展,所以一旦所选择的产品在跨境电商平台出现了巨头品牌垄断的现象,那么尽量重新选择一款产品,往往被巨头所占领的产品市场,小卖家的生存都是比较艰难的。

4.6.4 过重过大的产品要慎重

跨境电商卖家在选品的时候,尽量要避免过重过大的产品。因为跨境电商的物流成本高,过重过大的产品就会把跨境运输成本再次增加,而且还要考虑运输过程中是否会出现损坏的现象。还有最重要的一点就是产品的售卖价是否会超过100美元,如果大幅度超过这个金额,那么无形之中又会把一部分买家拒之门外,所以不建议跨境电商卖家选择过大过重的产品。

4.6.5 避免盲目跟风

跨境电商非常忌讳的一点就是盲目跟风,不要看到哪类产品火爆了就马上跟着去做这个类型的产品,现在跨境电商新手卖家都不太重视前期的选品过程,基本上都是处于一个盲目跟风的状态,看到哪款产品卖得好就跟风上架该款产品。这些跨境电商新手卖家往往都忽略了一个非常重要的问题,那就是在跨境电商平台上面,只是简单的复制粘贴是行不通的,因为在平台上看到的那些非常火爆的产品都已经被这些卖家占领了大部分流量,与他们抢流量是非常难的事情,并且也很难寻找到突破口。所以跨境电商们一定不要在运营产品时盲目跟风,这样往往不会带来利益,反而还会浪费时间。

4.6.6 忽视产品类目选品不看数据

有很多跨境电商卖家在选品的时候不看数据,甚至都不了解该产品类目在跨境电商平台的玩法和规则，只是一味地凭自己的感觉，总觉得自己选择的产品能够在跨境电商平台上面获得火爆大卖，但是这种几率微乎其微。所以在做之前一定要对跨境电商有一定的了解，并且懂得分析数据，知道数据的来源，并且要了解跨境电商平台上面的规则和竞品产品的售卖情况和产品数量。跨境电商在选择产品的时候，一定要对产品进行详细的调查，然后再着手下一步的运营。

4.6.7 易碎、易变质的产品

首先不是易碎品或者易变质的产品，包装费都会比易碎和易变质的产品要便宜很多，而且也能减少在运输途中损坏和退货率，这样能够节约成本，提高利润。

4.7 跨境电商选品途径

4.7.1 跨境平台选品

把跨境平台作为搜索平台，确定热销产品，这是目前很多卖家最常规的做法，进入某个平台，输入某个关键词，搜索框中就会出现对应的产品，再把这类热词结合第三方工具进行分析。

1）亚马逊的选品

跨境电商卖家在选品时可以根据亚马逊平台定期推出的各种排行榜单进行选品，通过亚马逊平台上畅销榜、新品和有意思的产品榜、快速上升榜、最受欢迎礼物榜、最多被加入愿望清单榜这些榜单，可以判断出哪类产品是目前在亚马逊跨境电商平台上的热门产品，哪些产品近期的销量突然暴涨，可以理性分析结合实际情况选品，如图 3-19 所示。

图 3-19 亚马逊平台首页

2）eBay 的选品

eBay（如图 3-20 所示）是在线交易平台的全球领先者，在全球范围内拥有 1.2 亿活跃用户，以及 4 亿多件由个人或商家刊登的商品，其中以全新的"一口价"商品为主。作为全球商务的领军者，eBay 帮助全球消费者随时、随地、随心地购买他们所爱、所需的产品，因此 eBay 平台上的产品非常多样化，目前提供的上架物品数量超过 8 亿件，种类繁多。消费者需要和喜爱的任何产品在 eBay 上都可以找到。eBay 平台上销售的产品品类非常丰富，既有成本较低的产品，也有高附加值的产品。而产品销售趋势主要受市场趋势、买家需求影响,但总体而言产品本身特性及性价比受到更多消费者的关注。

图 3-20　eBay 平台首页

3) AliExpress 速卖通的选品

速卖通(如图 3-21 所示)作为阿里巴巴未来国际化的重要战略产品,适合一些中小型企业做批发零售,是全球最活跃的跨境电商平台之一。根据对店铺客户的定位、产品的选择,得出可以用运营规模、产品来源、消费群体来同时定位速卖通店铺,这样就可以了解速卖通店铺的具体定位。速卖通目前的选品以直卖为主,可以在速卖通流行榜查看不同的细分品类里比较火热的产品有哪些,可以到大类里去看,也可以看外面的细分有没有感兴趣的。进入某一个品类后排序,第 1 页、第 2 页的不一定要选,因为可能已经很多人在卖了,可以考虑第 5 页或者往后的产品。

图 3-21　AliExpress 平台首页

4) ETSY 的选品

ETSY(如图 3-22 所示)以卖手工艺品出名,也有很多比较有特色的偏小众一些的卖家在里面。可以进入 ETSY 之后用搜索功能,搜索和你做的品类相关的关键词,就可以看到很多相关的产品,可根据自身情况进行筛选。

5) 敦煌网的选品

敦煌网(如图 3-23 所示)成立于 2004 年,是中国第一个第三方的跨境电商 B2B 交易

图 3-22　Etsy 平台首页

平台,主要提供在线交易平台及相关的外贸服务。敦煌网是第二代 B2B 电子商务的开创者,是国内首个为中小型企业提供网上在线交易的网站,以做全球的零售批发为主,即协助中国广大的中小型供应商向海外庞大的中小型采购商直接供货。平台上销售的产品品类主要是电子产品、手机及配件、计算机及网络、婚礼用品等,主要目标市场是欧美、澳大利亚等发达市场,目前拥有 120 万家国内供应商、550 万买家和 2500 万种商品。

图 3-23　敦煌网平台首页

6) Wish 的选品

Wish 于 2011 年在美国硅谷成立,2013 年转型为移动跨境电商平台,2014 年在上海设立中国区总部。Wish 是这几年刚刚兴起的基于 App 的跨境电商平台,主要靠物美价廉吸引客户,主流用户在北美、欧洲,大部分卖家来自于中国,核心品类包括时尚类、3C 数码、家居、美妆、母婴等。Wish 凭借其高性价比的产品,千人千面的展现方式吸引无数用户,迅速成为北美最大的移动跨境电商平台,其主要的市场是欧美地区,客户以女性为主,约占80%,年龄处于18～30岁。

美国和法国是Wish的两大目标市场,所以买家们可以将美国、法国视为选品的考虑区域。在Wish的App上有一条品类导航栏,显示着目前热销的商品品类。这个导航栏是动态变化的,系统每增加一个类目,即代表该类目处在上升趋势,卖家可以根据需要进行查看。

4.7.2 国外网站选品

浏览国外网站选择热销产品,比如通过Google输入关键词去搜索一些海外市场的网站,单击进入这些海外网站的热销排行,查看相关产品。

(1) 监测Shopify独立站。找到值得研究的网站,就能找到大量的Shopify店铺,基本是按流量大小顺序排序,直接查看即可。

(2) 在Google Shopping上搜索。在Google搜索引擎上输入想搜索的关键词,然后单击下方的Shopping,就可以搜索到大量的独立站,里面有大站,也有中小型的站,都可以作为参考。

(3) 众筹网站。众筹网站会有很多有意思的东西,可以根据这些团队的产品获得一些产品灵感。

(4) 新奇特的产品网站。这些网站偏于发掘有意思的产品。

(5) Adspy工具。Adspy是Facebook广告监测工具,里面有大量的广告可以看,资料非常丰富,可以根据点赞数来做筛选。

4.7.3 社交媒体热词选品

关注社交媒体大号、社交媒体的热词。跨境店铺的生命力在于抓住终端客户,现在最大的市场信息聚集地就是在社交软件上,比如Instagram、Facebook等,可以了解消费者的习惯和爱好,关注社交媒体热词。抓住社交媒体,就抓住了市场风口。

4.7.4 产品类目关键词选品

快速增加店铺产品流量,通过增加产品类目的关键词,大类目多覆盖中小词、长尾词。Reddit是欧美版贴吧,可从Reddit上搜索一些和爆品相关的话题。很多东西其实都是先从Reddit上火起来,然后才在Facebook、Instagram之类的平台火的,所以直接看Reddit就相当于直接看了欧美市场流行趋势的源头之一。

4.8 跨境电商选品方法

4.8.1 差评数据分析法

数据分析是指用适当的统计分析方法对收集来的大量数据进行分析,提取有用信息和形成结论而对数据加以详细研究和概括总结的过程,如图3-24所示。

差评数据分析法是评价数据分析法的重点。评价数据分析法是通过分析买家对商品的评价数据来判断买家的需求点,包括差评数据分析和好评数据分析。其中,差评数据分析就是通过搜集平台上热卖商品的差评数据,从中找出买家对商品的哪些方面不满意,然后对商品进行改良,以更好地满足买家的需求,或者通过分析买家对商品的差评数据,开发能够解决买家痛点的商品。

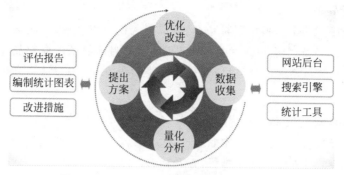

图 3-24　B2C 电子商务网站数据分析的流程

4.8.2　选品组合分析法

组合分析法是指用商品组合的思维来进行选品。在建立商品线时，区分核心商品、爆款商品与基本商品，并为其配置不同的比例，用于配合销售。因此，选品应该兼顾到不同目标客户的特点和需求，不能将所有商品都选在同一个价格段和同一个品质上，让商品有一定的价格和品质梯度，才更容易吸引不同的目标客户，进而产生更多订单。核心商品应该选择小众化、利润高的商品；爆款商品应该选择热门商品或紧跟当前热点并将要流行的商品；基础商品应该选择性价比较高的商品。

4.8.3　行业动态分析

通过有针对性地对某一行业现状、面临的问题、市场规模、周期性表现等情况进行分析，并配合相关宏观与微观政策环境，掌握某一行业的发展现状，可以帮助形成大局眼光，在进行选品的时候避免走弯路。

了解跨境电商贸易中某个商品品类的市场规模和主要目标国家或地区分布，对于认识该商品品类的运作空间和方向有着较大的指导意义。卖家可以通过第三方研究机构或贸易平台发布的行业或区域市场调查报告、行业展会等方式获取行业数据，进行动态分析，如图 3-25 所示。

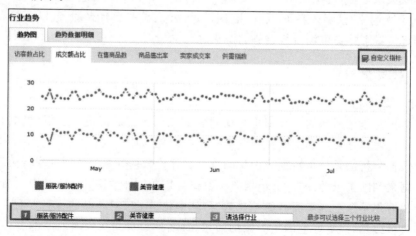

图 3-25　行业趋势

4.9 打造跨境产品线

4.9.1 "虚实产品线"策略

对于很多跨境小卖家来说,因为资金投入有限,不可能选择特别多的产品线,这时候可以运用"虚实产品线"策略,就是说店铺看上去放了很多产品类目,但是核心就是卖一款产品,把所有的资源都投入到这个产品的推广和运营上,而虚线产品也为未来发展产品线做铺垫。

4.9.2 跨境电商打造爆款策略

1) 差异化的平台策略

目前跨境电商主流的出口平台有 4 个:速卖通、eBay、亚马逊、Wish。其实每个平台的策略都是有区别的,比如速卖通的定位是新兴市场俄罗斯、巴西,所以如果在速卖通做爆款,可以把核心关键词通过直通车热推一下,最终再精细化运营。eBay 是通过拍卖的方式引流。亚马逊是 Listing 跟卖策略。Wish 是根据数据匹配制度,当 Wish 帮你推送的时候,就会提高成交率。所以每个跨境电商平台做爆款的策略有所区别。

2) 真正做爆产品的核心点

首先如果真的要去做一个爆款,价格必须具备竞争力,同时结合自己产品最可靠的品质。做爆款一般来说利润率比较低,但是可以带来巨大的流量,流量进来了可以通过关联销售定利润款赚钱。其次,做爆款品质必须过关,一个差评可能使一切的努力都白费。

3) 数据调研和运营的重要性

爆款的特点是市场需求量确实巨大,而且重复购买率高,所以做爆款的前提就是通过数据分析选择真正市场空间巨大的产品,而且要有自己的特色和核心竞争力,爆款的成功最核心的就是客户体验,好的产品品质还不够,还有好的服务,好的售后服务,只有真正满意的体验,才带来真正的爆款,所以运营能力非常重要。

4) 数据分析

爆款产品是一个店铺生存的核心,不仅是爆款产品带来持续的现金流,最重要的是爆款产品可以建立自己稳定的客户群体,增加信任打造品牌。选择一个跨境电商平台比如速卖通,选择自己行业的榜样店铺,选择一个最热销、评论最高的商品运用数据分析工具进行单品分析。对于爆款产品应该理解下面几个核心因素:产品的利润率是多少,因为不可能做亏本买卖;通过榜样店铺算出单日的销售数据;店铺流量转化率,这是一个爆款最核心的数据。

4.9.3 如何打造一个跨境爆款产品

每个店铺都应该有自己的爆款,成为店铺成功的真正引擎,打造一款爆款需要做到下面几点。

(1) 稳定的供货能力,库存量。

(2) 店铺的运营推广策划,包括页面的设计策划、视觉、平台内 P4P 的运营推广、SNS 的推广策划。

(3) 绝对的优质服务和客户好评,需要真正做出品质和服务,真正让客户满意,成就一个跨境爆款的永远是客户的满意度。

(4) 跨境物流的体验度,要做爆款必须要有体验度非常好的跨境物流公司合作,最好有海外仓计划,目前就跨境电商的痛点来说,跨境物流是最大的问题,要选择一些靠谱的跨境物流代理公司。

通过爆款的打造让店铺流量持续飙升,并且产生关联销售,对爆款提供最优质的价格、最充足的库存、最优质的服务、良好的物流体验,最终让店铺成功。

案 例 思 考

案例背景介绍

假设一,你有一款产品,进入小类目排名前30,日出20单,你评估过Best Seller的销量,也知道向上的销售预期和利润空间。

假设二,你还有另外一款产品,排名在小类目260名左右,日出10单左右,产品竞争激烈,是季节性产品,产品的销售高峰期已过。

问题和思考

1. 针对假设一,你备足了货,想继续往上冲,你打算怎么做?
2. 针对假设二,你的库存还有不少,你打算怎么做?

习 题

一、单选题

1. 每个希望拥有某种产品的人都能够买到这种产品,销售量达到最高点,此时该产品处于产品生命周期的(　　)。
   A. 导入期　　　　B. 成长期　　　　C. 成熟期　　　　D. 衰退期
2. 跨境电商的英文名称是(　　)。
   A. Cross-border commerce
   B. Cross-border trade
   C. Cross-border electronic commerce
   D. Cross-border communication
3. 专注于移动端的跨境电商第三方平台为(　　)。
   A. 速卖通　　　　B. eBay　　　　C. Wish　　　　D. Amazon
4. 跨境电商的"三流"指的是(　　)。
   A. 信息流,产品流,技术流　　　　B. 信息流,产品流,物流
   C. 产品流,技术流,资金流　　　　D. 信息流,物流,资金流

二、填空题

1. 跨境电商特点包括全球性、(　　)、匿名性、及时性、(　　)和(　　)。

2. 跨境网络产品的生命周期包括（　　）、（　　）、（　　）和（　　）。
3. 跨境电商选品途径包括跨境平台选品、（　　）、（　　）和（　　）。

三、简答题

1. 假设你之后想要从事跨境电商出口贸易，请结合家乡的实际情况，谈谈你对选品的理解和想法。
2. 对比亚马逊和速卖通跨境电商平台选品的特点。
3. 跨境网络产品在进入成长期后，有什么特点？店铺卖家该怎么做？
4. 为了实现更好的品牌命名，卖家应该怎么做？

实 践 操 作

1. 收集 eBay 网站上的一二级产品类目，并将其填入表 3-10 中。

表 3-10 eBay 平台产品类目

一级品类						
二级品类						

2. 浏览速卖通跨境电商出口平台网站，分析其商品及定价特色，并形成实训报告。
3. 下载亚马逊女装类目下的 30 天行业数据，进行综合指数计算、降序排序，将排名前五的产品词记录在表 3-11 中。

表 3-11 女装行业数据

行业	国家/地区	商品关键词	成交指数	浏览-支付转换率排名	竞争指数	综合指数

子情景三　市场定价分析

知识导读

市场定价分析是指通过对市场情况的调研和探索，通过既定的定价策略制定出合理的价格，为企业争取更大的竞争优势。在很多产品的购买上，消费者对价格是非常敏感的，价格既影响销量，也影响企业价值的实现，同时，价格还是市场竞争的重要手段，营销环境的急剧变化要求企业不断调整产品价格，因此，市场定价分析是关键一环。本节将展示企业为即将上市的新产品棒球帽定价的过程来帮助读者更好地了解和掌握市场定价分析。

学习目标

知识目标

熟悉跨境网络产品价格的影响因素和构成要素。

熟悉跨境网络交易平台的交易手续费。

熟悉跨境网络产品的定价方法和定价策略。

能力目标

能够对跨境网络产品所在市场进行调研。

能够计算跨境网络产品销售的成本及费用。

能够运用不同的定价方法进行产品定价。

能够根据不同的营销策略,店铺定位进行产品定价。

素质目标

具有敏锐的观察力和市场的敏感性。

具有随机应变的处事能力。

具有踏实肯干的务实态度。

相关知识

1. 跨境电商的产品定价策略

市场营销组合中一个十分关键的组成部分就是定价。价格通常是吸引顾客购买的重要因素,也是企业获得成功的重要途径,但又是市场营销组合中最难以确定的因素。企业定价时通过对买卖双方需求的综合考虑来实现促进销售获取利润的目的。对跨境电商来说,制定一个好的价格不仅能使自己的产品在同类市场上更有竞争力,还能帮助企业快速在海外市场占领份额,使其向明星型产品转变。定价目标是企业在对产品制定价格时有意识地要求达到的目的和标准,是指导企业进行价格决策的主要因素。目前,企业产品定价目标主要有两类:一是获取利润,二是提高市场占有率。在当前激烈的市场竞争中,最后的赢家往往会注重企业长远发展,以利益相关者价值最大化为目标。所以,在重视现代成本管理的背景下,企业应以实现价值最大化为目标,以使企业产品定价更加合理。想要给自己的产品制定一个合理的价格,需要考虑的因素很多,根据产品的质量、体积、受众人群以及热销区域等不同特点,根据企业产品的特点使用不同的产品定价策略来制定价格。跨境电商卖家最常使用的六种定价策略分别为基于成本定价的策略、基于竞争对手定价的策略、基于产品价值定价的策略、基于需求导向的定价策略、撇脂定价策略和渗透定价策略。

1.1 基于成本的定价策略

基于成本的定价,可能是零售行业最受欢迎的定价模式,其最大的优点就是:简单。一家商店,无论是实体店还是电商店铺,用不着进行大量的顾客或市场调查就可以直接设定价格,并确保每个销售产品的最低回报。要想计算基于成本的定价,只需知道产品的成本,并提高标价以创造利润。该定价策略的计算方式为:

成本＋期望的利润额＝价格

基于成本的定价策略可以让零售电商卖家避免亏损，但它有时可能会导致利润下降。比如顾客可能会乐意为产品支付更多的费用，从而增加利润；或者价格可能太高，导致销售的产品数量较少，利润下降。

基于成本的定价策略需要注意以下几个问题。

1) 充分考虑隐性成本

隐性成本，是指企业做出一项选择时所必须放弃的另一项选择而产生的机会成本，在企业产品定价过程中，隐性成本相对于显性成本容易被制定价格者忽略，对隐性成本的重视程度远远不及显性成本。而隐性成本对产品价格也存在较大影响，因此在制定产品价格时，隐性成本是务必要充分考虑的。例如，产品定价过高会使利润升高但却没有考虑因为价格升高而失去顾客的隐性成本。只有合理控制隐性成本，才能实现企业价值最大化，才能接近最合理的产品价格。

2) 做好成本预测

随着信息技术的普及，企业和顾客之间的关系更加透明，消费者对市场有着充分的了解，消费者在市场上拥有绝对的力量，产品价格也会随消费者的需求产生波动，价格不会一直不变，因此，企业要在争取消费者信任，获得忠诚顾客的同时，做好成本预测，给自己留下足够的缓冲区间来应对价格产生的波动，使企业不至于在受到价格冲击时遭受较大的影响。

3) 树立以人为本的成本管理观念

对外，顾客是企业收入的来源，因此顾客是企业的上帝，企业应该主动建立起与顾客亲密信任的关系；对内，员工是企业生产的主要力量，企业不仅应该提高组织活动的效率，从而使组织能够更好地满足服务对象的要求，而且应该通过一系列的措施充分实现员工的社会价值，促进员工的个人发展，员工们自然会尽心尽力地对待工作。在此基础上进行成本管理的控制，为产品制定的价格才是真正合理的价格，才是真正能充分发挥企业优势和彰显企业人文关怀的价格。

1.2 基于竞争对手的定价策略

在竞争激烈的市场中，企业根据自身的竞争实力，参考成本和供求关系，通过研究竞争对手的生产条件、服务条件、价格水平等因素来确定商品价格。这种定价方法俗称竞争导向定价法。竞争导向定价主要包括以下几种。

(1) 随行就市定价法。在垄断竞争和完全竞争的市场结构下，没有一家企业能够凭借自身的实力在市场上获得绝对优势。为了避免竞争，特别是价格竞争造成的损失，大多数企业采用了基于市场的定价方法，即企业的一种产品的价格保持在市场平均价格水平，利用这个价格获得平均回报。另外，采用以市场为基础的定价方法即随行就市定价法，企业不必完全了解消费者对不同价格差异的反应，也不会引起价格波动。

(2) 密封投标定价法。在国内外，许多大宗商品原材料、成套设备和建筑工程项目的买卖和承包，以及出售小型企业等，往往采用发包人招标承包人投标的方式来选择承包者，确定最终承包价格。一般来说，招标方只有一个，处于相对垄断地位，而投标方有多个，处于相互竞争地位。标的物的价格由参与投标的各个企业在相互独立的条件下来确定。在买方招标的所有投标者中,报价最低的投标者通常中标,它的报价就是承包价格。这种竞争性的定价方法就称为密封投标定价法。这种零售定价模式,只有当与竞争对手销售相同产品、两种产品没有任何区别时,才可以起到作用。实际上,如果使用了这种策略,就是在假设竞争已经做了一些相关研究或是至少有一些经验,或是至少拥有足够的市场地位,假设他们的价格一定是匹配市场期望的。不幸的是,这种定价策略可能会带来价格竞争,有些人称之为"向下竞争"。假设你也在亚马逊平台上销售产品,你有一个通常在自己网站上标价299.99美元的产品,因此你将亚马逊上的价格也设定为299.99美元,希望订单能蜂拥而来。但你发现,订单并没有涌来。后来,你发现你的竞争对手正在以289.99美元的价格出售相同的产品,因此你将价格降至279.99美元。不久之后,你们双方都会因为不断降价,把利润空间压缩得几乎可以忽略不计,因此竞争导向的定价方法要谨慎使用。

1.3 基于产品价值的定价策略

价值定价法是使通过产品的价格合理地反映产品的实际价值,并且企业还可以适当地提供合理的售后和服务来匹配相应的产品价格。这种定价方法兴起于20世纪90年代,被麦卡锡认为是市场导向战略计划中最优的定价方法。价值的实质是顾客从产品中获得的利益与他所支付的价格之间的平等交换。

基于产品价值的电商定价,是最复杂的零售策略,原因有以下几个。

(1) 这种策略需要进行市场研究和顾客分析,需要了解最佳受众群体的关键特征,考虑他们购买的原因,了解产品哪些功能对他们来说是最重要的,并且知道价格因素在他们的购买过程中占了多大的比重。

(2) 如果使用基于价值的定价策略,这意味着不能只设定完一个价格后就觉得万事大吉了。相反,产品定价的过程可能会是一个相对较长的过程。随着你对市场和产品的了解加深,需要不断对价格进行重复、细微的改动。

不过,由于该定价方式需要进行一定的市场和顾客调查,它也可以带来更多的利润,不管是从平均产品利润还是盈利整体来说。

价值定价不只涉及定价决策,如果企业无法让消费者在现有的价格下感受到物有所值,那么企业就必须对产品进行重新设计,重新包装,重新定位以及在保证有满意利润的前提下重新定价。

1.4 基于需求导向的定价策略

需求导向定价法是一种以消费者为中心的定价方法,是指企业根据市场需求和消费者的不同反应,分别确定产品价格的定价方法。需求导向定价法注重市场需求的变化趋势,价格随着市场需求的变化而变化。卖家可以根据不同消费者在购买力、购买意愿、购买时间等方面的差异,设定不同的价格。例如,同一产品由于款式和颜色不同,市场需求不同,所以可以设定不同的价格。跨境电商卖家还经常根据产品的星级评分来制定产品价格,当一款产品销售一段时间后,若星级评分低,消费者反馈不佳,则考虑适当降价。

2. 跨境电商产品价格的特点

2.1 价格与成本正相关

在跨境电子商务平台中,卖家信息展示成本与价格呈正相关。随着信息展示成本的提升,平台活跃型卖家的价格不断提升。平台活跃型卖家的信息展示成本与价格始终呈正相关关系。在跨境电子商务平台中,当双方成本保持不变时,平台活跃型卖家是否具有利润竞争优势取决于其产品浏览量占据平台总浏览量的"信息份额",若信息份额高于1/2,则平台低迷型卖家占据利润优势,若"信息份额"低于1/2,则平台活跃型卖家占据利润优势。

2.2 价格与浏览量负相关

在跨境电子商务平台中,消费者产品浏览量与卖家产品浏览量均与价格呈负相关,随着消费者产品浏览量与卖家产品浏览量的提升,平台活跃型卖家的价格不断下降。消费者产品浏览量与平台活跃型卖家的价格始终呈负相关关系。

2.3 价格与平台促销负相关

在跨境电子商务平台促销周期内,卖家的信息展示成本降低,消费者产品浏览量与卖家产品浏览量提升。总体作用机制上,平台促销与价格呈负相关,平台促销周期内,跨境电商出口价格降低,卖家的产品利润提升,这些都表明平台促销是效率更高的营销手段。

2.4 价格与搜索次数正相关

借助大数据分析选择最优产品推广的营销组合,卖家的产品信息展示更为有效,提升了消费者在跨境电商平台搜索其推出"爆款"的次数及概率,避免消费者增加过多搜索,事实上降低了消费者的产品浏览总量,有效提升了跨境电商卖家的出口价格。

2.5 全球性

网络营销市场正面临着一个开放的、全球化的市场。用户可以通过该网站在世界各地直接购买,无论该网站属于哪个国家或地区。这个目标市场已经从过去受地理位置限制的本地市场扩展到广泛的全球市场,这就需要考虑目标市场范围的变化对网络营销产品定价的影响。如果产品的来源和销售目的地与传统的市场渠道相似,则可以采用原有的定价方法。如果产品的来源和销售目的地与原有的传统市场渠道有很大的不同,在定价时必须考虑这种地理位置差异的影响。为了解决这些问题,可以采用本土化的方法,准备在不同市场的国家建立区域网站,以适应区域市场消费者需求的变化。因此,企业面对的是全球线上市场,但企业无法用统一的市场战略来面对这个高度差异化的全球市场,他们必须采取全球化和本土化相结合的原则。

2.6 低价位定价

互联网是从科学研究和应用发展起来的。因此,互联网用户的主导概念是在线信息产品是免费的、开放的。在互联网早期的商业应用中,很多网站采用的收费方式是直接从互联网上获取利润,最终以失败告终。雅虎公司的成功就是从提供免费搜索网站开始,逐渐扩展到门户网站。目前已拓展到电子商务领域,并逐步取得成功。其成功的主要原因是它遵循了互联网的自由原则和间接收益原则。网上产品定价低于传统定价,也有降低成本的基础。分析认为,互联网的发展可以从多方面帮助企业降低成本,使企业有更多的降价空间来满足客户的需求。因此,如果网上产品的价格过高或者降价空间有限,在这个阶段最好不要在消费市场上销售。他们主要考虑的是便利性和时尚性,这样的产品不需要考虑低价定价的策略。

2.7 顾客主导定价

顾客主导定价就是指在对产品进行定价分析时,以满足顾客需求为主要目标,并且结合充分的市场信息来制定使顾客感到较为满意的价格,使顾客能够根据自己的需求挑选或购买自己需要的产品或服务。例如,价格高低是吸引顾客的一大重要因素,企业可以合理压低产品的价格,吸引更多顾客购买。从本质上说,顾客主导定价的意义就是实现企业价值最大化并且使顾客成本最低从而获得最大收益。

2.8 高盈利率

跨境电商由于采用点对点交易,跳过了一切中间环节,所以看似最终售价降了不少,但盈利率却比传统外贸行业高出好几倍。

2.9 小批量

跨境电商是直接面向海内外消费者群体的,因此跨境电商相对于传统外贸大批量采购来说批量是很小的,甚至有可能只有一件产品,这就使跨境电商面对的消费面大大增加,并且降低了销售的门槛,使其销售灵活性比传统外贸大批发要灵活得多,所以在产品定价方面也会相对灵活一些。

2.10 高频度

因为跨境电商小批量的特点,而且其面对的消费群体是海内外的消费者,所以交易频率也相对传统外贸大批量的交易频率高上许多,跨境电商跳过了一切中间环节直接和消费者群体实时互动,就注定了其会具有频度高的特点。

3. 影响跨境电商产品定价的因素

3.1 平台佣金

跨境电商平台要向卖家收取一定的佣金,平台佣金会影响产品的定价。不同跨境电商平台不同类目收取的佣金不尽相同,以速卖通为例,2020年速卖通部分类目的佣金如表3-12所示。

表 3-12　速卖通部分类目佣金表

单店经营范围	经营大类	技术服务费年费/元	类　　目	佣金比例
服装配饰	服装配饰	10 000	Apparel Accessories(服饰配件)	8%
			Women's Clothing(女装/女士精品)	8%
			Men's Clothing(男装)	8%
			Novelty & Special Use(新奇特特殊服装)	8%
			Costumes & Accessories(扮演服饰及配件)	8%
			World Apparel(世界服饰)	8%
箱包/鞋类	箱包/鞋类	10 000	Luggage & Bags(箱包皮具/热销女包/男包)	8%
			Shoes(男女鞋)	5%
精品珠宝	精品珠宝	10 000	Fine Jewelry(精品珠宝)	5%
流行饰品及配件	流行饰品及配件	10 000	Fashion Jewelry(流行饰品)	8%
			Jewelry Findings & Components(首饰配件)	8%
			Jewelry Packaging & Display(首饰包装)	8%
			Jewelry Tools & Equipments(首饰工具)	8%
手表	手表	10 000	Watch(手表)	8%
婚纱礼服	婚纱礼服	10 000	Weddings & Events(婚纱礼服)	5%
美容美发	护肤品	10 000	Skin Care(护肤品)	8%
	美容健康	10 000	Tools & Accessories(工具/配件)	8%
			Tattoo & Body Art(文身及身体彩绘)	8%
			Skin Care Tool(护肤工具)	8%
			Shaving & Hair Removal(剃须及脱毛产品)	8%
			Sanitary Paper(卫生用纸)	8%
			Oral Hygiene(口腔清洁)	8%
			Nail Art & Tools(美甲用品及修甲工具)	8%
			Makeup(彩妆)	8%
			Health Care(健康保健)	8%
			Hair Care & Styling(头发护理/造型)	8%
			Bath & Shower(沐浴用品)	8%
			Antiperspirant(除臭)	8%
			Deodorants(止汗)	8%

3.2 生产成本或采购成本

生产成本包括原材料、研发、工艺、运输、人工等方面的成本。采购成本指与采购原材料部件相关的物流费用,包括采购订单费用、采购计划制订人员的管理费用、采购人员管理费用等。存货的采购成本包括购买价款、相关税费、运输费、装卸费、保险费以及其他可归属于存货采购成本的费用。生产高端的、品质好的产品需要较好的研发技术、原材料、生产工艺,因此生产成本也高。如果卖家对产品进行改良或微创新,成本也会增加。若产品的生产成本或采购成本高,商家为了保证利润,定价相对也会高。

3.3 竞争对手价格

很多卖家在定价时会以同行竞争对手的价格为基础,来确保自己在市场体系中的地位。对于这些竞争对手,要根据能力的强弱进行分类,把最强劲的竞争对手作为目标,对他们的情况进行详细分析,了解他们的产品特性与在市场中的地位,以及采用的手段和策略。越了解竞争对手的情况,对更好地吸引顾客就会多一分把握。竞争对手在进行定价的时候,也会参考一些指标,如成本费、市场价格,以及自己所想获得的利润。我们就可以从此下手,对竞争对手可能参考到的条件都做一下具体的分析,这样得出的结果就会更接近买家心目中的价格。需要注意的是,定价并不是越低越好,当定价低到一定的程度时,客户就会对你的产品质量产生怀疑。所以,定价的时候,一定要把握住"度",定价和买家预期的价格越接近,售出的机会就越大。跨境电商卖家可以根据服务对象、目标市场、营销战略以通行价格、高于市场价格和低于市场价格这三种层次来制定产品价格。怎么对竞争对手的报价进行尽可能准确的计算呢?

第一步,计算成本价。不管是哪一种产品,都有它的成本价格。购买材料的情况不同,在价格上就会有很大的差异。挑选出几个具有代表性的价格,计算出它的平均值,这个平均值就可以作为成本价,即使会有一定的差值,这个差值也不会太大。竞争对手在售卖产品的时候,就算定价再低,也不会低过成本价,毕竟他们销售的目的就是要获得利润,赔本的生意谁也不会做。

第二步,了解竞争对手的定价习惯。通过认真地调查竞争对手的销售历史,就可以从中了解到他的定价习惯。除了成本以外,根据每个卖家的习惯不同,所要求的利润多少就不一样,根据他们的定价习惯,可以从中计算出他所想要的利润。成本费和利润都计算出来以后,再把这两项加在一起,就大致知道了竞争对手的定价范围。

3.4 目标利润

目标利润定价法(Target-Return Pricing),又称目标收益定价法、目标回报定价法,是根据企业预期的总销售量与总成本,确定一个目标利润率的定价方法。卖家选品时会考虑产品是否有市场和利润,卖家对产品的预期利润越高,产品的定价也会越高。另外,产品品牌形象定位、市场供需、营销推广费用、资金周转、运输费等也是影响产品定价的重要因素。

3.5 市场供求因素

供大于求,价格有向下压力;反之,则会推动价格上升。市场供求是由消费者和卖家共同决定的,当市场需求高时,卖家可以适当提高产品的价格,当市场需求低时,则供大于求,为了给予产品一定的销售市场,卖家只能适当降低产品价格,分析好市场供求关系以及平衡点,是企业制定合理价格的关键所在。

3.6 政策法规因素

在制定合理的价格时,充分了解本国以及所在国有关方面的法律法规和政策是相当有必要的,考虑好了国家的免税政策,跨境合作政策以及本国对跨境电商的扶持或是约束政策,既可以合理地提高利润,又可以避免价格不合理而带来的后续问题。了解清楚并熟练运用这些法规政策,对企业制定价格来说是百利而无一害的,并且在特殊时期可以起到指引作用。

3.7 经济水平

针对欧美发达国家和东南亚的发展中国家,定价肯定也不一样,对于经济发达的欧美国家,定价可以相对提高一点以迎合他们的消费水平。在东南亚国家中,又属新加坡的经济最好,如果是针对新加坡地区,定价可以比东南亚其他地方高些。

3.8 消费人群

比如使用苹果手机 iPhone 的人群,经济能力不会比一般人差,那么理论上 iPhone 的配件可以卖得更贵些。因为有这种消费能力的人,更在乎的是质量,而不是性价比。苹果手表、无人机、各种智能产品的消费人群也是如此。用这个逻辑去反向思考,购买你产品的可能是些什么人群?如果更多的是学生,那么他们可能对价格更敏感。

3.9 男女习惯

整体上看,女性消费频率高,单次购买金额低;而男性消费频率低,但单次购买金额高。以包为例,女性可以一年买三个包甚至更多,而男生可能一个包用三年。那么根据这个特点,可以在男包方面重点突出质量,把价钱定高点。

3.10 生产难易程度

一个产品,生产过程中除了要考虑原材料成本,还要考虑人工成本,以及取得材料的难易程度。当一个产品的生产过程越不容易时,定价越高;反之,定价越低。

4. 跨境电商产品价格的组成

跨境电商产品的价格是由大部分合理的比例加总而成的,卖家必须十分清楚产品的真正成本,才能合理计算出产品售价的基础。一般来说,跨境电商产品的成本主要包括:进货成本,物流运费,在电商平台的销售成本,售后服务成本,信息技术成本,人员成本等。

其中最重要的是进货成本、物流运费、在电商平台的销售成本这三方面的成本。

4.1 进货成本

对于不同性质的卖家来说,可以通过不同的渠道寻找货源,卖家一般选择的货源渠道为以下几种。

4.1.1 阿里巴巴找货源

阿里巴巴批发网即 1688 批发网(如图 3-26 所示),域名为 1688.com(阿里巴巴中国站的新域名)。绝大多数卖家都会选择在 1688 批发网选择货源。阿里巴巴作为一个全球领先的采购批发平台,在 2017 年上线了个跨境专供板块,专为跨境卖家供货,跨境专供板块上的货源,性价比较高,质量有保障,服务售后也较为客观,且货源更适合跨境。目前,女装、服饰配件、运动户外、数码家电等品类、货源齐全。再者,货源有产品描述、图片、尺码、认证等资料,更加有质量保证。但阿里巴巴批发网也存在刷单刷销量等严重影响市场竞争秩序的行为,卖家也可能因此而误判,选择了不适合自己的货源。

图 3-26　1688 平台搜索页面

4.1.2 跨境分销平台找货源

现如今,跨境电商的资金压力和备货风险在成倍增加,各大跨境巨头的供应链成本居高不下,使得分销平台异军突起。这时,一件代发分销模式成了一种比较契合的解决方案,毕竟无须囤货,解决了资金压力,且供应链端的各种人力操作成本又可以节省下来,加上越来越多跨境电商公司转型为服务商,因而跨境电商货源分销平台的关注热度便应时上升。目前,由工厂/供货商搭建的跨境分销平台在崛起,其中规模较大的几个分销平台分别是:冠通分销平台(如图 3-27 所示)、GET 分销平台、环球华品、华城云商、夸克等。这些分销平台凭借着 20 000+优质海外仓货源,迅速积累了一大批分销商;时效也能满足各大电商平台对海外仓流量扶持的要求,且传统发不了的家具等大件商品,也能一件代发,比较完美地契合了北美市场日益增长的家具用品需求。另外,这些分销平台一直践行"供应链服务商一体解决方案",也为他们带来了不错的口碑。

图 3-27　冠通分销平台界面

4.1.3　批发市场

国内主流的市场有三个：深圳、广州、义乌（如图 3-28 所示）。这三个地方都是小商品贸易的集散地，这些摊档常常直面国外 B 端买家，汇聚大量的供应商，所以大部分都是一手厂家货源。

图 3-28　义乌港

首先，跨境电商货源要有保障。建议找口碑好的、质量高的大型厂商进行签约。虽然这些大型厂商的货源价格相对较高，但是质量好，都是精品，也很少会出现假货的纠纷问题。其次，在跨境电商货源怎么找这个问题上，相关的人员还提醒到，要选择稳定的商家，不能一年换一个，否则供货上面很容易出现缺口，也很容易发生假货，或者真假参半的情况。最好是一直坚持一个厂家，或者多比较几个再做决定。最后，要关注跨境电商货源的售后系统。很多跨境电商在一开始只是关注跨境电商货源怎么找，却往往忽略了商品的售后，所以从事跨境电商时一定要注意，售后服务不能少，售后最好是有一条龙系统，有专业人员进行操作。

4.2 物流运费

单件商品运费高、递送速度慢、破损和丢包率难以控制等都是需要考虑的问题。因此,如何选择高性价比的跨境物流,成为中国卖家做好跨境电商平台极为重要的一个环节。选择好了,不但会缩减物流成本,还会得到客户的支持和信赖,反之则会因此招致差评,让辛苦优化的排名和转化率急剧下降。平台物流运费的选择一般有以下几种。

(1) 卖家承担运费,即包邮。一般卖家会在包邮的情况下将运费添加到产品价格中以吸引买家下单。产品买家展示页面会出现"free shipping"的字样。这时候的产品成本核算需要把运费添加进来,以免造成销售亏损。

(2) 标准运费。平台按照各物流服务提供商给出的官方报价计算运费。决定运费的因素通常有货物送达地、货物包装重量、货物体积重量。如果卖家为不同的运输方式提供了折扣,平台会将在官方运费的基础上加入折扣因素后计算出的运费值呈现给下单的买家。在联系货运代理公司时,货运代理公司会给卖家一定的折扣(折扣的多少视卖家与货运代理公司的协议而定,也可以使用平台上面展示的货代公司),卖家可以将此折扣信息填写在产品的运输折扣内容里,以吸引买家下单。

(3) 自定义运费。卖家可以自由选择对不同的国家设定不同的运费类型,包括标准运费、卖家承担运费或自定义运费。一般建议新卖家选择对欧美发达国家发货,以减少货物发往偏远国家造成的偏远运费损失。自定义运费也可以根据自己的买家群分布来定,从而吸引自己的主要买家群体。对于一些选择包邮方式的卖家,一定要计算清楚。

4.3 电商平台销售成本

电商平台的销售成本里包括在平台开店的开店费用,平台推广费用,售后纠纷费用和活动折扣率。

4.3.1 各大电商平台收取开店费用的标准不同

1) 亚马逊

亚马逊卖家分为专业卖家与个人卖家两类。

(1) 月租费。

专业卖家:＄39.99/月。个人卖家:无月租费。

(2) 单件销售费用。

专业卖家:无须按件收费。个人卖家:每售出一件,亚马逊将收取0.99美元。

(3) 销售佣金(每件售出的商品支付给平台的销售佣金)。

不同品类商品的销售佣金比例和按件最低佣金都有不同的规定,8％～15％不等,如表3-13和表3-14所示。

表 3-13 亚马逊平台媒介类佣金表

Media Category	Referral Fee Percentage	Variable Closing Fee
Books	15%	$1.35
CD and Vinyl	15%	$0.80
DVD	15%	$0.80
Software & Computer Games	15%	$1.35
Videos VHS	15%	$0.80
Video Games	15%	$1.35
Video Game Consoles	8%	$1.35

表 3-14 亚马逊平台非媒介类佣金表

Category	Professionals	Individuals	Referral Fee
Baby Products(excluding Baby Apparel)	√	√	15%
Beauty	√	×	15%
Camera & Photo	√	√	8%
Cell Phone Accessories	√	×	15%
Consumer Electronics	√	√	8%
Grocery & Gourmet Food	√	×	15%
Health & Personal Care	√	×	15%
Home & Garden(including Pet Supplies)	√	√	15%
Kitchen	√	√	15%
Kindle Accessories	√	√	25%
Musical Instruments	√	√	15%
Office Products	√	√	15%
Personal Computer	√	√	6%
Sports & Outdoors	√	√	15%
Tools & Home Improvement	√	√	12%
Toys & Games	√	√	15%
Automotive Parts & Accessories	√	×	12%
Clothing,Accessories & Luggage	√	×	15%
Industrial & Scientific	√	×	12%
Jewelry	√	×	20%
Motorcycles,ATV & Protective Gear	√	×	12%

情景三 跨境网络运营分析

2)速卖通

(1)店铺年费,以当年新入驻公告为主。

按类目收费,不同类目收费金额不同,电子烟、手机类目 30 000 元人民币,真人发类目 50 000 元人民币,其他类目 10 000 元人民币(年费可以根据不同的店铺类型和销售额进行全额返还或者 50% 返还)。

(2)类目佣金。

类目佣金是指平台按订单销售额的一定百分比扣除佣金。速卖通各类目交易佣金比例不同,5%~8%不等。

(3)商标(R 标或 TM 标)。

若卖家手上早已有品牌商的授权商标,或所申请的类目不需要商标授权就可售卖的,商标注册费用不必再掏,直接用即可(参考速卖通开店要求说明);若所需类目需要商标,而卖家自己没有或没得到商标持有人的授权,需花商标注册费用,不同国家的商标注册费用不同。

(4)提现手续费。

卖家在进行提现时,银行会收取 15 美元/笔的手续费,手续费在提现时扣除。

3)Wish

(1)2000 美元的店铺预缴注册费,针对 2018 年 10 月 1 日 0 时(世界标准时间)以后完成注册流程的所有商户账户。同时,自 2018 年 10 月 1 日 0 时(世界标准时间)起,非活跃商户账户也将被要求缴纳 2000 美元的店铺预缴注册费。

(2)平台佣金。

产品售出后,Wish 将从每笔交易中按一定百分比或按一定金额收取佣金。即卖出物品之后收取这件物品收入(售价+邮费)的 15% 作为佣金。

(3)其他费用。

如提现手续费、物流运费、平台罚款等。

4)eBay

(1)刊登费用。

卖家每个月可以获得一定的免费刊登额度(不同类型卖家免费额度也不同)。不开设店铺的卖家,每月有 50 条免费刊登条数,订阅店铺的卖家,则依据店铺等级来定。

(2)成交费用。

eBay 成交费基于买家支付的费用来计算,包含产品费用和物流费用。

(3)PayPal 费用。

按销售额收取一定比例的 PayPal 费用。月销售额在不同区间,则按标准费率或优惠费率进行收取。

(4)其他可选费用。

不同等级店铺,收取费用不同。费用有月度和年度两种收费方式,而不同等级的店铺,每月免费的刊登数量、刊登费及成交费收取的比例均不相同。但店铺等级越高,免费刊登数量越多,且其他费用的费率越低,如果说想增开额外的店铺功能,需要额外再交钱。

4.3.2 各大电商的平台推广费用

各大电商平台的推广费用也是要算到价格里面去的。产品上架之后并不是就能够稳定持续地出单了,依然需要进行推广。站内的广告支出是可以通过出单之后,在各大平台的后台直接扣减掉,但初期一定要预留一部分资金用来测评,用来积累初期的浏览量,一般初期至少要预留两三千元钱。

4.3.3 售后纠纷费用

这类成本核算是很多跨境创业新人容易忽视的。很多中小跨境卖家从中国境内发货,跨境物流有线长、点多、周期长的特点,因此经常会出现些产品破损、丢件甚至客户退货退款的纠纷事件。鉴于跨境电商的特性,这类成本投入往往比较高,因此在核算成本的时候应该把这类成本明确地核算进去。核算的比例一般为"进货成本+国际物流成本+推广成本"的3%~18%。如果超过这个比例,建议放弃该类产品。选择跨境产品的时候应该选择一些适合国际物流、标准化强且不容易发生消费纠纷的品类。

4.3.4 活动折扣率

在电商购物平台上,各个店铺的产品售价比较透明,所以线上交易平台的买家对产品的价格会更为敏感。同类型产品中,产品价格的高低对产品的销售有着较大的影响。最直观的价格高低,体现在价格折扣率上。卖家一般可将店铺产品分为爆款、引流款、盈利款三类。爆款的折扣一般为50%,卖家略微亏损,其主要目的是吸引并增加店铺流量。引流款的折扣率一般为30%~40%,其主要目的是赚取点击率。盈利款的折扣率一般为10%~20%,其主要目的是赚取较多利润。在设置产品价格时,应对产品有个大致的定位,然后再设置对应的折扣率。

5. 跨境电商定价时需要注意的问题

5.1 基于商品的实际综合成本

商品综合成本=进货成本(产品价格、运费、包材费、破损率)+跨境平台的成本(包括推广成本、平台年费、活动扣点、收款手续、交易扣费)+跨境物流成本(包括直发运费、海外仓头程运费、关税、增值税、入库处理费、尾程运费、出库处理费、仓租等)+售后维护成本(包括退货、换货、破损率)+其他综合成本(人工成本、跨境物流包装成本等)。由此可见,要想给一件商品定价也是需要注意很多事情的,价格低了会亏本,价格高了会不利于竞争,吓走买家。

5.2 平台佣金扣费成本

很多跨境电商平台都是有佣金的,这个成本需要计算到商品价格里面。同时在计算时利润定得不要太低,这样可以给促销活动引流时留出价格空间。

5.3 参考不同平台同款产品价格与同行设定的价格

通过参考不同平台、不同网店与同行卖家设定的商品价格,不断地优化调整自家网店的商品价格,持续更新优化才有更大的竞争优势,才能获得更多的利润值。

5.4 国际物流快递费用核算

物流费用在产品标价的时候建议直接包含在产品单价中,同时写上包邮,对于包装和产品的重量要精心计算,选择可靠、价格低廉的物流渠道降低成本。全球交易助手建议产品包装应尽可能做到有牢固有廉价,这样为客户着想,合理的物流费用会建立一批忠实的客户,提高销量。

5.5 汇率问题

定价考虑人民币和外币的市场汇率。要时时留意人民币和外币的市场汇率变化,根据汇率变化调整好商品的价格。

5.6 针对不同买家制定不同营销策略

有些买家对产品需求的数量小,甚至是单件,但对销售服务的要求却很高,对于专业的买家,可以将价格定为正常的零售价格,并满足他们的服务需求。而另外一类买家,他们对产品数量的需求极大,对于这类买家,建议企业在价格上给予一定的帮助和扶持,使买卖双方建立起信任感和依赖感,以留住各类买家,争取将他们发展为忠实客户,拓展自己的客户基础。当购买基数大的买家逐渐成长起来以后,对企业的利润贡献是最大的,所以要特别重视这类客户的产品订单并尽量将其发展成为回头客。

5.7 注重品牌的发展

在销售产品的同时,大力挖掘潜在客户和发展潜力市场对企业来说也是必不可少的,在这个过程中,计入成本的营销费用也是无法避免的。在发展前期,将企业自身的形象营销得深入人心,并注重质量的问题,加上合理的价格,取得众多顾客的信任以后,市场中无形中就会多了很多忠实客户,使企业的影响力散射到各个地区,企业就再也不必花费如此多的开销来挖掘潜在客户和市场了。

5.8 充分的市场调研

市场调研,要调研的不仅是自身在同类行业中的竞争力,还要充分了解竞争对手的优势和劣势,以及他们未来分发展前景和方向。卖家可以通过平台输入关键词,查看自身产品的价格处于行业内什么水平。如果此产品没有特别有竞争力的同行,一般建议的利润水平不超过25%。多了解和掌握竞争对手的动态,多关注他们的发展,对于企业来说才可以真正地成长和成功。并且,跨境电商还有了解调查销售地的同类产品的市场价格的必要。假设卖家的目标市场是美国,就需要了解分析美国本土市场这类产品的价格,比较自身价格加上运输费用以及较长的运输时间,较之本土产品,是否还具有竞争力,如果价格或质量以及可以吸引美国当地居民的特点和美国本土产品的价格相比没有显著的优势,那么客户下单的概率就较小。

5.9 合理的销售方式

对于不同类型的产品,销售的方式也不尽相同,有的产品适合按件卖,有的产品却适合按批次打包售卖,找准产品的特性,按照其特性和顾客的需求选择合适的销售方式也能有效提高产品的销量。

5.10 国际物流费用的核算

选择一个有竞争力的国际物流费用是制定产品价格的关键所在,若是选择的物流并不具有竞争力,那么在定价方面就会输给竞争对手一大截,就必须在成本费用的其他方面做出让步,在产品标价时最好将物流费用一并包含进去。

6. 主流跨境电商平台的定价策略

6.1 eBay 定价策略

eBay 上由于有不同的刊登方式,有不同的价格需要去设置。

主要的价格有以下几种。

拍卖刊登:Start Price、Current Bid Price、End Price、Reserve Price。

定价刊登:Asking Price、End Price、Best Offer Price。

运费:Calculated Shipping、Fixed Rate Shipping。

下面来分别分析一下对各个价格的设置策略。

1)拍卖价格

拍卖刊登中设置的底价,叫作 Start Price(起始价格)。当有买家拍你的商品后,这个起始价格就被买家的叫价代替,这时的价格叫 Current Bid Price。在刊登有效期间或者没有被取消期间,买家都可以对一个刊登叫价。每个买家都可以根据自己的预期,对商品进行上升式的叫价。也就是说,Current Bid Price 只会不断上升。这个过程会不断进行,直到商品被出价最高的买家拍下。当刊登结束时,最高的出价会变成 End Price(成交价)(如果没有成功售出,那么成交价为0)。

Reserve Price(保留价格)让卖家设置一个保留的价格。当买家的出价达不到这个价格时,售出行为就不发生。当然,买家很有可能会看到这个保留价格。因此,尽管卖家可能会因为保留价格而更加安全,但是高的保留价格会让买家一开始不愿意进行出价。

对于 Start Price 来说,卖家一般需要设定一个比直接售出商品低得多的价格。因为拍卖刊登的工作原理就是,价格会随着买家的出价不断上升,最后高于市场平均价格。为了达到这一目的,商品就必须有点特色,或者是很难估价的商品。

如果将 Start Price 设置得太接近 End Price,自然只会有比较少的买家进行出价,最后会大大影响价格。

观察发现,99美分起始的拍卖刊登会带来较高的成交率。99美分的低价拍卖当然会在一开始吸引比较多的拍卖,这种方式需要注意控制风险,同时也只对于某些类型的商品更有效。

2）定价价格

定价刊登中为一个或多个刊登中的商品提供一个固定的价格。

临时的促销可能会改变刊登的价格,但是大多数时候,刊登的价格在整个刊登过程中都是固定的。定价刊登的起始价和成交价是一致的,只有一种情况可能会导致它们的不一致。那就是 Best Offer(最佳价格)促销。Best Offer 功能让买家可以给出一个价格,询问卖家是否接受。这种出价有时间限制,卖家有权利不接受这个价格。由于定价刊登这种刊登形式,价格相对来说比较透明化,卖家和买家在刊登一开始就了解该商品的售卖价格,买家在这种情况下,会有更多的空间比较不同商品的价格,这一点和拍卖刊登是完全不同的,因此,如果定价过高,会在买家比较中处于劣势。最重要的定价策略,就是将价格设定的和买家的期望值完全吻合。

3）eBay 运费

eBay 运费有两种设置方式,一种是将运费和售价分开,另外一种是将运费和售价合在一起,第二种方式即 Free Shipping(免运费)。

（1）运费另付。

大多数运费另付的刊登会在刊登中显示一个运费计算器,买家通过这个计算器功能可以了解到运费大约多少钱。除了计算器功能之外,买家也可以选择固定运费,让买家能够更方便地知道运费的价格。

（2）免运费。

如果卖家进行免运费刊登,运费就包含在售卖价格中了。由于包含运费,免运费的刊登往往都标价较高。当然由于 eBay 的政策倾向于免运费刊登,因此,提供免运费将会提高刊登的搜索排名。虽然免运费是不错的选择,但是由于节约成本,选择比较便宜的运输方式有可能会降低买家的满意度。

4）通过调整价格提高排名

不少卖家会关心如何提高 eBay 的搜索排名,价格就是影响搜索排名的重要因素之一,eBay 不断比较相似标题或者一个类别中刊登的价格,通过这样来调整不同刊登的顺序。设置一个相对于竞争对手来说合理的相对较低价格,将会有效增加点击率以及销售转换率。

6.2 亚马逊的定价策略

在亚马逊上刊登的产品主要有两种：一种是亚马逊自身销售的产品,另一种是由第三方销售的产品。第三方销售的价格叫作 Offer Price(售价)。在亚马逊中,一个刊登中有多个卖家在不同的价格售卖该商品。对于所有都想争夺 Buy Box 的亚马逊卖家来说,价格是影响 Buy Box 位置的重要因素之一。

亚马逊中的价格是可以进行频繁调整的。有些卖家会使用一些自动调整的功能来结合竞争对手价格和自身产品表现的情况,将价格进行相应的调整。

影响价格的其他因素有：市场需求、竞争、运营成本、物品状态、物品年龄、物品构成、证书和授权、稀少性、原产地等。

下面解释部分因素对价格的影响。

1）市场需求

市场需求和价格的关系非常明显，市场需求越高，买家更愿意支付更高的价格。由于市场的需求在不断变化，但是又有一定的规律可循，所以如果能够提前掌握市场需求变化的规律，提前调整价格，将会获得更好的效果。

2）竞争

每个平台都有上百万的卖家竞争，唯一的产品很少，当其他条件相同的情况下，买家更愿意选择低价的产品。因此，了解竞争对手的价格策略就成为必须要做的功课。现在买家已经不再是只在一个平台上购买，而是多个平台进行对比，因此，了解其他平台竞争对手的价格也同样重要。

3）运营成本

卖家在运营的过程中，需要考虑到很多隐性的运营成本。比如有的新卖家在开头不用考虑刊登的费用，到中后期就需要考虑到这些费用，每笔交易的运费都不同，而退货的可能性同样增加了风险。

4）物品年龄

和全新或者基本新的产品不同的是，二手的产品往往会在价格上大打折扣，根据产品状态的不同，价格也是完全不同的。如果价格合适，一定程度上状态的破坏是可以被买家所接受的。但需要注意的是，这些破损必须在照片、物品特性和细节描述中标识清楚。损坏的物件也有市场，因为买家想要的可能只是这个物件的一部分，有些团体甚至在寻找大量破损，或者只有一个零件可以使用的产品，来为其他产品更新准备更多的原材料。

5）第三方认证状态

在同等的状态下，一个被第三方状态认证过的产品（认证这个产品被使用的程度）往往比没有经过认证的产品卖的价钱更合理。

6）物品构成

也许你还没有在你的二手商品中发现，但是有些材料或者是组成是非常受欢迎的，比如木制或者某些金属。近几年来流行的纯自然风格让木制品变得大受欢迎，有些贵重或者稀缺金属也会增值。

7）稀少性

比如名人的签名，就是典型的原产以及稀缺性商品，但是原产和稀缺性也是需要证明的。某些收藏品，如邮票、卡通人物、漫画，都是可以被第三方认证的。认证打分是非常重要的一个过程，一般来说，认证打分过的产品会比没有经过认证的商品获得更高的销售价格。物品的稀缺性和价格的关系也很明显。越是稀缺的商品，价格也就越高。这也就解释了，为什么有些特殊版本或者限量版的产品更加值钱。

6.3 Wish 的定价策略

1）影响定价的因素

（1）市场因素。

市场供需对产品的影响较为明显，当一款新产品突然一夜成为爆款之后，疯狂的推崇容易导致的一个结果就是供不应求，物以稀为贵，如果有货源，那么价格自然可以定高一些。然而随着新产品上市一段时间之后,涌入的各种商家也会开始大量铺货,这时候给买家的选择就显得多样,利润被稀释之后,自然而然的价格也会随之下降。

跨境电商的运营中,一般都有专门的选品人员,这样的结果就是各行各业的产品更新换代速度加快,当一款与爆款功能等都相似的新产品出现时,爆款对于买家的吸引力自然也就下降,降价也在情理之中。

(2) 竞争对手的价格。

当然无论是哪一款产品,Wish 平台上在售的卖家也是不计其数,卖家间有时候需要有更多的了解,知己知彼,良性竞争。很多时候,定价都会以竞争对手的价格作为参考。

(3) 产品成本。

销售的目的当然是盈利,毕竟不是慈善家,利润这个指标想必大家都是很重视的。与利润息息相关的就是产品成本、产品定价、产品销量,三者有着密切的联系。

(4) 平台成本。

Wish 平台不像亚马逊需要支付平台月租,但是 Wish 会收取 15% 的佣金,最好的方式就是把这笔佣金费用计入产品定价上,转嫁给买家分摊。

(5) 生产成本。

一般来说,大多卖家都没有自己的工厂,只能找代工厂,或者直接找成品,这时候耗费的采购成本以及运输成本等费用,也是产品定价的重要参考指标。

(6) 其他因素。

如果是企业入驻 Wish,就不得不考量预期利润以及品牌定位了。对自己产品的前景以及利润做出合理的预估,根据品牌定位,设置不同的定价,这些都是企业产品定价需要做的。而 Wish 平台的绝大多数个人卖家也不能忽略利润预估以及品牌意识。除此之外,做些适当的营销推广,根据不同地区的消费者习惯给出不同定价,会有不一样的效果。综上所述,影响产品定价的因素还是多种多样的,需要多留意的是,了解行情,卖家间相互比价,第三方数据分析网站可以看到卖家定价,这些信息也很透明,还是有参考价值的。

除了这些因素会影响产品的定价之外,还有一些只想赚快钱做短期买卖的卖家,会为了冲销量而拼命拉低价格;另外就是刚起步的卖家也会用定低价的模式,吸引流量,吸引顾客。

2) 一般定价公式

Wish 产品定价参考公式:

$$售价=(成本+重量×运费系数)/(0.85-毛利系数)$$

最低定价,换句话说,在产品定价之前,要先确认产品定位,清楚发生哪些费用:

(1) Wish 收取 15% 的佣金(运费也会收取)。

(2) 收款渠道一般会收取 1% 的手续费。

(3) 考虑到退款率,新手参考退款率要在 10% 以上。

那么这样也就可以计算价格了,其中耗用掉的费用=15%+1%+10%(退款率换算为 10% 的成本)=26%,所以产品利润点不能低于 26%。如果有信心可以控制好店铺的退款率降到 10% 以下,那么利润下限空间为 16%~26%。

那么产品最低售价=(产品成本+进货运费平摊)/(1-16%~26%)

算下来产品的毛利润最好是20%以上。

6.4 速卖通的定价策略

在速卖通里,对排序起着重要影响的两大因素分别是销量以及关键词。而影响销量的最关键因素在于价格,讲价格之前先解释以下几个名词。

(1) 上架价格(List Price,LP):很好理解,即产品在上传的时候所填的价格。

(2) 销售价格/折后价(Discount Price,DP):即产品在店铺折扣下显示的价格。

(3) 成交价格(Order Price,OP):用户在最终下单后所支付的单位价格。

这几个价格直接的联系是这样的:

销售价格=上架价格×折扣

成交价格=销售价格-营销优惠(满立减、优惠券、卖家手动优惠)

搞清楚这几个价格的关系,就可以有针对性地对不同定位的产品采取不一样的定价策略。

1) 狂人策略

研究同行业卖家、同质产品销售价格,确定行业最低价,以最低价减(5%~15%)作为产品销售价格。用销售价格倒推上架价格,不计得失确定成交价。

上架价格又可以有以下两种思路。

(1) 上架价格=销售价格/(1-15%),此策略费钱,可以用重金打造爆款,简单、粗暴、有效。但不可持续,风险较大。

(2) 上架价格=销售价格/(1-30%),此策略微保守一些,可以通过后期调整折扣来让销售价格回到正常水平。

两种定价思路都可以在15%折扣下平出或者略亏,作为引流爆款。

2) 稳重策略

比较稳妥的方式是通过计算产品的成本价,根据成本价+利润来确定产品的销售价格。

产品的销售价格确定后,根据店铺营销的安排,确定上架价格。

例如,产品成本是3美元,按照速卖通目前的平均毛利润率(15%),还有固定成交速卖通佣金费率5%,及部分订单产生的联盟费用3%~5%,可以推导:

销售价格=3÷(1-5%-5%)÷(1-15%)=3.92(美元)

再保守点,销售价格=3÷(1-5%-5%-15%)=4(美元)

那么这其中,5%的联盟佣金并不是所有订单都会产生,但考虑到部分满立减、店铺优惠券直通车等营销投入,以5%作为营销费用,基本没有差错。

当然,这其中还可以加入丢包及纠纷损失的投入,按照邮政小包1%的丢包率来算,又可以得到:

销售价格=3÷(1-5%-5%-1%)÷(1-15%)=3.96(美元)

再保守点,销售价格=3÷(1-5%-5%-15%-1%)=4.05(美元)

得到销售价格后,需要考虑该产品是通过活动或者作为一般款来销售。

假如作为活动款,那么按照平台通常活动折扣要求40%来计算:

上架价格＝销售价格÷(1－40％),平时打 40％折扣,活动最高可以到 50％。

3) 作为一般款销售

上架价格＝销售价格÷(1－30％),平时打 30％折扣。

建议折扣参数不低于 15％,因为平台大促所要求的折扣是这个数字,不高于 50％,因为折扣过于大了容易产生虚假折扣的嫌疑。而根据速卖通官方的统计,折扣在 30％左右,是买家最钟情的折扣,属于合理预期范围。

对于 50％折扣的活动要求,基于以上定价的模式,基本上相当于平出,不会亏本或者略亏,假如客户购买两个及两个以上,就可以赚到一笔。

7. 跨境电商产品价格的发展趋势

7.1 跨境电商的现状

1) 独立建立官方跨境网站

跨境电商从萌芽到兴盛的整个过程中,衍生出了各种各样的组织形态和业务模式,如 B2C、C2C、B2B、F2B、F2C、C2F 等,一方面是跨境生产工厂或是跨境贸易公司通过在跨境平台上开设店铺直抵国外终端消费者,另一方面是跨境商家通过网络寻找外国经销商,开展国际批发业务;当然,还有一些出口跨境电商的大卖家,为了避免对跨境平台的过度依赖,也开始建立和运营品牌独立的官方跨境网站。

2) 跨境电商业务量由 B2B 向 B2C 转移

虽然越来越多的中国跨境卖家在追求更高利润的驱动下,建立起了自有品牌,并将品牌在诸如亚马逊、eBay 等平台和官方网站上进行宣传和推广,但在未来较长的一段时间内,出口跨境电商的主体形式依旧会是 B2B,因为 B2B 订单量较为稳定且交易金额巨大。当然,业务量会逐渐由 B2B 向 B2C 甚至是 F2C 进行转移。

7.2 跨境电商未来发展趋势

1) 从无牌到有牌

经过多年的培育和发展,一些工厂式跨境电商已经意识到培育品牌的重要性。他们开始从后端向前端移动,开始建立自己的海外销售渠道,尝试改变传统的 OEM 贴牌模式,在扩大出口交易量的同时建立独特的竞争壁垒,建立海外客户对自己品牌的认同度。一些中国品牌在这方面取得了不错的成绩。相信未来会有更多的中国卖家意识到这一点,并在行动中反映出来。

2) 从业余到专业

过去,由于制造商销售疲软,跨境贸易公司在出口跨境电商的整个链条中占据重要地位。由于这些跨境贸易公司销售的产品数量较多,很难对每一种产品的参数、用途、优势和适用范围有深入的了解。他们只是低买高卖,赚取差价。甚至一些贸易商利用工厂和跨境终端消费者的信息不对称,进行销售假冒商品、侵犯品牌、低价倾销等不正当竞争。然而,随着我国出口跨境电子商务的逐渐成熟,各国信息透明度的提高和打击假冒产品力度的加强,这种现象会越来越少。此外,商业模式相对简单的商人没有更多的生存空间。

他们必须从业余转向专业,并与生产工厂进行深度合作,否则很容易被淘汰。跨境电商的全球化给中国卖家带来了许多机遇和挑战。如何顺应时代的潮流,如何跟上时代的潮流,如何把握时代的风向,与每一个中国跨境卖家息息相关。我们可以一步一步扩大全球市场,满足外国消费者的需要,面对每一个困难,在这个过程中,遇到并解决它们,积累宝贵的经验领先于同行,让企业进入一个快速发展的通道。

7.3 跨境电商产品价格发展趋势

经过以上分析,不难发现跨境电商的市场将会越来越规范,越来越专业,在这种情况下,市场的竞争必将更加激烈,跨境电商的市场也会越来越稳定,因此产品价格会越来越符合消费者心目中的价格。随着国家对跨境电商市场的规范和整治,企业在境内外的合规化成为发展的一道门槛,如何处理合规化带来的成本提升,以及市场路径的选择,是企业会遇到的一大难题。资本的介入,加快了物流和仓储行业的大发展,未来的物流行业服务的稳定性和成本将显著改善,且会出现规模化、更大服务范围的物流企业。面对国家的规范化政策,卖家的成本必定会有所增加,但是随着物流行业的迅速发展,又会减轻跨境电商的成本费用。

案 例 思 考

案例背景介绍

卖家:小汪

销售平台:亚马逊美国站

销售产品:棒球帽(如图 3-29 所示)

销售市场:全球

图 3-29 棒球帽示意图

案例背景介绍:产品的价格通常是影响交易成败的重要因素,同时又是市场营销组合中最难以确定的因素。产品定价的目标是促进销售,获取利润。这要求企业既要考虑成本的补偿,又要考虑消费者对价格的接受能力,从而使定价策略具有买卖双方双向决策的特征。此外,价格还是市场营销组合中最灵活的因素,它可以对市场做出灵敏的反映。小汪需要计算销售过程中将会产生的成本,结合亚马逊平台同类产品的定价以及预期的利润对此款棒球帽进行合理定价,使得棒球帽在同类产品中更具有竞争优势。

那么,在这个条件下,对于小汪公司即将上架的新产品棒球帽该如何进行定价呢?

问题和思考

1. 小汪选择何种产品定价方法?

2. 小汪应该如何计算产品销售过程中产生的成本?

3. 小汪如何计算平台交易佣金和服务费?

4. 小汪如何计算平台技术服务费?

5. 小汪如何计算同类产品在亚马逊平台的加权价格？

习　题

一、单选题

1. 下列不属于跨境电商产品的定价策略的是（　　）。
   A. 基于成本的定价策略　　　　　　B. 基于产品价值的定价策略
   C. 基于竞争对手的定价策略　　　　D. 基于平台费用的定价策略
2. 下列不属于跨境电商产品价格特点的有（　　）。
   A. 全球性　　　　　　　　　　　　B. 大批量
   C. 顾客主导定价　　　　　　　　　D. 高盈利率
3. 下列不属于影响产品定价的因素有（　　）。
   A. 平台佣金　　B. 物流运费　　C. 产品价值　　D. 市场供求因素
4. 下列不属于产品价格组成部分的有（　　）。
   A. 物流运费　　B. 平台佣金费　　C. 手续费　　D. 市场供求因素

二、填空题

1. 跨境电商的产品定价策略有基于成本的定价策略、（　　）、（　　）、（　　）。
2. 跨境电商的产品价格的特点为（　　）、全球化、（　　）、（　　）。
3. 影响跨境电商产品定价的因素有：平台佣金、（　　）、（　　）、（　　）。
4. 跨境电商产品成本主要包括：（　　）、（　　）、物流运费、（　　）。
5. 跨境电商定价时需要注意的问题有：（　　）、平台佣金扣费、（　　）、（　　）。
6. 亚马逊平台的三种货运方式包括：FBA、（　　）、（　　）。
7. eBay 运费的两种设置方式：运费另付、（　　）。
8. eBay 需要进行设置的主要价格：（　　）、（　　）、运费。
9. Wish 平台的一般定价公式：_____。

三、简答题

1. 速卖通的定价策略包括哪几种？请简述。
2. 在 Wish 平台定价时影响定价的因素主要包括什么？

实　践　操　作

1. 假设现在有一款办公用品要在亚马逊平台进行销售，请根据所学知识，求同类产品的加权价格，并填入表 3-15 中。
2. 以小组形式（小组成员应为 2～4 人）浏览亚马逊跨境电商出口平台，分析其商品及定价特点，并形成实训报告。
3. 对比不同跨境电商出口平台的技术服务费以及佣金类目表，并在此基础上计算在不同平台上架新产品的成本费用。

表 3-15　办公用品销量排名前十的销量和价格

产品销量排名	销量/件	价格/元	权　重	加权价格/元
1				
2				
3				
4				
5				
6				
7				
8				
9				
10				
合计				

任务要求

1. 以小组的形式完成产品定价任务(小组成员应为2~4人)。
2. 选择合适的产品定价策略。
3. 形成实训报告并进行小组汇报展示,各小组间进行沟通交流分享。

情景四

跨境网络站内推广分析

子情景一　阿里巴巴国际站平台

知识导读

阿里巴巴国际站成立于 1999 年，平台提供一站式的店铺装修、产品展示、营销推广、生意洽谈及店铺管理等服务和工具，旨在协助中小企业拓展国际贸易。经过 20 多年的发展，阿里巴巴国际站业务遍布 200 多个国家或地区，平台的活跃企业卖家远超 2600 万，积累了 1.5 亿以上的 B 类海外采购群体，已成为全球领先的跨境贸易 B2B 电子商务平台。本节将了解阿里巴巴国际站平台特点，学习顶级展位、外贸直通车、明星展播和橱窗等推广工具，熟悉推广工具的特点、作用与效果。

学习目标

知识目标

了解阿里巴巴国际站平台特点。

熟悉阿里巴巴国际站平台站内推广工具的特点。

熟悉阿里巴巴国际站主要推广工具的作用与效果。

能力目标

能够制作顶级展位。

能够操作外卖直通车。

能够运用明星展播。

能够设置橱窗产品。

素质目标

能根据推广工具反馈的数据进行推广效果分析。

能结合数据分析结果进行产品优化和推广策略优化。

相关知识

1. 阿里巴巴国际站店铺开设

1.1 阿里巴巴国际站开店入驻条件及流程

1.1.1 入驻条件

入驻阿里巴巴国际站的企业必须是在中国工商管理部门注册的实体企业,包括生产型企业和贸易型企业,物流、管理服务等企业、离岸公司及个人尚不能入驻。

1.1.2 开店方式

实体企业可通过两种方式在阿里巴巴开店:第一,咨询客户经理,将企业信息提供给客户经理,由客户经理在后台操作开店;第二,购买套餐,在线自助开店。

1.1.3 开通流程

若作为新签客户,确认开通合同并完成付款后,主账号根据后台首页完成以下三项内容。

（1）提交认证信息,并完成认证。
（2）提交公司信息,并通过审核。
（3）至少发布一款产品,且通过审核。

当完成以上三项内容后,商家还需参加《国际站规则考试》,通过考试后即可选择网站开通时间。由于开通时间确认后无法更改,因此须谨慎选择。

1.2 购买阿里巴巴国际站会员

1.2.1 出口通（普通会员）

出口通是出口企业拓展国际贸易的首选网络平台,旨在协助中小企业拓展国际市场,基于全球领先的电子商务网站——阿里巴巴国际站贸易平台,向海外买家展示、推广供应商的企业和产品,进而获得贸易商机和订单。

1.2.2 金品诚企

金品诚企是经阿里巴巴平台权威验证的优质供应商,通过线上线下结合的方式,平台对商家的企业资质、商品资质、企业能力等全方位实力进行认证验证和实力透传(即透明传输,平台只负责将业务数据内容由源地址传输到目的地址,不对业务数据内容做任何改变)。金品诚企会员享有出口通会员服务的同时,额外享有专属营销权益、专属前台场景及丰富工具权益,金品诚企服务在商家权益达到1星后方可进行购买。

2. 阿里巴巴国际站营销之顶级展位

顶级展位是阿里巴巴国际站专设的独家推广位,将产品和企业信息通过视频、文字和图片等富媒体形式全方位展现在买家面前,充分展示企业和产品优势;当买家进行产品搜索时,顶级展位位于搜索结果首页的第一位,精准对接买家需求。平台只给购买顶级展位的卖家皇冠标识,展现卖家尊贵身份,因此,顶级展位是展示企业品牌实力的有效推广模式。

2.1 顶级展位区域

顶级展位位于搜索结果首页第一位,产品展示直观醒目,加之皇冠加持,更具吸引力。目前在 PC 端和无线端均有展示。如图 4-1 所示。

PC 端　　　　　　　　无线端

图 4-1　顶级展位区域示例图

2.2 展位信息发布

只有拍下阿里巴巴国际站顶展词才能获取顶级展位,顶展词可采用线下购买或线上购买方式。线下购买需通过咨询客户经理,直接包年买词。线上购买需借助外贸直通车,只有开通直通车的用户才可进行竞价并利用余额购买顶展词。购买成功后进行产品绑定,根据平台推广特性优先选择主推产品或新品。需要注意的是,绑定的产品与购买的顶展词需要高度匹配。

第一步:进入 My Alibaba→"营销中心"→"商业营销中心",找到"顶级展位"进入,找到左侧导航"已购买的关键词",选择需要切换成新样式的关键词,单击"立即绑定",进入的初始页面显示的是与购买的顶展词相匹配的产品。

第二步:绑定产品。选择要绑定的产品,注意:推广评分为"优"的产品才可以进行绑定投放。如果要绑定的产品在系统评定的等级是"良"或者"--",则需要根据系统提示对产品进行优化,直到评分为"优"才可以进行绑定。

第三步：制作创意，填充好广告语，上传视频封面和视频。产品绑定好之后，可以上传一条能展示企业或产品优势的视频。上传后的视频展示在顶展产品的右侧，买家不需要进入到详情页面就可以直观地看到动态的产品或公司介绍。好的创意会吸引买家眼球，具有吸引力的视频封面、图片也会增加访客流量。

注意：视频封面和视频不支持本地上传，需要从图片银行和视频银行中选择已通过审核的图片和视频（审核周期通常为一个工作日），建议提前上传以便尽快通过审核。

第四步：提交审核。制作完成后可以预览创意，在预览界面确认广告语、图片和视频是否都正确，确认无误后，单击"保存并提交"。最后单击"管理关键词"，回到"已经购买关键词"界面看审核结果。

查看机器审核结果：主要针对广告语部分，如有问题，根据提示更正。

查看终审结果：2~3个工作日内，可查看最终审核结果，如不通过，移到"？"可见未通过原因。

材料准备注意事项如下。

1) 视频

(1) 内容要求：产品介绍或者公司介绍，或者两者结合，突出核心卖点。

(2) 比例要求：16∶9横屏。

(3) 画质要求：≥720P。

(4) 时长要求：20~45s。

顶级展位视频呈现常见问题如表4-1所示。

表4-1 顶级展位视频呈现常见问题

常见问题
视频画质未达到720P
视频时长不符合标准
视频画面抖动
视频字幕/解说部分未采用英文
视频比例不符合16∶9
视频中出现第三方服务商Logo、拍摄软件Logo
视频内容为电子相册形式，而非拍摄视频
视频含站外引导链接、二维码、电话、邮箱等
视频拍摄单一，未突出核心竞争力
视频背景音杂乱，视频背景杂乱
视频涉及色情内容
视频封面出现带其他品牌Logo的产品

2) 视频封面

(1) 内容要求：能展现企业或者产品优势，吸引买家单击。

(2) 像素要求：600px×338px。

视频封面常见问题如表4-2所示。

3) 广告语

(1) 内容要求：体现公司或产品优势。

(2) 字符要求：36个字符以内。

顶级展位广告语常见问题如表4-3所示。

表4-2 顶级展位视频封面常见问题

常见问题
视频封面内容无吸引力，如公司人员合照等
视频封面涉及种族、宗教、政治等敏感信息
视频封面含第三方Logo
视频封面尺寸不达标(标准：600px×338px)
视频封面大小超过5MB
视频封面出现带其他品牌Logo的产品
视频封面文字全中文，无英文翻译
视频封面含站外引导链接、二维码、电话、邮箱等

表4-3 顶级展位广告语常见问题

常见问题
广告语涉及敏感话题
广告语超出限定字符
广告语内容堆砌重复
广告语内容夸张不属实
广告语全部大写
广告语包含特殊字符
广告语大小写错乱
广告语字符混乱使用
广告语涉及站外链接、电话、邮箱等
广告语内容涉及知识产权

2.3 吸引关注技巧

2.3.1 重视选词

卖家一般选择高热度词作为顶展词。顶展词初步选定后可以先通过外贸直通车关键词推广功能查看流量和点击量，如果流量或点击量低，则需要重新选择顶展词；如果曝光量和点击量高，可在预算允许的情况下拍下。计算选词预算时，可以借助外贸直通车，如这个词在外贸直通车上第一名出价为30元，月点击量为70，在外贸直通车上则需要花费2100元，那么在顶级展位的预算可以设置为2400元以内。

2.3.2 持续优化

产品的创意视频、照片、广告语等绑定后，并非一劳永逸，可以根据产品推广效果，如曝光量和点击量，持续进行优化。

2.3.3 契合产品

顶展词需要与产品名称高度相关，否则将无法产生高曝光量和点击量。比如某白炽灯卖家选择的顶展词是"台灯"，白炽灯买家输入检索关键词"白炽灯"后，由于搜索词与顶展词差距大，该卖家的曝光量和点击量将比较低，产生询盘甚至达成交易的概率小。

2.4 顶级展位再营销

顶级展位再营销是顶级展位的升级功能，又称为"回眸"再营销，是在顶级展位原有品牌广告价值的基础上，进行的品牌展示再升级。通过对浏览过顶级展位广告的海外买家进行身份识别、流量锁定,当该类买家再次访问阿里巴巴国际站时,向其精准推荐顶级展位广告,从而提升高意向买家对顶级展位广告主的品牌认知度,加深品牌记忆点,提升点击转化率。简单而言,当买家在阿里巴巴国际站浏览过商家的顶展商品,那么在接下来的 7 天内买家将在"首页焦点图""猜你喜欢"位置再次看到商家的商品,从而加深对商品及品牌的印象。

2.4.1 营销效果

浏览过顶级展位的买家,7 天内看到"再营销"商品的比例为 30%～40%;7 天内买家的回访次数为 2～3 次。

2.4.2 参与方式

卖家可以通过阿里巴巴国际站发送的活动报名参加"顶级展位"再营销。

3. 阿里巴巴国际站营销之外贸直通车(P4P)

外贸直通车(P4P)是一种根据效果付费的精准网络营销服务。外贸直通车通过优先推荐的方式,将卖家的产品展示在买家搜索的各种必经通道上,从而增加产品曝光度,第一时间赢得买家询盘与订单机会。

3.1 外贸直通车区域

外贸直通车推广产品在阿里巴巴国际站前台排位优先,推广展位第一页分布 19 个,之后页面为 14 个,展位展示端口为多语言市场和无线端、PC 端。产品标识为 Sponsored Listing / Ad,具体如图 4-2 所示,主要分布在网站以下区域。

PC端

无线端

图 4-2 外贸直通车区域示例

(1) 阿里巴巴国际站网站搜索结果第一页的前列位置。

(2) 智能推荐区域：搜索结果列表每页下方和右侧区域 Premium Related Products 位置。

搜索结果第一页前列位置的产品展示由两个因素决定：第一，关键词与产品的推广评分；第二，关键词的出价。关键词和推广产品的推广评分为"优"，是保证排名能够在搜索列表前5名的条件之一。当有多个客户出价参与排名时，如果商家想要在前列展示，则需要支付具有竞争力的价格。

智能推荐区域同样由推广评分和出价决定。推广评分与出价结合的系数越高，排名则越靠前。在搜索列表第一页曝光需要满足关键词推广评分为"优"，在搜索列表第二页及之后页的曝光需要满足推广评分为"优"或"良"，但最多展示10个产品。

3.2 首页介绍

3.2.1 首页各项指标含义

(1) 账户可用余额：现金账户与红包账户可用余额。当账户余额不足时，推广服务会自动终止。

(2) 今日已花费：账户当日产生的现金金额与红包金额扣费的实况，系统根据现金与红包账户的余额等比例扣除。例如，现金账户有10 000元，红包账户有5000元，当每消耗1500元，则系统会从现金账户中扣除100元，从红包账户扣除50元。

(3) 每日投放预算上限：当前账户设定的每日用于推广的最高费用额度。需要注意的是，每日上限与今日已花费、关键词与快捷推广分别单独计算。

(4) 通用账户：通用资金账户中的款项不限制用途，可以用于给外贸直通车充值。

3.2.2 直通车数据展示区指标

(1) 曝光量：显示最近7日商家在搜索结果页面通过外贸直通车推广获得的买家浏览量的情况。

(2) 点击量：显示最近7日整个账户由外贸直通车推广获得的点击量的情况。

(3) 花费：显示最近7日整个账户的财务消耗情况，精确到小数点后两位，单位是元。

(4) 推广时长：显示最近7日整个账户的在线推广时长。

3.2.3 消息中心

消息类别多样，包含产品更新通知、即将开始的活动、可以参与的培训等，需要卖家经常性查看。

3.2.4 服务与反馈

(1) 客户经理联系方式：可以联系客户经理咨询。

(2) 在线咨询：基础的问题可在线咨询。

3.2.5 学习中心

消息中心里有活动通知、论坛活动、各项培训等信息，单击标题即可直接进入，也可以通过"更多"选项单击进入。

3.3 操作流程

进入 My Alibaba→"营销中心"→"商业营销中心",找到"外贸直通车"进入。单击左侧"推广产品设置",将"新增产品默认:暂不推广"变为"加入推广",以便后期发布的产品自动加入推广,不需要每次手动操作。

第一步:选品。按类目逐个筛选,勾选想要推广的产品,选择"加入推广"。

第二步:选择合适的关键词进行添加。在"推广工具"中找到"关键词工具",通过"系统推荐"选项或上方搜索框查找相关词,或通过手动输入关键词的方式选择想要进行推广的关键词。单击想要推广的关键词,关键词则会出现在左侧清单。

第三步:出价。该步骤将会决定竞争排名。在关键词添加完毕后则会出现"下一步"选项,此时进入出价界面。对于定位为3~5星的关键词,输入想要确定的价格或者直接选择想要排在第几名,确定。对于定位于1~2星的关键词,可以选择同行均价或者保持默认选项(即在底价的基础上增加0.1),确定。

完成上述步骤后,单击页面右下角的"完成"选项,当页面出现"加词成功"后,即可完成外贸直通车上推广的建立。

3.4 推广方式

3.4.1 常规营销:定向推广、关键词推广

(1)定向推广:旨在积累主推产品的数据、访客数据与转化,从而使产品产生更大曝光量。定向推广的功能丰富,可系统选词或自定义关键词,针对地域、人群发挥溢价功能;并支持一个账户多计划管理设置,支持客户进行预算、出价、重点人群地域、产品等推广,精准"贴标签",实现多样化的营销目标。

适合的客户群体:针对特定的人群或特定的区域有推广计划的商家。

建议推广的产品:向特定人群或区域进行推广的产品。

(2)关键词推广:通过分析买家的搜索数据,根据买家的搜索偏好设置搜索关键词,包括七个技巧。

技巧一:数据参谋。

① 关键词指数。
- 查询规则:按照类目+时间+端口+国家或地区。
- 可导出关键词+收藏关键词。
- 热词榜——查找最近热销产品类型和款式。
- 趋势榜——发现市场需求。
- 搜索框根搜索,确定核心词,然后搜索出大量关联词组,再单击单个关联词组,进一步深度拓展内部的关联词。

② 引流关键词:将产品词根放入搜索框进行搜索,获取同行目前所使用的有效关键词(有效主要是指客户有单击但无法确保一定有询盘转化的词)。

③ 访客画像:通过客户偏好搜索关键词和店铺的引流占比偏好词丰富关键词库。

④ 访客详情:通过全站偏好关键词拓展新关键词,可以优先选择询盘产品的关键词。

⑤ 产品分析360：单击词＋询盘词＋TM词＋订单词。
⑥ 通过"商品洞察"拓展关键词。
⑦ 通过"市场洞察"拓展关键词。

技巧二：外贸直通车查找关键词技巧。
① 关键词推广计划：通过淘词盒子/添加关键词列表查找关键词。
② 流量报告。
• 关键词报告：针对关键词推广＋智能推广中有添加自选词的智能推广计划。
• 搜索词报告：针对智能推广搜索词，根据发布的搜索词报告，拓展与智能推广搜索词相关的词。
③ 行业报告：获取同行商机词，通过同行商机词获取单个关键词指数，然后继续搜索，可拓展更多相关联的词组。
④ 智能推广计划：运用该工具，系统会推荐一些自选关键词。比如爆品助推中，采用智能推广工具后，系统会推荐一些自选关键词作为参考。
⑤ 方案中心：找到相应的方案，单击方案详情，出现系统推荐词，可以在搜索指数中进一步拓展词组。

技巧三：通过国际站进行关键词搜集。
技巧四：在产品发布界面出现标题和关键词的相关词推荐。
技巧五：商机沟通。
① 客户——客户详情——常用热搜词（基本是隐藏的）。
② RFQ商机，客户发布的需求中隐含的需求特殊关键词（同种产品在不同地区的不同名称）。
③ RFQ市场，客户发布的需求中隐含的需求关键词。

技巧六：同行标杆产品标题关键词。
找到同行优质产品，参考同行优质产品的标题，发现未应用的关键词，在关键词搜索指数中搜索，确定是否真实存在流量，再进一步拓展产品标题关键词。

技巧七：站外关键词查找。
① 谷歌：如"首页搜索"功能，首先在搜索框中输入将要搜索的关键词，在图片搜索栏目查看搜索结果，核对产品图片信息与自身产品是否相关，如果相关，则可以作为新关键词。
② 维基百科（Wikipedia）——直接搜索关键词，查找关于产品描述的相关词，进行关键词拓展。
③ 亚马逊平台。
④ 推特。

注意：一般以国际站站内查找关键词为主，国际站内拓展的关键词能满足商家的大部分需求。

3.4.2 货品营销：测品测款、爆品助推

（1）测品测款：系统自动获取流量，可以了解产品推广情况，通过获取的推广数据来进行产品评估，为产品推广提供决策依据。测品测款中系统获得的数据是相对均匀且快

速的,但并非绝对均匀。

适合的客户群体:希望在持有的多款产品中迅速找到具有爆品潜力的商家。

建议推广的产品:建议推广已经看好的产品或新上产品。

(2)爆品助推:目的在于增加询盘,提升询盘转化,将访客转换为询盘客户。可以加入经过测品测款的潜在爆款或希望重点推广的产品,助力爆品的打造。除了自动选词外,还可以自定义关键词。

适合的客户群体:希望打造爆品或提升询盘转化率的商家。

建议推广的产品:潜力爆款或希望重点打造、推广的产品。

3.4.3　买家引流:快速引流

快速引流:即原"全店引流",目的在于快速吸引流量、补充流量。该推广方式可以及时助力线上数据积累并奠定较好的数据基础。除此以外,在进行大规模促销或店铺日常流量补充时仍适用。

适合的客户群体:需要全面补充流量的店家,如急需流量的新手商家或需要进行大规模促销及补充日常流量的商家。

建议推广的产品:适用范围广,可用于全店产品的推广。

3.4.4　主题营销

主题营销属于阿里巴巴国际站外贸直通车的一种新型推广方式,主题营销进行专款专用,重点针对该行业主题营销专场进行引流推广,高效、快速获得行业买家的同时,凸显商家优质的生产承接能力。

展示位置:一般在对应行业频道首页 Banner 轮播位,可以通过单击 Banner 进入专场活动页面,还有机会参与直通车大盘推广。

专场内的排序规则:场景内商品的推广评分×出价获取分数,分数越高的客户排名越靠前,商品是根据买家的浏览习惯等做千人千面展示。

专场内扣费规则:(下一位的推广评分×下一位的出价)/当前的推广评分+0.01(元)。

3.4.5　其他推广方式

(1)视频营销计划:绑定商品后,让产品进入视频专场并获得专属搜索特效,以多样形式呈现产品,进一步吸引流量。一般以组合形式出现:一个视频与多个关联产品组合,提升买家选品体验,降低买家找品成本。

具体技巧如下。

第一步:进入店铺装修后台,单击左下角页面选项卡,切换进入 Promotion 装修页。

第二步:单击"营销"选项,将视频带货模块添加至展示区域。

第三步:编辑视频内容。视频带货模块只能选择 1 个视频,但 1 个视频可以关联 20 个商品。需要注意的是,商品之间最好能统一类型或主题,视频展示与编辑的信息一致。编辑完成后可以同步至无线端,也可以切换到无线旺铺装修后台进行调整。

第四步:预览并发布。发布后视频会展示在 PC 端的视频带货模块,在视频旁则会出现关联产品。

(2) 优惠券和限时折扣。

第一步：单击 My Alibaba→"营销中心"→"优惠券"→"创建优惠券"。

第二步：创建优惠券时根据提示框填写优惠券标题、有效期、面额、数量、适用商品、适用人群等信息，创建完成后，该优惠券会在设置的时间生效。

第三步：进入装修后台，切换到 Promotion 界面，添加优惠券模块，设置好优惠券模块后可单击右下角"一键同步至无线"，该模块就能自动同步到无线店铺上。

第四步：预览并发布，发布成功后会在后台 Promotion 页呈现，单击 get coupon 后，下方会显示优惠券对应适用的商品。

优惠券的适用商品及使用范围：优惠券可绑定的商品必须是"支持买家直接下单"的商品，可设置为全店商品通用，或者特定商品使用，特定商品上限为 50 款。

(3) 访客营销：优先选择一些蓝标和精准的地区客户进行访客营销，发送营销邮件时，最多选择 5 个产品，主推产品以店铺爆款和趋势产品为主，发送的产品之间应以不同的起订量和不同的阶梯价格呈现，以便客户有更多的选择，获得更多的回复和互动。

3.5 设置推广注意事项

(1) 基础信息完备优质。阿里巴巴外贸直通车是流量放大器，推广效果较好，若产品基础信息不完备、不优质或产品信息与产品本身不一致等，都可能造成询盘率低、访客少的情况。

(2) 关键词的筛选与过滤。针对价格高、竞争激烈、曝光率高、流量大、范围广，但单击和反馈转化并不高的行业热门词做限量推广，因为这些词扣费多、下单客户少，不适于日常推广。日常推广中，集中推广热度一般、竞争相对不激烈、价格适中的词，可以以较低的费用有效提升曝光量，降低平均单击费用。此外，补充推广蓝海长尾词，其热度低，竞争度低，词价便宜且针对性强，费用低，命中率高，相对精准。

(3) 重视关键词推广设置。在进行关键词设置时一定要与产品进行匹配，需要"设置优先推广"，不要只追求多，要追求准。

(4) 注意关键词的出价。关键词出价应注意技巧，关键词出价过高有可能造成浪费；出价过低，则可能没机会出现在客户面前。在进行关键词价格设定前应做好预算，建议低价精准的关键词去抢前两名，中价词抢 3~5 名，高价词占领其他位次或者放弃。切忌使用一成不变的关键词，最好根据买家反应进行相应的价格调整。

(5) 集中资源打造爆款。尽量集中资源打造爆款，推广重点产品，否则流量会被其他产品分散，稀释推广效果。

(6) 注重产品推广效果。尽量每日查看曝光量、点击量、曝光时长。如果曝光时长低于 24h，说明应根据相应的需求适当调整每日消耗上限。在做调整的同时，需要分析之前设置的每日消耗上限超出预算的原因、哪些是高点击量消费点，并根据高点击量消费点数据，调整产品发布信息。

(7) 重视数据分析。每周或每月进行一次数据分析，了解投入总额与投入去向（产品、词语等），明确投入产生的效果，从而进一步优化关键词和产品推广工具。

4. 阿里巴巴国际站营销之明星展播

阿里巴巴国际站全网每月仅开放约 80 个优质展位,旨在为企业提供专属展示机会,彰显品牌实力,助力品牌实现海量曝光。商家可以在每月特定时间段,通过营销中心后台,自助线上竞价首页的焦点展示位。展位竞价成功后,次月进行投放,焦点展示位包含 PC/App/WAP 三个端口,分区域展示,实现精准投放。

4.1 明星展播区域

明星展播区域位于阿里巴巴国际站首页,进入平台直击眼球,目前在 PC 端、App 端和 WAP 端均有展示,如图 4-3 所示。

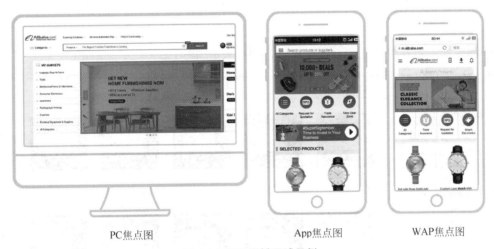

PC焦点图　　　　　　App焦点图　　　　　　WAP焦点图

图 4-3　明星展播区域示例

4.2 操作步骤

(1) 参与明星展播首先需要参加明星展播竞价,获得入门资格,参与明星展播竞价需同时满足以下四个入门条件。

① 金品诚企服务中的会员。

② 开通营销中心账户(外贸直通车)。

③ 投放的商品/旺铺不在防控的高危类目范围。

④ 因违规累计扣分小于 24 分且无知识产权严重侵权行为。

(2) 资源位确立:按照地域投放,竞价成功后在 PC/App/WAP 三段主站首页焦点图同时展示,竞价前需确认具体投放的位置。

(3) 竞价成功,完成扣款:每月开展一次竞价,每次竞价为 4 小时,有 15 分钟的延迟竞价期。如当天竞价在 12 点结束,最后 1 分钟(即 11 时 59 分 0 秒至 11 时 59 分 59 秒)若无人竞价,那么竞价就会自动结束。若该期间仍有人竞价,则相应延长 3 分钟,最多延长到竞价结束后的 15 分钟。

(4) 联系设计公司制作创意:每竞价成功一个展位,可获得一次免费由设计公司制作创意图片的机会。

（5）创意上传审核：创意图片准备好后，需要在投放前两天完成创意审核，审核通过后才能正常投放。

（6）审核通过按时投放：投放是保证中国供应商处于服务中，且推广的创意图片、店铺或产品不能有侵权违禁等风险。

5. 阿里巴巴国际站营销之橱窗

商家可根据公司推广需求，自行选择需推广的产品，在全球旺铺中做专题展示，如推广效果的产品、新品或主打产品等，主推产品有专门展示位，可自定义设计，且橱窗产品可随时更换，引导买家关注重点。

5.1 橱窗区域

橱窗产品将在产品搜索页优先展示，如图 4-4 所示。

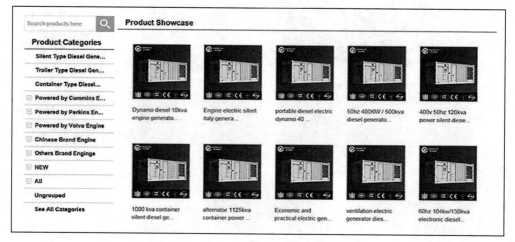

图 4-4　橱窗产品区域示例

5.2 有效利用橱窗产品

首先，充分利用橱窗产品。合理有效利用橱窗产品，可以更好地进行产品推广，据平台数据显示，橱窗产品的曝光度是非橱窗产品曝光度的 8 倍，因此卖家应充分利用橱窗产品，用满橱窗位置。

其次，及时更新、关注橱窗产品动态。实时关注橱窗产品的排名、所获流量，并及时根据数据优化橱窗产品，使文字描述准确、完整，图片更具吸引力。

多因素影响橱窗产品的曝光度，如产品标题、简要描述、关键词设置和详细描述。如果是新手开店，可以参考竞争对手的页面和相似行业或产品的界面，也可以运用关键词搜索，其中，排名靠前的非直通车产品的描述也可以借鉴。

卖家应时常更新橱窗，但需注意以下五点：①建议经营的每类产品都至少放置一款橱窗产品，丰富产品品类，且结合爆款产品设置，以争取更多的排名优势，保证流量的集中;②根据市场变动、季节变动和喜好变动,结合热销的产品,实时更新橱窗产品;③产品名称灵活多样,尽量从产品的不同维度设置,如产品的用途、适用的人群、产品的材质等;④设置橱窗关键词时尽量用同义词区分开,尽量做到不重复,如书本与书籍;⑤不将参加关键词搜索的产品设为橱窗产品,因为这些产品只是固定排名数据,不参与橱窗产品排序,会造成资源浪费。橱窗产品没有关键词搜索推广的效果直接,但是做好却能够提升产品的自然排名。所以用好关键词不仅会产生更好的推广效果,同时可以帮商家节约成本。

5.3 橱窗产品设置

5.3.1 橱窗产品的开通

第一步:进入橱窗管理页面。

入口一:My Alibaba→"产品管理"→"管理橱窗产品"。

入口二:My Alibaba→"商业营销中心"→"橱窗"。

第二步:单击"橱窗订单管理"选项,再单击"待开通订单",查看需要开通的订单。

第三步:单击右侧"开通"按钮,在下拉日期选项中选择开通日期,单击"确认"。

注意:一般付费会员自带两组共10个橱窗,并不需要额外进行开通操作,只有以下情况需要自行后台开通。

(1) 找客户经理单独购买的橱窗产品。

(2) 赠送的橱窗产品。

(3) 金品诚企橱窗产品(共40个橱窗,只需操作开通其中30个,另外10个橱窗无须额外开通)。

另外,赠送的橱窗产品需要在签约的90天内设置开通时间,否则后续将自动开通。

5.3.2 橱窗产品的添加

第一步:进入橱窗管理界面,单击"橱窗位设置"→"待投放橱窗位",查看需要添加的橱窗位数量,以确保按照提示的数量精准添加。

第二步:单击"添加橱窗产品",或直接单击空橱窗位进行橱窗产品添加,上线顺序从前往后。

5.3.3 橱窗产品的移除

进入橱窗产品管理界面,移动鼠标到需要移除的橱窗产品图片上,选择"移除产品",此时系统会提醒,单击"确认"后即移除成功。删除该橱窗位后,后面的橱窗产品依次前移。

5.3.4 橱窗产品的替换

进入橱窗管理界面,单击"服务中的橱窗位"。

第一步:鼠标定位在需要替换的橱窗位图片上,单击"替换产品",此时弹出选择产品框。

第二步:选中想要替换的新产品,单击左下角的"提交"按钮,系统会自动替换并保存。

5.3.5 橱窗产品的顺序调整

方法一：移动鼠标到需要调整的橱窗产品上，单击浮出的"修改排序"，写上调整后的排序数字，保存。

方法二：单击每个橱窗位左上角的数字，直接修改数字并保存。

5.4 橱窗产品优化技巧

5.4.1 橱窗产品的挑选

尽量选择主打产品、热销产品、新上产品、结合季节和展会推出的产品。

5.4.2 发布高质量产品

涉及产品品类的选择、产品标题的设计、关键词的选择、文字描述的准确性与完整度、图片的匹配度。

5.4.3 问题出现与解决

若产品的曝光度不高，可能是因为关键词设置与竞争对手相似，导致产品获得的关注度分散；也可能是竞争对手的橱窗产品更具优势，此时需要优化产品信息，或进行关键词替换。若产品的点击量不高，则可能是商家的最小起订量、产品信息、报价等未满足买家需求，此时可以适度调整产品信息、价格等，查看是否有变化。

6. 其他推广方式

6.1 问鼎

6.1.1 问鼎的一般知识

问鼎，是一种突出品牌的搜索广告，以 Banner 的方式直接展示品牌信息，展示位置在搜索结果顶部，广告 URL 可选择设置为产品或店铺链接，目前仅支持 PC 端展示，付费方式不同于外贸直通车，采取按时长计费方式，不对阿里巴巴国际站新手商家出售。问鼎区域如图 4-5 所示。

图 4-5　问鼎区域示例

6.1.2 问鼎优化技巧

问鼎主要承接页在店铺首页和店铺子链接中,在进行问鼎设置时,可以根据需求进行位置优化。如果注重打造品牌形象,可以设置在店铺首页;如果比较注重询盘数量,可以设置在产品分类页与店铺搜索结果。优化技巧如下。

(1) 更换问鼎创意图,可以每半个月更换一次,创意可以类似,但表达方式需要创新,避免一成不变。

(2) 注重访客营销:根据客户需求的多样性,增加不同款式、不同价格的产品供买家选择,避免单一。

6.2 品牌直达

品牌直达,也可称为独秀,也是一种突出品牌的搜索广告,同样采用时长计费方式,且该服务不对首次使用商家出售,品牌直达区域如图4-6所示。

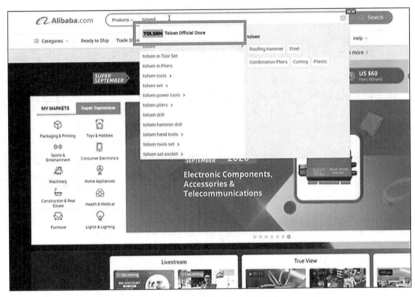

图4-6 品牌直达区域示例

6.2.1 品牌直达产品样式(PC端与App端一致)

(1) 搜索词为品牌词+类目词(采用的是精准匹配)。
(2) 搜索词为品牌词时,出现品牌店铺名称。
(3) 搜索词为公司全称时,出现品牌店铺。

6.2.2 品牌直达投放的流程

第一步:在My Alibaba→"营销中心"→"商业营销中心",找到"品牌直达"进入。
第二步:用户上传R标确认品牌词,提交审核。
第三步:审核通过后,则可以在营销中心后台上传创意,提交创意审核。
第四步:创意审核通过后则可投放。

6.3 粉丝通

粉丝通是商家自主展示商品、企业实力等业务动态的自营销阵地,通过无线旺铺、Feeds频道等内容渠道精准识别大买家,获得买家关注、信任和二次回访,促进商机高效转化,目前在PC端、App端和WAP端同时呈现。

6.3.1 操作流程

进入My Alibaba→"营销中心",在"商家自营销中心"里面单击"粉丝通"。

6.3.2 发布的内容板块

粉丝通发布的内容版块包括4种类型:商品新热爆品播报、视频-看厂验品发货、图文花絮、话题投稿。

商品新热爆品播报:以图片的形式呈现。首先是内部管理标题,适用中英文,写好标题后配上140个字符左右的文案,加上标签即可发布,最多可以添加9个产品。

视频-看厂验品发货:上传商家的类型产品,如产品、工厂环境、客户看厂、出货等情况。

图文花絮:倾向于公司日常的发布,如团队展示、公司文化展示、生产能力展示、展会等。

话题投稿:以产品视频形式呈现,是阿里巴巴国际站定期开启的行业活动,并非每个行业都会开展,当有活动时,可以上传优质视频,赚取额外平台流量。

6.4 活动推广

活动推广是通过参与阿里巴巴国际站开展的各种活动来进行产品推广、获取流量的方式。

6.4.1 操作流程

进入My Alibaba→"营销中心",在"活动营销中心"里单击"官方活动报名"参加活动。

6.4.2 部分活动示例

阿里巴巴国际站每年有两次大型官方活动——3月新贸节和9月采购节。

(1)活动时间:分别在3月和9月,活动持续时间为整个月。

(2)报名时间:3月新贸节一般在1月初开始报名;9月采购节一般在7月底开始报名。

(3)报名条件:商家星等级2星或者金品诚企1星。如需报名活动,需提前确保星级达标,根据每年发送的活动通知确定。

(4)活动内容:包含买家包邮、折扣等活动,大多活动针对RTS品(Ready to Ship,现货并且可以下单即发货的产品);商家报名专场活动时只能在自己平台所在一级类目下报名,报名的商品会在对应的会场展示。

阿里巴巴国际站平台不断有各种专场活动,卖家需要经常关注,根据需求参加适合的活动来达到活动促销的目的。

案例思考

案例背景介绍

华国其是惊石皮草的创始人,曾在2020年阿里巴巴数字浙商达人赛中获得浙北区域冠军。2012年,华国其借助阿里巴巴国际站发展桐乡市崇福的皮草产业,获得人生第一桶金。2018年,突遭新业务团队集体辞职,原因是公司业务做不起来,新业务团队嫌业绩奖金太少,企业出现重大危机。这对华国其的打击无疑是非常沉重的,他开始审视自己的公司,与从事阿里巴巴国际站的客户经理进行深入探讨,发现企业的产品、渠道、团队管理等多方面都出现了问题。发现问题后他重整旗鼓、痛定思痛,探索出"重视选品、精准裂变平台、构建学习型团队"三条路径,仅用了一年时间便东山再起,成为5星商家,跻身行业前10名。

在华国其创业初期,上架了工厂所有能生产的产品,包括皮草服装(包含毛领、毛球等)、棉服、羽绒服、皮包等与皮草不相关的产品。在一开始因为产品丰富、款式多,确实成交了不少订单,但因为产品线分散,种类丰富却不够精准、专业,不能有效应对多变的客户需求,客户忠诚度较低。与此同时,公司在阿里巴巴国际站平台设置的定位不清晰,严重阻碍了渠道的拓展。此外,公司缺乏专门的阿里巴巴国际站运营团队,到最后连业务团队也慢慢流失。华国其发现这些问题后决定重新开始。

第一,巧用工具精准选品,精准裂变拓展增量商机。华国其通过阿里巴巴国际站工具辅助选品,对上线的产品根据利润高低、复购率和搜索热度等多方面进行分类,聚焦优质单品,找到爆款、引流款、利润款,最终选定了第一个爆品——针织毛球帽,并迅速做到了行业第一。此时他吸取经验,精准定位,即针对中高端客户提供优质皮草类产品,华国其说"做好选品,有利于通过柔性化定制、申请专利,把供应链做深,培养深度合作的客户。"在阿里巴巴国际站平台建设中,一方面,惊石皮草平均每两年就新增一个平台,经过进一步优化和发展,目前共有4个金品平台,每个平台均为星级店铺,其中一个平台已达5星等级;另一方面,惊石皮草通过加码线上投入成为SKA商家(中上级优质商家),在国际站平台持续裂变。华国其表示当时第一个平台建设成功后,只要能再次加入新的产品、开通新平台、建立新团队就可以复制一样的平台。

第二,重新规划了各个平台的定位,并配置了不同的资源。两个新平台主要布局RTS赛道,借金品诚企发力,打造实力优品,辅以直通车消耗打造爆品,抓取大量小B客户。两个老平台布局OEM定制,配置了金品诚企+外贸直通车+顶级展位,培养发展大客户。还有一个平台专注品牌出海,配置了金品诚企+问鼎+回眸+顶级展位等资源。华国其说,金品诚企有利于企业获得更多的橱窗、权重,引流效果佳,更重要的是,通过金品诚企为公司实力背书,更能吸引优质大客户。据华国其说,企业的客户与业绩全都来自于阿里巴巴国际站。

第三,冲刺购物节,让生意焕新机。阿里巴巴国际站3月新贸节与9月采购节是国际站流量最集中也最大的两个月,好好把握购物节,积累流量、引爆流量,提高平台层次。2019年,惊石皮草的询盘在8~10月获得较大提升,9月采购节将之前的两个选品推成了爆品,询盘数量十分可观。在此之前,惊石皮草做了如下工作:首先最大限度地将要推广的产品完善与提升,并加入橱窗与直通车,加入大海景,使流量最大化。其次报名整个采购节的会场,如行业会场、特色会场和内容会场,同时辅助直播平台,配备专业设备与人员去介绍产品。同样针对3月新贸节,惊石皮草也做了相似工作。首先,借助定制平台将市场趋势与平台数据沉淀挑选出主推的爆品,对产品进行调整、优化,然后通过直通车等工具加持去打造爆品。其次,在RTS赛道上则是对热销品、快销品进行一定量的备货,做到新贸节招商要求的7天内发货要求,加上3月新贸节的新买家首单包邮活动做到快速交易快速发货。再次是直播方面,新一年的3月新贸节相比前一年的新贸节和9月采购节推出了更多直播专场,同时加强对直播人员的培训,加上官方新出的OBS直播方式,提升了直播的质量。

第四,构建学习型团队,拥抱新变化。在选品、平台建设提升之余,根据企业的战略目标,华国其按照"缺什么补什么"的原理来搭建组织。华国其说:"很多外贸电商公司,在实现运营专业化的过程中,一般都要经历三个阶段:由业务员兼顾运营、聘请第三方代运营、构建自己的运营团队。重新开始后,惊石皮草将企业的一个采购员培养成了专业运营,由老业务经理培养小白,并利用阿里巴巴提供的培训,逐步构建起了自己的团队。此外,如果有专业的HR就可以事半功倍。"他补充道,"激发全员的积极性是团队建设和管理中尤为关键的。比如有激励性质的薪资体系,奖励方案和晋升通道的设置,这是先解决团队愿意干的问题。还会有一些不得不干的机制,比如绩效考核、过程管理机制等。"

华国其非常重视团队的学习能力,他说:"市场瞬息万变,平台的规则也强调拥抱变化,我们一定要构建学习型的组织。"从一开始自己去听课、培训,到后来带着团队一起去学习,让所有员工同频获取资讯,并鼓励分享,取得了不错的效果,团队的工作激情、业务能力都有所提升。华国其说:"和阿里巴巴国际站一起的合作,除了带给我们业绩的变化之外,最大的收获是一直在引领我的成长。创业之初不懂管理,不懂文化,现在的管理能力都是跟随阿里巴巴国际站一步一步成长起来的。"

新时代,新趋势。比起传统外贸,跨境电商需要更敏锐的市场嗅觉,更快速的反应能力。迎合买家年轻化、办公移动化等特点,华国其也及时利用短视频、直播等新途径展示产品,"我们聘请了专业的视觉策划人员,根据不同客户的采购需求,制作不一样的短视频,希望缩短客户与业务员的沟通成本。"短视频展示点击率增加2~2.5倍,直播两小时,就给惊石皮草带来了38条询盘,76条TM,最终促成了9张订单。2020年,惊石皮草业绩逆势上扬,同比实现50%以上增长。

问题与思考

1. 惊石皮草在经历企业重大危机后探索出了怎样的发展路径?
2. 惊石皮草探索出的跨境电商之路,对商家开店有何启示?

习 题

一、单选题

1. 阿里巴巴国际站平台属于（　　）的销售模式。
   A. B2B　　　　　　B. B2C　　　　　　C. C2C　　　　　　D. C2O
2. 外贸直通车快速引流适用的情况是（　　）。
   A. 新手商家急需流量　　　　　　B. 需要进行大规模促销的商家
   C. 补充日常流量的商家　　　　　D. 以上全是
3. 顶级展位视频不允许出现的情况是（　　）。
   A. 视频画质达到720P　　　　　　B. 视频时长不符合标准
   C. 视频画面抖动　　　　　　　　D. 视频字幕/解说部分未采用英文
4. 不属于有效利用橱窗产品的方式有（　　）。
   A. 充分利用橱窗产品　　　　　　B. 及时更新橱窗产品
   C. 借鉴竞争对手产品信息描述　　D. 橱窗产品名称尽量不变
5. 明星展播竞价需要满足的入门条件是（　　）。
   A. 金品诚企服务中的会员
   B. 开通营销中心账户（外贸直通车）
   C. 投放的商品/旺铺不在防控的高危类目范围
   D. 以上全是

二、填空题

1. 外贸直通车只有买家（　　）商家的产品信息后才付费。
2. 影响橱窗产品曝光度的因素有（　　）、（　　）、（　　）、（　　）。
3. 顶级展位升级后的功能为（　　）。
4. 阿里巴巴国际站的明星展播全网每月仅开放近（　　）个优质展位，竞价成功后（　　）投放。
5. 问鼎和品牌采用（　　）计费。

三、简答题

1. 详述阿里巴巴国际站平台外贸直通车服务的主要推广方式。
2. 简述阿里巴巴国际站平台获取关键词的方式。

实 践 操 作

宁波怡人玩具有限公司阿里巴巴国际站案例

Hape国际控股集团于2002年成立宁波怡人玩具有限公司（以下简称"怡人玩具"），2009年3月，怡人玩具入驻阿里巴巴国际站，近两年持续加码线上投入，成为平台SKA商家，平台各项数据远超行业大盘。怡人玩具开启线上线下协同发展，在益智玩具行业全球领先，产品已远销全球一百多个国家和地区，自主品牌Hape享誉全球。那怡人玩具是如何利用阿里巴巴国际站进行推广并取得如此佳绩呢?

怡人玩具为阿里巴巴国际站 SKA 商家,开设了两个金品诚企店铺,分别专注于 OEM 业务和自有品牌。怡人玩具将金品诚企橱窗绑定实力优品,在对数据进行客观分析的基础上采用外贸直通车进行推广,同时购买了问鼎词和顶展词,大大提升店铺曝光度和访客数。怡人玩具考虑探索新的赛道,裂变新平台或购买新的广告热词。在 3 月新贸节上,凭借前期的积累,冲下了 3 月首周的大海景房,获得了海量报告。3 月新贸节怡人玩具在前期选品阶段,基于数据分析快速选出最适合的品类,并结合智能推广打造爆款产品。除此以外,怡人玩具充分重视直播会场,通过设置限时优惠和升级宣传预热吸引客户。

要求

1. 注册阿里巴巴国际站店铺,给出橱窗设置的操作步骤。
2 请为宁波怡人玩具设置顶级展位。
3. 讨论如何运用外贸直通车开展产品推广。

子情景二　敦煌网平台

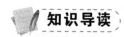

敦煌网成立于 2004 年,是一个非常优秀的小额 B2B 跨境电商平台,平均每 1.39 秒产生一个订单。敦煌网的核心业务为时尚产品,主要针对欧美市场,有效地为众多国外中小买家提供采购服务。本节将了解敦煌网平台的简介、自主营销、平台活动以及敦煌网平台付费营销系统。学习敦煌网的基础知识,敦煌网平台基础店铺运营。

学习目标

知识目标

了解敦煌网平台的特点、优势及规则。
掌握敦煌网平台的账户注册及运营模式。
熟悉敦煌网的自主营销体系和平台活动。

能力目标

能够设置店铺促销活动(全店铺促销、限时限量、全店铺满立减、优惠券)。
能够参与平台活动。
能够设置敦煌网竞价广告。

素质目标

能够分析敦煌网平台后台营销工具数据,更好地提升优化效果。

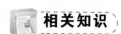

1. 敦煌网简介

敦煌网成立于 2004 年,是我国首个为中小企业提供线上交易服务的 B2B 网站。敦煌网的核心业务品类主要为时尚产品,包括各种服装、配饰、家居百货用品等。敦煌网的主要市场是欧美市场,现如今,敦煌网的网购规模已达到1000万,平均每天有240万用户在线购买,每1.39秒产生一个订单。敦煌网的营业是通过向买卖双方收取佣金,这笔佣金的产生建立在买卖双方交易成功的基础上。敦煌网使得中国中小企业通过跨境电商平台走向全球市场,使得在线交易变得高效。

1.1 敦煌网特点

(1) 敦煌网为境外众多采购商提供服务,相当于信用担保机构,实现供应链各方之间的连接。

(2) 敦煌网开通了"为成功付费"的在线交易模式,对交易成功的订单抽取佣金,且佣金根据行业和规模的不同而产生相应变化。

(3) 敦煌网提供在线帮助服务,当卖家技术跟不上时敦煌网会及时与企业进行沟通,以促进店铺成长。

1.2 敦煌网规则

1.2.1 敦煌网搜索排名规则

敦煌网搜索排序,一部分来自于增值付费产品,骆驼服务;另外一部分靠的是销量和转化率,同时店铺评价、发货速度也是衡量的重要因素。

敦煌网的广告投放和海外搜索SEO做得还可以,店铺一般可以发布2000个产品。敦煌网的商家如果拥有多个店铺,多个产品,则在获得免费流量上会有一定的优势。

1.2.2 敦煌网禁限售规则

作为新手卖家,首先要了解平台的禁售规则,否则可能会面临平台处罚,严重的冻结账号。卖家可以登录敦煌网后台查看相关的禁售清单,其中包括毒品类、枪支武器类、化学品类等21类物品。

限制销售的产品是指需要取得商品销售的审批、凭证经营或者授权经营等许可证才可以发布的产品。卖家须将已取得合法许可证明提前提交到敦煌网授权邮箱shouquan@dhgate.com进行审核,审核通过才可发布,包括医疗器械、食品饮料等。

1.2.3 敦煌网卖家账户放款规则

敦煌网支持EMS、DHL、FedEx、UPS、TNT、USPS、HK Post等可在线跟踪的货运方式。

1) 买家主动确认签收

买家确认签收的订单,敦煌网会进行核实,如果订单查询妥投,则订单款项可放款至卖家资金账户,若全部或部分未妥投,则账户放款会延迟。

2) 买家未主动确认签收,卖家请款

买家未主动签收的订单,卖家请款后,敦煌网会根据卖家上传的运单号核实妥投并进行处理,如果订单查询妥投,则订单款项可放款至卖家资金账户,若全部或部分未妥投则账户放款会延迟。

3）卖家当前账户纠纷率过高

当卖家账户纠纷率在 25%～40% 时最早放款时间为 20 天，纠纷率在 40%～50% 时最早放款时间为 45 天，当纠纷率高于 50% 时最早放款时间为 120 天。

1.3 敦煌网注册

1.3.1 登录卖家首页

首先登录卖家首页，单击"轻松注册"按钮，进入卖家注册页面。如图 4-7 所示。

图 4-7 卖家页面

1.3.2 填写注册信息

按照页面要求填写注册信息，填写完成后，单击"提交注册信息并继续"按钮，如图 4-8 所示。

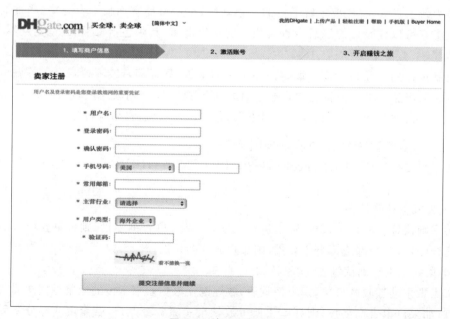

图 4-8 填写注册信息

1.3.3 激活账号

提交信息后,系统向注册邮箱发送激活链接,登录邮箱打开,单击相应链接激活账号,如图 4-9 和图 4-10 所示。

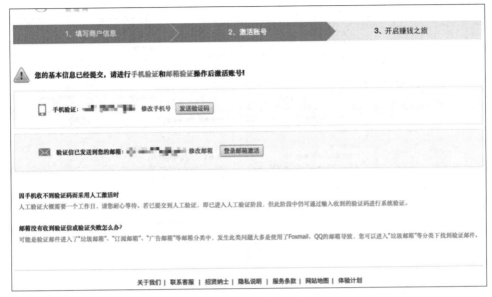

图 4-9 验证手机、邮箱

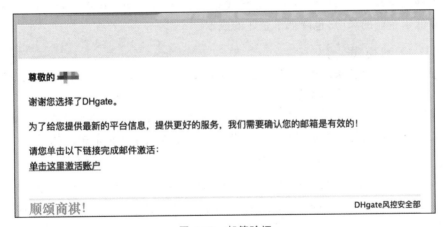

图 4-10 邮箱验证

1.3.4 缴纳平台注册使用费

敦煌网自 2019 年 2 月起设置了平台使用费,当新注册的账号通过验证激活将提示缴纳平台使用费,单击"立即缴费",进入缴费页面,如图 4-11 所示。

收费标准分为年、季度。具体收费标准为:一年 1099 元,半年 698 元,一季度 639 元。

1.3.5 身份认证

缴费成功后,卖家可以进入身份验证页面,身份验证后,敦煌网的账号注册成功。

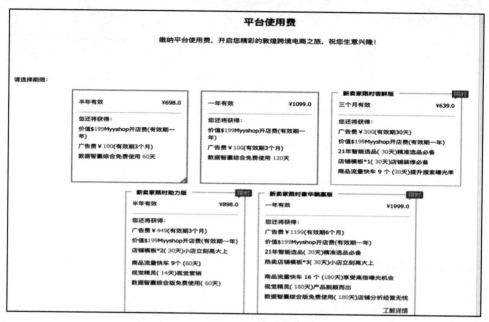

图 4-11 缴纳平台使用费页面

1.4 敦煌网的经营模式

敦煌网的经营模式与传统电子商务模式完全不同,敦煌网采用更有效的盈利方式,这种方式降低了企业的风险,也降低了企业的成本。

1.4.1 盈利模式

敦煌网的主要盈利来源于买家,当敦煌网促成一笔订单后,会根据订单从买家直接收取相应的佣金。卖家定价不需要考虑这一部分成本。

敦煌网还通过为卖家提供增值服务和广告服务来增加盈利。增值服务方便卖家针对店铺功能和在线咨询等业务提供便利。广告服务是增加卖家店铺的推广能力。

1.4.2 付款模式

DHpay 是敦煌网旗下独立的第三方支付工具,支持全球 200 多个国家和地区的买家进行跨境支付。敦煌网和 Eastern Union、Global Collect、World Pay 等保持长期合作,为买家提供多个海外国家的支付,买家可以信任平台并完成支付,可以使用电子汇款到指定账户完成交易。除了以上的方式,买家可以选择银证支付,可免除一部分手续费。

1.4.3 运营模式

敦煌网络的运营模式相对较新。若买卖双方出现纠纷,可以进行第三方调解。敦煌网还为买卖双方提供了翻译工具,使双方交流更加便利。敦煌网拥有自己的信用担保和监督服务,买卖双方在平台上的交易也更加安心。敦煌网还联合第三方物流推出"仓库发货"物流服务,卖家只需在平台填写发货,把货物发送给线下仓库,线上付运费,就可以享受平台提供的国际物流配送。

2. 敦煌网平台自主营销

卖家在敦煌网销售商品,可以通过站内选品工具选择合适的销品,并根据平台规则对商家的商品进行科学的定价,方便卖家更好地进行营销。

2.1 敦煌网商品的发布与管理

要想参与敦煌网平台相应的营销活动,首先在站内发布产品,并进行价格的设定。

2.1.1 敦煌网平台站内选品

敦煌网的站内选品是指帮助卖家的店铺选择要销售的产品。平台站内选品可以通过数据智囊来进行,但选品应该建立在有货源的基础上。卖家选品可以通过以下几种方式。

1) 行业概况

卖家可以根据自身的能力来选择合适的产品类目,通过查看行业的各种数据来确定选品,行业数据包括成交指数、商品入篮量、行业排名和商品排名。成交指数是指所选时间内某个行业的累积成交订单量所对应的指数,成交指数不等于成交量。商品入篮量指数是指在所选时间范围内某个行业的买家把商品加入购物车的数据;竞争指数是指所选时间内某个行业商品词对应的竞争指数,竞争指数越大,竞争越激烈。行业排名是指各子类目在行业中的排名,从中可以看到哪些商品受欢迎,从而确定选品大方向;商品排名是指按排名先后筛选的商品,从中可以看到商品的成交指数、金额指数、人数指数等信息。

2) 热销产品

选品可以找到当前最热销的产品,但相对应由于销量大,所以价格竞争也最为激烈。以最热销的产品作为选品的步骤很简单,通过产品最终展示列表,按照销量排序就可得到,但这种方式选品也会使卖家进入已接近饱和的市场,使得无利润可得。

3) 搜索词追踪

卖家可以通过行业搜索词了解平台热搜词,通过引流搜索词了解店铺内热搜词。卖家可以根据这些热搜词进行选品,并使用这些热搜词为所选商品引流。

4) 增值服务

除此以外,卖家也可以进入"我的DHgate"→增值服务"国外求购信息",查看到买家发布的产品需求,如果卖家也恰好有相对应的货源,就可以提交产品编号,有针对性地为买家提供产品,增加订单的成交率。

2.1.2 敦煌网平台商品定价

在商品定价的时候,需要注意要将商品所有的成本考虑进去。敦煌网平台的佣金是买家支付的,所以不必将佣金计入成本之中,为了提升买家购买商品的消费体验,让买家觉得商品更加值得,商铺通常可以采用包邮的方式,也就是说,卖家负责国际交易运费,因此卖家在定价时需要将这一部分成本计入。敦煌网平台上架价格可以表示为

$$商品价格 = (商品进价 + 国内运费 + 国际运费) \times (1 + 利润率) \div 汇率$$

2.1.3 敦煌网平台商品发布

跨境店铺的商品信息一般是由文字和图片组成的,尽可能详细的商品描述会使得买

家在浏览时获得更清楚的商品感受,增加购买意愿。详细的描述也会带来更多的浏览量。

卖家在敦煌网上发布商品的流程如下。

1)登录页面

首先登录卖家首页,登录卖家账号,然后在页面左侧单击"添加新产品"选项。

2)选择类目

单击"上传产品",在搜索框中寻找要发布的产品类别,单击"立即去发布新产品"按钮。

3)填写产品基本信息

(1)添加产品标题和关键词,产品标题要清楚完整,最多可容纳140个字符。

(2)添加产品关键词,最多添加3个关键词。

(3)填写产品基本属性,平台会根据产品的特征设置各种属性,卖家在填写时应该注意将产品的各种属性能够让消费者看到更多细节,如款式、尺寸、颜色等填写完整,填写的内容之后会直接展示给买家。卖家也可以通过"自定义属性"添加系统未设置的一些商品的额外属性。

(4)产品规格,产品规格可以在后台添加,当卖家想增加系统提供的产品规格以外的内容时,则可以在"自定义规格"中进行自主设置。

4)填写产品销售信息

(1)销售方式填写,可以选择按照包或者件卖。

(2)备货状态填写,备货状态可以选择有备货或者待备货,备货期一般为四个工作日,有备货的商品备货期小于或等于四个工作日。待备货的产品可以设置客户一次最大购买数量。

(3)产品价格填写,卖家可以根据产品、数量的不同设置不同的价格。这种设置方式也更加方便了卖家对客户订单的管理,让购买量更多的客户享受更高的折扣。

5)填写产品内容的描述

产品内容描述是很重要的,影响着买家对商品的第一直观印象。所以卖家应该更加快速便利的操作产品描述内容的设置是做好店铺的第一步。

产品的内容描述包括有以下设置:

(1)上传图片。产品销售信息填写过后就可以上传产品的真实图片了,选择"本地上传"或者"相册上传"。

(2)产品简短描述。在产品简短描述中可以简单明了地描述产品特性。

(3)产品详细描述。产品详细描述是将产品无法在规格和名称中展示的信息进一步详细地展示给卖家,包括一些产品的特色、功能、包装、运输等。

(4)产品包装信息。

按照产品包装的实际重量和尺寸进行填写。

(5)运费设置。

设置好运费后选择合适的运费模板。

(6)其他信息。

其他信息包括产品有效期,即线上产品展示的时间段,有效期默认为90天,也可以更改为 30 天或者 14 天；售后模板，卖家可以选择新手模板，也可以进行自拟。勾选"是否新品"后，单击"同意接受《敦煌产品发布规则》"，选择"提交"。经过平台审核后，一个全新的产品就在敦煌网上成功发布了。

2.1.4　店铺数据分析

卖家可以借助平台的数据分析工具来科学地管理自己的店铺和产品。敦煌网卖家后台数据分析的工具为数据智囊，数据智囊有商铺分析、产品分析、流量分析和行业分析四个模块，如图 4-12 所示。

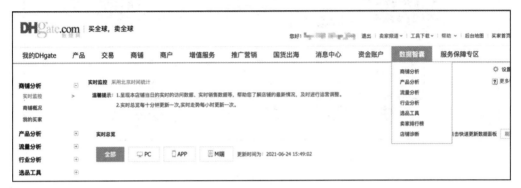

图 4-12　数据智囊模块

1）商铺分析

商铺分析使得卖家对自己的店铺数据有一个整体的把握，对流量以及交易趋势有整体的判断，核心指标有商铺浏览量、商铺访客数、成交金额、成交买家数和成交订单数，如图 4-13 所示。

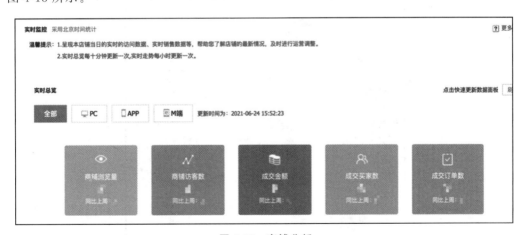

图 4-13　商铺分析

2）产品分析

产品分析主要是展示卖家店铺的商品访问、浏览、下单、成交各环节的数据，卖家可以通过这些数据了解店铺产品的情况，如图 4-14 所示。

图 4-14 产品分析

3) 流量分析

流量分析展示了店铺的流量的来源和去向，访问量最多的国家和地区、流量搜索词等。这些数据使得卖家能够清晰地把握店铺各种流量的来源和去向。如图 4-15 所示为店铺流量的来源和去向，图 4-16 为访问量国家或地区来源分析。图 4-17 为流量搜索词分析。

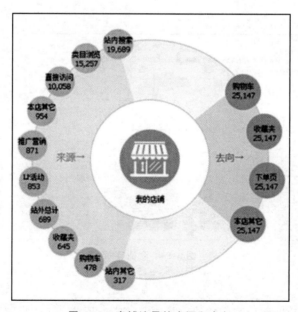

图 4-15 店铺流量的来源和去向

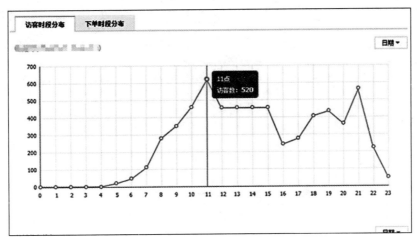

图 4-16 访问量国家或地区来源分析

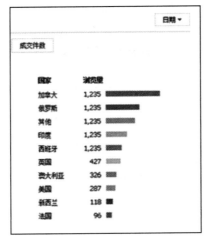

图 4-17 流量搜索词分析

4) 行业分析

行业分析显示行业情况、行业卖家和行业搜索词,能够帮助卖家了解行业最新动态,如图 4-18 所示。行业排名指的是各种类目的浏览量占比,如图 4-19 所示,行业搜索词主要展示的是热搜词和飙升词,可以按照国家、行业、时间来查询,并可以导出数据,如图 4-20 所示。

图 4-18 行业分析

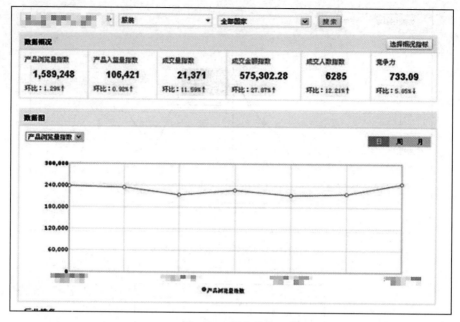

图 4-19　行业排名

类目排名　商铺排名　产品排名

产品浏览量指数

序号	类目名称	产品浏览量占比	产品浏览量环比
1	角色扮演服	9.61%	6.81% ↑
2	上装	35.26%	3.44% ↑
3	套装	3.86%	1.78% ↑
4	服装面料	0.61%	5.39% ↑
5	其他服装	0.20%	1.69% ↓
6	内衣	18.66%	3.76% ↓
7	下装	8.91%	0.88% ↑
8	女士连衣裙	16.97%	0.99% ↓

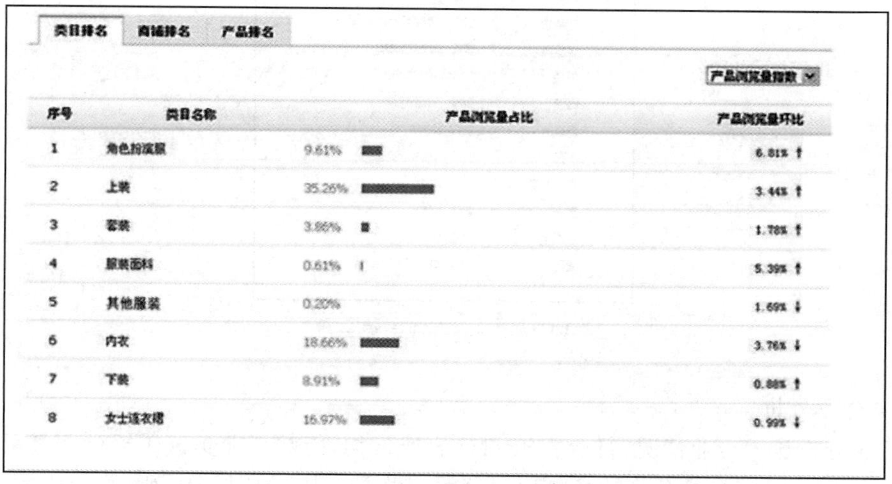

图 4-20　行业搜索词

2.2　店铺活动

店铺为了赢得更多的流量，促进店铺订单，可以进行自主营销。店铺活动又称为自主营销，是指卖家为了获得更多的曝光而展开的促销活动。店铺营销推广主要包括拼团、限时限量、全店铺打折、全店铺满立减和店铺优惠券等，如图 4-21 所示。

2.2.1　拼团

拼团是指卖家可以自由选择某一产品，与其他的买家一起参与活动优惠价下单，拼团

图 4-21 店铺促销活动

的人数最好为 2~5 人,拼团价格也应该控制在产品类目规定的拼团折扣范围内,如服装类目不高于 9.7 折,且不能高于产品 90 天均价。设定的拼团价即是买家端展示的拼团价,所以价格中要包含平台佣金。卖家每月可发起 5 个拼团,每次活动可报名 40 款产品。拼团是敦煌网新增的工具,类似于团购,成团人数要求低,不同产品可设置不同折扣,简单易操作。

拼团不仅可以给卖家带来更多的流量,而且可以给卖家带来成倍的订单,对店铺的发展是非常重要的。在敦煌网的平台中,卖家也不需要担心缺少某一个人拼团就无法完成,在互联网营销的背景下,可以通过大数据抓取每一笔订单。

拼团活动的创建步骤如下。

(1) 创建拼团活动。首先登录"我的 DHgate"卖家后台,单击"推广营销"下的"促销活动"中的"店铺活动"。然后单击页面中的"创建拼团"按钮,填写活动名称,并设置开始的时间和活动市场等拼团信息。

(2) 选择产品。单击"添加产品"按钮,页面就会弹出相应的产品列表,勾选需要参加活动的产品并单击"确定",完成产品选择。

(3) 设置促销规则。继续设置拼团价、成团人数、限购数量及库存,完成后,单击"提交"按钮,完成拼团创建。

2.2.2 限时限量促销活动

限时限量指的是在一定的时间内买家参与购买具有数量限制的产品。卖家在设置限时限量活动时需要注意:①区分打折和折扣率。不同平台的设置区别较大,与速卖通后台输入的是折扣率不同,敦煌网输入的是打折幅度。不少卖家由于将这两者的概念混淆导致折扣过低而出现亏损。例如,原价 100 元的衣服,打 7 折,则折扣率为 30%,在敦煌网直接输入 7 折,活动设置成功后产品的主图左上方会显示"30% off"。②DHgate 线上 App 的打折幅度要比全站的大,即买家在 App 端购买打折产品更划算,如全站 8.5 折,App 打 8 折。卖家需要注意店铺的利润率。③折扣幅度。店铺产品包括爆款、引流款和利润款,应根据不同产品的利润率设置不同的打折区间。爆款的打折幅度大,引流款次之,利润款最小。④活动时间和库存。限时限量活动时间不宜太长,2~3 天为宜,库存数可设定限量让买家有紧迫感并尽快下单。

情景四 跨境网络站内推广分析

限时限量可以推新品、造爆品、清库存,能为店铺吸引最大的流量,是卖家最喜爱的营销工具之一。

限时限量活动的创建步骤如下。

(1) 限时限量活动入口。首先登录"我的 DHgate"卖家后台,单击"推广营销"下的"促销活动"中的"店铺活动"。然后单击页面中的"创建限时限量"按钮,进入限时限量活动页面,填写活动名称,并设置开始的时间和促销的方式,再选择参与平台,单击"下一步"按钮。

(2) 选择产品。单击"添加产品"按钮,页面就会弹出相应的产品列表,勾选需要参加活动的产品并单击"确定",完成产品选择。

(3) 设置产品折扣率、活动库存和限购数量。设置完成后,单击"提交",完成限时限量活动的创建。

2.2.3 创建全店铺打折促销活动

全店铺打折指的是全店铺所有产品都参加折扣活动,卖家需要提前对店铺的所有产品进行分组,根据组别设置不同折扣。全店铺打折是针对所有产品的,所以卖家需要注意产品叠加优惠,保证店铺利润率。和限时限量折扣一样,全店铺打折时间同样不宜过长,以 7 天内结束为宜,折扣设置方法可参考限时限量。设置全店铺打折后,商品主图显示折扣幅度,如"30% off",买家购物车和收藏夹会收到折扣提醒。需要注意的是,全店铺打折活动的优先级最低,如果同时报名平台活动、限时限量促销和全店铺打折,则只展示平台活动或者限时限量促销。

全店铺打折的特点就是促销范围大,力度大,可以快速提升流量和销量,非常受卖家欢迎。在创建全店铺打折活动前,需要设置促销分组,当全店铺打折活动开始之后,敦煌网平台就不允许创建分组和修改分组内产品了,所以店铺在进行全店铺活动前需要设置分组,以便设置和管理促销产品。促销分组创建步骤如下。

(1) 创建促销分组入口。首先登录"我的 DHgate"卖家后台,单击"推广营销"下的"促销活动"中的"促销分组"。

(2) 设置分组名称。单击"创建促销分组",设置促销分组名称,设置完成后,单击"确定"按钮。

(3) 添加产品到分组。单击"添加产品"按钮,选择要添加到该分组的产品。

(4) 组内产品管理。卖家可以对组内产品进行管理,可以添加、调整和移除组内产品。单击"添加产品"按钮,对该组进行产品增加;单击"调整分组",对该产品进行分组调整,也可以单击"移除",从该组移除该产品。

(5) 全店铺打折活动的创建。单击"推广营销"下的"促销活动",再选择"店铺活动",单击"创建全店铺打折"按钮设置全店铺打折活动。首先需要设置活动名称、开始和结束时间,并选择参与平台,然后按照促销分组设置折扣,设置完成后,单击"提交"按钮,活动就创建完成了。

2.2.4 创建全店铺满立减活动

全店铺满立减指的是买家在购买产品时在店铺商品原有产品价格上总价满多少元系

统自动减多少元。店铺满立减是一种营销工具,通过设置不同的满减区间,刺激买家多买多减,提升店铺客单价。如店铺的平均客单价为30美元,设置满88美元减8美元,满128美元减20美元。买家要享受满减,就得凑单达到88美元及以上,这样可以提高每个客户的购买额,从而提高店铺销量和平均订单金额。

全店铺满立减的创建步骤如下。

(1)店铺满立减活动的创建。首先登录"我的DHgate"卖家后台,单击"推广营销"下的"促销活动"中的"店铺活动"。然后单击页面中的"创建满立减"按钮,进入全店满立减活动界面。

(3)设置活动名称,开始时间和促销规则,填写促销规则"满×减×"。设置完成后,单击"提交"按钮,完成全店铺满立减的创建。

2.2.5 设置店铺优惠券

店铺优惠券是由卖家设置优惠金额和使用条件,分为领取型、买够送和直接送三种。这种促销方式可以增加店铺流量,并且可以促进潜在客户消费。

领取型优惠券活动开始后,设置的优惠券信息会在店铺页、商品详情页等地方展示。优惠券可与店内的所有促销活动同时使用,先计算折扣或直降,再计算满减,最后计算优惠券。首先登录"我的DHgate"卖家后台,单击"推广营销"下的"促销活动"中的"店铺活动"。然后单击页面中的"添加优惠券"按钮,进入优惠券设置页面。

(1)设置领取型优惠券。单击"领取型"按钮,在界面内设置优惠券名称、发放时间和发放规则及使用规则,单击"提交"按钮,领取型优惠券就创建成功了。

(2)设置买够送优惠券。单击"买够送"按钮,在界面内设置优惠券名称、发放时间和发放规则及使用规则,单击"提交"按钮,买够送优惠券就创建成功了。

(3)设置直接送优惠券。单击"直接送"按钮,在界面内设置优惠券名称、发放时间和发放规则及使用规则,单击"提交"按钮,直接送优惠券就创建成功了。

3. 平台活动

敦煌网平台可帮助提升平台流量,促进卖家销售,会不定期地发起各种各样的促销活动,有符合促销活动条件的产品均可参加。敦煌网卖家该如何参加平台所开展的各项活动?相关操作如下。

3.1 活动页面

登录敦煌网"我的DHgate"→"推广营销"→"促销活动"进入活动列表页查看当前活动。选择感兴趣的活动,单击"查看详情"查看活动详细信息。

3.2 报名参加

查看完活动详细信息后,如果想要参加活动,可以单击"我要报名"按钮或者在活动列表页开始报名,如图4-22所示。

图 4-22 "平台活动"页面

3.3 选择促销产品

等待系统载入产品,系统会按照活动要求筛选产品,然后把符合活动要求的产品载入。选择要报名的产品,选择完后单击"下一步"按钮提交,如图 4-23 所示。

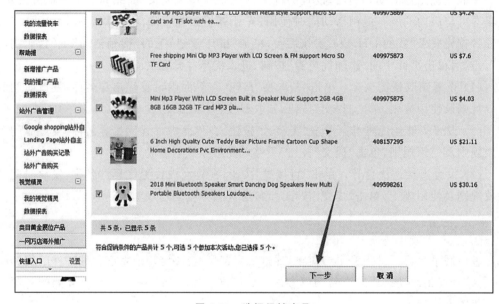

图 4-23 选择促销产品

3.4 设置折扣

设置产品折扣,如图 4-24 所示,设置完成后单击"提交"按钮提交,完成报名。

3.5 活动管理

查看或管理报名产品的审核状态:待审核状态时,可以取消报名该活动的产品,如图 4-25 所示。

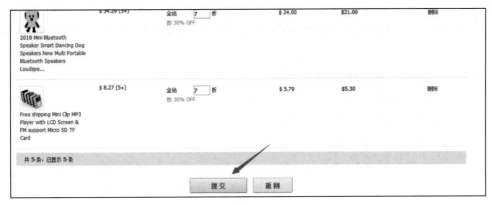

图 4-24　完成报名

图 4-25　活动管理界面

3.6　敦煌网免费营销工具的运用

（1）做好促销日历。利用好后台提前做好促销计划,把平台活动和店铺活动结合起来,店铺每天都有不同的促销活动,这样买家每次来到店铺都有惊喜,总能产生购买的欲望。

（2）免费营销工具的运用。店铺成立初期,流量少,曝光度低,可结合限时限量、全店铺打折和优惠券来提升店铺人气。主推的产品,可以轮流做限时限量折扣,其他产品参加全店铺打折活动。同时配合满立减,让买家感到实惠,促进多出单。对于已经加入购物车或收藏夹的买家,卖家要及时发送"领取型优惠券",刺激买家下单,起到临门一脚的作用。由于满减和优惠券可以叠加计算,务必先检查产品的单价,计算好利润,以免出现亏损。活动开始的时间点选择访客多的时间段进行,访客少的时间段结束。

合理使用免费营销工具,可以大大降低企业的运营成本,再结合其他付费营销工具,可以快速提升店铺的曝光量和销量。

4. 敦煌网平台付费营销系统

敦煌网平台付费营销系统有自动广告系统、商品自动广告、商品陈列位、产品流量快车、视觉精灵、定价广告、定向展示推广、骆驼客 CPS。

4.1　自动广告系统

敦煌网自动广告系统是在原敦煌网推广营销体系之上,整合优质的广告资源,建立智能推广计划,实现全店商品一键投放;后台按照商品属性,结合大数据,计算不同渠道的投放效果并进行预算分配,并由系统自动进行关键词智能匹配、自动出价、自动投放的智能广告计划。

4.1.1　自动广告系统优势

(1) 操作方法简单,操作界面简洁。
(2) 可以对全店商品进行一键投放,流量全面覆盖。
(3) 流量扶持成本优化,计算效果优化。

4.1.2　自动广告系统操作介绍

(1) 进入自动广告系统。登录"我的 DHgate",单击"推广营销",单击"敦煌产品营销系统"→"首页"→"全店自动广告",如图 4-26 所示。

图 4-26　自动广告系统页面

(2) 了解自动广告系统操作界面。一般默认所有商品都加入投放计划,不需要手动添加;广告计划随时开启或暂停,如图 4-27 所示。

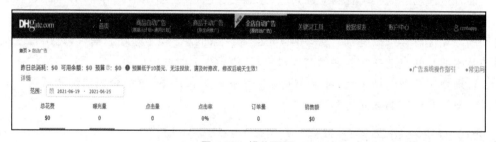

图 4-27　操作页面

(3) 设置广告预算,开启自动广告计划。第一次设置广告预算时,就可以开启全店广告计划;可修改日预算,但是以每天的最后一次修改金额为准,第二天即可生效。对广告预算合理设置,设置过低会影响广告投放的效果;不需要担心广告费超支,在有效点击下,才会扣款,如图 4-28 所示。

图 4-28　修改预算页面

（4）查看投放数据，调整投放产品。广告数据截止前一天，调整时间范围进行不同周期内广告效果数据查看；当出现"主图可优化"时，对广告主图进行修改，如图 4-29 所示。

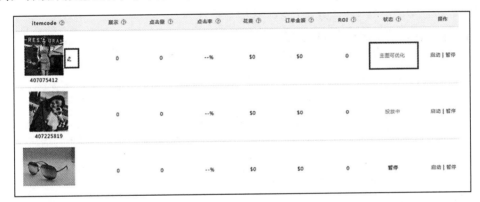

图 4-29　投放产品页面

（5）修改广告主图。单击修改进入"更换图片"页面，图片要符合广告系统要求（产品完整，图片底色为白色且清晰，无 Logo 或水印，没有非主卖产品的干扰，无敏感信息，无侵权信息等），如图 4-30 所示。

4.1.3　使用建议

虽然广告系统操作简单，但并不意味着可以当"甩手掌柜"，要使自动广告系统投放效果最大化，需要注意以下几点。

（1）不要频繁修改预算：预算尽量保持一周，累积广告效果；根据数据合理调整预算。

（2）对商品的主图进行规范：商品主图要使用白色、清晰、没有 Logo 或水印等，防止投放不出去。

（3）要做好店铺基础数据：好的数据可以提升广告转化率，要对店铺的数据进行不断优化。

4.2　商品自动广告

商品自动广告由广告计划、广告组、广告商品组成，添加了数据看板功能。卖家可以

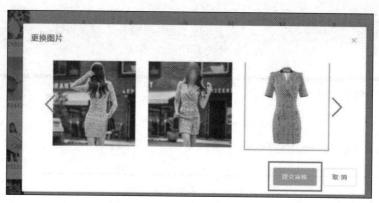

图 4-30 "更换图片"页面

自定义商品、点击出价和投放场景,系统可以进行关键词匹配和自动化投放。卖家可以建立多个广告计划和广告组,进而建立多样化的营销计划。

4.2.1 商品自动广告的特点

商品自动广告的特点有以下几点。

(1) 商品自动广告的预算、出价等数据单位都是美元。

(2) 商家可以建立多个广告计划,每一个计划下可以设置很多个广告组。

(3) 每个广告计划以及计划下的广告组共用预算。

(4) 每个广告组下的所有商品统一点击出价。

(5) 每个广告组可以添加一个或多个商品。

(6) 不同广告组里面可以有同一商品。

(7) 全店商品可以一键添加建立广告组。

(8) 拥有分场景投放和分场景出价功能。

(9) 拥有关键词否定功能。

(10) 原来建立的展示计划和通用计划迁移到商品自动广告界面,依然保留为独立的广告计划,不改变原来添加的商品和设置的出价。

(11) 商品自动广告默认为每位商家建立一个全店商品的广告计划(已使用通用计划的商家除外),最开始的状态为暂停,商家自己开启投放;初始预算与出价都可以修改。

(12) 拥有数据看板功能,对数据进行分析,查看趋势图或对比图。

4.2.2 操作流程

(1) 进入商品自动广告系统:登录"我的 DHgate",单击"推广营销"→"敦煌产品营销系"→"商品自动广告",如图 4-31 所示。

全店计划:没有用过展示计划或者通用计划的卖家,第一次进入商品自动广告系统,就可以看到默认的全店投放计划,计划名称为"全店计划",默认投放全店内正常在售商品,默认为暂停状态,如图 4-32 所示。

展示计划/通用计划:在 2020 年 9 月 10 日前使用展示计划或者通用计划的卖家,原通用计划和展示计划迁移到商品自动广告,成为商品自动广告的两条广告计划,各项投放设置不变,如图 4-33 所示。

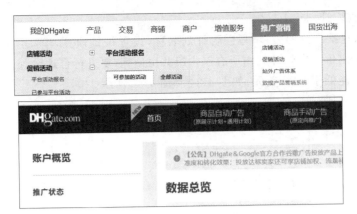

图 4-31 商品自动广告页面

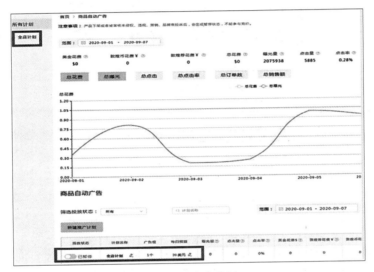

图 4-32 全店计划

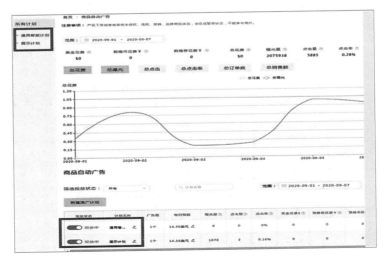

图 4-33 展示计划/通用计划

(2)新建推广计划。

① 选择新建推广计划后,填写广告计划名称,设置每日预算,填写广告组名称,选择产品,设置点击出价。广告计划内所有广告组共用预算,要进行合理设置。对所有商品设置出价,出价不能低于 0.22 美元,如图 4-34 和图 4-35 所示。

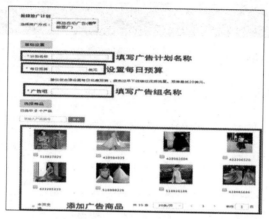

图 4-34　新建推广计划

图 4-35　出价

② 分场景出价。分场景出价是选填项。商品自动广告默认以统一价格投放到搜索列表页和推荐广告位。如需关闭某一场景的广告,按照不同的场景分别出价,可以进行修改(注:如单击了分场景设置,则上一步设置的点击出价将被隐藏且不再生效),如图 4-36 所示。

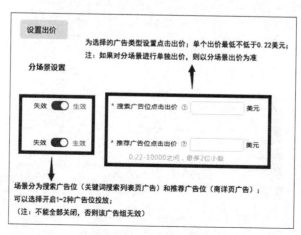

图 4-36　分场景出价

③ 设置搜索词黑名单。"搜索词黑名单"是选填项。添加搜索词黑名单之后,买家搜索该关键词时,该广告组内的商品不会出现,如图 4-37 所示。

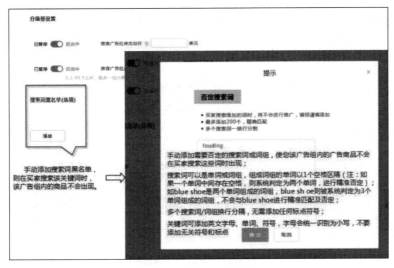

图 4-37 搜索词黑名单

④ 信息填写完成后单击最下方的"新建广告",如图 4-38 所示。

图 4-38 新建广告

(3) 新建广告组。

① 建立广告组,如图 4-39 所示。

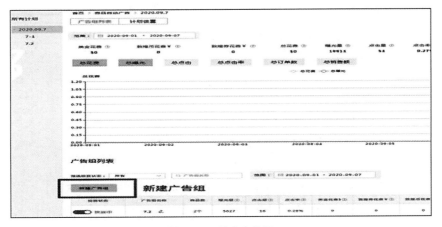

图 4-39 新建广告组

情景四 跨境网络站内推广分析

② 填写广告组名称,选择产品,设置点击出价,选填搜索词黑名单、分场景出价,单击"新建广告组",如图 4-40～图 4-42 所示。

图 4-40　填写名称

图 4-41　添加广告商品

图 4-42　设置出价

(4) 添加/移除/暂停/启动投放商品操作,如图 4-43 所示。

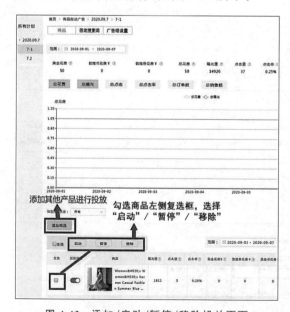

图 4-43　添加/启动/暂停/移除投放页面

(5)修改每日预算与计划名称,如图 4-44 所示。

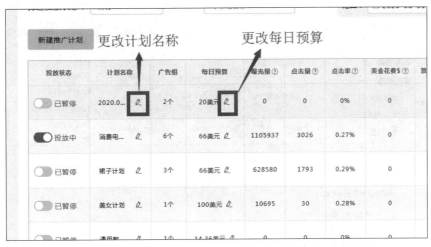

图 4-44　修改每日投放预算以及计划名称

4.3　商品陈列位

商品陈列位是该卖家按照平台规定上传产品,当上传产品的数量不够用时,通过购买商品陈列位,增加上传产品的数量。它是对产品数量的一个补充。

4.3.1　购买原则

(1)数量:最高可以购买 1000 个,即增加 1000 个产品数量。

(2)价格,如表 4-4 所示。

表 4-4　购买价格

60 天		90 天		180 天	
购买数量	购买价格	购买数量	购买价格	购买价格	购买数量
100 个	￥350	100 个	￥500	100 个	￥950
500 个	￥450	500 个	￥650	500 个	￥1250
1000 个	￥850	1000 个	￥1200	1000 个	￥2500

对于账号类型是黄金礼包的卖家,9 折优惠;对于账号类型是白金礼包的卖家,8 折优惠;对于账号类型是钻石礼包的卖家,7 折优惠。

(3)期限:从购买日开始算,365 天内为有效期,在有效期到期之后,会出现页面提示,有效期已满,并且没有续费,会对已上架的产品下架。

(4)打开链接 http://seller.dhgate.com/premium/productDisplay/productDisplay.do?dhpath=10004,39,首先登录敦煌网账号,接着单击"推广营销",然后单击"商品陈列位",最后单击"确认购买",如图 4-45 和图 4-46 所示。

情景四　跨境网络站内推广分析

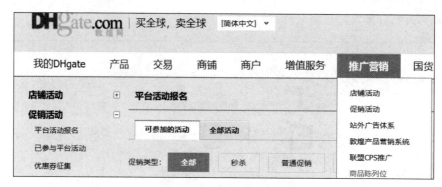

图 4-45 敦煌网账号页面

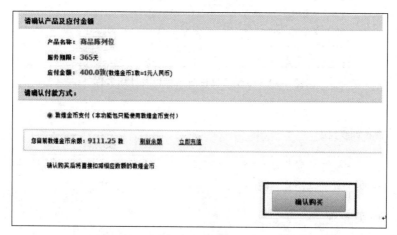

图 4-46 确认页面

4.3.2 商品陈列位解决的问题

商品陈列位可以解决以下问题。

(1) 商品陈列位可以解决店铺整体曝光度不够，订单很难大弧度增长，订单突破不足的问题。

(2) 商品陈列位可以解决买家的多样需求不能得到满足，产品丰富度不够的问题。

(3) 商品陈列位可以解决新买家很难被吸引，商品可选择性低的问题。

(4) 商品陈列位可以解决店铺没人知道，流量非常少的问题。

(5) 商品陈列位可以解决老买家的回头率很低，曝光率不稳定的问题。

4.4 产品流量快车

产品流量快车，是强力的引流工具之一，快车产品能够在产品搜索结果中长时间出现。

4.4.1 显示位置

分类列表和搜索结果能出现流量快车产品，流量快车产品的顺序是由产品所在的列表与产品本身的性比价决定的。

4.4.2 获得流量快车的方式

平台店铺免费获取流量快车。店铺根据自己的需要选择产品,成为流量快车产品之后,能够提高搜索产品结果列表页的流量。

4.4.3 高效使用流量快车的方式

(1) 进一步优化产品的图文特别是首页的图文。

(2) 审视与产品相关的目录、产品所有关键词是否符合行业发展。

(3) 产品末页与相关营销板块排版,提高转化率。

(4) 把握好店铺纠纷、退款、好评率。

(5) 关注季节、行业特点、产品等因素,了解产品的转化数据情况,按照实际情况,对推广产品及时更新。卖家要根据数据反馈情况调整产品,新产品数据监控期一般为 2~3 天,产品通过 7~14 天的产品监控时间就基本可以确认。

(6) 当产品有一定的流量并且排序位置靠前时,就要选择其他产品作为流量快车产品。可以选择店铺中非爆款但有潜力股的产品加入产品流量快车。(潜力股产品为单价稍微低于其他的本类产品,但品质为高品质,是因为流量不够不能高频出单的产品类。)

(7) 当自己的店铺质量分数低,历史积累低,就不去使用流量快车,但根据实际数据统计,低分数店铺通过正确选品和使用产品流量快车工具之后,会提升流量幅度。

4.4.4 添加流量快车的操作方式

(1) 首先进入"我的 DHgate"页面,单击"推广营销",单击"流量快车",如图 4-47 所示。

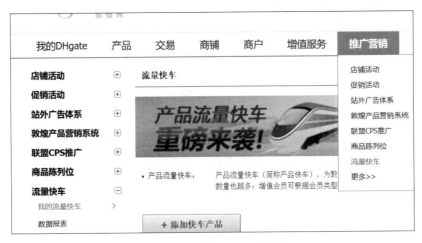

图 4-47 "我的 DHgate"页面

(2) 单击"添加快车产品"按钮,加入想选择的产品,如图 4-48 所示。

(3) 通过产品序号、产品名称、关键字、产品组等维度选择的产品,提交完成就可成为快车产品,如图 4-49 所示。

(4) 注意流量快车产品的转化数据,按照实际情况,对流量快车推广产品及时更新,如图 4-50 所示。

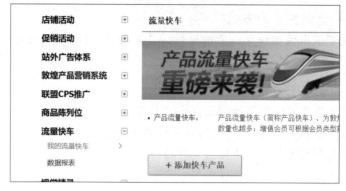

图 4-48　添加快车产品

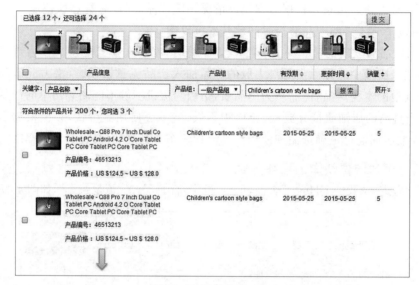

图 4-49　快车产品页面

图 4-50　快车产品转化数据页面

4.5 视觉精灵

视觉精灵是敦煌网为商户量身打造的一款强大的引流工具。视觉精灵的产品能够在类别/关键字搜索列表结果页面和商店列表页面上突出显示。

4.5.1 凸显效果

参加视觉精灵的产品拥有凸显底色或凸显的边框,这两种凸显效果也可以同时拥有,这样会让产品非常特别,在短时间内,买家会很快被产品吸引。可以选择凸显效果,但最多选择两种。

凸显服务:产品搜索页(包括类目及关键词)做突出显示。

(1)第一种凸显方式:凸显底色展示效果,在产品搜索页(包括类目及关键词)做突出显示,如图4-51所示。

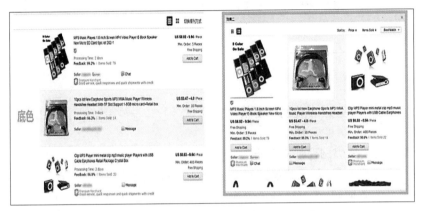

图4-51　凸显底色

(2)第二种凸显方式:凸显边框展示效果,在产品搜索页(包括类目及关键词)做突出显示,如图4-52所示。

图4-52　凸显边框

(3) 第三种凸显方式：凸显底色＋边框的展示效果，在产品搜索页（包括类目及关键词）做突出显示，如图 4-53 所示。

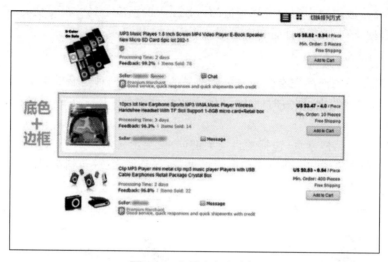

图 4-53　凸显底色＋边框

4.5.2　敦煌网视觉精灵的详细规则

(1) 卖家群体及购买规则。

① 针对群体：敦煌网注册卖家群。

② 每一个注册账号，每周只能购买一个产品的视觉精灵服务。

③ 在服务有效期间，卖家可随意更换凸显产品。

④ 在购买视觉精灵成功后，它的服务有效期更新为 7 天、14 天、21 天。

⑤ 在服务开通后立即生效。

⑥ "视觉精灵"服务只对审核通过且上架的产品开通。

⑦ 产品保持正常在线的事件要大于视觉精灵的使用时间。

(2) 选品规则。

① 推出的产品是位于按照自然排序前三列的产品，要对现有资源高效利用。

② 推出的产品要有价格竞争优势，产品出单率很大程度上由市场价格决定（尽可能地选择有过大量出单记录的产品，有高的额度和信服度，能够促使买家购买）。

③ 打底颜色为白色，可在第一时间展示出产品的特色，服装类的产品要用效果图。

④ 借力：视觉精灵和平台的流量快车推广工具相结合，能够带来更好的效果。

4.5.3　视觉精灵购买操作

(1) 首先进入"我的 DHgate"页面，单击"推广营销"→"视觉精灵"，如图 4-54 所示。

(2) 产品可以通过产品名称、编号来进行查找，视觉精灵的产品还可以通过产品组来进行筛选，如图 4-55 所示。

(3) 确定产品后，单击"购买"，就跳到支付页面，选择好购买周期服务，就可以立即购买。收费页面如图 4-56 所示。

图 4-54 视觉精灵

图 4-55 选择产品

图 4-56 收费页面

4.6 定价广告

定价广告是敦煌网整合网站资源，倾力为敦煌网卖家打造的一系列优质推广展示位，分布在网站的高流量页面，占据页面焦点，用图片或者橱窗等形式来进行展示。仅对敦煌网卖家开放，卖家可以在"敦煌网产品营销系统"平台上购买。

4.6.1 定价广告的类型

定价广告的类型如表 4-5 所示。

表 4-5 定价广告类型

类 型	展 示 位 置	投 放 方 式
Banner 广告	主要分布在网站首页、各频道首页、产品列表以及买家后台首页等高流量页面	通过图片展示的方式吸引用户的关注,店铺宣传、品牌推广以及大规模促销可以用 Banner 广告
站内展位	主要分布在网站首页、各频道首页等高流量页面	设置专门的单品和店铺展示橱窗来获得买家更多的点击量,店铺宣传和爆款推荐可以用站内展位
促销展位	主要分布在促销活动页面,它的主题性和季节性强	通过产品类目和特性来定制化打造展示界面和橱窗展位,它可以最全面地展示产品,获取流量,新品促销和爆款推荐可以用促销展位

4.6.2 定价广告参选规则

为了让卖家与买家感受到更好的销售与购买体验,提高卖家售卖效果和买家购买体验,降低双方交易风险,促进平台持续发展,卖家必须了解参选规则。

(1) 在首页对卖家的店铺进行推广,推广的产品、链接等必须符合平台规则。

(2) 因平台系统问题导致推广服务不能按照约定的时间上线,平台应给予赔偿,要全额退款或部分退款。退款的具体数额按照推广的时间决定(以天作为单位)。

(3) 因卖家自身的原因造成导致信息推广服务不能按照约定时间展示,平台不给予赔偿,并且将取消相关卖家的参选资格和不退还信息服务费用。

(4) 卖家自行设计的产品图、自行填充的文字内容要符合参选活动的图片要求,在提交到报名截止日期之内,允许有一次的修改、调整机会。

(5) 卖家产品在推广信息中不能含有任何违法信息。

4.6.3 投放定价广告的优势

投放定价广告的优势包括以下几点。

(1) 展示位置非常明确,买家能够很清晰地看到展示产品,展示的周期长。

(2) 可以通过多方位展示,获得更高的流量,覆盖面广。

(3) 针对的买家群体多,并且买家群体定位准确。

(4) 店铺品牌效应可以通过店铺和热销产品的迅速曝光来打造。

4.6.4 图片规范内容

图片规范内容包括以下几点。

(1) 产品要去水印反白。

(2) 图片主体在画面中尽量满一些。

(3) 图片背景的颜色是白色或浅色,当主体颜色是白色时,可以加一些简单背景(背景颜色不能是太鲜明的颜色),主体产品清晰,不要选背景为黑色,产品是透明颜色的图片。当多产品出现在一张图片中,选择视觉效果比较清晰的产品进行修图。

(4)对特殊产品图片的处理,在图片上需要体现出某个卖点的细节,提前和相关设计人员解释清楚,避免在图片上出现大量的文字。

(5)图片的主要内容要选择产品或跟产品相关事物,图片主题要清晰,避免模糊不清。

(6)提供清晰度高的图片,不要不清晰和变形的图片。

(7)图片仅支持 JPEG 格式,图片大小参考每个活动的具体标准,一般不能超过 1MB。

4.7 定向展示推广

定向展示推广是为了让有潜力的卖家、优质的产品获得额外更多的曝光展示机会。敦煌网建立的引流系统,依托敦煌网庞大的买家搜索记录与购买行为,构建出买家购买兴趣最高的产品的计算模型,推荐买家购买意愿最高的产品,准确地出现在目标客户浏览网页的醒目位置上,卖家能够获得定向大的流量,准确锁定目标客户。

4.7.1 定向展示推广类型

新出的定向展示推广分为重点推广、快捷推广,卖家根据需要进行选择。

重点推广是针对店铺主推商品进行关键词出价的精准推广方式,适用于单件的重点商品,更易于打造爆款。最多 10 个重点计划可以被卖家建立,每个重点计划最多只能包括 100 个单元,每个单元可以选择一个商品。敦煌网建议,卖家尽量参考数据分析中的成交转化率、搜索点击率,对市场上的爆款,价格有竞争优势,有一定销量的产品进行优先推广。

快捷推广是一种批量推广的方式,普通商品获取流量可以用快捷推广。卖家最多可以建立 30 个快捷推广计划,每个计划最多包括 100 个商品、20 000 个关键词。卖家可以使用批量选词、出价等功能迅速建立自己的计划。

4.7.2 操作指南

(1)登录敦煌网,进入产品营销系统,选择"定向展示推广"选项卡,如图 4-57 所示。

图 4-57 定向展示推广页面

(2)进入定向展示推广后,单击"新建推广计划"按钮,如图4-58所示。

图 4-58　新建推广计划页面

(3)选择"快捷推广计划"或者"重点推广计划",如图4-59所示。

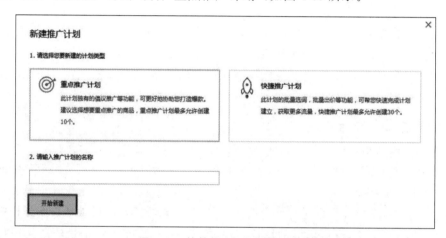

图 4-59　快捷推广/重点推广计划

(4)添加产品:快捷推广计划可以加入多个产品,但重点推广计划只能加入一个产品,如图4-60所示。

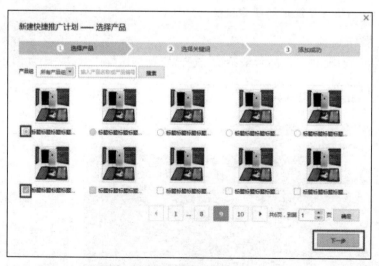

图 4-60　添加产品页面

（5）为重点推广、快捷推广选择的产品添加关键词后，进入出价环节。推荐词是根据推广计划内产品的特点，系统自动筛选出的关键词。搜索相关词是自己输入关键词后，系统根据关键词匹配程度筛选出的词语，如图 4-61 所示。

图 4-61　关键词页面

（6）单击已添加关键词列表后的出价窗格，修改关键词出价后确认，确认完成之后，定向展示推广就设置完毕了，如图 4-62 所示。

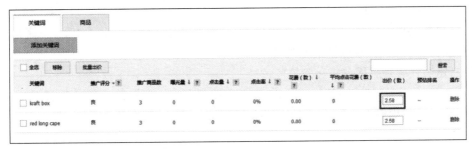

图 4-62　出价页面

情景四　跨境网络站内推广分析

注意：产品的默认位置与产品的质量，产品名称与关键词的匹配程度及出价相关，可以通过优化产品名称或修改关键词出价获得靠前的推广位。

推广评分是对卖家进行推广的产品在该关键词下的推广质量的评价，评为"优""良""--"三档：当评分为"优"时，说明该产品有资格进入搜索结果首页右侧位置，但实际是否进入，要看出价的人数和卖家出价情况；当评分为"良"时，表明评分较差，该产品没有资格进入搜索结果首页右侧位置。卖家应该采取换取关键词或优化产品信息等方式，让评分升级为优，同时还要让价格具有竞争优势，增加产品进入搜索结果首页右侧位置的展览机会。当评分为"--"时，说明评分很低，不能参与正常投放，卖家可以删除低的评分的词语。卖家应该定期优化推广商品的信息描述以便提高推广效果。

4.8 骆驼客CPS

骆驼客是一种新的营销工具，商家给推手一定的佣金，推手帮助商家分享商品链接；实现商家、推手以及买家共赢的局面。

4.8.1 骆驼客CPS的使用方法

商品佣金是商家在后台进行设置的；当推广生效之后，推手将商品的链接分享到自己的社交媒体；消费者用推手分享的商品链接完成购买后，推手和消费者双方都可以领取佣金。卖家可以在敦煌网后台对佣金比例进行调节。

4.8.2 推广资金结算方式

推广资金结算方式包括以下几点。

（1）在消费者完成支付以后，卖家就会按照佣金比例打钱给推手和消费者的账户。

（2）在消费者确认收货15天后，佣金可放款给推手和消费者的敦煌支付账户。

（3）在收货15天之内，消费者发生退货退款，商家货款和推手佣金将原路返还。

（4）在收货15天之后，消费者发生退货退款，所有退款金额由商家承担，不需要退还推手佣金。

4.8.3 规则说明

规则说明有以下几点。

（1）推广产品数量：数量没有上限。

（2）品类限制：所有品类都能进行推广。

（3）推广佣金比例：佣金比例为1%~50%，推广佣金比例越高，越容易进行推广。

（4）商品生效和失效：当设置推广提交后，推广商品立即生效，若要取消推广，需在推广列表中"移除推广"。当商品设置了推广，商品为非上架正常售卖状态时，在骆驼客CPS推广管理页面中，不会移除该商品的推广，当商品再次上架时，即可为推广状态。如需取消推广，还需从管理页面自行移除推广。

（5）推广佣金计算和发放：骆驼客CPS是按照买家实际付款金额进行百分比分成。买家购买确认收货或卖家收款后15天将向卖家发放佣金；返佣金额计算时，不包含物流费用。

案例思考

案例背景介绍

李先生于2009年毕业,专业为电子商务,创业打拼自然离不开专业。当时的电商创业平台可选性比较多,而国内的电商产业比较成熟,竞争较为激烈。当时,外贸电商属新兴行业,尝试的人不多,李先生认为往这方面去发展的话应该可以开辟出一片天地。

经过多方对比,敦煌网的注册免费、操作简单、客流量大、专人指导等特点吸引了他,于是决定在这个平台上尝试并挑战自己。鉴于中国文化在国际中的地位及影响,在仔细研究外贸的一些情况与欧美等国家的消费需求后,他将产品锁定为家居品与日用品。因刚加入外贸电商行业,前期仅尝试着上了二十几个产品,在等着客户下订单的同时,李先生也紧锣密鼓地筹划着进货渠道。考虑是新手及资金问题,不敢贸然大量投资囤货,为避免经费无效使用,唯有临时去国内其他网站(淘宝、阿里巴巴、1688等)进行进货来降低风险。

在店铺开张后的第6天,总算迎来了第一个买家(美国客户),虽然金额只有26美元,但也让他激动了好久。因为第一单对送货流程不熟悉及运费设置等问题,经过一番折腾,还是在如期的时间内将产品发出去了,虽然这一个单子亏了将近5美元。但也是因为这个单子,李先生激起了好好做敦煌网店铺的念头。

紧接着,吸取第一笔订单的教训,李先生快速学习了一些平台上的操作,其间不断上新,也吸收敦煌网行业经理的一些建议,赶上敦煌平台的促销活动,提高了店铺的人气与销量。

随后,李先生通过后台对产品流量的分析,开始确定日用品和家居品中销量最高的产品,开始了爆款打造之路。后来进行产品优化、打折、付费推广以及配合店铺升级装修,一段时间后,效果显著。进一步带动了店铺的销量,全店铺的流量整体上涨。

问题和思考
1. 李先生如何打造爆款?
2. 打造爆款时要注意哪些问题?

习 题

一、单选题

1. 敦煌网的平台付费营销系统不包括(　　)。
   A. 满立减　　　　　　　　　　B. 视觉精灵
   C. 定向展示推广　　　　　　　D. 骆驼客 CPS
2. 视觉精灵凸显周期时间短不包括(　　)。
   A. 7天　　　　B. 14天　　　　C. 21天　　　　D. 28天
3. 定价广告的类型不包括(　　)。

A. Banner 广告　　　　　　　　　B. 站内展位

C. 促销展位　　　　　　　　　　D. 橱窗

4. 投放定价广告的优势不包括（　　）。

A. 买家群体定位准确　　　　　　B. 覆盖面广

C. 展示周期短　　　　　　　　　D. 流量大

5. 通过产品类目和特性来定制化打造展示界面和橱窗展位的广告类型为（　　）。

A. 橱窗　　　B. 促销展位　　　C. 视觉精灵　　　D. Banner

二、填空题

1.（　　）、（　　）迁移到商品自动广告。

2. 自动广告系统的优势为（　　）、（　　）、（　　）。

3. 骆驼客 CPS 的推广佣金比例为（　　）。

4. 新出的定向展示推广分为（　　）、（　　）。

5. 视觉精灵的凸显方式为（　　）、（　　）、（　　）。

三、简答题

1. 定向展示推广的操作是什么？

2. 敦煌网平台付费营销系统有哪些？

实　践　操　作

请写出以下问题的操作过程。

1. 注册新的敦煌网账号。

2. 对后台数据进行分析。

3. 加入自动广告系统的流程。

4. 商品陈列位的购买操作。

5. 视觉精灵的购买操作。

6. 添加流量快车的操作方式。

子情景三　速卖通平台

知识导读

全球速卖通成立于 2010 年，是阿里巴巴提供给中小企业接触批发零售商集商品展示、订单、收款、物流于一体的国际在线交易平台。至今，速卖通已覆盖 30 多个一级行业类目，尽管速卖通上销售着各种各样的产品，但在国内允许销售的产品在速卖通平台会被禁止销售，如减肥药。所以要想在速卖通上销售，需要做好充分的了解。本节将学习速卖通平台的简介、自主营销、平台活动以及速卖通联盟营销等促销活动的概念及操作，以及学习在速卖通上销售产品过程中的客户服务。学习速卖通的基础知识，速卖通平台基础店铺运营。

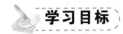

知识目标

了解速卖通网平台的特点、优缺点及规则。

掌握速卖通平台的账户注册及运营模式。

熟悉敦煌网的自主营销体系平台活动、直通车、联盟营销和客户关系管理。

能力目标

能够设置店铺促销活动(全店铺促销、限时限量、全店铺满立减、优惠券)。

能够参与平台活动。

能够设置直通车和联盟营销。

素质目标

能够分析速卖通平台后台营销工具数据,更好地提升优化效果。

1. 速卖通简介

全球速卖通是阿里巴巴提供给中小企业直接接触全球消费者在线交易的跨境电商平台。速卖通的采购方式逐渐转化为零售商小批量、多批次的模式。速卖通通过阿里巴巴庞大的会员基础,成为全球商品品类最丰富的平台之一,成为集合商品展示、订单、收款、物流于一体的外贸在线交易平台。为了顺应全球贸易新形势的发展,2016年8月,速卖通完成了由消费者对消费者平台向企业对消费者平台的转型升级,以全新的姿态全方位助力中国品牌扬帆出海。

1.1 速卖通平台的特点

速卖通是跨境直达的平台,通过电子商务平台将"中国制造"直接送向全球买家手中。速卖通面向的客户群体广泛,但是主要针对的是新兴市场,俄罗斯和巴西的客户是平台的主要客户。

速卖通于2010年4月正式上线,发展初期,使用淘宝低价的营销策略,随着平台的快速发展,速卖通开始完善各种细节,包括对招商和用户的标准。速卖通平台炒作简单,对新手来讲也很容易操作,并且开通了线上培训课程,可及时解决买卖双方的各种问题。

速卖通平台的特点如下。

(1) 门槛低。速卖通对于卖家无企业组织形式与资金的限制,商家入驻门槛低。

(2) 交易流程简单,从订单的生成到支付、发货、收货均可在线上完成。

(3) 速卖通品牌的商品有更强的价格竞争优势。

(4) 无关税费用。速卖通由于业务的单笔订单成交金额少,未达到进口国海关的关税最低征收点,使得买家的购买成本降低。

1.2 速卖通平台招商准入及入驻

(1)新商家的入驻。速卖通平台接受依法注册并正常存续的个体工商户或企业开店,并有权对卖家的主体状态进行核查与认证。

(2)保证金。速卖通开通店铺需要缴纳保证金,规定缴纳保证金的支付宝账号一旦确认,中途不得变更。当卖家推出经营且无违规行为,款项退回相应的账号中。

(3)信用担保。速卖通未来将为经营能力良好的卖家引入网商银行作为额外担保人,为卖家遵守和履行卖家规则提供担保。

(4)平台考核。速卖通平台重新定义服务能力考核指标,累计三次不满足要求会要求清退出平台,清退后不予再次入驻。

(5)商品治理。平台将加大商品搜索作弊的处罚,同时针对持续无出单无浏览曝光商品将定期下架。

1.2.1 速卖通平台的销售方式

速卖通为卖家提供了两种销售计划类型:标准销售计划和基础销售计划。一个店铺只能选择一种销售计划类型。

基础销售计划是速卖通平台在2018年推出的销售计划,主要是为了满足不同阶段、不同经营模式、不同经营体量卖家的经营需求。而更长远的,也是希望将平台打造成适合任意卖家的平台,也能给广大消费者提供更丰富、更多元的商品。

标准营销计划和基础营销计划的区别如下。

(1)注册。基础营销计划的注册主体是企业或个体工商户,而标准营销计划的注册主体只有企业。

(2)功能。参加标准营销计划的卖家最多可以发布的商品数量要大于基础营销计划的卖家。在产品类目上,基础营销计划限制商家一些类目。

(3)年费。若卖家在年费使用期间中途退出标准营销计划,未使用的年费将会按自然月返还给卖家;若卖家店铺经营到了年底则返回未使用年费,并根据销售额对卖家进行奖励。而在基础营销计划中,卖家无论是在中途退出还是经营到年底,平台都会全额返还年费。

(4)权限。基础销售计划的申请是在2018年2月初开始的,申请入口以卖家入驻页面展示为准。另外,2017年注册为个体的商铺,2018年是可以直接任意在两个销售计划当中选择的。

1.2.2 速卖通平台的店铺类型

速卖通平台的店铺分为官方店铺、专营店和专卖店三种类型。根据申请的店铺的不同有相应的创建条件。

1.3 速卖通平台规则

速卖通平台规则有注册规则、禁限售规则、知识产权规则。

1.3.1 速卖通注册规则

（1）违反国家法律法规、涉嫌侵犯他人权利或干扰全球速卖通运营秩序等相关信息不能出现在速卖通卖家的邮箱、店铺名。

（2）速卖通账户只针对中国卖家。中国卖家不能利用虚假信息注册速卖通海外买家账户，如经发现，速卖通有权按照规定对卖家违规行为进行处罚。

（3）速卖通有权终止或收回未通过身份认证或连续180天未登录速卖通的账户。

（4）速卖通账户因为严重违规而被关闭，不得再重新注册账户，如被发现重新注册，将关闭该账户。

1.3.2 速卖通禁限售规则

（1）速卖通平台不能发布违反法律规定或监管要求的商品。

（2）《全球速卖通违禁信息列表》只包括平台禁止发布或限制发布的部分信息列表，平台有权修改违禁信息列表，平台用户有义务保证自己发布的商品不违反相关规定。

1.3.3 速卖通知识产权规则

（1）速卖通平台严禁用户发布未经授权的商品，销售涉嫌侵犯第三方知识产权的商品，发布涉嫌侵犯第三方知识产权的信息。

（2）卖家发布涉嫌侵犯第三方知识产权的信息，或销售涉嫌侵犯第三方知识产权的商品，有可能被投诉，平台也会对店铺的信息、产品组名、商品的信息进行随机抽查，一旦涉嫌侵权，信息、商品将会被退回或删除，并根据相关侵权类型执行处罚。

1.4 速卖通平台的注册

在速卖通平台上将店铺设立起来需要经过4个步骤：①账号注册与认证；②收款账号的设置；③编辑对外商品信息；④店铺装饰。

1.4.1 账号注册

首先进入速卖通首页（www.aliexpress.com），如图4-63和图4-64所示，单击Sell on AliExpress→"中国卖家入驻"→"免费注册"进行账号注册。

图4-63　AliExpress首页

图 4-64 主页

进入"设置登录名"页面,输入电子邮箱地址,这将会作为登录名(如图 4-65 所示)。

图 4-65 输入电子邮箱

速卖通会将信息发到输入的电子邮箱中,单击"立即查收邮件"按钮,进入邮箱单击"立即注册"按钮,如图 4-66 和图 4-67 所示。

图 4-66 电子邮箱发送提示

图 4-67 手机发送提示

验证完成后进入完善信息填写页面。确认账号密码等基本信息，注意密码不要过于简单。填写好注册信息后输入手机短信验证，单击"确定"按钮即可完成注册。速卖通上注册的这个账号其实是一个阿里巴巴集团的账号，所以这个账号可以在阿里巴巴其他的平台网站上登录。

1.4.2 实名认证

单机"马上认证"按钮会跳转至支付宝页面，登录已通过实名认证的支付宝账号，如图 4-68 所示。

图 4-68 资格认证

单击"个人实名认证"或者"企业实名认证"按钮，登录支付宝账号便可进行实名认证，开始填写个人真实信息，提交审核，完成实名认证。

1.4.3 开店考试

速卖通为了使得新注册的用户更好地使用平台，熟悉相关规则，在进入后台实际操作之前,会有一个开店考试,考试包括速卖通如何完整地发布产品、销售产品、物流、售后等知识,如何通过数据了解提升店铺、速卖通平台规则等 6 个模块的内容,如图 4-69 所示。

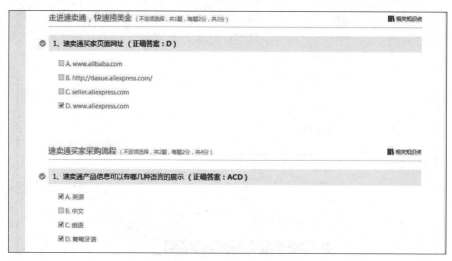

图 4-69　考试

考试通过后,就可以正常使用速卖通了,单击"进入我的速卖通",即可进入管理后台。

2. 速卖通平台自主营销工具

销售具有推广的作用,目的是让商家卖出更多的产品。有三种方式可以达到这个目标:首先,降低商品的价格;其次,让买家在同等价格下获得更优质的产品;最后,同等价格下消费者选择的产品更多。速卖通的营销按照自主情况可分为店铺自主促销与平台促销。

速卖通店铺内的自主促销方式分为四种,分别是限时限量折扣、全店铺打折、店铺优惠券、满立减。

2.1　限时限量折扣

限时限量折扣是指卖家可以自主选择活动商品和时间,设置促销折扣及库存量的店铺营销工具。限时限量使得卖家可以设置不同的折扣力度推新品、造爆款、清库存。折扣的优点在于使商品主页呈现折扣标识,增加商品曝光度,当商品被买家收藏或者加入购物车时可显示折扣提醒。

注意:限时限量折扣和平台活动优先于全店铺打折活动,若有商品同时参加这些活动,则以限时限量折扣或平台活动为准,两者折扣不会叠加。

限时限量折扣一般有三种方式,一是全店铺折扣,二是部分折扣,三是限时限量折扣。限时限量折扣设置如下。

(1)打开速卖通后台,单击"营销活动"→"店铺活动"→"限时限量折扣"→"创建活动",进入创建店铺活动页面。活动创建 12 小时后正式开启,从创建活动到活动开始前 6 小时为"未开始"状态,可对商品进行编辑、退出和下架;活动开始前 6 小时就是"等待展示"阶段,活动创建 6 小时后直到活动结束,都是不能编辑和下架的。

(2) 商品折扣率。折扣率的设定有手机端和计算机端两种,手机端的折扣率可设定也可不设定,设定手机端的折扣需低于店铺端才可设定,不设定默认以计算机端折扣进行活动。折扣率设置后进行库存量设定。

(3) 促销数量。设定活动产品数量。活动库存应包括手机端和计算机端的库存量。

(4) 添加后进入展示状态,在状态展示前后活动都可以进行编辑。

2.2 全店铺打折

卖家为了提升整个店铺产品的销售量,都会选择采用全店铺打折的销售方式。速卖通全店铺打折的功能为店家布置全店铺打折提供了便利。

全店铺打折的设置如下。

(1) 营销分组创立。全店铺折扣功能在"营销活动"→"店铺活动"→"全店铺打折"→"创建活动"→"营销分组设置"中。营销分组后也可修改分组名称,排序以及删除分组。同时在营销分组中添加和移除产品。

(2) 相关信息。活动创建分为两大模块,分别为活动基本信息及活动与促销规则。为了方便管理,卖家可以设定活动名称。卖家可以按照自己的计划制定活动的时间区间,折扣设定受限于积分的限定,若评价积分为零,折扣率只能设定为 5%~50%,且折扣价要低于过去 90 天的销售均价。全店铺折扣限制于量,每个月总量为 20,总时长为 720 小时。

(3) 单击"确定"按钮即完成设置,此时活动为"未开始"状态,可以进行时间、活动商品的改动。活动开始前 6 小时将进入审核状态,活动为"等待展示"状态,"等待展示"和"展示中"的活动不可编辑,只能进行产品下架等操作,新创建的活动也不能和已创建的活动时间冲突。

2.3 店铺优惠券

店铺优惠券是指减免金额的一种促销方式,优惠券是卖家事先设定好,然后展示在平台上让买家领取,卖家下单时可以用优惠券减免一定金额。速卖通设置了两种店铺优惠券,分为非定向型和定向型,非定向型是指在店铺下单的客户均可使用,定向型是指部分客户才可以领取,这种优惠券可以设定 20 个。

店铺优惠券的设置如下。

(1) 非定向优惠券。登录"我的速卖通"→"营销活动"→"店铺活动"→"店铺优惠券",进入优惠券的设定页面。

(2) 填写基本信息。优惠券可以设置活动的开始和结束时间,每个人限领数、发放总量,以及优惠券使用条件。优惠券使用时间可以在"优惠券使用规则设置"→"有效期"中进行设置。

(3) 定向优惠券与非定向优惠券的设置一样。定向发放型优惠券的发放方式有两种:客户线上发放和二维码发放。这种优惠券活动创建成功时生效,不能再做修改。

2.4 满立减

满立减是一种达到交易额度减去优惠金额的促销方式,有两种设置方式:一是在店铺消费总额满足条件减去优惠金额；另一种是规定商品的总额满足条件减去优惠金额。这个活动是提升客单价的利器，可以刺激买家更多地购买产品。

优惠金额也可以设置有单梯度减免和多梯度减免，单梯度减去金额是不管总额为多少都只减一个金额，多梯度是根据消费的不同水平对应不同的减免金额。

优惠券的设置如下。

（1）登录"我的速卖通"→"营销活动"→"店铺活动"→"全店铺满立减活动"，单击"新建活动"。

（2）填写基本信息。注意选择商品满立减促销方式可以自由添加自己想要规定的商品，但自己规定的商品最多能够设定 200 个。

（3）填写促销规则。需要注意折扣和满立减是可以同时使用的，需注意设置时考虑店铺利润。

3. 平台活动

平台活动是速卖通平台整合相关资源，利用专门设立的特定频道，向卖家推出的免费推广服务。店铺能通过平台活动拥有高流量、高曝光、高转化率，它是增进店铺销售量的利器之一。

3.1 速卖通平台活动的类型

速卖通平台活动有速卖通中国好卖家、SuperDeals、国家站团购、速卖通无线抢购、行业 How&New、行业 Sales 主题。

（1）速卖通中国好卖家：它给高品质的商家提供了扩大国际市场、打造国际品牌的机遇。速卖通官方会给中国好卖家的商家提供大促活动时的流量倾斜，店铺内的产品能够获得最大化的曝光。

（2）SuperDeals：它是平台的秒杀活动，工作日和周末的秒杀不同。它是一款打造爆款的利器，有着 1 天千单的记录。

（3）国家站团购：速卖通给一些国家开放了团购页面。现开放的有巴西团购、俄罗斯团购。

（4）速卖通无线抢购：它是一个为无线用户量身打造的超级活动频道，入选该活动的商品可以获得最大的曝光倾斜。活动为每天 4 场，每场 6 小时。

（5）行业 How&New：速卖通会不定期对不同行业的热卖品和新品进行推广。

（6）行业 Sales 主题：对于节日、活动庆典，速卖通会及时针对相关主题开展促销活动，买家首页的推广位置非常明显。

3.2 速卖通平台活动报名技巧

活动报名的流程虽然容易上手，但是成功报名是需要技巧的。那么，怎样才能快速报名成功，参与活动呢？这里随机抽取了一期活动的报名条件，如图 4-70 所示。通过查找关于各类平台活动的报名条件，总结出一些基础条件。

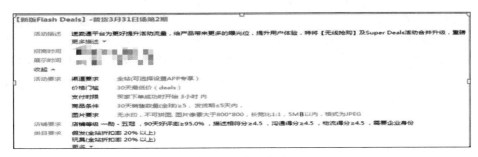

图 4-70　报名要求

3.2.1　确定审品的时间，在审品之前完成报名

活动中一般会有具体的审品时间，要及时关注活动，以便查看具体时间，如果没有具体时间，尽量在招商开始一个星期内完成报名，这样可以让速卖通人员快速审核。

3.2.2　严禁提价打折

提价打折是在产品上架后把价格调高之后再进行打折。这样看上去很容易实现加大折扣的目的，但是实际上买家根本享受不到真的折扣，体验感非常不好，下次可能不会再买此类商品。

3.2.3　满足最低折扣力度

折扣率范围设定了一定的区间，如图 4-70 所示，折扣率要在 20％以上。

3.2.4　达到要求的店铺等级

许多平台活动会对店铺的等级有一定的要求，如果店铺没有达到要求等级，就不能够报名。但并不是所有活动都有等级要求的，具体情况要参见每个活动的要求。

3.2.5　达到好评率要求

有些活动会要求产品在规定时间内达到相应的好评率，如图 4-70 所示，产品 90 天的好评率要≥95％，但不是每个活动都有好评率的要求。

3.2.6　对基本活动对象国包邮

速卖通有很多免除邮费的产品，这样就可以消除很多买家对邮费的困扰。平台活动要指明活动对哪些国家包邮，如图 4-70 所示，包邮的国家有美国、英国、法国、俄罗斯、西班牙。在设置活动时，在运费模板当中要把上面出现的国家都勾选上。

3.2.7　符合活动主题

每个平台活动都会有一个主题，主题活动不同加入的商品也不同。例如，在情人节促销的时候，就必须要求报名的产品要有情人节的元素，在产品的标题中要带有情人节有关的关键词，或者是在描述里有关于情人节的文案等。

3.2.8　销量要求

一些平台活动会要求产品在一定时间的销售量要达到多少，如图 4-70 所示，要求报名的产品 30 天销售量（全球）≥5，但并不是所有平台活动都会有这一要求。

3.2.9 做好产品优化

产品的详细描述是十分重要的。平台活动类型有团购、秒杀、上新、应季等。在进行报名的时候,商品的折扣要求是很高的,若想成功参加活动,产品一定要有价格优势。还要优化产品细节,可以通过详细地描述产品、添加对应国家语言的图片等方式来提高报名成功率。

4. 直通车

速卖通直通车是为全球的速卖通卖家量身定制的,它能够通过点击付费来快速提升店铺流量。它的价值是可以为卖家引流,并且卖家可以用它来进行新品的测试和爆款的打造。

4.1 直通车推广计划

直通车有快捷推广计划、重点推广计划。快捷推广计划适用于普通商品的批量推广,可以通过批量选词、出价等功能快速建立计划,获取更多流量。重点推广计划适用于重点商品的推广,要选择爆款、价格具有优势的商品来进行推广(爆款、价格具有优势的商品是参考数据分析中的成交转化率、搜索点击率等来决定的)。

(1) 快捷推广。

① 新建推广,如图 4-71 所示。

图 4-71 新建推广(1)

② 选择"快捷推广计划",如图 4-72 所示。

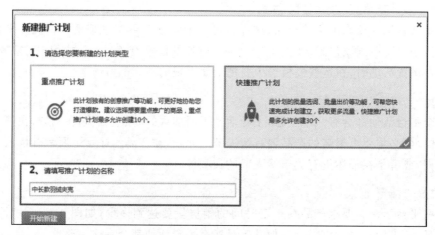

图 4-72 快捷推广计划

③ 选择商品，如图 4-73 所示。

图 4-73　选择商品（1）

④ 选择系统推荐词，如图 4-74 所示。

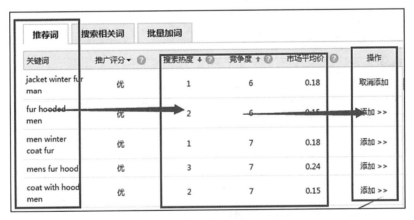

图 4-74　选择系统推荐词（1）

⑤ 可以对关键词进行出价，有市场平均价、以底价为基础加价两种出价方式，出价完成之后，推广计划就建立成功，如图 4-75 所示。

图 4-75　推广计划完成

情景四　跨境网络站内推广分析

(2)重点推广。

① 新建推广,如图 4-76 所示。

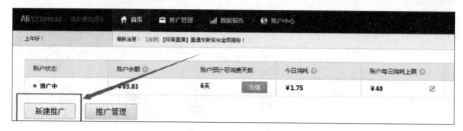

图 4-76　新建推广(2)

② 选择"重点推广计划",如图 4-77 所示。

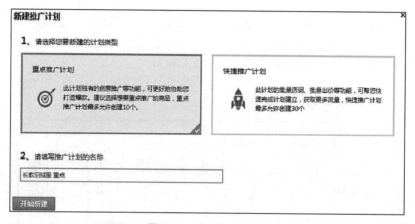

图 4-77　重点推广计划

③ 选择商品,如图 4-78 所示。

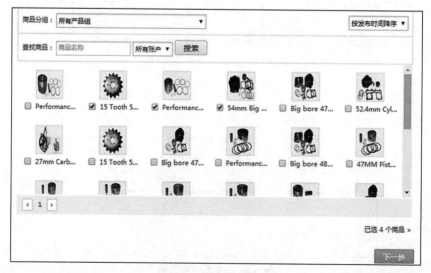

图 4-78　选择商品(2)

④ 选择系统推荐词,如图 4-79 所示。

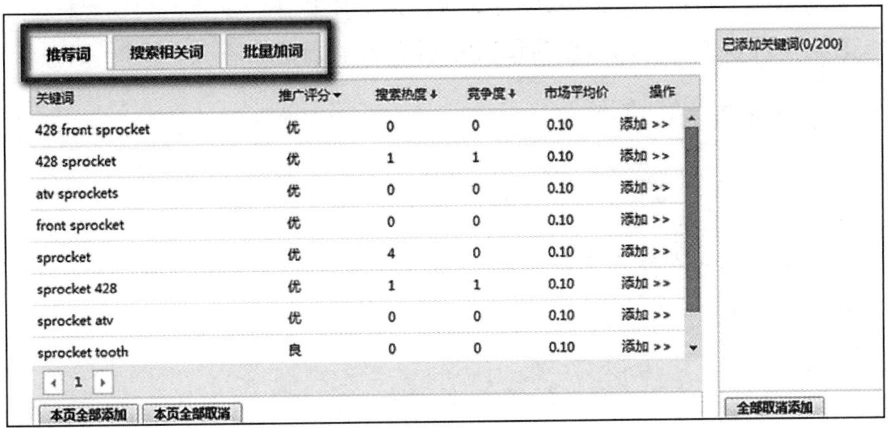

图 4-79 选择系统推荐词(2)

⑤ 可以对关键词进行出价,有市场平均价、以底价为基础加价两种出价方式,出价完成之后,推广计划就建立成功,如图 4-80 所示。

图 4-80 推广计划建立成功

4.2 直通车收费方式

直通车收费方式有开户费用、消耗费用、续充费用。

(1) 开户费用:第一次开户的商家可以根据具体情况缴纳 500~1000 元,这个费用是直接用于消耗。

(2) 消耗费用:点击之后才进行付费,关键词出价、关键词推广评分以及排名情况决定点击费用,最高金额不会超过为关键词所设定的出价。不点击是不进行扣费的,只有海外买家点击才收费。

(3) 续充费用:可以续充缴纳 500 元或 1000 元。

4.3 直通车优势

直通车的优势有以下几点。

(1) 排名靠前,直通车拥有优质的展示位。

(2) 它的商机能够进行全网覆盖,可以拥有精准的流量。

(3) 直通车可以免费曝光,只有点击之后才进行付费。
(4) 直通车数据是可以监控的,能够对成本进行控制。
(3) 直通车可以在短时间内提升曝光度、流量和交易量。

4.4 提高直通车转化率

商家利用直通车进行推广的时候,会出现以下问题:虽然利用直通车进行推广,但商品的曝光量很低;有了曝光量,商品的点击率很低;有了曝光率和点击率,转化率很低。出现这些问题的原因是卖家没有掌握直通车推广技巧。因此想做好直通车推广,需要掌握直通车推广技巧,其中的主要技巧就是对直通车转化率进行优化。

4.4.1 选品

优质的商品能够被买家青睐,因此要选择优质的产品,可以从以下几个方面来进行。
首先确定商品的品类,可以通过平台中的热销商品、各种平台活动中的商品来确定品类。其次确定自己店铺的商品,可以通过销量好、转化好、好评多、收藏多等数据来确定。最后要让商品的基础信息完整、准确。

4.4.2 关键词的设置

可以通过关键词工具、词表组合法、数据纵横、搜索结果提示、系统推荐词、其他网站工具来进行关键词匹配,但关键词应该选择曝光度、点击率、匹配度都高的词语,并且分步骤来选择关键词。

1) 关键词全量覆盖

在初始阶段,广泛增加词语、对词语经常更新,好的词语有利于增加商品的曝光机会,因此,要加上系统可以匹配并且与自己相关的好词。

2) 筛选关键词,准确加词

在中间阶段,要准确地加词。要密切关注关键词的状况,一旦发现关键词与商品关系不大或者点击量过少,就把它删掉。通过层层筛选之后,最终确定的关键词是最能够反映商品特点的。商品关键词与标题主关键词关联性要强。例如,商品的主关键词是"裙子",在商品关键词栏中就要有"裙子"。在按商品关键词写好标题后,要注意主关键词的位置,置于前部的主关键词有利于商品曝光。

4.4.3 商品图片的设置

商品的图片清晰、美观,能够让买家看清楚商品,引起买家的购买意愿。对商品的图片进行设计时,要注意以下几点。

1) 背景

背景和主题的颜色不能过于接近,否则会影响视觉效果。产品图片的背景要清晰,尽量选择单一色调,对生活化的背景要进行虚化。

2) 商品主体

商品一般占总主图面积的30%~80%,不要有过于空荡或者过于填满的图片。最好是纯宝贝图,这样主体突出,卖点明确。

3) 构图

在产品较多的情况下,要有一个重点突出的商品,其他商品用小图展示,不可多小图平等展示。单品+多图不同角度展示,有更多商品细节。单品+特写图,可凸显出商品卖点。单品+效果图,可用模特效果图,能够展示出商品用途和使用效果。

4) 水印

在商品图片上添加水印,有美观与避免被盗图的效果。为了图片的美感,水印要清楚、简洁,并且不能把水印添加得太明显。

4.4.4 标题的设置

在设置标题时要掌握一定的技巧,好的标题可以提高关键词的推广评分、点击率。

1) 标题与商品属性要紧密连接

卖家在后台填写商品属性的,要尽量将商品属性填写完整。同时要注意商品属性、标题、关键词等的设置,要让标题和商品属性紧密结合。

2) 标题长短适当

由于直通车展示位有限,没有办法完整地展示整个标题,因此标题的长短要适当,还要把卖点、重要属性等词语尽量放在前面。

3) 谨慎使用"Free shipping"

如果店铺设置了全球免邮,能够在标题中出现"Free shipping"的字样,但是如果店铺只针对某些国家免邮,最好不要在标题中填写"Free shipping",以免被判定为"运费作弊",会导致推广不能匹配。

5. 速卖通联盟营销

5.1 联盟营销的简介

联盟营销是按推广效果进行付费的推广模式。"联盟"是指互联网各种网站组成的广告联盟,速卖通在这些网站投放广告以吸引站外流量。参与联盟营销的卖家可以免费获得推广,但当卖家通过联盟营销收到了订单,就需按事先约定的比例给联盟网站支付佣金,佣金由平台卖家决定。若有买家进行退款,则佣金按成交价格相应递减,运费无须支付佣金。

联盟营销的优点如下。

(1) 成本低。只有订单成功交易后才会支付费用,前期推广免费。

(2) 效果显著。包括设置不同的佣金和自主选择推广的商品。

(3) 客户范围广。商家可获得在各个国家的海量推广资源,提升店铺销量及市场占有率。

联盟营销的创建流程为:进入"我的速卖通"→"营销活动"→"联盟看板"页面,单击确认服务协议,就正式加入了联盟营销。

5.2 联盟营销佣金的设置

卖家加入联盟后需要注意佣金的比例,要根据店铺的利润率进行合理调整,产品进行定价时可以将联盟成本考虑进去。系统一般会根据设置的联盟佣金比例为商品设置联盟佣金,系统默认比例为3%。除此以外,速卖通平台还会收取5%的佣金,也就意味着,当卖家利润率大于5%时才能不赔钱。为方便卖家的推广及管理,速卖通对佣金设立进行分层。佣金主要分为以下三种。

5.2.1 店铺默认佣金

卖家一旦加入联盟,那么整店所有商品都将变成联盟商品,都会有一个系统默认佣金比率,即3%。

5.2.2 类目佣金

卖家可以选择店铺产品类目设置佣金比例,即一类商品可以设置一个佣金比率。

5.2.3 主推商品佣金

卖家可以将店铺的部分商品作为主推商品,在所能接受的范围内,主推商品的佣金比率一定不能太低。

联盟佣金比例大小顺序:主推商品佣金→类目佣金→店铺默认佣金。

5.2.4 联盟佣金设立

佣金的设立流程如下。

(1) 单击"联盟营销"→"佣金设置"→"所有未设置的类目",这是所有线上产品默认的佣金比例,默认为3%,卖家可以单击"修改"选项,变更佣金比例,比例为3%~5%。

(2) 单击"添加类目设置"→"类目商品佣金",选择所需的商品类目,并设定佣金比例。需要注意类目佣金比例一般不低于默认佣金比例,大部分情况下要高于5%,可以根据系统提示来进行设置。

(3) 单击"我的主推产品",可以设置并管理主推产品的佣金,也可以对已存在的主推产品进行修改或查看其推广报表。

(4) 单击"添加主推产品",可以搜索在售的产品,选择所要主推的产品,并且根据系统提示设定佣金比例和生效日期即可。主推产品数上限一般是60个。

需要注意的是:用户设置了默认佣金后,还设立了类目佣金和主推产品佣金,那么优先生效主推产品佣金。促销产品佣金是按照折扣后价格计算。一个订单中的多个商品,将单独计算联盟佣金。若买家在交易期间发起退货,则联盟佣金会退给卖家,若交易结束退货,联盟网站有了促进销量的作用故不退佣金。

5.3 联盟效果

联盟效果可以通过联盟看板、流量报表、订单报表和成交详细报表等查看。

5.3.1 联盟看板

通过联盟看板可以很直观地看到联盟营销的实际效果,联盟看板生成的图可以根据单击数、联盟销售额、总销售额、预计佣金和ROI不同的维度进行展示。

5.3.2 流量报表

卖家可以通过流量报表了解联盟营销近六个月的日均流量状况,包括联盟(Page

View)、总访客数、联盟访客数级占比、联盟买家数和总买家数。这些数据帮助买家更好地衡量联盟给店铺带来的作用。

5.3.3 订单报表

卖家可以通过订单报表了解联盟营销为店铺带来的订单情况，订单报表包括订单数、预付佣金、支付金额、结算金额、结算订单数、实际佣金。但联盟订单数不代表结算订单数，如发生退款的订单数和订单金额都会排除在外。

5.3.4 成交详细报表

成交详细报表是指卖家选择店铺经营的某一时段后，可以查看订单的具体成交时间、成交金额、子订单信息、佣金比例以及据此算出的实际联盟佣金额和佣金总和，这样可以一目了然地知道佣金支出的详细细节。

5.4 联盟订单判定

速卖通平台有相应的判定规则来筛选联盟带给卖家的订单，卖家从联盟网站的链接访问到速卖通时，速卖通会进行标记，首次通过推广链接进入的卖家开始计算的30天内，买家进行下单并且完成最终交易，才算作一个有效订单。

值得注意的是，买家在购买前通过联盟推广链接进入，即使后来又从店铺链接进入，成交的这笔订单仍计为联盟带来的订单量。

做联盟营销不是一个快速的过程，卖家需要不断总结经验，淘汰不良的产品，不断更新买家喜爱的产品，最后才能留住带来订单的产品。

6. 速卖通客户管理

客户关系在营销发展的过程中是非常重要的。在营销中，做好沟通和服务能够极大地改善客户关系，对速卖通的卖家来讲也是一样。从速卖通店铺角度出发主要是有两方面的原因。首先，从沟通的角度出发，随着订单数量的增加，纠纷和差评是不可避免的，卖家要在产生纠纷和差评的过程中尽量解决纠纷，减少买家对店铺的不满，降低店铺损失。其次，从服务的角度出发，好的服务能够维持一个良好的客户关系，而良好的客户关系不仅可以增加客户回购率，而且可以降低营销成本，有利于店铺健康的成长。因此，如何与客户进行有效的沟通，如何为客户提供优质的服务，成为速卖通卖家必须掌握的技能。

6.1 客户关系管理的含义

客户关系管理是指为提高企业核心竞争力，企业运用相应数据技术，协调企业和客户在销售、服务等方面的关系，营造互利共赢的气氛，为客户提供创新、个性的服务流程。其最终目标是吸引新客户，留住老客户，塑造忠诚客户，以增加市场份额。

6.2 客户生命期阶段划分与特点

客户关系生命周期，指的是客户关系随时间进行变化。当客户为企业的潜在客户时，客户的生命周期就开始了。生命周期可分为四个阶段：潜在客户、新客户、老客户和新业务新客户阶段。客户服务可以延续客户生命周期,塑造忠诚客户。客户生命周期是从动态角度研究客户关系的重要工具。将客户关系的发展过程划分为几个典型阶段,并描述了每个阶段的客户特征。每个阶段的特点如下。

6.2.1 潜在客户阶段

潜在客户指的是存在购买需求并具有购买能力,店铺产品能够满足他们某一方面需求的有购买决策权的客户。潜在客户是需要挖掘的,让客户知道产品的重要性最终购买店铺的产品。

当客户成为企业的潜在客户时,他们开始对业务表现出兴趣,开始搜索和询问企业的业务。在这一阶段,顾客会因各种不同的需求而产生一定的购买意识,因此就会对该商品或服务的信息产生兴趣。顾客通常会通过相关信息,如广告、商品展示、他人促销等方式,为自己的购买决策提供依据。客户会将企业产品同其他企业的相似产品进行比较,产生对企业的产品感知,这也是客户对企业建立信心的过程。潜在客户对产品的信任或认可程度决定了他们成为新客户的可能性,但他们也可能失去信心,从而使企业失去这个客户。外部评价、顾客水平和顾客所处行业都会对顾客进入下一阶段产生影响。

6.2.2 新客户阶段的特点

新客户指的是顾客决定使用或购买某一企业的某一产品或服务。新客户是由潜在客户转变而来的,在这个时期,客户会逐渐形成对该企业的业务和商品的信任,对新客户的关心和培养是新用户生命周期继续消费商品的前提。

新客户的维持对企业来说至关重要,可以从以下几个方面来维持良好的客户关系。

(1) 优化服务质量。当店铺给用户不好的印象后,客户会很快转化为其他店铺的客户。

(2) 完善服务问题。服务修整不但可以弥补服务中发生的问题,还可以使挑剔的客户感到满意,让企业具有明显竞争优势。

(3) 服务修整方案的制定。对服务中出现的问题,道歉是远远不够的,一个切实可行的修补方案,从根本上解决客户的问题。

(4) 结合客户的实际。考虑客户的实际情况,为客户提供个性化的、高价值的服务。

6.2.3 老客户阶段的特点

老客户指的是多次购买企业的产品,在购买同样商品的情况下优先选择本企业的客户,在这个阶段,客户已经对企业有了基本的信任,从而成为企业的老客户。

企业要想办法把老客户培养成忠诚的客户,不仅可以争取更多的客户资本份额,使客户对他们还未使用的企业的一些新业务也产生使用兴趣,而且可以使客户成为本企业产品的推销者,带动他们身边的人使用本企业的产品。

6.2.4 新业务新客户阶段

新业务新客户是指原有的老客户由于建立起对该企业业务的信任感,进而使用了该企业的新业务。当客户进入这一阶段时,客户生命周期将进入周期阶段,充分发挥客户潜力,延长客户生命周期,从而为企业维护客户,节约成本。

6.3 客户服务

优质的客户服务是改善买家购物体验、提高转化率、促进买家二次购买的有效保证，这就要求卖家通过良好的客户服务来提高买家的满意度，并能有效地进行二次营销。

买家满意度是指买家通过对一个商品实际感知与预期值之间进行对比所形成的愉悦或失望的感觉状态。较高的买家满意度会给卖家带来更高的回购率并吸引其他买家更快地下单，同时还能间接地提升商品的排序，增加商品的曝光度，帮助卖家享受更好的资源。在跨境电商交易过程中，影响买家满意度的因素主要有商品质量、物流速度、物流服务、交易沟通和售后服务等。卖家可以考虑从以下几个角度着手提升买家满意度，改善交易过程中买家的购物体验。

1) 详细的商品描述

卖家对商品信息的描述应尽可能详细和完整，可以从两方面进行。首先，标题内容要尽可能详细，包含售后服务、质量保证等信息，可以将商品的信用保证、商品材质及特点、商品名称、免邮等信息写到标题中；其次，商品详细描述要完整，其中包括商品的功能、参数、品类、使用方法等重要内容，售后服务、质量保证、承诺、注意事项等内容也尽可能表述得详细、完整。

2) 良好的沟通

首先，快速、及时地回复用户是良好沟通的基础，回复时越快速，越可准确地把握客户问题所在，避免在来回沟通过程中错失商机。

其次，专业地解决用户需求，当卖方遇到买方的咨询问题时，应积极回应和沟通。如果在与买方沟通过程中出现误解或争议，可能是因为货物描述模糊，这个时候店铺负责人员应该给予专业有效的回答，能够精准解决用户的问题。与此同时，买卖双方应该保持耐心，大多数情况下都能消除误解。

最后，在沟通和服务过程中，客服人员一定要坚持某些原则，原则的把控更有利于客服人员的对答如流，同时也能赢得客户的尊重和青睐。为了使贸易双方达到预期的沟通目的，增强服务的有效性，应遵循简洁完整、礼貌回话等原则。

6.4 速卖通客户精准营销

6.4.1 精准客户营销概述

精准营销首先要对客户进行精准细分，并能制定不同的营销计划。速卖通通过以下过程实现精准营销。

(1) 识别。速卖通对客户划分了等级，可通过查看黄金会员的购买记录了解买家是否为大客户。对购买频率高、金额大、好评、利润高等的客户进行记录。

(2) 开发。开发现有、他人、潜在客户。

① 现有客户。"营销活动"→"历史客户统计与营销"中购买次数超过3次、采购金额超过50美元的客户，将其购买记录进行统计。

② 他人客户。例如，在店铺中买过A产品的客户到别人的店铺买了B产品，可以考虑自己能不能也做B产品。

③ 潜在客户。来本店铺询问过相关产品的客户,看他们最近的购买记录可区分是自用客户还是分销类客户。针对分销类客户进行进一步的营销。

(3) 销售。用服务和折扣来销售本店铺现有的产品,针对客户想买但是店铺中尚未有的其他家产品,可以创建一个新链接,将价格稍微低一些的产品推销给客户。

(4) 服务。提供力所能及的最好的服务。

(5) 售后。分析客户采购记录、客户网站、客户对产品的意见,注意时刻与客户保持联系。

6.4.2 站内信精准客户营销

沟通是处理一切问题的基本方法。在速卖通平台上,常用的速卖通营销渠道是速卖通站内信。站内信有准确的时间提醒和标识功能,同时有指定黑名单和查看历史订单的功能。那么,怎么回复速卖通站内信呢?可以遵从以下原则。

(1) 简洁且清晰、逐点明确。

(2) 注意沟通语句。

(3) 可以提供多种语言与用户沟通。

(4) 编辑通用型的常用回复。

在进行速卖通客户营销推荐之前,首先要了解的客户的重要信息如下。

(1) 客户评价。查看客户的全部评价并交接客户的要求,善于抓住客户的信息和需求,与此同时,应该屏蔽干扰信息,获取有价值的信息。

(2) 购买记录。可以在后台的速卖通客户营销中,找到自己的客户进行综合分析。但是对于新手卖家而言,那么需要注意下面几类客户可能是潜在客户。

① 在店铺购买 3 次以上的客户

② 在店铺采购超过 50 美元的客户。

③ 善于沟通和回复比较及时的客户。

案 例 思 考

案例背景介绍

毕业于英国爱丁堡大学国际法专业的赵女士,在英国时已开始关注跨境电子商务平台。速卖通入驻门槛低,没有资金和组织形式的要求,能够满足小卖家创业的需要,这让回国不久的赵女士很轻易地接触到速卖通平台,跻身于卖家之中。

由于地处江浙一带,服装产业发达,质量有保证,赵女士个人又比较熟悉欧美服饰和品牌,对女装和女性的购物习惯也比较清楚,所以她毅然选择了竞争激烈的服饰类作为自己的经营类目。对于一个完全没有跨境平台工作经验的人来说,速卖通给赵女士提供了一个不错的机会。

速卖通平台提供的一些资讯,包括论坛和网络课程,让赵女士拥有了较大的自学和提升空间。在经营之初,由于不懂直通车,赵女士只是一味地砸钱进去,没有流量就刷关键词,最后不仅没有销量,反而花了很多钱到直通车里。后来,赵女士通过与其他卖家进行交流,自己也不断进行摸索,学习平台提供的各种视频,将理论和实践相结合,才有了进步。从最开始学习速卖通平台的各项规则和运营方法,之后在助力计划的帮助下,店铺的交易量达到每天几百单,再到现在拥有三家店铺,成交量达单日1000单左右。正是借助平台的学习机会集中培训,不断了解店铺运营的方法、数据的分析以及平台活动的参报取得的成果。

赵女士在选品和打造爆款方面颇有心得。她说,通过优化产品的标题、关键词,研究产品的流量、浏览量、点击量和转化率的数据,进行分析,按照产品推广的国家进行标题关键词的检索和筛选。打造爆款上,赵女士会利用直通车去推爆款,选择一个有竞争优势的价格的产品,不断调整产品的直通车关键词和出价,让产品始终处于首页,增加曝光量,之后通过查看产品的转化率和点击率,来调整标题,让产品的自然排序不断靠前,如果成为爆款的产品就会继续使用,如果产品排名往下掉了,就继续加价。就是在不断地学习和总结的过程中,赵女士不断地进步。

现在赵女士的团队拥有14人,3人负责运营,客服有5人,仓库有6人。在运营方面,一人做全店铺和限时折扣运营,一人做平台活动运营,一人做直通车和社交网站的推广。赵女士表示,全店铺和限时折扣是日常运营的基础,不断地给产品打折是吸引买家眼球的一个方法,配合平台活动一起做,能够取得更加理想的效果。对于购买达到了一定金额的买家,不定时地发放一些优惠券(无限制购买金额的那种),可刺激这类买家回到店铺进行购物;对于多次购物的买家,可给予比较优惠的折扣和活动。

在售后方面,赵女士会不定时地发邮件了解买家对于产品的需要以及评价,不断改进选品和开发。有时,也会用电话的方式进行回访,及时有效地进行沟通。面对差评和投诉,赵女士主要通过电话解决,如果是恶意差评,则是向平台投诉争取正当的利益,提供正当的证据,进行投诉。通过了解买家真正的需求,进一步给予帮助,能补发的补发订单,能够退款的用退款解决,尽量避免买家的利益受损,让买家有宾至如归的感觉。正是通过提供优质化的服务和会员化的管理,赵女士的店铺吸引了很多的回头客。

除了店铺运营和管理上的经验,赵女士在供应链和资源整合方面也有新的理解。大宗客户是她的主要客户群,提供性价比高的产品,以及最优质的服务,把握每一个新顾客,服务好每一个老顾客,这些都是她要做的。赵女士认识到,只有拥有强大的供应链,才能将最有优势的价格带给客户。

此外,赵女士希望建立自身的独立品牌,进行品牌营销和运作管理,将店铺更加专业化、优质化。举例来说,如果店铺锁定的是巴西市场,首先要了解巴西人的喜好,挑选相应风格和时节的服饰进行上架和推广;其次,要将首页制作成葡萄牙语的版面,让店铺更加专业,爆款内页的详情描述也增加葡萄牙语;同时,寻找葡萄牙语的工作人员和客户进行邮件或者电话的沟通,将服务做到最好。赵女士希望能够建立自身的品牌效应,锁定主要客户群,制定出主要市场的品牌战略。

问题和思考

1. 赵女士是如何做好直通车的?
2. 采取自主营销工具时要注意什么问题?

习　　题

一、单选题

1. 端午节大促活动属于（　　）。
   A. SuperDeals 主题　　　　　　　　B. 国家站团购
   C. 行业 How&New　　　　　　　　D. 行业 Sales 主题
2. 成功报名速卖通平台活动的技巧不包括（　　）。
   A. 提价打折　　　　　　　　　　　B. 符合活动主题
   C. 销量要求　　　　　　　　　　　D. 符合折扣力度
3. 提升店铺转化率不包括（　　）。
   A. 限时限量折扣　　　　　　　　　B. 店铺不打折
   C. 店铺优惠券　　　　　　　　　　D. 店铺满立减
4. 速卖通联盟营销的佣金适用顺序为（　　）。
   A. 类目佣金→主推商品佣金→店铺默认佣金
   B. 店铺默认佣金→类目佣金→主推商品佣金
   C. 主推商品佣金→类目佣金→店铺默认佣金
   D. 主推商品佣金→店铺默认佣金→类目佣金
5. 客服生命周期的阶段不包括（　　）。
   A. 潜在客户阶段　　　　　　　　　B. 新客户阶段
   C. 老客户阶段　　　　　　　　　　D. 老业务新客户阶段

二、填空题

1. 直通车的推广技巧有选品、关键词的设置、（　　）、（　　）。
2. 联盟看板、（　　）、订单报表、（　　）可以查看联盟效果。
3. 提升速卖通客单价的方法有（　　）、（　　）。
4. 平台店铺类型有（　　）、（　　）、（　　）。
5. 速卖通平台的销售方式有（　　）、（　　）。

三、简答题

1. 速卖通平台如何实现精准客户营销？
2. 设置全店铺打折的步骤是什么？

实　践　操　作

请写出以下问题的演示操作过程。

1. 注册新的速卖通账号。
2. 打开流量分析后台数据。
3. 查看联盟看板。

4. 添加店铺定向型和非定向型优惠券。

5. 速卖通直通车的开通。

6. 创建一个限时限量折扣。

子情景四　亚马逊平台

知识导读

亚马逊平台创立于1995年,从最开始的一家在线书店发展成现在全世界最大的电子商务平台。近年来,电商平台的迅速发展深刻地改变了产品的销售模式,让产品销售突破了时间与空间的限制,让产品交换变得更加便捷、迅速,因而成为一种新型的购物模式。而亚马逊作为当下电商平台的佼佼者,得到了业内广泛的认可。本节将回顾亚马逊平台的发展历史、优劣势,学习亚马逊黄金购物车和跟卖的基础知识,介绍亚马逊平台的站内促销工具和CPC广告。

学习目标

知识目标

了解亚马逊平台黄金购物车 Buy Box 和跟卖的基础知识。

熟悉亚马逊平台的站内促销工具和CPC广告。

能力目标

能够掌握黄金购物车的运营技巧。

能够申报亚马逊平台的秒杀活动。

素质目标

拥有较好的亚马逊跨境电商平台的运营理念。

相关知识

1. 亚马逊平台

1.1　亚马逊平台介绍

1995年,杰夫·贝佐斯(Jeff Bezos)创立了亚马逊(Amazon),其前身是一家在线书店,贝佐斯希望能让人们在一分钟内获得世界上所有已出版的书籍信息。1997年,贝佐斯认为在线零售是比实体店更方便的商业模式,因此亚马逊开始扩大产品种类,并试图将自己打造成一个综合性的电子商务平台。2000年,亚马逊的口号已改为"最大的在线零售商"。截至目前,亚马逊已经成为全球最大的电子商务平台。2018年,美国亚马逊的电子商务市场份额达到49.1%,而下一个电子商务平台eBay的市场份额只有6.6%,远不及亚马逊。自2012年起,亚马逊平台开始招募第三方中国卖家。在接下来的几年里,中国卖家的数量呈现爆炸式增长。

根据亚马逊官方2017年12月6日在厦门举行的年度卖家峰会上公布的数据显示，2017年亚马逊全球12个网站的新卖家数量约为100万，其中，美国新卖家超过30万。根据亚马逊官方在峰会上公布的数据，在所有亚马逊卖家中，约有14万卖家的年销售额超过10万美元。与之对应的是，亚马逊平台延续高速增长的趋势，2017年，亚马逊FBA（Fulfillment by Amazon，亚马逊完成代发货的服务）在全球的发货数量达数十亿件，亚马逊市值飙涨，超过6000亿美元，而亚马逊创始人兼首席执行官杰夫·贝佐斯的身家高达1090亿美元……这些数据都在向我们展现着亚马逊平台的蓬勃生机。也正是由于这些因素的刺激，中国的跨境电商创业者们都纷纷把亚马逊作为创业的首选和主营战场，期望能够获得一份满意的答卷。

跨境电商出口行业一片生机，而亚马逊凭借其整体体量大、平台规则规范、目标消费群体高端、销售利润率高等优势，成为众多跨境电商创业者们的首选。亚马逊位于华盛顿州的西雅图，如今是美国最大的一家网络电子商务公司，也是最早开始经营电子商务的公司之一。在亚马逊平台上，平台自营和第三方卖家共存，不同的卖家形态从不同的业务模块丰富了平台上的产品线，极大满足了消费者的需求。在当前亚马逊平台的整体销售额中，平台自营销售业务和第三方卖家业务各占一半左右的市场份额。

下面将分析亚马逊平台在电商市场中的地位和特点，并了解该平台的独特营销渠道。

1.2 亚马逊平台的优势

近年来，随着实体产业不断升级，成本结构也不断增加，传统外贸产业的成本优势越来越不明显。再加之传统的对外贸易也不断受到贸易壁垒、贸易保护主义崛起等不利因素的冲击。在整个传统外交逐渐衰落的背景下，贸易产业方面，随着"一带一路"倡议的提出和国家对外贸易转型升级的大力支持，跨境电商出口一跃成为外贸产业中的"黑马"，并受到跨境电商产业逐利效应的带动，越来越多的外贸从业者和外向型制造工厂开始进入跨境电子商务行业。

而对应的是，像易贝（eBay）、速卖通（AliExpress）、Wish等跨境电商平台的竞相传播，让很多原本打算进入跨境电商行业的人们，甚至已经身处其中的跨境电商卖家们都开始迷茫和困惑，究竟哪个平台更适合自己呢？多平台百花争艳固然是好事，可对于时间、精力和资金都有限的跨境电商卖家们来说，选择一个规则公平、利润率高、发展空间大的平台更便于助推自己的成长。跨境电商虽然是风口，但只有在水草最丰美的地方，才能长得膘肥体壮。人们总说"选择大于努力"，选择合适的平台才能发展得更长远，站在跨境电商行业的门槛处，我们不得不思考：当前这么多跨境电商平台中，哪一个更适合跨境电商卖家们选择呢？

1.2.1 亚马逊平台体量最大

正如在前文所讲到的，亚马逊平台覆盖的市场是跨境卖家所面向的最核心市场，如美国、加拿大、英国、法国、德国、意大利、西班牙和日本等，亚马逊在这些体量大、消费层次高的主流市场上也是最大的网上购物平台。健忘的消费者永远只记得第一而不顾其他，亚马逊凭借在这些市场的绝对垄断地位占领了消费者网上购物心智中最核心的部分。可以这么说，在这些国家，购物就上亚马逊几乎是每个消费者的共识。消费者的认知如此，作为跨境电商卖家,要想在这些全球最发达的市场抢得市场份额,选择在亚马逊上运营自然是不二之选。

1.2.2 亚马逊平台客户最优

成立 20 多年来,亚马逊一直坚持精耕细作,每一步的发展都紧紧围绕着"以用户为中心"的理念。虽然许多公司都以类似这样的语言作为公司的核心经营理念,但纵观全球,能够真正把这句标语落到实处并且做得踏实的,亚马逊当属翘首。

用户都是理性的,在享受亚马逊高品质服务的同时,用户对亚马逊平台产生了信任和依赖。当前,亚马逊针对重度用户推出的 Prime(Prime 是亚马逊会员的称谓,一般理解为亚马逊的高级会员)吸纳约 8500 万个会员(会员数量非亚马逊官方公布,来自外媒评估)。

以亚马逊美国站为例,当前,用户只需支付 99 美元的年费就可以成为亚马逊 Prime。在一年的会员期内,可以享受在亚马逊网站购物时免派送费和 2 天到货的服务。除此之外,亚马逊还为 Prime 提供多项福利政策,如免费的音乐、电子书和电影等,这些服务再加上免费派送,成为增强用户黏性的利器。

这些 Prime 是各个国家的中产阶级核心力量,他们有消费需求,同时又具有消费能力,是网购人群中非常重要的群体,他们网购消费频率高、对价格敏感度低,正是这样的一个群体,促成了亚马逊人均 1200 美元的年消费值。庞大的高黏度用户群体和如此高的单客消费值,都是其他电商平台望尘莫及的。

1.2.3 亚马逊平台规则最规范

对于亚马逊平台的规则和规范程度,几乎所有从事过亚马逊运营的卖家都比较认可。人们历来讲"不患寡而患不均",亚马逊以平等、公平和规范的卖家管理原则,对所有卖家一视同仁,大家站在同样的起跑线上,只要你用心,你就可以跑得快,并且有可能超越其他卖家。而从另一层面来看,也只有你足够用心经营,才能够在亚马逊上生存下来。在卖家公平这一原则上,亚马逊深谙西方的哲理,人人生而平等,给予每个卖家同样的机会,自己努力创造结果。

除此之外,在日常运营中,亚马逊虽然也经常会对平台规则小幅调整,但都是基于原有框架对漏洞的修复而已。相比有些跨境电商平台每年(甚至每月)政策不断变化且自相矛盾的情况来说,亚马逊平台一直秉持的公平规则让卖家更放心,更坚定了他们在平台上的运营。

亚马逊规范的平台规则让买家放心,让卖家安心。平台给出尺度量衡,卖家依照规则经营,所有卖家在公平透明的规则下竞争,深得卖家的认可。从这一点上,亚马逊和 Google(谷歌)"Do No Evil(不作恶)"的公司理念有异曲同工之妙。

1.2.4 亚马逊平台平均利润率最高

跨境电商行业的市场竞争激烈已是不争的事实,而且不会停止,必将越来越激烈。原本的蓝海市场变成了一片红海,一路奔着血海而去。

竞争激烈,运营成本上涨,利润空间稀薄,利润率越来越低,很多产品都成了鸡肋,"食之无味,弃之可惜"。在这样的大背景下,亚马逊平台上较高的利润率犹如一泓清泉,也因此成为跨境电商卖家优先关注的平台。

基于亚马逊独特的平台属性和消费群体较高的消费能力，用户在亚马逊平台上购物的过程中对商品价格敏感度低、缺少比价的动力，大部分消费者更在意商品本身的评价。一个商品拥有好的评价更容易得到系统的推荐，也更容易获得用户的青睐，而在系统推荐的权重核算中，价格并非首要因素。与此同时，习惯了亚马逊购物的消费者同样也不会把价格作为最重要的衡量因素。所以，对于亚马逊平台的卖家来说，只要产品品质足够好，就可以以较高的价格销售，获取较高的利润率，这是其他跨境电商平台不可比拟的。

从大多数的亚马逊卖家群体来看，对于一个好产品，卖家通常可以很轻易地达到30%以上的利润率，如果产品独特，利润率甚至可以为100%以上。

通过以上的对比分析不难发现，跨境电商作为一个正处在风口的行业，市场潜力巨大、发展空间无限，是正在寻找业务新通道的实体工厂和正在寻求转型的传统外贸企业理应考虑的一个方向，同时跨境电商行业由于门槛低、发展快，也适合正在寻求机会的创业者们考虑。人们总是说"站在风口才能飞得更高"，也有些人说"选择大于努力"。在选择跨境电商平台时，无论是从市场规模、平台规范、发展空间，还是从卖家所追求的利润率和利润空间来看，亚马逊都是值得跨境电商卖家优先关注的平台。

1.3 亚马逊创造的机遇

1.3.1 传统外贸企业可以进行转型

中国有众多传统外贸企业，多年来，这些外贸企业习惯于大订单、批量化的生产方式，这样的生产方式也确实曾令很多传统外贸企业获利颇丰。但时过境迁，2008年金融危机之后，世界经济的复苏缓慢、欧美国家的经济低迷，都导致很多传统外贸企业逐渐没落。

传统外贸企业有自己独有的优势——拥有可以供自己独享的供应链资源，如果你开发的产品迎合了消费者的需求，这个产品就拥有很强的盈利能力。有些传统外贸企业可能会担心跨境电商的订单量小，其实不然，虽然跨境电商面对的是终端消费者，但是无数的小订单加起来就相当于大批量的订单，而且亚马逊平台上单品的价格和利润都是批量销售所无法比拟的，跨境电商的一个订单所产生的利润，可能相当于之前传统外贸的20个甚至更多个产品的利润。

传统外贸工厂除自己直接切入跨境电商以外，还有另外一条路可以选择——变外贸为内贸，直接为我国众多的跨境电商企业服务，成为这些跨境企业供应链中的一员。传统外贸企业要时刻紧盯国际产品的趋势，不断研发更加符合市场需求的新产品，只有这样才能够在蓬勃发展的跨境电商行业中屹立不倒。

1.3.2 我国的电商卖家可以进行多渠道发展

1) 亚马逊平台和淘宝平台的区别

亚马逊是跨境电商平台，淘宝是我国的电商平台，二者的本质不同，其主要区别如下。

（1）运营思路不同。

在淘宝平台上，好产品不一定能够卖得火爆，因为可能要付出巨大的推广成本，只有在巨大推广成本的支持下，这个本身就过硬的产品才可能有成功的机会。而亚马逊平台虽然也注重产品的推广，但是亚马逊平台更看重的是产品本身的质量和需求度，如果产品刚好迎合了市场需求而本身质量又不错，那么所要付出的推广成本要远远小于在淘宝平台上付出的推广成本。

（2）运作主体不同。

淘宝平台是以店铺为主要载体来进行操作的，淘宝卖家在进行营销时也会设置很多店铺福利来招揽和留住客户。当淘宝的客户在一家店铺成功完成交易后，如果客户需要再次购买相同性质的产品，客户会有很大概率购买这家店铺的产品，这样淘宝卖家就可以轻易地挽留住一部分老客户。

而在亚马逊平台上，产品是主要的运营主体，虽然亚马逊平台上也有店铺，但是相对于淘宝平台来说，这个店铺的影响力可谓微乎其微。欧美的客户在购物时，绝大多数会直接在首页的搜索框内进行搜索，哪怕是再次购买相同的产品，也只有极少数的人会选择之前购买过的店铺。所以，对亚马逊卖家来说，店铺的概念十分模糊，亚马逊卖家不用像淘宝卖家那样去精心维护自己的店铺，他们只需经营好自己的产品。

（3）客户开放性不同。

从淘宝店铺中淘宝卖家可以获得客户的详细信息和联系方式，之后淘宝卖家可以在营销中使用短信等方式进行再次推销，从而可以和客户形成一种长期的合作关系。但是在亚马逊平台上，客户的信息是绝对保密的，亚马逊平台不允许亚马逊卖家私下联系客户，如果亚马逊卖家确有重要的事情需要与客户沟通，只能通过亚马逊平台的站内信联系客户，而且不能在站内信中留有包括电子邮箱在内的个人联系方式。如果站内信中出现了亚马逊卖家个人的联系方式，这些信息会被亚马逊系统识别并屏蔽，而且亚马逊卖家的店铺也极有可能因为违规而被关闭。亚马逊平台希望用这种方式来留住客户，亚马逊卖家在亚马逊平台上是得不到任何有价值的客户信息的。

（4）评论规则不同。

在淘宝店铺的运营中，即使客户最终没有主动留下评论，依据淘宝平台的规则，系统也会默认给出好评。

亚马逊平台没有"默认好评"这项功能，只有客户主动留评才会有产品评论出现。此外，以提供物质奖励的方式诱导或强迫客户留下好评是被严厉禁止的行为，亚马逊卖家一旦做出这种行为，被封店将是唯一的结局。

亚马逊平台还有一项直评功能——没有购买过某款产品的买家，只要达到买家留评资格，也可以在该产品下留下评论。这在淘宝平台上是不被允许的，在淘宝平台上，只有购买过该产品的买家才有资格留下评论。

（5）运营模式不同。

淘宝本身是一个交易平台，它是不参与产品售卖活动的。亚马逊与淘宝不同，亚马逊不但为卖家提供交易的平台，其自身还参与产品的开发与销售。亚马逊平台上有很多亚马逊自营的产品，这些产品 Listing 上标有"by Amazon"（亚马逊自营）的字样，并且这些产品在曝光和引流上会被亚马逊平台给予更多的照顾。可以说，亚马逊平台和卖家之间既是合作又是竞争的关系，而淘宝平台和淘宝卖家之间仅存在合作关系。

（6）客服体系不同。

在淘宝平台上购物，人们习惯通过阿里旺旺与店铺的客服沟通，以确定产品的质量、尺寸、款式等是否符合自己的要求，而且客服的回应速度往往都很快，即便是在晚上 10 点以后,某些店铺也依然会有客服提供服务。

亚马逊平台则完全不同,亚马逊平台不鼓励消费者进行很多的售前咨询,产品的基本信息都会被详细标注在产品 Listing 上,消费者通常在看完产品的基本信息后直接下单。消费者如果还想了解更多的产品信息,则会通过亚马逊站内信与卖家进行联络,而站内信的回复时效一般是 24 小时。

2)淘宝卖家可以借助亚马逊平台扩展业务范围

虽然淘宝平台和亚马逊平台存在很多不同之处,但是淘宝和亚马逊同是电商平台,它们也存在着很多相通之处,所以淘宝卖家如果将其业务扩展到亚马逊平台,会具有更为独特的优势。

(1)供应链资源。

众所周知,做电商,供应链资源是必不可少的,没有供应链资源的电商就像是无源之水、无本之木。淘宝卖家在多年的运营中已经形成了自己擅长的业务范围和熟悉的供应链资源,淘宝卖家只要将自己的产品按照亚马逊平台的运营思路进行包装和打造,即可实现两个平台之间的无缝对接。

(2)电商思维。

做电商,无论是国内电商还是跨境电商,都一定要有电商思维。电商思维首先包括数据化思维,做电商,一切运营方法的选择都应该以数据为基础。电商思维还应该包括流量思维,只有获得了流量,才有可能获得成功。电商平台的卖家要找准自己产品的"爆点",结合符合产品特征的引爆方式,逐步将自己的产品打造成爆款。而在这一方面,淘宝卖家具有先天的优势,他们懂得如何引爆产品,从而为自己的产品带来流量,这些都为淘宝卖家切入亚马逊平台提供了良好的条件。

1.3.3 个人可以实现自己的梦想

现在是"大众创业,万众创新"的时代,创业成为时代的主题。每年都有大批怀揣梦想的人义无反顾地涌入跨境电商的潮流之中,他们都希望借助亚马逊平台来实现自己的梦想。那么,对于现在想进入亚马逊平台的卖家而言,是否还有机会?答案是肯定的。虽然亚马逊平台每年都有大量卖家涌入,很多产品类目也已经是一片红海,但是并非所有的类目都如此,新手卖家可以选择小类目的蓝海产品,将产品的打造期拉长,在确保合规的情况下加快资金的流转速度,一步一个脚印地打造自己的产品线,用有限的资金和资源去实现自己的梦想。

2. 黄金购物车

2.1 购物车的概念和意义

亚马逊中的 Buy Box 是每一位商家都想要抢占的黄金购物车,那么究竟什么是 Buy Box 呢?黄金购物车实际上是卖家对"Add to Cart"(加入购物车)和"Buy Now"(直接购买)这两个按钮的昵称,如图 4-81 所示。买家在对产品 Listing 详细浏览之后,若对该产品比较满意,就可以单击 Add to Cart 或 Buy Now 按钮将该产品加入购物车或者直接购买。

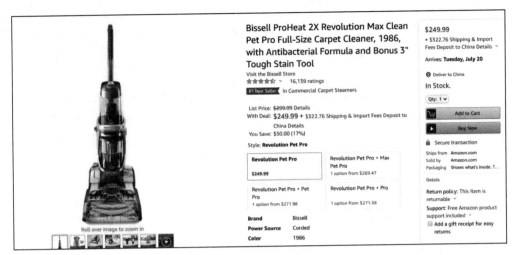

图 4-81　黄金购物车

购物车十分重要,如果产品没有购物车或因某种原因丢失了购物车,Add to Cart 和 Buy Now 按钮将不会出现在产品 Listing 中,产品价格也将被隐藏,并且产品标题下会提示"Available from these sellers",如图 4-82 所示。如果买家想购买产品,必须单击 See All Buying Options 按钮,然后选择相应的卖家购买,这无疑增加了买家的购物复杂性,可能会让一些买家放弃购买产品。此外,购物车的丢失也意味着 Listing 对其产品的编辑权转移给他人,因为其产品曝光所获得的点击量和购买量可能会被竞争对手收入囊中。失去购物车的后果还不止这些,所以卖家要确保自己的产品留住购物车。

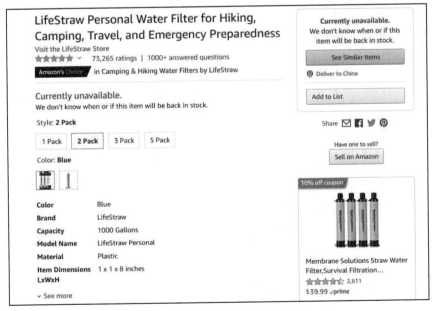

图 4-82　Available from these sellers 提示页面

情景四　跨境网络站内推广分析

根据官方统计,82%的亚马逊平台交易都是通过Buy Box来完成的,也就是说,与Buy Box的卖家销售产品的可能性远远大于其他卖家。那么对于卖家来说,怎样才能获得Buy Box以增加店铺的销量,这一点是非常重要的。当然,新手在Buy Box的认知上也有一些误区。

(1) 购买框仅与价格挂钩。实际上,Buy Box不仅与价格有关。实验表明,在低质量的产品中,价格与购买资金的相关性会变得更加紧密;但是在中高品质的产品中,这种联系并没有那么突出。所以,我们片面地认为可以低价获得Buy Box是不够全面的。

(2) Buy Box是专门为亚马逊商家设置的。亚马逊认为将其商家是完美卖家,但这并不代表第三方卖家就不能使用Buy Box。根据统计,亚马逊来自第三方卖家的销售额占比为三分之一。若第三方卖家的评级接近理想卖家,并且价格也比较合理,那么他们与亚马逊商家争夺Buy Box地位的概率也会大大增加。

2.2 Buy Box的运作模式

众所周知,Buy Box对于卖家而言十分重要,抢占了一个产品的Buy Box便意味着其产品能够优先地展示在顾客面前,其被购买的概率也大大增加了。那么亚马逊的Buy Box到底是怎样运作的呢?

亚马逊的Buy Box运作总体来说还是比较公平的,它并没有将Buy Box固定地给一些卖家,而是通过一种竞争的方式来将每一个产品的Buy Box给到足够优秀的卖家。举个例子,假如有10个对于该产品所提供的条件完全相同的卖家,那么他们每一个卖家获得该产品的概率都是相同的,即十分之一。相反,如果这10个卖家对于该产品所提供的竞争力不同,则竞争力越强的卖家获得该产品Buy Box的概率则越大。竞争力的强弱体现在许多方面,但是总的来说可以通过卖家评级表现出来,评级越高,竞争力越强,这也就意味着获得该产品Buy Box的概率越大。

另外一个需要注意的问题是,不是随时随地都可以获得Buy Box,而是需要在一些特定的时间和条件下。而且,根据亚马逊的Cookies规则,客户在购买某一产品时,在每个时间段只能够看到一个获得Buy Box的卖家,这就意味着其他获得Buy Box的卖家被隐藏起来了。但是需要特别注意的是,获得Buy Box的卖家在每个时间段也并不是固定不变的,如果在该时间段获得Buy Box的卖家的竞争力,即包括商品库存、价格等一系列因素发生变化,而导致其竞争力下降,那么亚马逊会自动将该商品的Buy Box转移给其他的竞争力更强的卖家。

2.3 如何赢得Buy Box

Buy Box是衡量亚马逊卖家是否拥有完美客户体验的指标,因此,如果卖家接近完美客户体验指标,或者产品价格非常有竞争力,就有机会赢得Buy Box。

2.3.1 产品获得Buy Box的条件

根据A9算法的计算规则,若在一个产品Listing中出现几个不同的卖家,那么A9算法会给表现最好的卖家分配购物车,以确保亚马逊平台能够给买家推送最好的产品。产品能否获得购物车,会对产品的转化率产生重大的影响,而产品转化率又是影响产品销量的重要因素。所以可以这样说,能否获得购物车是决定产品销量的关键因素。那么产品如何获得购物车呢?根据亚马逊客服的回复,产品要获得购物车必须满足下列条件。

(1) 卖家账户必须是专业卖家账户。

(2) 必须在亚马逊有 2~6 个月的销售记录,拥有一个比较高的卖家等级、送货评级,且是账户绩效指标中的订单缺陷率低于 1% 的特色卖家。

(3) 卖家的产品必须是新品,翻新或者二手产品获得的购物车与新品获得的购物车不同。

(4) 卖家的 SKU 项下必须有库存。如果现有满足要求的卖家没有库存了,那么 Buy Box 会自动转到第二位卖家。

(5) 自动发货的卖家的产品能否获得购物车取决于其产品的具体类目和其产品在新品期的表现。

2.3.2 影响 Buy Box 的变量

1) 影响力较大的变量

(1) 订单履行。

订单履行是亚马逊算法中最重要的变量。亚马逊认为整个 FBA 订单履行流程是最完整的,这也使 FBA 卖家更有可能赢得 Buy Box。当然,亚马逊 FBM 卖家仍然可以击败 FBA 卖家,但他们需要在其他变体中得分更高或以更低的价格提供产品。因此,成为 FBA 卖家是卖家获得 Buy Box 的最快方式。

(2) 商品价格。

购买产品的所有花费(产品价格+运费)对于获得 Buy Box 的机会会产生一定的影响。特别是当整体性能低于竞争对手时,降低价格会带来一些好处。

(3) 配送方式。

亚马逊配送产品的配送时间、准时配送率和库存数据得分。使用 FBA 将大大增加卖家获得 Buy Box 的可能性。同等情况下,接管 Buy Box 的顺序:亚马逊自有卖家→FBA→国内发货→中国发货。

(4) 配送时间。

订单交货时间是卖方承诺将货物交付给客户所需的时间,这是一个非常重要的因素。能否按时交货,对于能否获得采购资金非常重要。亚马逊发货时间通常分为:0~2 天、3~7 天、8~13 天、14 天。对于一些时间敏感的产品和品类(如生日贺卡、易腐食品等),订单的交货时间对拿到 Buy Box 的影响较大,因为这些产品的买家通常会要求卖家尽快发货。

(5) 卖家评级。

对于每笔成功的交易订单,亚马逊将奖励卖家 100 积分。如果有一些额外的服务,亚马逊也会给卖家一些积分奖励。如果超出送货时间只得 0 分,取消订单扣 100 分,收到差评扣 500 分。评分的日期越新,所占权重越大。

2) 影响力中等的变量

(1) 订单缺陷率。

订单缺陷率(ODR)由三个不同的指标组成:差评率、交易保障索赔率和信用卡拒绝率。这一评分对卖家获取 Buy Box 来说具有调节作用。结果分为两部分,即短期 17～77 天和长期 32～122 天。过去 17 天内的订单不计算在内。理想情况下,卖家应将此数字保持在 1% 以下。无论是长期还是短期,如果订单缺陷率大于 1%,就会大大降低卖家获取 Buy Box 的概率。

(2) 有效跟踪率。

亚马逊现在要求卖家为美国 95% 的货件提供有效的订单跟踪编号。有效的跟踪率对于更好地赢得 Buy Box 的卖家具有中等影响。

(3) 交货延迟率。

交货延迟率是在一段时间内延迟交货的订单除以订单总数的百分比。一般来说,将这个数字保持在 4% 以下会更有助于获取 Buy Box。

(4) 准时交货率。

该指标由两部分组成,一是指定时间段内按时送达的订单百分比,二是该时间段内有跟踪号的订单百分比。亚马逊对这两部分的要求分别大于 97% 和大于 98%。如果卖家百分比低于 97%,将对购买 Buy Box 产生重大负面影响。

(5) 买家评价分数。

买家评分,新的评分影响更大。

(6) 卖家反馈时间和分数。

卖方在 30 天、90 天、365 天和有效期内的反馈评分。30 天内的卖方反馈对 Buy Box 算法影响最大。是否能快速回复买家,直接影响卖家获得 Buy Box 的概率。在 24 小时内回复 90% 以上买家的问题,才有机会赢得 Buy Box。

3) 影响力较小的变量

(1) 客户联系回复时间。

此指标要求卖方在 24 小时内答复或反应买方发送的消息,这是许多卖家通常会忽略的一点,因此需要注意。在有机会获得 Buy Box 之前的 24 小时内必须回答 90% 以上的买家问题。

(2) 库存深度以及销售数量。

要获得 Buy Box,卖家必须确保他们有足够的库存。如果产品缺货,亚马逊将自动将 Buy Box 转到下一个卖家。但是,此规则对于标记为"缺货"的产品例外。标记为"缺货",表示卖方当前没有产品库存,但是客户可以下单,并且卖方将在指定日期内发货。

(3) 取消率及退款率。

取消率超过 2.5% 会影响获得 Buy Box 的概率。

(4) 买家评价数量。

2.3.3 产品获得 Buy Box 的技巧

1) 关注顾客评论

顾客评论是一个关键。产品销售得越多,可以获得的产品评论就越多。产品页面上列出的评论越多(正面),才会有越多的人想要购买产品。如果可以专注于获得尽可能多的评论,并且让尽可能多的评论达到至少 4 星级,那么就能增加登上亚马逊搜索结果顶部的机会。只有通过这样做,才可能提高销售额。

尽管获得大量的好评非常重要，但对负面评论采取行动同样重要（不管是删除这些评论，还是尝试与买家联系沟通改变他们的想法）。这可能相当棘手，所以建议使用亚马逊反馈软件，这种方式比较简单且专业。

2）让顾客感觉到被重视

努力培养顾客的忠诚度。顾客想要感觉自己是在从一个人那里买东西，如果让他们觉得自己受到了重视，他们会愿意在同样的产品上花更多的钱。对于大多数产品来说，顾客可以有许多渠道购买，所以能获得多少回头客，就要取决于顾客体验的特殊程度了。

3）在每个变量上设定目标

关注影响最大的变量，但不要忽略任何变量。例如，对于产品销量波动相对较小的卖家，即使没有竞争变化展现优势，也可以选择从转运时间入手，减少转运天数，从少数竞争者中脱颖而出。

4）实时优化价格，包括手动调价、规则调价和工具调价

（1）手动调价。

手动调价是卖家通过亚马逊或第三方平台后台库存页面动态更新价格的一种方式。这是最简单的重新报价方式，控制性和清晰度高，但工作量太大，效率太低。适合调价的产品有：极少量的高价值产品、特产或手工产品、不与亚马逊竞争的产品、制造商定价的产品。

（2）规则调价。

规则调价是卖家关注每个竞争对手产品的价格，并按照一定的规则自动调整价格的方法。这是目前最常见的重新定价方法，它设定一定的金额来击败市场产品的最低价格，或者所有产品在最低价格的基础上降低20%。但是这种方法只考虑了竞争对手的价格，忽略了其他卖家指标，不够全面（建议使用第三方工具抢 Buy Box，可以选择 Solid Commerce）。适合规则调价的产品：书籍、电影或其他信息类产品、非知名卖家销售的产品、需要检验的产品、微利产品等。

（3）工具调价。

与常规价格调整不同，工具价格调整可以影响 Buy Box 中的每一个变量，并且可以设置一个最优价格，以确保能够赢得 Buy Box 并获得高额利润。适合工具调价的产品：专业卖家销售的产品或企业级产品，高利润产品，上千种特价产品，种类繁多的独特产品和产品线等。

5）迅速管理产品的刊登

我们知道，要让一个产品卖出需要做的第一件事便是将产品发布在亚马逊平台上，产品刊登的信息对于获得该产品的 Buy Box 也至关重要，这就需要及时、有效地管理产品的刊登。包括发布前产品的规格、图案设计、价格制定、优惠促销信息以及产品的详情页等一系列信息都要事先做好准备。其中，比如产品的图案要符合亚马逊平台规定的尺寸、去除不符合要求的 Logo 等。总之，要迅速地管理产品刊登的相关信息，做好这第一步才能够更有机会获得该产品的 Buy Box。

6）抓准时机，有效管理时间，可在夜间进行相关 Buy Box 的操作

通过前面 Buy Box 的运作模式可以知道，对于某个产品的 Buy Box 在某个时间段虽

然是唯一的,但却并不是固定不变的,它会根据如商品库存、价格等一系列信息的比较在一个周期内来更换 Buy Box 卖家。因此卖家必须要学会抓住这一时机,可能由于在该时间段原来获得 Buy Box 卖家的自身产品信息发生变更,这就是对于其他卖家获得 Buy Box 的绝佳机会。特别是在夜间的时候,由于原 Buy Box 卖家的产品进行了销售,其商品库存等信息必然发生变动,其他卖家便可借此机会来夺得 Buy Box。

2.4 导致产品不能获得购物车或丢失购物车的原因

1) 自发货的新品不能获得购物车

现在精品路是亚马逊的主路,FBA 是走精品路线不可缺少的选择。当然,也有不少卖家坚持使用自提方式,因为自发货方式在成交率上有一定的优势,对于实力不够强大的新手卖家,先选择自发货方式,再选择优质产品使用 FBA 发货方式也是不错的。根据亚马逊此前的新品政策,新品上线后,通常需要一段时间的运营后才能获取到购物车。随着 FBA 的不断发展,使用 FBA 运输方式的新产品在推出之初都会以购物车为主。

2) 自己的产品被跟卖

如果自己的产品被跟卖,购物车被抢走的概率就会大大增加。如果你的产品 Listing 做得很好,跟卖者的产品价格也具有优势,亚马逊系统就会将主购物车分配给你,但同时也会分配购物车给跟卖者。如果你的产品 Listing 表现一般,关注者的产品价格低于你的产品价格,你的购物车就会被关注者抢走,"产品列表是你的,但 SKU 不是你的"就是这样的不利情况,很多买家不了解原理就会购买商家的产品,即一看到购物车按钮后会立即点击购买。这种情况对你的产品是不利的,因为跟卖者的产品质量不能保证,如果跟卖者发给买家的是假冒伪劣产品,那么买家收到产品之后会给予差评,而这个差评会显示在你的产品 Listing 中。因此,如果遇到关注者恶意打折、劫持购物车的情况,必须先向关注者发送警告信息,然后再进行投诉。当然,首先要确保你的店铺已经完成商标注册,然后才能提出投诉。

3) 产品的销量很差,其点击率和转化率长期处于低端

亚马逊平台是按照 A9 算法来给产品排序的,A9 算法又是按照产品的权重对产品进行排序的。很多卖家可能会发现,自己的一款销量很差的产品突然丢失了购物车,这是因为该产品的销量很差,其点击率和转化率长期处于低端,其购物车被亚马逊平台收回了。这时要想重新获得购物车,尽快提升自己产品的销量、点击率和转化率是最有效的方法。

4) 产品在短时间内大幅涨价

如果产品价格在短时间内大幅上涨,它会提醒 A9 算法,此时,亚马逊平台会判定你在操纵价格,你的产品会被列在异常产品列表中,也会被亚马逊平台暂时撤回购物车。亚马逊平台会做出这样的设置,是因为短时间内大幅涨价会给买家带来不好的体验,影响亚马逊的品牌实力。因此,如果因运营需要而不得不提高价格,可以使用较为缓慢且多频次的方式来防止购物车丢失。

5) 产品在短时间内收到大量差评

卖家都知道产品评论的重要性,也都知道产品评论是不容易获得的。亚马逊官方数据显示,买家的自然留存率非常低。但是,如果买家购买了错误的产品或买家对购买的产

品不满意,买家留下差评的概率就很高。如果产品在短时间内收到大量差评,A9算法会认为产品有潜在问题,会为产品移除购物车。因此,卖家一定要确保选择好的产品,确保产品没有不可逾越的缺陷,并确保产品包装牢固且不易腐烂。这可以显著降低负面评论的可能性,从而显著降低丢失购物车的可能性。

综上所述,卖家想要获得购物车,关键是要思考如何为买家提供更好的产品和更好的服务,因为只有买家喜欢你的产品、亚马逊平台认可你的产品,才能获得购物车。

3. 跟卖

3.1 跟卖的概念和好处

跟卖是指卖家上传新产品时没有新建自己的产品Listing,而是通过目标产品的Product Name、UPC、EAN或ASIN搜索出该目标产品,并将自己的产品挂在他人的产品Listing下进行售卖。

跟卖是亚马逊平台最独特的地方,目前很多大品牌商都授权其他经销商以跟卖的形式开展销售。对于刚接触平台的新卖家来说,跟卖属于基础性的操作技能,需要熟练掌握。

跟卖的基本要求如下。

(1)产品相同(图片、包装、参数、功能、性能、颜色、大小等)。

(2)产品无品牌(不能带 TM、®)。

跟卖可以大大提升用户体验,让客户更方便快捷地找到自己需要的产品,减少Listing数量,缩小搜索范围,提供同款产品的不同卖家可供顾客选择。跟卖产品可以在短时间内迅速提升曝光量,获得大流量,出单快,但同样具有劣势,如价格竞争激烈、利润率低、侵权投诉率高等。

3.2 跟卖存在的理论依据

跟卖的存在是有理论依据的。当卖家在后台创建产品列表时,产品列表所有权不再是卖家的财产,而是属于亚马逊平台,卖家只拥有产品的SKU所有权,这就是为什么有时卖家不能自主修改商品Listing而必须提交亚马逊客服修改请求的原因之一。如果一个产品被跟卖,那么A9算法会通过一系列的计算来决定将购物车分配给哪个SKU。就购物车的分配规则来说,一般情况下,低价的SKU会更容易获得购物车。

3.3 跟卖的优势和劣势

3.3.1 跟卖的优势

1)无须自建页面

跟卖的卖家不需要自己创建Listing,只需要填写价格、SKU、库存数量即可。如果对方没有注册商标,就可以继续跟卖,这也节省了建立Listing的时间。同时,产品上架和取下也非常方便。当卖家不想销售产品时,可以随时移除产品。

2）上传商品省时省力

因为有好多跨境电商卖家刚刚开始做亚马逊平台,也不会做产品的详情页,所以进行产品跟卖或许是目前最好的选择,因为这是最简单、最省事的方式,也不需要卖家自己设计图片和进行详情图展示,只是直接使用其他卖家的产品 Listing,而卖家要做的只是更改产品的价格,之后就可以在亚马逊平台上出售自己店铺的产品了。

3）快速获取流量

对于刚开的店铺或缺少流量与订单量的店铺来说,必须选择一条路,那就是跟卖,跟卖最直接的效果就是订单量的增加。如果卖家想尝试跟卖流量很大、销量情况比较好的产品 Listing,可以更容易帮助卖家提升自己店铺的销量,简单地说就是卖家利用别人店铺的流量,这样自己店铺的产品订单量就会迅速出单,这也是好多卖家喜欢跟卖产品的最主要原因。

4）减少推广成本

跟卖的产品总是在原产品的右下角,只要跟卖的产品有订单,它也会显示在右下角。即后续不需要任何推广费用,原产品在第几页,跟卖的产品就在第几页。

5）促进同行的竞争

起初在亚马逊平台初步开展这个跟卖活动的时候,可以促进卖家之间的良性竞争,帮助客户有更好的购物体验,寻找到最合适的产品,后来经过慢慢地发展,这个方式也就不同以往了。

3.3.2 跟卖的优势

每个产品 Listing 能获得的流量是有限的,如果你的产品被跟卖,跟卖者的 SKU 就会分走你的产品 Listing 的一部分流量。如果跟卖者恶意跟卖,通过恶意降低价格来进行购物车的抢夺,这时你的产品 Listing 的流量就可能全部被跟卖者抢走。如果购物车长期被跟卖者占据,该产品 Listing 的编辑权也有可能被跟卖者抢走。这时,你辛苦打造的产品 Listing 可能就会脱离你的掌控,你所投入的时间和金钱也都会逐渐消失。甚至有些恶意跟卖者将一些假冒伪劣产品发给买家,导致买家在你的产品 Listing 中留下差评。

跟卖的风险总结如下。

(1) 可能被有授权的卖家或品牌商投诉,导致亚马逊平台强制关闭账户。

(2) 页面被篡改。

(3) 恶意竞争。

3.4 跟卖不被禁止的原因

1）对买家而言,跟卖利大于弊

跟卖对于买家来说无疑是有利的,亚马逊平台允许跟进的最初目标无非是鼓励同一品牌下的不同分销商进行特许经营竞争,谁的价格低谁就可以暂时拿到购物车。亚马逊平台期望以此种模式来降低平台上的产品价格,促使卖家通过竞争将更多的利润让给买家,从而增加平台对买家的吸引力。所以,跟卖可以促使卖家降低产品价格,可以鼓励卖家提升其服务质量,使买家获益。但是,一些恶意跟卖者会借机销售假冒伪劣产品,从而给买家带来不良的购物体验,并浪费买家的时间和精力。但这或许是跟卖对买家造成的唯一不利影响。因此,对买家而言,跟卖利大于弊。

2) 对亚马逊平台而言,跟卖是鼓励卖家进行良性竞争的一种方式

对亚马逊平台来说,跟卖功能可以合并平台上类似的产品 Listing,让买家在搜索产品时有更精确的选择和更大的搜索覆盖面,从而节约买家的挑选时间,提升买家的购物体验。

另外,如果一个产品 Listing 中存在多个产品,这时 A9 算法会将这些产品进行有序排列,排在首位的产品会优先获得购物车。因此,跟卖可以促使卖家进行良性竞争,促使卖家不断地提升其产品的质量得分和降低其产品的价格,最终将最优质的产品提供给买家。所以,对亚马逊平台来说,跟卖是一种利大于弊的行为。

3.5 跟卖的具体操作步骤

第一步:在亚马逊上找到要跟卖的产品,并在产品页面搜索该产品的 ASIN(亚马逊产品的唯一编号),然后复制此号码。

第二步:进入你的亚马逊卖家中心,单击 Add a Product。

第三步:在搜索框中输入刚才找到的 ASIN。

第四步:填写好相关栏目,单击"保存"按钮。

3.6 跟卖的应对策略

具体来说,可以采取以下几步行动。

3.6.1 注册本地商标

为了防止运营中自己创建的 Listing 被跟卖,注册所售站点的本地商标必须是第一步工作。如果产品没有商标,就意味着该产品是通用的产品,就将会失去平台的保护,并且给跟卖者留下跟卖的机会和空间。从长远来看,如果卖家想让自己的流程更加顺畅,减少后续操作中不必要的干扰和麻烦,在流程开始阶段就应该注册自己的商标。

因为商标是具有地域属性的,在中国注册的商标在美国市场上并不受保护。为了更好地在亚马逊平台上销售,卖家非常有必要注册一个本地商标。如果在亚马逊美国站上经营,那就注册美国商标,如果在亚马逊欧洲站上经营,那自然要选择注册欧盟商标。

因为商标注册是分品类的,所以卖家在注册商标时,一定要选择注册自己经营(或将要经营)的产品品类,避免后期因为注册品类和经营品类不同而保护作用不能发挥到最大效果。

同时,在商标取名上,卖家要充分考虑品类特点、目标市场和消费者习惯,为自己的商标取一个易读、易懂、易记,且在目标客户群体中不易产生歧义的名字,最好读起来朗朗上口,让消费者过目不忘,这样可以对销量起到推动作用。好的名字是成功的一半。以美国市场为例,取商标名称时尽量不要用中文全拼,同时尽量不使用"g""x""z"等字母开头(连准确地念出来都很困难,更不要提传播这个品牌了)。

需要提醒的是,虽然可以在网上找到注册美国商标和其他国家商标的教程,但因为一个商标从注册到拿到商标证书,通常需要 10~12 个月,而在没有拿到商标证书之前,会出现各种变数,商标局可能会要求注册人补充材料,也可能因为第三方提出异议而导致商标

注册被驳回等情况,为了减少注册商标过程中的各种不确定因素,建议卖家选择较为专业的商标注册代理机构处理自己的商标注册事宜。有些卖家选择在某网站上找中介,虽然前期注册和提交资料一切正常,可是几个月后卖家发现所注册的商标显示为无效状态,再联系中介时,中介的店铺早已关闭了。把专业的事交给专业的人去做,卖家要做的更应该是努力积累运营经验,打造自己的运营优势。另外,在当前全国都在鼓励和保护知识产权的浪潮下,各地分别出台有针对性的商标补贴办法,比如深圳,针对本地居民和企业注册的美国商标,可以享有最高不超过 5000 元的商标补贴,而注册欧盟商标则可以享有最高不超过 10 000 元的补贴,基本上等于政府出钱为你买单了。

3.6.2 进行 GCID 商标备案

商标注册只是第一步,亚马逊卖家在拿到商标注册证书之后,还需要在平台上进行商标备案,才能够得到平台的认可和保护,起到防止被跟卖的作用。

亚马逊商标注册是平台在亚马逊系统中为已经拥有注册商标(或有商标许可)的卖家进行的商标注册。当一个商标在亚马逊上成功注册后,亚马逊系统会自动分配一个唯一的全球目录识别码号,也就是通常所说的 GCID。GCID 是由字母和数字组成的 16 位字符串,已注册 GCID 商标的卖家可以在产品发布时直接发布产品,无须使用 UPC。同时进行商标注册,通过系统生成的唯一 GCID 商标注册,当 Listing 售出时,可以使用 GCID 及对应的商标信息向平台投诉,平台将会多注意此类投诉。

完成 GCID 商标注册的卖家在经营上有很多优势,一是可以保护自己的商标,防止产品被销售。同时,他们拥有更完善的商品编辑权限,可以申请商品锁,可以更好地防止 Listing 信息被他人篡改。

那么,进行 GCID 商标备案需要提交的资料和流程有哪些呢?

(1) 在平台对应的网站上拥有带有®的商标,代表该商标已注册并获得商标证书。

(2) 已注册商标的官网(官网需要是英文版网站,有自己注册商标品类的产品,产品页面带有购物功能,能够完成支付)。

(3) 以官网域名为后缀的企业邮箱。

(4) 清晰的带有商标的产品图片。

(5) 清晰的带有商标的产品包装图片。

有了以上信息,卖家可以按照以下 GCID 商标注册流程进行商标注册:后台登录卖家中心,在右上角搜索框中输入"Amazon Brand Registry"进行搜索,选择注册申请,然后单击"在线申请"按钮,在线申请并根据平台要求提交品牌和产品的相关文件。

平台受理成功后,在 48 小时之内系统会自动为商标生成 GCID。完成备案后,GCID 被系统生成并自动分配到每个产品,但并不会出现在产品页面或库存页面,卖家要查找自己的 GCID,可以登录卖家中心后台,在库存管理页面下,选择 Inventory Report(库存报表),然后选择列表中的 Active Listing Report(在线库存报表),下载。下载完成后,把下载的报表用 Excel 表格打开,表格中 W 栏(Product Id 栏)的 16 位字符串就是自己的 GCID。

3.6.3 对跟卖者进行邮件警告

为了防止自己的 Listing 被跟卖,在商标注册完成之后,我们又做了 GCID 备案,但就亚马逊的现状来说，要想防止被跟卖，仅靠上述这些是远远不够的。这些措施可以在一定程度上起作用，但并不能绝对避免被跟卖。总有一些卖家或因为新手无知、不熟悉平台规则，或作为害群之马的有意抢掠，会在你的一条 Listing 打造初有成效时进来跟卖，破坏了你原来的运营计划，既影响了运营节奏，还可能为 Listing 带来潜在的隐患。

在被跟卖时，很多卖家选择"以和为贵"的解决方式，首先向跟卖者进行邮件警告，邮件的内容可以中英文并行，这样可以保证跟卖者都能读懂邮件。邮件警告的方法：进入跟卖者的店铺，单击 Ask a question 按钮，向跟卖者发送警告邮件。但是随着专业跟卖者的涌现，邮件警告所起的作用越来越小。为了让警告邮件更有效，建议卖家在警告跟卖者时，不妨直接以中文邮件的方式警告，义正词严地讲述利害，直击要害地驱赶。

3.6.4 下测试购买订单（Test Buy Order），然后向亚马逊投诉

如果卖家已经注册了商标，已经完成了 GCID 商标备案，也反复向跟卖者发了警告邮件，但跟卖者却置之不理，在这种情况下，卖家可以通过下测试购买订单并向亚马逊平台投诉的方式，请求平台协助赶走跟卖者。

具体的操作步骤如下。

（1）卖家用账号自带的买家账号在跟卖者的店铺里下单购买。

（2）等收到跟卖者的发货后，针对跟卖者产品和自己产品的差异向平台投诉，平台核实投诉内容后，删除跟卖者的 Listing，跟卖者被赶走。

为了让投诉的处理进度更快，把损失降到最低，卖家在投诉跟卖前一定要做足准备。

（1）需要用自己卖家账号自带的买家账号购买跟卖者的产品。

（2）需要把收件地址设置为站点本国的地址，收件人可以协助你接收订单包裹，最好是自己的亲戚朋友或熟悉的客户。

（3）测试订单要悄悄下单，要在跟卖者没有警惕的状态下单。

（4）跟卖者发货后，你要确认发货状态，确认货物投递成功后，用订单单号（Order ID）向亚马逊投诉。

在投诉中，订单单号是很重要的证据，而物品图片也是必须提交的证据，需要在提交的产品图片里向亚马逊客服说明自己所售产品（Listing 描述中的产品）与跟卖者产品的区别。所以，要把最明显的差别在图片中呈现出来。

为了得到亚马逊客服的快速回应，投诉邮件要包含 ASIN、Seller ID、侵权状况简述、订单号码、图片、差异说明等。

虽然跟卖让人恼火，但在下测试购买订单之后，被跟卖者切忌不要留差评。差评虽然可以给跟卖者造成不好的绩效表现，但 Listing 也同样可能因为差评而被降低权重，反而伤害了自身的利益。

测试购买之后，如果跟卖者被驱赶走，卖家可以对测试订单申请退款，如果跟卖者对此有异议，被跟卖的卖家还可以直接开启 A-to-Z 纠纷，将事件升级。

在采用下测试购买订单对跟卖者投诉中，卖家可能因为资料不齐全或者缺少束缚力，收到亚马逊如下的回复：Based on the information you provided in your complaint, we are unable to remove the items listed at the end of this message.（抱歉，我们没有办法帮您删除跟卖者的 Listing。）

遇到这种情况,该怎么办呢?

(1) 转换立场,以权利人的身份继续向平台投诉。

如果通过测试购买的方式投诉却被亚马逊客服以证据不足等理由拒绝处理,那么可以换一个立场,以权利人的身份继续向平台投诉。

作为平台,亚马逊在对知识产权的保护上还是很给力的。作为注册了商标的卖家,只要有理有据地投诉,一般是可以得到平台的支持和保护的。

(2) 以法律的手段,威慑跟卖者。

如果通过上述投诉方法,跟卖的情况依然没有得到解决,卖家还可以直接通过在美国(站点本地国)的代理律师投诉和驱赶。当然,由于欧美律师费昂贵,对一般卖家而言,真实地发律师函或进行法律诉讼成本太高,那不妨换一种思路。

跟卖者之所以选择以跟卖的方式做运营,是为了蹭别人的流量,快速地赚取利润,但跟卖者也有软肋,他们既担心跟卖导致账号受限,又忌讳在未曾预知的情况下惹上法律纠纷,所以被跟卖的卖家可以利用跟卖者的这种心理,以心理战赶走跟卖者。

3.6.5 防止被跟卖的根本:独特的产品

产品之所以被跟卖,首要的原因是别的卖家能够在市场上找到和你一模一样(高度相似)的产品。所以,要避免自己的 Listing 被跟卖,核心在于产品的独特性。如果别的卖家在市场上找不到这个产品,他自然也不会跟卖了。

为了达到产品的独一性,独家开模,做私模产品自然是最好不过的。但这种方式的产品开发周期长,运营一款产品的前期成本偏高,如果市场反馈不好,那么亏损的风险大,所以独家私模并不是所有卖家都能够做到的。卖家可以后退一步,选择有实力的工厂合作,包销工厂的某些款式,或者在约定的期限内独家承销某个产品。如此操作,既可以实现一定时期内所售产品的独一性,又可以在一定程度上有效地防止被跟卖。

当你打算包销某一款产品时,工厂往往会对一定期限内的销售数量有要求,如果销售少,那么工厂一般不会同意你独家包销的。但不能独家包销并不意味着卖家不能实现产品的差异化和独一性。

为了让自己的产品具有独一性,不被别的卖家跟卖,可以从以下方面入手。

(1) 为产品设计商标,并把商标(Logo)丝印在产品上(如果因为批量小,厂家无法丝印,那么卖家可以制作独立的 Logo 标签,贴在产品合适的位置,然后在产品图片处理时,尽量让 Logo 和产品融为一体)。

(2) 制作独家的包装,在包装上印制自己的 Logo,并把产品包装图添加在 Listing 副图中。

(3) 为产品搭配个性化的配件或独特的赠品等。

3.6.6 删除 Listing 以驱赶跟卖

通过上述方法基本上可以成功赶走一般情况下的跟卖者,但不可避免的是,有时候还会遭遇被恶意跟卖的情况。如果自己的 Listing 被人恶意跟卖,无论如何驱赶和警告,对方都不理不睬,这时可以用删掉自己 Listing 产品图片的方式达到赶走跟卖者的目的。当 Listing 的产品图片被删除,Listing 后台就会提示"禁止显示",而前台也无法销售。这样,不管有多少跟卖者,全部都会因为"禁止显示"而无法销售。

此时,卖家可以按兵不动,如果你的Listing是变体,并且已经积累了不少产品Review(评价),那么可以把变体拆分,把没有评价的子体删除,保留有评价的子体,等跟卖者们撤离后,再把有评价的子体Listing添加上产品图片,合并到专门为其新建的同类型的Listing上面。Listing合并后,库存数量可以暂时设置为0,该Listing依然在前台不可见,但产品Review已经出现在新的Listing页面了。

采用这种方式,既赶走了跟卖者,又达到了为新Listing增加产品评价的目的,一石二鸟。当然,在"毁掉"一条Listing之前,需要确定以下信息:自己是否有Listing的编辑权,Listing是否是变体,Listing是否有评价等。如果答案是否定的,以"毁掉"Listing的方式驱赶跟卖也就意义不大了。

防止被跟卖的方式有很多,当Listing遭遇被跟卖时,卖家一定要根据实际情况,从自身和跟卖者双方的立场全面考虑,有针对性地采取有效的措施,以确保自己的胜利果实不被别人窃取。

值得提醒的是,虽然跟卖可以增加曝光量,提高订单量,带来运营的快感,但跟卖的前提是不侵犯别的品牌的专属权。在你打算跟卖某个产品时,首先要在侵权判定上做足功课。在亚马逊平台政策日益收紧的今天,在各个卖家越来越重视自我保护的当下,如果判定不准或盲目跟卖,侵犯了别人的知识产权,很容易招致平台的惩罚,如果情况较轻,可能导致Listing被删除,如果比较严重,那么账号可能将会导致被收回销售权限,这就得不偿失了。所以,面对跟卖与否,卖家一定要谨慎为之。

4. 促销

在亚马逊运营中,经常使用两种工具:站内广告(campaign)和促销(promotion)。站内广告对吸引站内精准流量起到直接作用,而促销则为了鼓励进店的顾客多买,增加总销售额。这里主要介绍促销。特别是在传统的旺季之前,一般需对参加旺季促销的产品确定一个最迟入仓时间(通常为11月中上旬),争取将产品在最迟入仓时间之前送进亚马逊仓库。亚马逊的促销活动包括满减及折扣、免运费、买赠三种类型。

满减及折扣(Money Off):买多少数量的商品或消费满多少金额,就可减免多少金额或享受一定的折扣优惠。购买折扣是指卖家设置一定折扣的促销代码,在促销代码生效以后,卖家既可以将这些促销代码分享到自己的社交媒体上,又可以将这些促销代码放到与自己合作的站外Deals网站上,从而为自己的商品引流。

免运费(Free Shipping):买多少数量的商品或消费满多少金额,就可享受商品免运费。

买赠(Buy One Get One):购买一定数量的商品可获赠同类商品或其他商品。

注意:有Buy Box的商品才能做促销,并且由亚马逊配送的商品不参加免运费促销。

4.1 Money Off的设置流程

Money Off是亚马逊促销方式中的一种满减及折扣活动,也就是平时常常遇到的类似"满多少减多少"的常规促销方式。一般情况下,促销的时机分为以下三种。

(1)新品上市。

(2) 打造热销款或爆款。

(3) 赠送样品以取得评价。

1) Money Off 活动创建概述

在设置 Money Off 之前,需要先登录卖家后台。在 Advertising 下拉菜单中选择 Promotion 可以进入美国站点。在 Inventory 下拉菜单中选择 Manage Promotion 可以进入英国站点。进入上述页面后,单击 Create,就可以进入 Money Off 的促销规则设置页面。

(1) Conditions(促销信息填写)。这里需填写 Buyer purchases、Purchased Items、Buyer gets、Applies to 及 Advanced Options 五项内容。

① Buyer purchases。这个下拉菜单中有三个选项,如图 4-83 所示,可以根据实际的促销活动进行选择。但需要提醒的是,它决定着整个活动的设定,填写的优先顺序是从上到下,上层的设置会影响下方的选项。

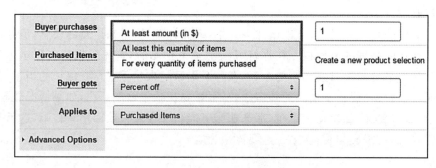

图 4-83 Money Off 的 Buyer purchases 页面

- At least amount(至少××金额):表示此促销方案只有在消费者购买至少××金额的商品时方适用,即买家最少要花费××费用才能享受此促销活动。
- At least this quantity of items(至少购买××件商品):表示此促销方案只有在消费者购买××件商品时方适用,后面的框内必须填入数字。
- For every quantity of items purchased(每××件商品):表示买家一次购买××件商品就可以有优惠。假如设定一次购买 5 件某商品有优惠,那一次购买 5 件该商品的买家就会有优惠。

② Purchased Items。Purchased Items 选项页面,如图 4-84 所示。

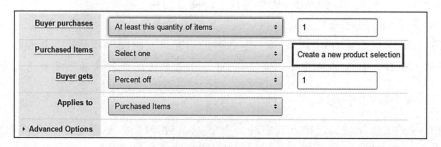

图 4-84 Money Off 的 Purchased Items 页面

卖家在此页面选择参与促销的产品。如果卖家在销售过程中只想推广某些产品，那么需要创建一个产品列表（Create a new product selection），以便系统可以决定哪些产品包含在促销中。系统如何找到这些产品？供应商可以通过向系统提供 SKU、ASIN、品牌名称等来识别它们。因此，卖家可以从不同的角度创建他们想要推广的产品列表。

③ Buyer gets：填写优惠内容。Percent off（打折）即享受多少折扣优惠。例如，想打 99 折，后面框内就填上数字 1，如图 4-85 所示。

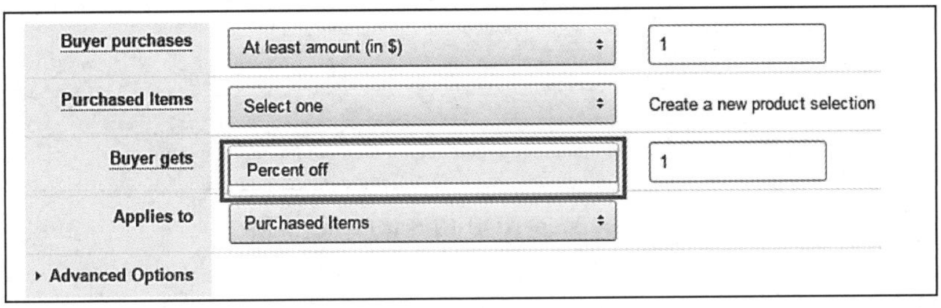

图 4-85　Money Off 的 Buyer gets 页面

④ Applies to：促销适用哪些产品，同样有两个选项，如图 4-86 所示。

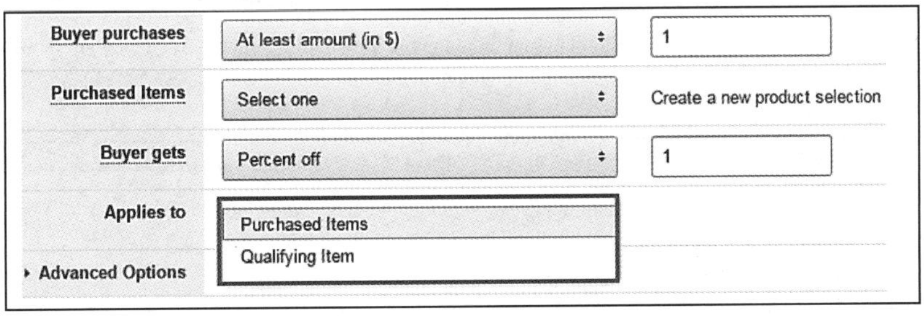

图 4-86　Money Off 的 Applies to 页面

- Purchased Items（购买的商品）：一般默认的就是该选项。
- Qualifying Item（指定的商品）：如果选择了这个选项，单击 Select an ASIN，表示当买家购买了某个选定的商品后才能享受优惠，如图 4-87 所示。

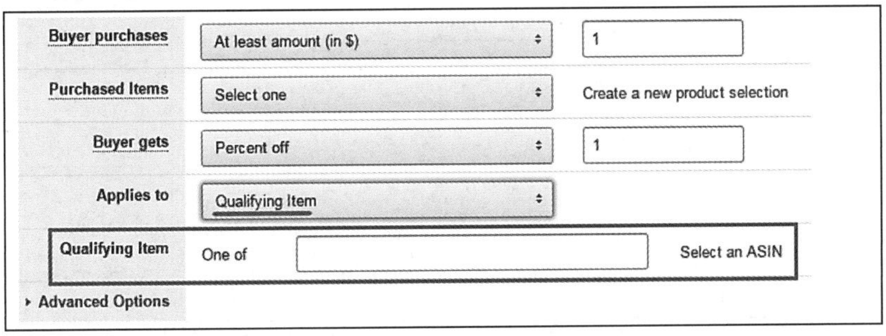

图 4-87　Money Off 的 Qualifying Item 页面

⑤ Advanced Options：高级设置。在这里可以根据自己的需要，添加多个促销的区

间,如满 50 元减 5 元、满 100 元减 15 元等。

(2) Scheduling(活动时间设置)。该步骤即设置促销的起止时间,如图 4-88 所示。注意,促销活动创建后 4 小时才会生效。此外,这个时间是美国的时间,也就是说,要到美国的这个时间才会生效。当然,可以到 Manage Promotion 去查看目前这个促销是 pending(等待展示)还是 active(展示中)状态。

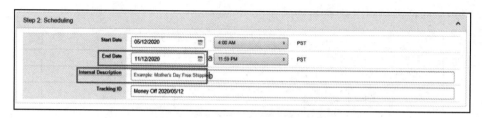

图 4-88　Money Off 的 Scheduling 页面

① Start Date:开始时间。
② End Date:结束时间。
③ Internal Description:促销识别名称,用来区分促销活动。
④ Tracking ID:促销追踪编码。这个不会显示给买家,仅供卖家内部使用。

(3) Additional Options(高级选项设置)。这个附加选项部分主要用来完善促销活动,如图 4-89 所示。

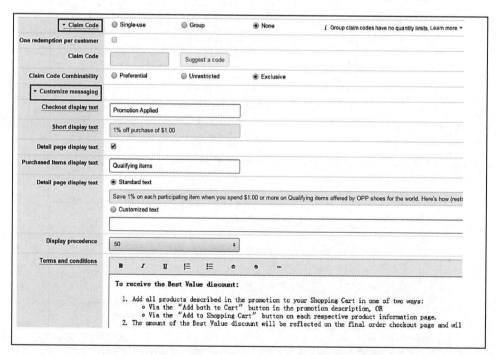

图 4-89　Money Off 的 Additional Options 页面

① Claim Code:促销优惠码。勾选后,消费者在结账时需要输入优惠码才能享受促

销优惠。主要用来限制买家使用以取得优惠。
- One redemption per customer：勾选后表示每位买家只能使用一次优惠码。
- Claim Code：即买家购买时需要输入的优惠码，卖家可以自己设定，也可以随机设定。
- Claim Code Combinability：优惠码类型。有三个选项，分别是 Preferential（优先使用）、Unrestricted（无限制）及 Exclusive（排他性）。建议新手卖家还是选择系统默认的 Exclusive，意思就是买家使用了这个优惠码后就不能享受其他的促销活动了。当然，等后面对促销活动运筹帷幄的时候可以依据具体情境而定。

② Customize messaging：卖家自定义信息。创建给买家的信息，并设置展示的先后顺序。需要设置的内容主要包括以下几项。
- Checkout display text：结算时显示的文字。
- Short display text：短显示文本。搜索页面时显示的信息。
- Detail page display text：商品详情页面上显示的文字。验证后会在商品详情页显示促销信息，否则不显示。如果不检查它，商店的每位访客都可以享受折扣。这一点要注意，一般适用于清算库存。
- Purchased Items display text：需购买商品显示文本。即显示需要买家购买的商品的信息。
- Detail page display text：详情页面显示的促销信息，包括以下两个选项。
  - ◆ Standard text（标准文本）：系统自己推荐的促销文本信息。
  - ◆ Customized text（自定义文本）：自己编辑促销信息。
- Display precedence（此促销的优先级）：数字越小，此促销越优先生效。适用于同时有多个促销活动进行活动排序时。

(4) 预览后提交。所有促销信息设置完毕后，促销页面的底部会出现 Review 按钮，可以单击此处，对生成的促销有一个全面的预览检查，若确认无误，就可以单击 Submit 按钮。到这里为止，代表促销活动的创建完成。

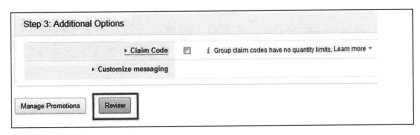

图 4-90　Additional Options 的预览提交页面

2) Money Off 设置的注意事项

Customize messaging（卖家自定义信息）这部分主要用于创建和自定义必需或可选的信息类型，包括条款和条件、设置促销优先级以及在产品详细信息页面或结账页面上显示的促销内容。Money Off 中有一项很重要的促销优惠码，可以通过促销优惠码设置给予客户优惠以换取客户的好评。

情景四　跨境网络站内推广分析

由于系统默认 Money Off 后面的复选框是勾选状态,所以在做定向促销时,必须取消勾选 Money Off 后面的复选框(Detail page display text)。若在做定向促销时,Money Off 后面的复选框是默认状态,那么在 Listing 详情页面上就会出现卖家的促销优惠码。换句话说,这个促销优惠码会被所有人看到,并且可能被用来参与促销活动,这也是非常重要的一点。

4.2　Free Shipping 的设置流程

登录卖家后台,美国站点在 Advertising 下拉菜单中选择 Promotion;英国站点在 Inventory 下拉菜单中选择 Manage Promotion,单击 Create,进入 Free Shipping 设置页面。

1) Conditions(促销信息填写)

温馨提醒:卖家在设置 Promotion 时,填写的优先顺序是从上到下,因为上层的设置会影响下方的选项。这里需要设置如下七项内容。

(1) Buyer purchases:设置包邮条件,即达到多少金额享受免邮费或者买多少数量的商品享受免邮费。

(2) Purchased Items:卖家选择一些产品作为 Free Shipping 的对象。

(3) Buyer gets:买家优惠,默认为 Free Shipping。

(4) Applies to:哪些产品适用 Free Shipping,默认为买家购买的商品。

(5) Qualifying Shipping Options:卖家在选择运货方式时可以选择免邮费。

(6) Advanced Options:进一步选项,即在前面的设置基础上再添加一些条件才能得到促销优惠。Advanced Options 包括 Tiers(等级,只适用于 Money Off)和 Exclude Items(排除项目)。

(7) Advance Options-Exclude Items:卖家在此设置不参加 Promotion 的商品。

2) Scheduling(活动时间设置)

设置 Free Shipping 活动开始和结束的日期,以及命名本次 Promotion 活动。

3) Additional Options(高级选项设置)

Additional Options 主要用于在产品页面上设置促销信息。卖家随时可以对内容进行更改,当不想对促销信息进行改动时,只需要使用亚马逊的默认设置就可以。如果卖家需要使用识别码功能,也可以在这里将其启用。

三个步骤完成后,可以预览(Review)此次 Free Shipping 的设定,确认后再单击提交(Submit)结束设置。

4.3　Buy One Get One 的设置流程

登录卖家后台,美国站点在 Advertising 下拉菜单中选择 Promotion;英国站点在 Inventory 下拉菜单中选择 Manage Promotion,单击 Create,进入 Buy One Get One 设置页面。

温馨提示:此操作是对整个店铺做买赠促销。如果要对部分产品或类目做买赠促销,则要选择 Create a new product selection。

1) Conditions（促销信息填写）

这里需要设置以下六项内容。

(1) Buyer purchases：买家至少购买××件商品。

(2) At least is quantity of items（至少购买数量）：表示此促销方案只有在消费者购买××件商品时方可采用，此处必须填入数量。

(3) For every quantity of items purchased（每××件商品）：消费者每购买××件商品即可适用此促销方案。这个选项仅适用于 Money Off Buy One Get One 的促销类别。

(4) At least amount(in $)（至少××金额）：表示此促销方案只有在消费者购买至少××金额时方适用。

(5) Purchased Items（购买的商品）：指买家购买××商品赠送××商品（例如，买了苹果，送的还是苹果）。

(6) Qualifying Item（指定的商品）：指买家购买××商品赠送指定的××商品（例如，买的苹果，送的是梨）。

2) Scheduling（活动时间设置）

自行设置该促销活动开始和结束的时间。

3) Additional Options（高级选项设置）

这里一般使用亚马逊的默认设置就可以，最后单击 Review 按钮，检查之后再单击 Submit 按钮进行提交。

5. 秒杀

5.1 亚马逊平台秒杀的概念

卖家在进行站内促销时，秒杀是最常用的功能。秒杀包括不同类型的活动，如 Prime 会员日、复活节、万圣节、黑色星期五、圣诞节等。卖家可以在此处独立报告相应的产品。但前提是系统推荐的潜在商品有资格上报，每周更新一次，卖家可以不定期查看。

秒杀是亚马逊平台推出的一种限时打折的促销活动，平台为秒杀活动专门开辟的 Deals 页面是众多消费者，尤其是 Prime 会员最喜欢浏览的页面之一。一次秒杀活动的持续时间一般为 4 小时，以美国站为例，每次参加秒杀的费用是 150 美元。

5.2 亚马逊平台秒杀的优势

1) 提升排名

亚马逊卖家都知道，店铺在亚马逊上的排名和卖家的产品销量有关，参加秒杀活动能为卖家店铺产品增加曝光机会，而秒杀活动一听名字就知道价格比平时优惠并且还是限时的，能更加刺激消费者的购买欲望，提升店铺销量，提升排名，提升品牌认知度，抢占竞品市场，带来更高的销量和利润。

2) 处理积压库存

有的店铺产品不是太畅销的，造成库存积压，刚好可以借此机会去清理一下库存，以促进资金周转。

3) 累积销量和评论

对于卖家来说,参加秒杀活动可以增加商品曝光,快速累积销量和评论,无论是爆款打造,还是清理库存,都是非常不错的工具。

5.3 亚马逊平台秒杀活动的参加条件

除需要付费外,亚马逊平台还为秒杀活动设置了基本的参加资格。

(1) 商品评价需要4星以上。

(2) 商品拥有10个以上的评价,消费者评价越多越好,电子产品、家装产品、办公产品要求10个以上。

(3) 秒杀价格是最近30天内最低价格的8.5折或更低。

(4) 使用FBA发货的商品。

同时,亚马逊平台还为参加秒杀活动的商品设置了最低库存数量要求,不同的商品最低库存数量要求也不同。卖家可以在秒杀申请页面查看是否有符合参加秒杀条件的商品,如果有,直接报名即可。

需要提醒的是,不是每个参加秒杀活动的商品都能够为卖家带来丰厚的回报,在报名参加秒杀活动之前,卖家一定要做好评估,一般而言,受众广、符合当季需求的商品更易在秒杀活动中取得较好的销售业绩。由于秒杀活动是按时间间隔进行的,卖家在记录秒杀活动后应注意秒杀的时间段。如果尖峰期不是销售高峰期,建议卖家在活动开始前取消,以免转化率太差,得不偿失。亚马逊的秒杀是一种限时打折优惠的促销活动,它精选来自各品牌最新的特价打折促销商品,以最实惠的价格让消费者买到满意的商品,提升购物体验。

5.4 亚马逊平台秒杀活动的类型

亚马逊秒杀活动主要有4类:Best Deal、Lightning Deal、Deal of the Day 和 Outlet Deals。

需要秒杀的产品不同,采取的策略也会不同。对于新品,秒杀是为了冲排名和销量并累计Review的;对于热销款,秒杀可以抢占关键词排名位置;而对于滞销款,秒杀则可以快速清理库存。对服装类目而言,并不是所有产品都适合秒杀。首先,产品本身必须优化到位,图片、五点描述、A+页面、Q&A 和 Review 等都要补齐,保证链接没有短板;其次,看市场竞争情况,如果卖家发现出售类似款式的大卖家也在做秒杀活动,就需要考虑避开对方投放的时间段;最后,一定要提前设置目标,如果卖家发现在秒杀之后无法达到预期目标,就要及时停止秒杀,选择其他方式运营。

卖家可以申报的站内Deals主要有以下四种。

5.4.1 Best Deal

Best Deal(亚马逊周秒杀)在亚马逊界面显示"Savings&Sales",上线以后一般可以持续两周,需要招商经理申请,通过"中国初审→美国初审→活动排期"才能进行展示。服装类目参加 Best Deal 的卖家,需要满足以下条件。

(1) Review评价至少在3星以上。

(2) 需要≥75%的子变体参与活动。

(3) 产品售价是过去 30 天内最低售价的 85%或更低。

卖家提交后,亚马逊会审核卖家的商品和店铺,确定是否符合参与 Best Deal 的条件。审核完成后,秒杀上线的时间才会确定。卖家至少要在 Best Deal 活动开始 24 小时以前将商品价格调为活动价格,如果卖家到了活动开始的时间还未将商品价格调为本次活动价格,或者将商品价格调整的低于本次活动价格,那么该商品的本次活动资格将被系统自动取消。

5.4.2 Lightning Deal

Lightning Deal 即特惠秒杀,是一个具有时效性的秒杀活动,一般显示时间为 4~6 小时,每个 ASIN 收费 150 美元,在"黑色星期五"和 Prime Day 之前的 Lightning Deal 收费更高。因为 Lightning Deal 的时间窗口较短,所以卖家最好在店铺及产品热销时间段内进行投放,否则效果可能会"打折扣"。

卖家可以在店铺后台中选择推荐的商品报名秒杀,也可以通过招商经理的渠道进行申请。Lightning Deal 与 Best Deal 的报名条件相似,但要求稍高,主要表现为以下两点。

(1) Feedback 评价至少在 3.5 星以上。

(2) 产品售价是过去 30 天内最低售价的 80%或更低。

Lightning Deal 在后台就可以操作,因此也属于站内 Deals 中最容易设置的一种。Lightning Deal 可以像优惠券一样选择展示主图,也可以调整每个子 ASIN 参加活动的数量。在活动开始以后,亚马逊会自动调价,不需要卖家手动调整。

5.4.3 Deal of the Day

Deals of the Day 即今日秒杀,时间为一天。这是亚马逊站内秒杀活动的"王中王",是最难申请的,极为稀有。每天只有 2~4 个广告位,遇到假期位置可能会增加,展现时间为 24 小时。Deal of the Day 展示位置处在 Today's Deals 的最前排,移动端的展现位置也非常明显。由于位置稀缺,申请难度也相对较大,一般通过招商经理的渠道进行申请。Deal of the Day 的报名条件也比 Best Deal 与 Lightning Deal 要高,只有同时符合以下 4 点才有机会被选中。

(1) Review 至少有 20 个,并且评分要在 4 星以上。

(2) 产品售价是过去 60 天内最低售价的 80%或更低。

(3) 折扣完以后等于或低过去 365 天的最低价格。

(4) 折扣完以后的总价值(折扣价×数量)为 100 000~200 000 美元。

针对 Deal of the Day 的折扣要求,卖家需要提前准备 FBA 库存。除了对资金的占用,链接或账号出现了问题,产生的风险也是极大的,因此不适合小卖家进行操作。

5.4.4 Outlet Deals

Outlet Deals 最长将在 Outlet 页面上显示 3 周,一般来说,卖家只有在收到亚马逊的邀请邮件之后,才能提交表格进行申请,目前 Outlet Deals 只适用于滞销的 FBA 产品。

Outlet Deals 要求的折扣也比上述 Deals 多,需要比过去 30 天内最低购买价格还低 30%。特别的是它属于清仓促销,也就是对一些即将下架的商品进行清仓,主要针对库存分数不够的卖家。在收到邮件确认申报成功以后,卖家要按照邮件要求的时间及时调整价格,否则将不予以展示。

虽然"降价折扣+优惠券+秒杀"可以保证大部分商品成功卖出,但对服装类目的卖家而言,最终追求的依然是爆款和利润,促销只是为长期目标服务的工具之一。因此,卖家无论采取哪个促销手段,都要提前做好规划,做到心中有数。对于店铺的不同产品,卖家也应该有不同的处理方式,并且准备好后续的解决方案。如果促销效果依然不好,就应该及时止损,以免清仓效果不佳,损害店铺整体的销售。

5.5　亚马逊平台创建秒杀活动的步骤及注意事项

要创建秒杀,请按照以下步骤操作。

(1) 从广告下拉菜单中,单击 Lightning Deals,如图 4-91 所示。

(2) 从推荐中选择秒杀或者单击查看所有推荐以查看更多推荐。可能并不总有推荐,因此请时常注意查看,如图 4-92 所示。

图 4-91　亚马逊平台秒杀活动进入页面

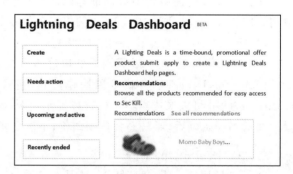

图 4-92　Lightning Deals 申请页面

(3) 一旦确定秒杀商品,请单击"编辑"或"高级编辑"按钮,如图 4-93 所示。

图 4-93　商品 Lightning Deals 编辑页面

① "编辑"按钮提供各种选项来编辑秒杀和秒杀数量、价格、产品照片和秒杀计划。

② 如果单击"高级编辑"按钮,则将转至"创建秒杀"页面以编辑商品变体等其他参数。

③ 提交前请务必检查费用信息。亚马逊会根据具体的商城和秒杀时间收费,并在秒杀活动结束后进行。

(4) 创建完秒杀后,请检查以下各项。

① 确保拥有充足的库存,满足秒杀数量。

② 确定秒杀计划后,请务必确认秒杀的具体日期和时间。

③ 监控秒杀状态。

④ 在亚马逊秒杀计划开始的 24 小时前,可以随时使用控制面板取消秒杀。

5.6 亚马逊平台秒杀费用

对于提交并成功完成的每个秒杀,都需要付费。在创建亚马逊秒杀时,其费用会显示在"提交"按钮旁边。更改变体数量、商品数量和商品价格不会影响该费用。根据各国商城的税务规则,还可能需要缴纳适用的税费。

在秒杀结束后,亚马逊平台将会根据计划的日期和时间来对卖家收费。费用处理完毕后,会以"秒杀费用"的形式显示在卖家平台的对账单上("秒杀费用"→"交易一览"→"付款"→"数据报告"→"卖家平台")。费用会从卖家的账户中扣除,这与亚马逊物流费用有点类似。卖家可以单击"合计"栏中的金额,查看更多详情,例如秒杀等。

如果秒杀效果不佳,卖家也不能获得退款。即使一件商品都未售出或仅售出几件商品,也不会获得退款。但是在以下情况下,卖家无须付费。

(1) 在距离计划开始时间 25 小时前,卖家取消了秒杀。

(2) 在秒杀开始前或进行期间,亚马逊平台取消了该秒杀。

但是如果卖家在秒杀进行期间取消秒杀,则需要付费。

6. CPC 广告

6.1 CPC 广告的概念

CPC 是 Cost Per Click 的缩写,也有人把它称为 PPC(Pay Per Click),都是按点击量付费的一种网络广告形式,这种站内推广形式是每一个亚马逊卖家都需要精通的。在目标人群中投放广告,可以让 Listing 产生更多的曝光和浏览量,在 Listing 满足买家需求、描述清晰到位、图片吸引人的基础上帮助打造和形成爆款。尤其是竞争低、价格高、利润高的产品,应优先考虑 CPC 的投放。目前,美国终端最低起拍价为 0.02 美元,最低涨价 0.01 美元。英国站最低起价是 0.02 英镑,最低涨价 0.01 英镑。

站内 CPC 广告的最大特点在于曝光不扣费,广告主只需要按照实际单击产生的广告费用支付即可。也就是说,只有当消费者实际单击了广告主的广告链接后,才会产生广告费用。亚马逊作为网上购物平台,也为卖家提供了按点击量付费的站内广告选择。在亚马逊平台上,站内广告以商品推广的形式展现出来,卖家基于运营的需要,如果想让自己的商品展示在亚马逊搜索结果靠前的位置,就可以借助商品推广的形式来实现。在当前的亚马逊平台上,站内广告对于一家店铺或一款商品的打造具有举足轻重的作用,可以说"无广告,不运营"。

6.2 CPC广告投放的意义

对于亚马逊卖家来说,投放站内CPC广告有以下4个方面的意义。

(1) 在当前平台上卖家之间竞争激烈、平台内流量有限的情况下,站内广告可以让商品展示在搜索结果靠前的位置,以获取更多的流量和关注。

(2) 站内广告是为商品增加曝光量、浏览量(点击量)的重要工具,是提高商品销量的重要手段,是爆款打造中冲击排名的重要基石,是爆款打造的必备工具,离开广告就没有爆款。

(3) 按照总量均衡的原则,通过站内广告的投放,一款商品可以获得更多的流量和转化,其所占的市场份额会增加,BSR自然排名也会上升,还可以获得更多的自然流量,而竞争对手往往会因为没有投放站内广告而错失流量和订单机会。投放站内广告的商品,其竞争优势会越来越明显。

(4) 通过投放站内广告,卖家的销量更多,为亚马逊平台创造的价值也更大,随着店铺整体业绩的增长,卖家可以获得更多的平台扶持。

6.3 CPC广告投放的前提条件

站内CPC广告的投放对于一家店铺的运营具有举足轻重的作用,在广告投放之前,卖家一定要确认是否具备以下投放广告的条件。

1) 自建的商品

对以跟卖为主要运营方式的卖家来说,一款商品下面会有多个卖家销售,大家彼此竞争,即便投放广告,其转化也可能流向别的卖家,所以非自建的商品投放广告的意义不大。

2) 商品拥有Buy Box(购物车)

按照亚马逊站内广告的投放规则,推广的Listing需要拥有Buy Box(黄金购物车),没有获得Buy Box Listing就无法投放广告。

3) 不要将竞争品牌设置为竞价关键词

仔细检查和分配竞价的关键字,千万注意不要添加竞争对手的品牌词。比如卖衣服的时候,不能把香奈儿这样的衣服指定为爱马仕和乔治·阿玛尼。应该以实事求是为根本原则。

4) 不要放置与产品完全无关的关键字

绝对不要放置与展示产品无关的关键词。例如,卖衣服,设置的关键词却有computer(计算机)、shoes(鞋子)或mobile phone(手机),这是不允许的。

5) 商品优化到位

投放站内CPC广告可以为商品带来更多的曝光,但要想把曝光变成消费者真实的点击量,进而转化为订单,做好商品优化是非常必要的。如果一款商品优化没有做到位,商品展示效果很差,即便可以通过站内广告为商品带来一定量的曝光,其转化率也未必能够达到预期,最终可能导致投入产出比不划算,甚至会因为投放广告而亏损。所以,卖家在投放广告前,一定要做好商品的优化,具体包括商品图片、商品标题、商品特性、商品描述、关键词等细节,卖家可以参考本书商品优化章节的内容。

6）投放广告的商品最好采用FBA发货的商品

在亚马逊平台上,一半以上的订单是由FBA发货的。在平台内部,无论是曝光展示、流量扶持,还是消费者的选择偏好,都倾向于优先采用FBA发货的商品。在此背景下,一款自发货的商品投放广告,其转化率会相对较低。

7）投放广告的商品最好有一定数量的商品评价

商品评价数量越多、星级越高,广告的效果往往也会越好。

投放站内CPC广告可以达到的直接效果是增加商品的曝光量和点击量,但CPC广告的终极目的是增加销量和销售额。从曝光到点击再到订单,转化率是要关注的重要指标。为了提高转化率,商品的优化是基本工作,在做好商品优化的前提下,商品是否拥有一定量和高星级的商品评价是影响消费者购买的重要因素。消费者购物时的趋同心理决定了具有一定数量的高星级评价的商品往往比没有评价的商品有更高的转化率。所以,在投放站内CPC广告前,卖家要尽量想办法为商品增加一定数量且较高星级的商品评价。

6.4 CPC广告的设置方式

亚马逊站内CPC广告有两种设置方式:自动型广告和手动型广告。自动型广告的设置相对简单,只要选择投放的商品即可。在广告设置的过程中,卖家不需要设置关键词,系统会根据商品详情页的内容、用户的搜索关键词和购买意向等,把匹配一致的商品展示在潜在消费者面前。

6.4.1 自动型广告

自动型广告的设置步骤如下。

(1) 单击"广告"下拉菜单中的"广告活动管理"选项。

(2) 在打开的页面中单击"创建广告活动"按钮,开始创建广告计划。

(3) 在打开的"选择您的广告活动类型"页面中,单击"商品推广"下方的"继续"按钮。

(4) 打开"创建广告活动"页面,根据页面提示,分别设置广告活动名称、广告起止时间、每日预算等,将广告定位设置为"自动投放"。

(5) 在"广告活动的竞价策略"栏中,系统提供了三种竞价策略并默认为"动态竞价——只降低",卖家可以根据自己的运营策略和经验来选择竞价形式。根据笔者的实际运营经验,"固定竞价"的广告效果较另外两种方式的效果更好一些。除广告活动的竞价策略外,卖家还可以结合"根据广告位调整竞价"为不同页面的广告设置不同的竞价。

(6) 广告组是一组共享相同关键词和商品的广告,卖家可以根据商品的实际情况,把同类商品创建在一个广告组中,此操作需要在广告活动创建之后,在"广告活动管理"中创建额外的广告组。在"商品"栏中,卖家可以选择计划投放广告的商品,单击"添加"按钮,将商品添加到广告活动中。

(7) 对于自动型广告,系统提供了两种出价模式,即默认出价和通过投放组设置出价。卖家可以根据商品利润、竞争情况等设置广告竞价。在广告运行的过程中,可以根据实际的广告数据,将高曝光、高点击量,但低转化、零转化且和商品不相关的关键词添加到"否定关键词定位"栏中,以节省广告成本。设置完成后,单击"启动广告活动"按钮,自动型广告就设置完成了。

6.4.2 手动型广告

手动型广告分为两种：关键词投放和商品投放。手动型广告的设置步骤如下。

(1) 在"创建广告活动"页面中，选择"手动投放"单选按钮。

(2) 如果想创建"关键词投放"手动型广告，需要在"投放"栏中选择"关键词投放"单选按钮，然后在"关键词定位"栏中添加和自己的商品相关的关键词。

(3) 如果想创建"商品投放"手动型广告，需要在"投放"栏中选择"商品投放"单选按钮，然后在"商品投放"栏的"分类"选项卡中选择想要投放的类目节点，或者在"各个商品"选项卡中选择想要投放的具体商品。

对于手动型广告来说，因为关键词和商品都是卖家自己精心挑选出来的，所以在设置过程中，不建议做任何否定设置，可以直接跳过"否定关键词定位"栏，单击"启动广告活动"按钮，手动型广告就设置完成了。

6.5 广告关键词的收集和筛选

在手动型广告的设置过程中，如果选择"关键词投放"类型，则需要添加相应的广告关键词。关于关键词的收集和筛选，有以下几点建议。

(1) 从系统推荐的关键词列表中筛选。

当选择要宣传的产品后，系统会自动推荐几个关键词以供卖家选择。这里值得注意的一点是，推荐列表中的关键词大部分都是对产品友好的，可以为卖家导入微量流量，但也有很多关键词与产品本身和目标消费群不太匹配，甚至一点关系也没有，因此有必要对这些关键词进行筛选考察，选择真正能给卖家带来转化率的关键词才是根本。

(2) 从生活常识的角度选关键词。

作为卖家，既要有商品视角，还要有消费者视角，双向搜集关键词，找到消费者用来搜索该商品时使用的词语。

(3) 通过搜索框下拉列表收集和整理关键词。

可以用核心关键词、26个字母和数字(如 Bluetooth Speaker A、Bluetooth Speaker B、Bluetooth Speaker C 或 Bluetooth Speaker1、Bluetooth Speaker 2 等)，从搜索框下拉列表中筛选和自己的商品相关度高的精准关键词和长尾关键词。

(4) 结合自动型广告一起投放，从自动型广告数据报表中筛选高效关键词。

卖家可以选择下载自动广告的数据报告，过滤掉报告中的"三高"关键词(高展示、高转化、高点击量)，并将其添加到手动型的广告中。

(5) 利用第三方工具收集和整理相关关键词。

可以通过 Junglescout(桨歌)、Merchantwords(魔词)和 Google Adwords Keywords Planner(谷歌关键词规划师)等第三方工具，通过大数据分析，整理出更多的广告关键词。

通过上述方法，可以为广告收集和整理足够多的精准关键词，但只有合适的关键词匹配类型才能让站内广告发挥出最大作用。所以，在手动型广告的设置过程中，还需要注意关键词匹配类型的选择。

6.6 广告关键词匹配类型选择

在亚马逊系统中,有三种关键词匹配类型:广泛匹配(又叫宽泛匹配)、短语匹配(又叫词组匹配)和精准匹配(又叫完全匹配)。

结合亚马逊官方给出的解释,下面对三种匹配类型进行分析。

6.6.1 广泛匹配

使用广泛匹配类型,关键词支持无序匹配、单复数匹配、近义词匹配等。例如,卖家设置的广告关键词是 Cat Bowl,使用广泛匹配类型,当消费者搜索 Bowl Cat(顺序颠倒)、Large Cat Bowl(词前加词)、Cat Food Bowl(词中加词)、Cat Bowl 200ml(词后加词)、Kitty Bowl(近义词)、Cute Cat Bowls(词前加词且原词变复数)等关键词时,系统都会匹配到,该广告都会被展示在搜索结果中。

选择广泛匹配类型,广告可以展示给更广泛的消费群体,商品可以获得最大程度的曝光。同时,使用这种匹配类型便于在广告运行的过程中发掘新词,适合在新品推广期使用。

6.6.2 短语匹配

使用短语匹配类型,关键词支持匹配单复数、在原关键词的前面和后面添加修饰词,但不支持无序匹配,也不支持在词中加词。例如,卖家设置的广告关键词是 Cat Bowl,使用短语匹配类型,当消费者搜索 Large Cat Bowl(词前加词)、Cat Bowl 200ml(词后加词)、Cat Bowls(复数)等关键词时,系统可以匹配到,将该广告展示在搜索结果中;当消费者搜索 Bowl Cat(顺序颠倒)、200ml Cat Bowls(词前加词且原词变复数)、Cat Food Bowl(词中加词)等关键词时,系统匹配不到,而这些都是使用广泛匹配类型可以匹配到的。

相对于广泛匹配,短语匹配缩小了触发广告的搜索词范围,限制了一定量的曝光,在一定程度上可以节省广告成本,并实现更有针对性的广告投放。在此阶段,卖家仍可以通过广告数据报表的反馈获得新词。

6.6.3 精准匹配

精准匹配类型只支持完全一致的词语或单复数变形,其他词语都无法匹配。以关键词 Cat Bowl 为例,使用精准匹配类型,当消费者搜索 Cat Bowl 时,仅能够匹配到 Cat Bowl、Cat Bowls、Cat's Bowl、Cat's Bowls 4 个关键词。

精准匹配的针对性更强,只有在消费者输入的搜索词和广告中的关键词完全一致和仅有微小差别时才会展示广告。精准匹配最大限度地限制了广告曝光,广告的受众范围小,曝光量和点击量也少。

通过以上分析可以发现,若使用广泛匹配类型就可以匹配更多的消费者搜索,从而带来更多的观看者和流量。然而,若关键词设置不准确,也会造成很多不正确的曝光,而使用词组匹配类型和精确匹配类型,虽然可以匹配到更精准的搜索,却限制了广告展示,一些有真实购买意图的搜索将可能被忽略。

6.7 如何分析CPC广告效果

6.7.1 CTR

CTR(Click-Through-Rate)是决定广告展位的权重较大的重要影响因素。有多少展示量,有多少人感兴趣单击进去,点击率就是一个很好的反映指标。查看报告后如果发现CTR太低,这是对广告展位和竞争力来说都非常不好的反映,那么广告和展位的影响就会大打折扣。同时,CTR和ACOS的动态评价也是关键词广告的首要标准。

(1) CTR低,说明:

① 广告的质量不够高,首图也不够具有吸引力,可能导致价格不具竞争力。

② 关键词匹配度不高。评估关键词是否为大词、泛词,尝试精准长尾词,并去除无关流量。

③ 品类竞争可能太过激烈。评估广告投入是否合理。

(2) 若CTR高,卖家则需要关注展示基数是否太小,并评估该关键词的搜索量。

6.7.2 订单转化率

订单转化率(Conversions Rates,CR)一直是影响自然搜索排名和广告搜索排名的核心因素。产生点击量后,有多少人购买该产品,产品的详情页面就是决定因素。

首先检查以下两个基本要素。

(1) 产品的页内优化,如果图片或者视频、Top Reviewer、Review偏少,总体在四星以下,那么on page的体验可能较差,此时就需要慎重了,要么选择立刻改进,要么选择不要轻易做广告。

(2) 去business report看看ASIN转化,若发现转化偏低,如低于1%,就说明这个Listing市场竞争力不够,是时候需要优化了,至于如何优化Listing,主要从标题、图片、Review、卖点等方面来全面优化详情页面的信息。

6.8 站内广告设置中的细节提醒

为了使卖家对广告数据的理解更清晰,让广告效用最大化,在站内广告的设置过程中,卖家要注意以下几点。

(1) 广告活动名称建议设置为"中文商品品名+备注",活动结束时间用页面默认的"无结束日期"。

(2) 为了更好地为商品导入流量,单个广告活动的每日预算建议不要太少,根据经验,最好能够设置为广告出价除以竞价的30倍以上。

(3) 为了后期查看广告数据时更清晰,建议在创建广告活动时能够按商品投放,单独的商品创建单独的广告活动。

(4) 对于一家店铺有多款同类型/相似款式商品的情况,建议在投放广告时选择当前阶段重点打造的商品,而对于一款拥有多个子体的变体商品,建议选择热卖的或最符合大众审美的款式(颜色等)进行集中投放。在广告的投放上,聚焦优于分散。

(5) 在商品定位型广告中,分类定位要从当前匹配类目和当前未匹配但和商品高度相关类目两个方向选择,单个商品定位要从5个方面考虑:Best Sellers(类目热卖)榜单

Top 100 的商品、NewReleases(新品热卖)榜单 Top 100 的商品、当下没有卖家定位的同类畅销商品、自动广告数据报表中的"三高"(高曝光、高点击量、高转化率)、ASIN(亚马逊标准识别号,由系统自动为商品分配,类似于身份证号码)的商品、核心关键词搜索结果前 5 页的自然排名商品和广告位商品。

(6) 无论广告总预算是多少,站内广告的投放都应该集中在最有利于转化的商品上,这也符合亚马逊平台爆款运营的特点。

案 例 思 考

案例背景介绍

卖家:刘女士

销售平台:亚马逊美国站

销售产品:未知,需要进行选择

销售市场:全球

提到亚马逊,人们首先想到的可能是高毛利、适合做品牌等话题。然而,对于很多中国式卖家来说,亚马逊留给我们销售产品的路线只有"跟卖 Listing""自建 Listing";自建 Listing 的方式比较适合目前人们热衷的品牌和伪品牌策略;当然,若是简单的贴牌,其实走这条路线是比较累的。

那么,在这个环境下,对于中国卖家应该如何选品呢?

问题和思考

1. 刘女士如何在亚马逊自建或者跟卖?
2. 初期选品时她还应注意哪些问题?

习 题

一、单选题

1. 亚马逊成立于哪个国家?(   )
   A. 美国   B. 日本   C. 德国   D. 英国
2. 属于亚马逊自己的专属特色的功能是(   )。
   A. 心愿单   B. 货到付款   C. 购物车   D. 一键购物
3. 下列关于跟卖的说法,不正确的是(   )。
   A. 共用其他卖家页面信息   B. 价格和库存可以自己设定
   C. 共同争抢 Buy Box 购物车   D. 产品标题和图片需自己设定
4. 可以在亚马逊网站投放广告吗?(   )
   A. 部分可以投放,部分则由亚马逊控制
   B. 全部不可以
   C. 全部都可以

D. 只可在网站页面有责投放

5. 下列关于亚马逊跟卖优势的描述,不正确的是(　　)。
   A. 削弱用户体验感
   B. 亚马逊可以减少相同 Listing
   C. 卖家通过跟卖可以快速出单
   D. 为用户提供相同产品的不同卖家选择

二、填空题
1. 对 Buy Box 有较大影响的变量包括订单履行、(　　)、配送方式、配送时间和(　　)。
2. 亚马逊秒杀活动有 Best Deals、Lightning Deals、(　　)和(　　)。
3. CPC 是(　　)的缩写,也有人把它称为 PPC(Pay Per Click),都是按(　　)的一种网络广告形式,是亚马逊卖家需要掌握的一种站内推广形式。
4. 在亚马逊系统中,有三种关键词匹配类型:广泛匹配、(　　)和(　　)。
5. (　　)和(　　)的动态评估是关键词广告的核心标准。

三、简答题
1. 如何分析 CPC 广告效果?
2. 站内广告设置中包括哪些需要注意的细节?

实 践 操 作

请写出以下问题的演示操作过程。
1. 创建一个多渠道配送。
2. 查找并处理 FBA 退货订单。
3. 创建一个单击付费的广告。
4. 查询长期库存(在亚马逊存放半年以上的)。
5. 亚马逊运输服务如何设置?
6. 如何将自配送转换为 FBA 配送?

子情景五　Wish 平台

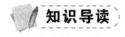 知识导读

　　Wish 是 2011 年成立于美国的一家移动端购物电商网站,也是目前美国流量最大的移动购物平台。Wish 是第一个以移动端为主的电商平台,其他的电商平台都需要在 PC 端上操作。随着智能手机的发展,人们使用互联网的方式、场景都发生了巨大的变化。人们获取信息的时间更快、阅读时间更短、阅读信息更碎片。而 Wish 则抓住了这个机遇,应运而生,成为行业内的标杆。本节将回顾 Wish 平台的概况与发展历史,介绍 Wish 平台的政策与实践操作,学习 Wish 平台的站内外推广方式。

学习目标

知识目标

熟悉 Wish 平台的特点与商业模式。

了解 Wish 平台站内推广方式。

能力目标

能够说明 Wish 产品优化设置要点。

能够设置 Product Boost 广告活动。

素质目标

熟悉 Wish 平台的运营理念。

相关知识

1. Wish 平台

1.1 Wish 平台介绍

Wish 是 2011 年成立于美国的一款基于手机移动端的全球综合类商品购物应用,也是目前欧洲和北美最受欢迎的移动购物平台,成为苹果应用商店和安卓应用商店里最受欢迎的生活类应用。Wish 备受欢迎的特色之一,是把商品和用户分别标签化,通过不断记录用户的浏览单击行为和购物消费习惯,结合大数据和人工智能算法,向顾客精准推送其感兴趣的商品信息,让用户享受独特的购物体验。而且每个人打开 Wish 时所看到的商品都是不同的、个性化的,Wish 目前主要的销售类目有服饰、美妆饰品、母婴用品、家居等。Wish 拥有综合购物应用 Wish、母婴类购物平台 Mama、彩妆类购物平台 Cute、家居类购物平台 Home、电子产品类购物平台 Geek 等 5 个购物应用。其中,Wish 综合购物应用的商品种类最齐全、最丰富。Mama、Cute、Home 和 Geek 是从 Wish 综合购物应用中精选出来的垂直类商品购物应用,为商品需求相同的用户群体提供简单直接的购物体验。

截至目前,Wish 可支持超 30 类语言,拥有超过 9000 万件各类商品,为超过 71 个国家和地区提供客户服务,Wish 目前拥有移动用户 3 亿+,日活跃用户 1000+,日均订单量 200 万+。每天平均浏览时间为 32 分钟,90% 是年龄 15～35 岁的消费者,男女比例 3∶7,男女销售交易额比为 3∶2。

Wish 用户以欧美国家为主,其中,北美用户占 50%,欧洲用户占 45%,在亚洲、巴西、澳大利亚等许多国家也有众多用户。由于美国商户销售商品批量小,短期内无法满足大量用户的购买需求,因此 Wish 的主体用户群虽集中在欧美地区,但是中国商户的销售占比却增长十分迅速。Wish 平台呈现如下特点。

(1) 专注产品展示与个性化推荐。

Wish 平台拥有自己独特的推送法则,Wish 平台根据用户在平台或社交网络中的浏览轨迹分析用户对商品的喜好,将用户关注的、喜欢的商品推送给买家,给予产品更多的曝光,更好地提升买家的体验。所谓"千人千面",每一个用户看到的商品信息不一样,同一用户在不同时间看到的商品也不一样。

(2) 无障碍连接用户和内容。

帮助用户管理数据,将用户与其喜好的相关商品连接起来,无障碍连接用户和平台内容,与用户保持一种无形的互动,进行 B2B、B2C 垂直类销售,极大地增强了用户的黏性。Wish 平台以数据分析起家,通过智能化的推荐技术,针对移动端买家,能够根据客户的兴趣推送产品。

(3) 移动购物 App 应用。

Wish 是一个源于移动端的平台,基于移动端的优势,平台用户可以随时随地浏览平台信息,进行购物。从打开 Wish 购物 App 到完成付款流程仅需数秒时间。加之其强大的个性化推荐技术,用户本来是无意识地浏览网页,但是浏览的过程中就会惊喜地发现自己想要的东西,从而形成用户购买。

1.2 Wish 平台的商业模式

选品策略:首先,选品时商户要注意季节性/节日性选品;其次,卖家可以紧跟其他平台的 bestseller 作为选品参考或参考热门收藏品,一定要认真对待供应商推荐的产品,选择有稳定货源的商品,严格把控商品发货的时效性。除此之外,商户应明确公司或店铺的定位,选择相应的商品,分析目标客户群的需求,根据客户需求选择店铺上架商品。

产品与服务:利用 baynote、barrillance、bunting、richelevance、monetate、ibm product recommendations、adobe target 等有效的产品推荐工具创造自己的个性化服务。

盈利模式:Wish 平台主要收入来源于交易的佣金,商家申请入驻 Wish 时,不会产生平台费用,也不需要缴纳押金等其他费用。

技术模式:Wish 淡化了品类浏览和搜索,通过智能化推荐技术,专注于关联推荐。

经营模式:Wish 的优势在于其强大的技术支撑,采用本土化的网站建设方式,针对不同国家采用当地的语言,配套的物流体系和配送体系也越来越完善。Wish 平台以免费的方式吸引商户注册用户,成为会员,汇聚商流,活跃市场,创造商机。

营销策略:Wish 平台采用注册店铺免费的方式,吸引商户。大部分情况下,Wish 通过自己的客服处理售后问题,并对买家采取"宽松容忍"原则:只要消费者提出退款,基本都通过,通过提升消费者跨境购物体验来吸引客户。

1.3 Wish 平台的优劣势

1.3.1 Wish 平台的优势

1) 精准销售

Wish 的主要用户来自于北美地区,卖家进入 Wish 市场后可借助于平台技术服务进行精准营销,Wish 利用智能推荐技术,根据用户的行为习惯,推送相关度高的产品。这样是更利于商户做精准营销,做到对点推送、精准营销,所以用户的下单率非常高,满意度高,并且回购率也很高,如果卖家的商品能够得到推荐,那么卖家在短时间内可以得到订单量的暴增,销售额大涨。另一方面,对于用户来说,Wish 的这种智能推送模式,能够让用户不必花太多时间挑选就能买到自己心仪的产品,用户购物更加便捷高效,这种智能推送算法极大地提升了用户体验,所以 Wish 一度被评为欧美最受欢迎的购物类 App。

2) 移动端前景大

Wish 是专注手机移动端的跨境电商购物平台,Wish 平台客户成交单主要来自于移动端,根据互联网与移动端的发展趋势,移动互联网可以实现随时随地手机购物,现在人们基本离不开手机和网络,手机购物平台将成为主流,Wish 作为北美和欧洲最大的移动电商购物平台,同时也是北美欧洲最受欢迎的手机购物平台,一度蝉联购物类手机应用程序下载量榜首,可谓是潜力无限。

3) 操作简单、门槛低

Wish 门槛低、容易上手,Wish 后台操作十分简单,上传商品信息、撰写商品广告文案、投放推广广告、设置物流运费等都很容易,不像亚马逊那样复杂且严格。另外,Wish 平台没有管理费及其他固定支出,入驻 Wish 平台只需要提交资料注册账号,Wish 平台审核通过了即可上传商品进行销售,Wish 只抽取销售额 10%~15% 的佣金。换句话说,入驻 Wish 平台的商户,只有店铺有销售额才会需要缴纳这个平台佣金,如果没有销售额是不必缴纳的,因此,对于新手卖家和中小卖家来说,Wish 很有可能坐稳跨境移动电商第一位置的宝座,所以 Wish 也成为步入跨境电商这个行业最合适的入门平台。

1.3.2 Wish 平台的劣势

1) 审核周期长

Wish 对卖家入驻要求高,平台卖家申请入驻的审核周期也比较长,较短的是两个星期左右,审核周期长的话需要两个月,相对其他平台来说时间比较长,有时平台审核不完善,可能还会造成误判。

2) 平台审核严格

Wish 对于商户店铺的产品质量要求较高,对于仿品的审查极为严格。如果卖家有销售侵权或假冒产品的行为,便极有可能会被关店封号。除此之外,申请入驻账号注册通过率也不高。

3) 物流发货方式单一

Wish 目前还没有自营仓库,所以基本都是需要自发货,是比较麻烦的。

4) 平台规则变动频率高

平台对于买卖的规则经常更新改动,解决买卖纠纷的规则模糊。频繁改动规则,让商户难以适应,且平台奉行"宽松退货"政策,只要消费者提出退款,基本都通过,这便会对商户造成不必要的损失。

2. Wish 平台的政策

2.1 Wish 政策概述

Wish 是最快的产品销售平台,同样平台制定了相应的规则以维护正常的市场秩序,Wish 平台的注册商户需遵守平台规则。如果商户能够遵守这些规则,就不会受到平台实施的罚款或违规政策的影响。

(1) 商户应始终向 Wish 提供真实准确的信息。商户录入到 Wish 平台的信息应真实准确,列出的产品应真实准确,这包括但不限于图片、库存和价格。产品图片应该准确描述正在出售的产品,产品描述不应包括与产品图片不符的内容。

(2)商户应确保尽快向客户交付订单。平台用户总会期望能够尽快收到自己订购的产品或者服务,商户应当确保尽快向客户交付订单。

为了能够按时交付订单,商户可以通过以下方式来达到要求。

① 迅速履行订单。商户需在 5 天内单击 Ship 菜单,并确保订单带有有效物流跟踪信息。

② 使用可靠、有效的配送方式。建议商户使用被 Wish 认可的物流承运商(https://merchant.Wish.com/documentation/shippingproviders),否则物流信息将无法被抓取。在查看物流服务商表现时,如果商户使用有红色标记的承运商将会承担 100% 的退款责任。

2.1.1 注册

商户在注册账户期间,提供的所有信息必须真实准确。如果注册期间提供的账户信息不准确,例如,提供虚假的或不在正确营业范围内的营业执照,那么账户可能会被暂停。每个实体只能有一个账户。如果公司或个人有多个账户,则多个账户都有可能被暂停。

2.1.2 商品列表

商户上传产品期间,提供的产品信息必须准确。产品信息包括图片、库存、价格、描述等。产品图片应该准确展现正在出售的产品,产品描述不应包括与产品图片不符的内容。

(1)如果商户对其所列产品提供的信息不准确,该产品很有可能会被平台移除,且相应的商户可能面临罚款或暂停的风险。

(2)Wish 平台严禁销售假冒伪造产品。如果商户上架假冒产品进行销售,这些产品将被清除,并且相应商户将面临平台处罚。对于初次审核的产品,一旦被查出是假冒产品,产品将会被平台系统删除;已经通过审核,但重新编辑过的产品将进入系统的二次审核,如果被查出是假冒产品,该产品将被系统下架,该产品所产生的货款将被暂扣,商户还会面临罚款。

(3)Wish 平台要求商户店铺产品不能侵犯其他方的知识产权。如果商户上架侵犯他人知识产权的产品,该商品则将会被平台系统删除;如果商户多次侵犯他人的知识产权进行商品销售,该账户极有可能会面临被暂停或终止的风险。

(4)产品不得引导用户离开 Wish 平台。如果商户列出的产品信息鼓励平台用户离开 Wish 或联系 Wish 平台以外的销售渠道,产品将被平台移除,其账户将被暂停。

(5)Wish 平台严禁商户重复铺货。Wish 平台认为产品相同,颜色、尺寸、型号不同的必须列为一款产品,商户不得上传重复的产品。如果商户上架相同产品,产品将被平台移除,其账户将被暂停。

(6)Wish 禁止卖家将原来的产品合并成为一个新的产品。如果商户将原始产品合并成一个新的产品,那么这个产品在被移除的同时账户也将面临处罚或暂停交易的风险。

2.1.3 产品促销

Wish 平台的促销产品又称为黄钻产品,商户可在 Wish 商户后台的产品列表中查看产品是否为黄钻产品。产品是否被促销,Wish 系统会根据产品的综合表现评定,Wish 平台随时可能会选中某款产品进行促销,如果促销产品的定价、库存或详情不准确,商户将有可能违反以下政策。

(1) 商户不得对促销产品提高价格和运费。

(2) 商户不得自行降低促销产品的库存。如果黄钻产品实际库存量不准确,将会影响订单履行率,订单履行率过低,店铺将被关闭。

2.1.4 知识产权

Wish 对商户上架伪造品和侵犯知识产权的行为呈现"零容忍"的态度。如果 Wish 单方面认定商户在销售伪造产品,商户同意不限制 Wish 在本协议中的权利或法律权利,Wish 可以单方面暂停或终止商户的销售权限,扣留或罚没本应支付给商户的款项。

(1) Wish 平台严禁商户出售伪造产品。伪造产品包括模仿其他品牌的标志、名称、图像及外观设计等。

(2) Wish 平台严禁销售侵犯另一个实体的知识产权的产品,平台要求商户上传的产品图像和文字描述不得侵犯他人的知识产权,包括版权、专利、商标等。

(3) 如果商户销售的产品为伪造产品或存在侵犯知识产权行为,商户有责任提供销售产品的授权证据。如果商户对销售的产品提供错误或误导性的授权证据,其账户将会被暂停。

(4) 仿造品的罚款扣款政策。若发现商户店铺某款产品违反了 Wish 平台制定的政策,则会将其移除并扣留所有货款。商家每个仿品可能会被罚款 1 美元。针对已经通过审核的产品,商户通过修改产品名称、产品描述或产品图片,将产品编辑为仿品,商户可能会被处以 100 美元的罚款。此产品将被删除,且所有货款将被暂扣,未结货款将在两年内返还给商户,第一年将返还货款金额的 50%,第二年将返还货款金额的另一半,在此期间,该产品的所有退款由商户承担 100% 的责任。

注意:已经通过审核的产品,在重新编辑产品名称、产品描述或产品图片后,会再次进入审核程序,产品复审期间,产品正常销售。

2.1.5 履行订单

准确及迅速地履行订单是商户的首要任务,这样才能收到销售款项。Wish 入驻商户需完成以下规定。

(1) 商户必须在 5 天内对订单进行发货操作,若未在规定时间内完成发货操作,该订单则会被退款并且相关的产品将被下架。

(2) 如果商户有无法及时发货的订单,商户则会产生退款率,即自动退款的订单数量与收到订单总数之比,若退款率高,相应商户则将被暂停。商户可在平台"业绩"→"物流表现"→"周发货完成及运输"中查看店铺的申报完成平均时长。

(3) 如果商户延迟履行订单,则该订单将被计入延迟发货率,延迟发货率超过 20% 则店铺会面临暂停的风险。商户可在平台"业绩"→"物流表现"→"周发货完成及运输"中查看店铺的订单履行平均时长。

2.1.6 用户服务

商户需提供良好的用户服务以保证良好的用户体验。

(1) 退单率是衡量商户上架商品和服务质量的重要指标。高退单率的商户店铺面临被暂停的风险,低于 0.5% 的退单率是正常的。

(2) Wish 严禁商户滥用平台用户信息,严禁商户对 Wish 用户施加辱骂性行为语言,Wish 平台对此行为采取零容忍态度。

(3) Wish 严禁商户要求用户绕过 Wish 平台付款。如果商户要求用户在 Wish 以外的平台付款,其账户将被暂停。商户可通过单击商户后台右上角"账户"→"付款设置"菜单查看与 Wish 平台对接的支付平台。

(4) 若卖家指引平台用户离开 Wish,其账户将会被系统暂停。例如,商户不得在产品信息中添加其他网站的 URL。

(5) 若商户要求用户提供付款信息、电子邮箱等个人信息,其账户将被暂停。

2.1.7 退款责任

(1) 对于缺乏有效或准确跟踪信息的订单,卖家需承担全部退款责任,即商户必须承担该订单的全部退款成本。以下为此类退款责任界定的示例。

示例 1:物流追踪信息缺失

订单于 3 月 1 日生成,预计到达时长为 14～20 天。

卖家于 3 月 16 日将该笔订单标记为发货,但没有上传物流追踪单号。

3 月 22 日,用户以"没收到货"为由退款,该订单的退款责任须全部由商户承担。

示例 2:物流追踪信息无效

订单于 4 月 2 日生成,预计到达时长为 12～15 天。

商户于 4 月 3 日将该订单标记为发货,但系统无法追踪到该订单的物流信息。

4 月 20 日,用户以"没收到货"为由退款,该订单的退款责任须全部由商户承担。

(2) 如果订单确认履行时间为订单生成后 10 天以上,卖家应对该订单退款承担 100% 责任。

(3) 对于配送时间过度延迟的订单,卖家需要承担 100% 的退款责任。包裹的配送及妥投时间因地区而异,若到某一国家/地区的订单配送时间超过该国家/地区的最长配送时间仍未妥投,因此产生的退款,卖家需要承担 100% 的退款费用。

(4) 若用户由于尺寸问题而要求退款,则由卖家承担全部退款成本。

(5) 若卖家实施诈骗活动或规避收入份额,则承担诈骗订单的全部退款成本。

(6) 若买家因商品送达时损坏而退款,则由卖家承担全部退款成本。

(7) 若买家因商品与商品介绍不符而退款,则商户承担全部退款成本。

(8) 商户账户暂停期间发生的退款,由商户承担全部退款成本。

(9) 对于退款率极高的产品,其在任何情况下产生的退款都将由商户承担全部退款责任。每个退货率极高的产品都将会收到一条违规警告,从收到违规警告开始,商户须承担该产品所有订单的全部责任,退款会从上次付款中扣除。Wish 实行产品两级退款率政策,系统对平台每个产品每周评估一次,并将对产品从该评估日起向过去计算 0～30 天和

63～93天两个时间段的订单为标准进行评估,结果分为极高退款率产品和高退款率产品,极高退款率产品会被 Wish 移除,该产品的货款将被暂扣;未被 Wish 移除的高退款率产品不会做下架处理,但会被定期重新评估,若该产品保持低退款率,那么商户将不再因此政策而承担该产品的全部退款责任。

以下为产品的两级退款率示例。

① A 产品在过去的 63～93 天内产生两个订单,且该产品的退款率为 50%。A 产品既不是极高退款率产品也不是高退款率产品,因为 A 产品的订单量较低,将不受该政策影响。

② B 产品在过去的 63～93 天内产生 60 个订单,且退款率为 40%。B 产品被判定为极高退款率产品,将被 Wish 下架。

③ C 产品在过去的 63～93 天内产生 60 个订单,且该产品的退款率为 23%,C 产品被判定为高退款率产品,不做下架处理。同时 C 产品被重新评估,在过去的 0～30 天内,C 产品产生了 15 个订单,退款率为 15%,C 产品仍为高退款率产品,且商户需要对该产品的所有退款承担全部责任。

④ D 产品在过去的 63～93 天内产生 70 个订单,且该产品的退款率为 24%,D 产品被判定为高退款率产品,不做下架处理。同时 D 产品被重新评估,在过去的 0～30 天内,D 产品产生了 60 个订单,退款率为 12%,该产品将恢复正常。

⑤ E 产品在过去的 63～93 天内产生 70 个订单,且该产品的退款率为 24%,E 产品被判定为高退款率产品,不做下架处理。同时 E 产品被重新评估,在过去的 0～30 天内,E 产品产生了 60 个订单,退款率为 35%,该产品将被判定为极高退款率产品,且将被 Wish 永久下架。

(10) 若被平台判定为仿品的产品产生退款,卖家将承担 100% 的退款。

(11) 若因商品配送至错误地址而产生退款,该卖家将承担 100% 的退款责任。

(12) 如果因订单配送不完整而产生退款,那么商户将承担 100% 的退款责任。

(13) 对于被退回发货人的包裹,卖家将承担所产生的全部退款。如果投递失败并且物流商将物品退还至发送方,卖家将承担退款的 100% 责任。

以下是导致包裹被退回发货人的一般性原因。

① 配送地址不存在或错误。

② 邮费不足。

③ 收件人已经搬离所填写的配送地址但没有更新配送地址。

④ 包裹被拒收。

(14) 低评价产品会给用户带来不好的用户体验,对于每个平均评价极低的产品商户会收到相应的违规通知并承担全部退款责任。商户需对该产品在未来的和追溯到最后一次付款的所有订单的退款费用负全部责任。Wish 实行产品两级低评价政策,产品评级将以周为单位进行评估,产品平均评级低于 3 分即为不可接受的评分,产品平均评分高于 4 分为良好,平台最好的产品评级接近 5 分。如果某产品平均评级不可接受,商户需对该产品产生的所有退款承担全部退款责任,直到该产品被重新评估。如果重新评估的结果有所提高,该产品将不再受此政策影响。如果某产品平均评级极低,该产品将被自动下架,商户需对该产品产生的全部退款承担全部的退款责任,且该产品将不会再被重新评估。

(15) 若包裹跟踪记录显示妥投,但客户未收件,商户承担100%的退款费用。

(16) 若卖家通过非Wish认可的合作配送商配送订单,商户须承担全部的退款责任。

2.1.8 账户暂停

(1) 账户暂停后账户将发生以下情况。

① 账户访问受限。

② 店铺的产品将不允许再上架出售。

③ 店铺的付款保留三个月,三个月后商户可申请放款。

④ 若商户严重违反Wish政策,店铺的销售额将被永久扣留,卖家将承担所有退款责任。

(2) 账户被暂停的原因包括但不限于以下内容。

① 询问客户个人信息(包括电子邮件地址),商户账户将有被暂停的风险。

② 如果商户要求客户直接打款,其账户将会存在被暂停的风险。

③ 如果商户提供了不适当的用户服务,其账户将会存在被暂停的风险。

④ 如果商户正在欺骗用户,其账户将会存在被暂停的风险。

⑤ 如果商户要求用户访问Wish以外的店铺,商户账户将有被暂停的风险。

⑥ 如果商户的店铺正在销售假冒或侵权产品,商户账户将有被暂停的风险。

⑦ 如果商户利用Wish政策谋取自己的利润,该商户账户将有被暂停的风险。

⑧ 如果商户的店铺与另一被暂停账户关联,商户账户将有被暂停的风险。

⑨ 如果商户的店铺拥有无法接受的高退款率,商户账户将有被暂停的风险。

⑩ 如果商户的店铺拥有无法接受的高自动退款率,商户账户将有被暂停的风险。

⑪ 如果商户的店铺拥有无法接受的高拒付率,商户账户将有被暂停的风险。

⑫ 如果商户已在Wish注册多个账户,商户账户将有被暂停的风险。

⑬ 如果商户的店铺拥有大量不带有效跟踪信息的单号,商户账户将有被暂停的风险。

⑭ 如果商户给用户发送空包,其账户将会存在被暂停的风险。

⑮ 如果商户使用虚假物流单号,商户账户将有被暂停的风险。

⑯ 如果商户的店铺拥有大量无法接受的"包裹被递送至错误地址"的订单,商户账户将有被暂停的风险。

⑰ 如果商户的延迟发货订单比率过高,则该商户存在账户暂停的风险。

2.2 产品优化

通过Wish政策概述可得知Wish平台不同于其他平台,由于对在售产品进行编辑会触发审核机制。根据Wish政策,为避免出现伪造品或者侵犯知识产权的情况,当商户更改产品名称、产品描述或产品图片后,即使是通过审核的产品也会被再次审核。不过在产品复审期间,产品还可以正常销售。

虽然有这样的政策限制,但并不代表Wish的产品不需要优化,而是需要在产品上架前就完成优化工作。商户可通过对产品进行数据统计,针对不同类目设定不同的优化方案,从而在最大程度上使同类型产品在上架的时候就处于最优状态,以避免后续反复修改。这样不仅能避免后续修改的人力付出和风险,还能有效提高爆品产出率,并提高各项服务指标。

产品优化具体可以分为图片优化、标题优化、Tags 优化、产品描述优化、价格优化。

2.2.1 图片优化

店铺产品主图十分重要。当消费者浏览网站商品时,第一眼便会看到商户产品的主图,在短时间内判断是否单击图片来进一步浏览或者购买。因此,Wish 的产品图片一定要做到四个字"清晰易懂"。例如,在 Wish 上面有一款卖得不错的美发电动梳子。如果单看这个产品,可能会认为这就是一个普通的梳子。但是这个卖家很聪明,他的图片上是一头乌黑发亮柔顺的头发,旁边放着这个梳子,这样的图片就给买家传递了一个信息——用这个产品能让头发变得顺滑。这样一来,图片的点击量就上去了。

首图类型:通过观察 Wish 的几款 App,可以发现 Wish 商户对于产品首图的编辑方式可分为以下几种。

(1) 单款大图(有背景或无背景)。如图 4-94 所示,该方式适合本身体积较小的产品,容易突出产品的细节。

(2) 模特图(街拍场景或设定场景)。如图 4-95 所示,此类图片适合服饰类等展示实际效果。

图 4-94　单款大图

图 4-95　模特图

(3) 多色拼接(同产品多色或多角度图片拼接)。如图 4-96 所示,这类图片适用于色彩丰富的产品。

(4) 模特+产品图片拼接。如图 4-97 所示,此类图片适用于需要展示细节并体现实际穿戴效果的产品。

图 4-96　多色拼接

图 4-97　模特＋产品图片拼接

通过对以上图片处理方式的学习，读者可以掌握单个产品单种图片的处理方式。但在实战中，对于一款产品往往会选择多种方式混合运用。通过不断摸索和上传产品来测试哪种效果最佳，会发现每种类型的产品都有最适合的首图处理方法。例如，潮流服饰类产品，首图带模特的产品点击率和转化率普遍会比不带模特的产品要高；而对鞋类来说，多角度拼接图的单击转化效果会好于单款大图。所以，每开发一类产品，需要根据产品的实际类型去测试各种首图方式，根据 Wish 后台一定周期内（以周为单位）的点击率、转化率等数据，综合分析后选用最合适的首图，并应用到后续同类型产品的图片编辑中，以得到最好的点击量及转化效果。对于多色产品，请依据同类产品出单的数量对首图进行调整，选用出单量最多的颜色，这有助于提高该产品的点击率、转化率及销量。

2.2.2　标题优化

标题的写法一般分为两种。

（1）多关键词叠加。如图 4-98 所示，通过对 Women Leggings、Sport Leggings、Fleece Leggings 的叠加使用，突出 Leggings 这个核心关键词，让客户能更快捷地获得核心关键词。

Women Leggings Thicken Fur Warm Fitness Sport Leggings Winter Fleece Leggings Pants Women Leggings

图 4-98　多关键词叠加

（2）最精简描述性短标题，如图 4-99 所示。

Women's Autumn Loose O-neck Off Shoulder Long Sleeve Knitted Sweater

图 4-99　精简描述性短标题

这种写法没有过多叠加同义词,整个标题读起来非常通顺,对于移动端的快速购物来说,这样能使客户更好地理解产品,以增加点击量。

1) 根据产品类型来测试不同标题写法

对同类型产品分别用不同的标题写法进行尝试,并且做好汇总,从而总结出这个类目的产品适合哪种写法(建议寻找价位接近的产品进行测试,否则价格相差较大可能会影响测试结果)。

以下列举一些常规标题写法,供读者参考。

① 产品核心关键词尽量排列靠前,尽量在标题前5个词中出现。

② 产品标题由描述款式、材质、形状、型号等中心词构成。

③ 如果销售特大尺码或特殊型号的产品,可以通过在标题上添加"关键属性",使产品能够在更大程度上吸引客户单击。

注意:款式、材质、形状、型号等相关词汇的填写需要结合客户的搜索习惯,可以参考Google搜索框的提示,以及手动上传产品填写 Tags 时后台的关联词提示。中心词设置需要贴合客户搜索习惯,再参考时下的热门关键词。再设置产品关键词时也要尽可能使用同义的关键词。一款产品的多种不同的称谓,如 Wedding Dresses 和 Wedding Gown 等,都可以包含在产品标题里。

标题优化案例:

原标题: Wholesale - FREE SHIPPING Nice Beautiful 4 pcs black Synthetic Kabuki Brush single makeup Cosmetic brush Travel Makeup Set

优化后: 4 pcs Travel Makeup Brush Set black Synthetic Kabuki Cosmetic Brush 优化后的标题,能使客户更快速地获得该产品的重要信息,如数量、功能等。

2) 针对不同产品类型做优化方案

对于任何一类产品,都不要固定标题写法。标题的写法需根据产品类型、售价等各种因素"量身定制",但也有规律可循。例如,像3C类产品,应突出其功能性;服饰类产品,尺码和颜色为客户关注的重点;套装类产品,应突出其数量。

2.2.3 Tags 优化

关键词包含广泛关键词、核心关键词和长尾关键词三类,这三类关键词之间的关系是既有包含性又有独立性。例如,移动电源可用 External Battery、Power Bank、Portable Charger 三组词来表达同一类产品,以上三个词是互相独立的核心关键词,但一个 10 000mAh 的移动电源(10 000mAh External Battery)就是标明具体容量的移动电源,会成为一部分有特别需求的客户所搜索的对象,则 External Battery 就成了长尾关键词,而与另外的关键词 External Battery 和 Portable Charger 又相关联;泳衣(Swimwear)是一个广泛关键词,但男士手表(Men's Swimwear)就是核心关键词,而男士专业泳衣(Men's Athletic Swimwear)则是长尾关键词,这三个词语关系紧密,且范围逐步缩小,越来越精准。这表明 Wish 平台商户需要做的第一步就是了解自己店铺商品,然后收集整理出产品的相关关键词,再根据实际情况,将关键词布局到产品 Tags 的设置中。

1) 根据产品本身情况优化标签

标签(Tags)是 Wish 平台推送产品的重要依据之一,所以需要针对产品特性去写,如

图 4-100 所示。

earrings jewelry , Dangle Earring , Crystal Jewelry , Stud Earring , women earrings , snowflakeshaped , Crystal Earrings , danglecharm , hexagramdesign

图 4-100 标签

实际写法可依据二八法则：两个大词（流量词，一般为类目词，优先用单个单词），八个小词（精准词，一般为长尾词，一般至少两个单词）。尽量多用长尾小词去提高产品被推送时的转化率，以加强后期推送，任何标签的优化都以提高转化率为第一前提，这样才能增加平台推送流量，增加产品订单量。

2）根据产品生命周期内的 Tags 变动规律优化标签

每个产品都是有一定的生命周期的，一个产品销售一段时间后，由于同行竞争、市场饱和、季节变化、潮流变化等原因，流量、订单会逐渐减少，直至完全没有订单。对于这个生命周期，产品的关键词也会相应地经历以下阶段：新品（精准词推送）—出单（精准词推送）—单量提升（流量词＋精准词推送）—爆款（流量词推送）。商户可以把握产品处于哪个阶段，并相应地做出修改。

精准词如图 4-101 所示。

S7leathercase , s7edgecard , s7walletcase , s7edgewallecase , samsunggalaxys7case , Samsunggalaxys7edgecase

图 4-101 精准词

流量词＋精准词如图 4-102 所示。

Winter , leather , Boots , Men's Fashion , Snow Boots , Warm Boots

图 4-102 流量词＋精准词

流量词如图 4-103 所示。

Fashion , Winter , Men , Boots , Snow , Keep , Warm , Women

图 4-103 流量词

2.2.4 产品描述优化

1）针对客户留言、评价、反馈优化产品描述

产品描述的优化，需要逐个产品去分析，而优化的方向，很大程度上取决于客户的评价等反馈信息。针对客户的差评，归纳原因，从而有针对性地去优化产品描述，这样才能有效降低退款率等指标。例如，客户普遍评价产品偏小时，可在详情描述第一句中就写明尺寸，让客户能更有效地去选择准确的产品。

2）产品变动后优化详情

好的产品描述应该具备以下特点。

（1）紧抓消费者心理，将产品的特点展示出来。

（2）对每个产品进行单独的关键词"围绕"和描述，提高优化效果。

（3）运用相对专业的手法去构思产品描述的语法、结构、措辞。

（4）注重产品介绍的条理性，有序排列产品介绍的有用信息，增加产品信息可读性。

此外，很多时候产品的一些卖点、特质没有办法通过图片展现出来，尤其是材质等方面的，所以描述是图片的延伸，是进一步介绍产品的途径。

2.2.5 价格优化

1）产品周期内的价格变动

任何产品都会有生命周期，爆款也不例外。如何合理地在各个周期内给产品定价，以达到总体收益最高？产品周期一般分为以下四个阶段：新品期、销量增长期、爆款期、衰退期。

（1）新品期：此时价格需要根据同类型产品确定。

（2）销量增长期：尽量去考量产品价格跟销量的变动系数，尽量不调整售价。

（3）爆款期：此时的同类产品竞争对手已经涌入，价格战开始，需要适当降低售价以确保产品的销量，确保占据流量入口。

（4）衰退期：进入这个时期的产品，利润已经非常低，所以要在可控前提下低价销售，直至无利润时放弃该产品。

2）设定价格变动区间

产品的价格设定需要有一个区间，对于不同生命周期的产品，需要根据市场反馈设置价格，但底线是零利润销售。零利润销售一般出现在产品的衰退期，方便清理库存，如果产品已经进入了衰退期，就需要特别警惕该产品的退款率，以免对利润造成不必要的损失。价格高点一般为产品的上新期，上新期的产品定价，基本上是以同类型产品的售价为基准，不宜过高。增长期的产品定价，应略低于该款产品的市场平均价，以获得更高的转化率，增加平台推送量。爆款期的产品定价，应基于商户本身制定的最低利润率，尽可能定为该产品的市场最低价，抢夺该产品现有市场份额。

3）根据数据调整售价

在爆款期控制好价格至关重要，需要针对主要竞争对手做数据统计（可用现有市场数据分析软件网站，例如海鹰数据、米库网等），分析对方产品的售价及周销量，再与自己产品的售价及周销量做对比，得出最合理售价，使收益最大化。例如，店铺内某产品的实际周销售量为700件，客单价为30美元，利润率为30%，可以得出该款产品的周利润贡献为6300美元；相同产品在竞争对手店铺的周销售量为1000件，客单价为28美元，在成本相同的情况下，该款产品的周利润贡献为7000美元。在可接受利润率前提下，下调该产品售价，以提高该产品的周利润贡献，使收益最大化。

3. Wish 平台的推广方式

Wish 应用是一个移动端平台，与速卖通、亚马逊等平台不同，Wish 上的店铺概念很弱，主要是凭借产品出单。

3.1 站外推广

Wish 是一个移动端的电商平台,所以像是 Facebook、YouTube、Twitter 等社交平台是非常好的推广渠道。

(1) Facebook:Facebook 是 Wish 平台的发源处,也是很多 Wish 买家的聚集地,可以通过发布产品的相关内容及店铺链接去引流,转化率也比较高,是流量来源与买家互动的平台之一。

(2) YouTube:YouTube 作为海外视频营销的主要平台,部分买家帮商户做了产品视频后,该产品很有可能会被 Wish 的平台用户看到,可以更好地促进转化率,因此买家秀的视频作为推广渠道占据非常重要的位置。

(3) 其他:像 Twitter、Instagram 这两个平台,可以带上相关话题,这样是可以提升关注度的。另外,一些 Review 网站和 Deal 网站也可以发挥引流推广作用。Review 网站主要是发布一些关于产品的优质评价去吸引购买;Deal 网站则是通过折扣换评价,对提升销量有很大帮助。除此之外,还可以通过自建站的方式去推广。

3.2 站内推广

(1) 搜索引擎。主要就是要能够精准地找到产品的关键词,可以从用户的角度、竞品等方面去思考。但搜索量高的词,竞争也比较激烈,对于小商户来说,不建议选择竞争大的词。可以去添加一些精准长尾词,相关性比较高,从而提高产品的转化率。

(2) 活动推广。因为活动是可以为产品带来更多的曝光的,而且对于之前销量增长比较缓慢的产品,参加活动之后销量的增速是比较快的,所以可以积极参加符合要求的平台活动,并总结每次的活动,去提升转化。

(3) 商家服务。如客服体验中客服的响应时间要控制在 10 小时内,越快越好。在物流服务中,买家下单后一定要选择最好最快的物流方式。避免使用没有跟踪单号的物流,发货后标记物流单号和跟踪单号,尽量缩短妥投时间,通过提高商家服务获取顾客满意。

(4) Product Boost 推广形式。可以帮助商户推广更好地获得展示的机会,同样也是通过关键词竞价去展现的。

3.2.1 Product Boost 介绍

1) Product Boost 的概念

Product Boost 是 Wish 平台的一项营销推广活动,其宣传页面如图 4-104 所示,商户以竞价的形式直接购买流量,竞价指商户同意在活动期间支付的每 1000 流量的价格。最低竞价是 0.1 美元 1000 流量。

在 Wish 平台推出 Product Boost 之前,前文提到 Wish 是根据后台核心算法向匹配用户推送相关产品,而平台卖家在获取流量方面则处于被动局面。Wish 推出了 Product Boost 后,卖家可以直接以竞价的形式购买平台流量,在商品营销方面变得更加主动、灵活。Product Boost 是结合商户端的数据与 Wish 后台算法,增加商户店铺相关产品的流量。按照平台相关规定,商户需提交相关产品参加为期一周的活动。参加 Product Boost 的产品,如果和 Wish 消费者有着高度的关联性,同时花费更高的 Product Boost 竞价,便可获得更高的产品排名。高质量和极具吸引力的商品便会在活动期间获得更多的流量,加速产品的曝光度。因此,对于有能力运营好 Product Boost 的商户而言,Product Boost 是一个非常好的推广工具。

图 4-104　Product Boost 宣传页面

2) 使用 Product Boost 的好处

Product Boost 可以帮助商户把优质的产品推送给更多用户,从而提升销量。商户只需挑选产品,设置好关键词、竞价和预算,然后 Wish 将向最具购买潜力的用户推送该产品。商户的产品将会在 Wish 的搜索界面和其他位置靠前展示。具体来看,使用 Product Boost 的商家会获得如下优势。

(1) 参加 Product Boost 的产品会在相关产品排名中获得更好的位置。

(2) 增加产品的流量和销售。如果商户的产品与消费者相关,该商户店铺与产品会获得更多流量。

(3) 更快地凸显出商户的热销产品。直观地为消费者展示该商户店铺超级热销的产品。

3) 使用 Product Boost 产品的展示位置

使用 Product Boost 产品会在 Wish App 和 Wish 网站的搜索结果、相关产品推荐页以及其他位置得到展示。Wish 根据以下两个因素向用户推送产品:产品表现(用户对产品的购买可能性)以及产品竞价。

4) 选择什么样的产品参加 Product Boost

为在 Product Boost 中获得成功,卖家应选择高质量、和 Wish 用户有关联的产品。可从热销产品开始尝试,也可以选择有与特殊消费群体有关的搜索关键词的产品。选品时注意选择产品的季节性问题。例如,羽绒服适合冬季活动。选定的产品必须完全符合 Wish 制定的平台政策。

5) 使用 Product Boost 产生的费用

当卖家成功创建 Product Boost 活动时,将会产生两笔费用:单个产品报名费和基于竞价的流量投放费。

(1) 报名费在首次提交活动时收取,商户需要为每个参加活动的产品支付 1 美元,费用在常规结款周期中自动扣除。

(2) 流量投放费取决于商户的竞价以及活动获取的流量,此项费用将在常规结款周期中自动扣除。

6) Product Boost 实践操作

Product Boost 结合了商户端的数据与 Wish 后台算法,从而增加相关产品的流量。

Wish 对加入 Product Boost 的产品只有一个要求:必须是诚信店铺产品。目前已有部分诚信店铺的商户收到了 Wish 的邀请。值得注意的一点是,Wish 并不保证每一个提交了 Product Boost 的产品都会被推送,它只会推送那些系统监测到有用户市场的产品。

因此,诚信店铺可优先加入 Product Boost。在导航进入页面,单击"现在加入"按钮即可加入,参与店铺需同意 Wish Media 服务条款。提交 Product Boost 活动产品,即被视为自动同意 Wish Media 服务条款。如果提交的活动产品与用户相关,且出价较高,该活动产品的排名将得到很大的提升。

Product Boost 具体操作步骤如下。

1) 创建 Product Boost 活动

(1) 在 Product Boost 菜单中选择"创建活动"。

(2) 填写推广活动的基本信息(见图 4-105)。

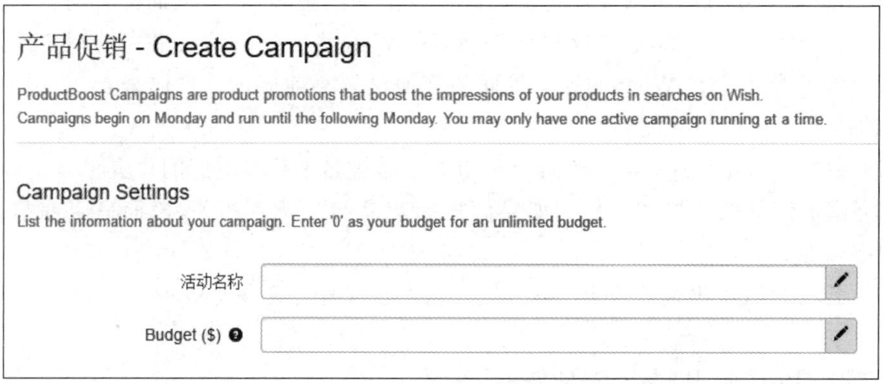

图 4-105 Product Boost 活动名称和预算设置页面

① 推广活动名称:这是店铺识别推广活动的方式。请注意,所有推广活动都有唯一的推广活动 ID,该 ID 位于推广活动 URL 中。

② 开始时间和结束时间:这两个字段分别表示活动预计何时开始、何时结束。商户可以相应地选择开始日期和结束日期。Wish 平台建议商户将首次参加 Product Boost 的产品在一个活动中放置至少 28 天,以便系统了解哪里是最佳投放位置。

(3) 所选产品必须符合所有 Wish 政策。Wish 保留删除不符合 Wish 政策的推广活动产品的权利。商户可以按 ID、SKU 或名称查找产品。每个推广活动最多可以添加 200 个产品。

(4) 商户可以使用关键字工具为其推广活动添加可选关键字。

(5) 确定活动预算(见图 4-106)。预算可能取决于以下因素:推广活动的持续时间、即将到来的节日和特别活动,以及要推出的新品数量。Product Boost 推广活动设有每产品每日最低预算。如果商户设置的预算低于此最低预算值,系统将显示错误消息。创建 Product Boost 推广活动涉及的关键环节如下。

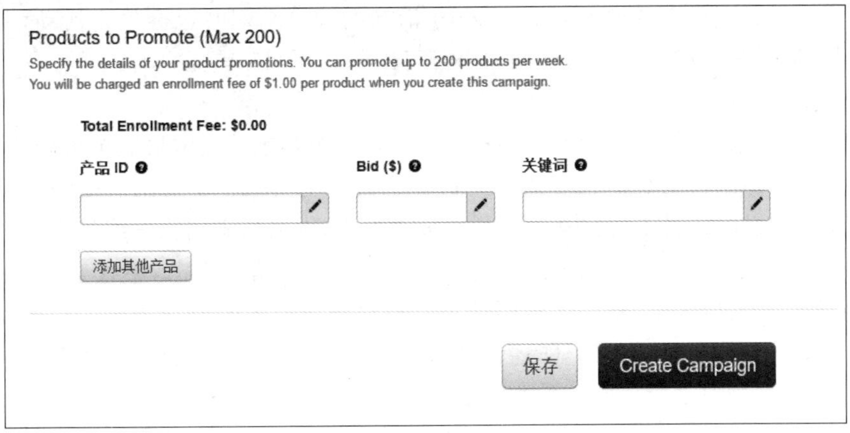

图 4-106　Product Boost"促销产品"设置页面

① 产品 ID：商户希望提交参与 Product Boost 的产品编号。每行仅限输入一个产品 ID。如需添加更多产品，请单击"添加其他产品"。每次活动中商户最多可提交 200 个产品 ID。每个参与活动的产品支付 1 美元的报名费。

② 竞价（Bid）：商户同意为该活动产品的每 1000 流量所支付的费用。最低竞价价格为 0.1 美元/1000 流量。

③ 关键词：与商户产品相关的关键词。请使用逗号分隔关键词，如"fashion，summer blouse，silk blouse"。每个产品最多提交 20 个相关的关键词。

（6）单击"保存"按钮，存储填写的活动内容，单击"保存并提交"按钮，提交预设开始时间的活动。

（7）创建成功后可导航至 Product Boost 标签下的 List Campaigns 页面查看正在进行中的活动（见图 4-107）。

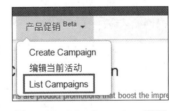

图 4-107　List Campaigns 页面

2）Product Boost 的设置技巧

设置比较有效的 Product Boost 活动对平台商户来说至关重要，首先商户需要了解其参与活动的维度，需要考虑的维度包括①总预算金额；②选品；③产品关键词；④竞价。

（1）总预算金额。

预算要足够，足够的预算可以保证所选产品能够有一定的流量。平台系统需要收集和分析推广活动的流量和表现，只有当数据至少达到最低要求时，才能达到更佳的推广效果。根据经验法则，商户在设置预算时，应保证每个产品至少能够分配到上万流量。在此基础上，商户需要尽可能地优化产品图片，来帮助产品脱颖而出。不同性质的商品有不同的预算策略，商户可以根据自己的商品的特性，季节性和预期使用 Product Boost 智能版进行推广和尝试。

对于总预算金额来讲，需要考虑的是自身的竞价、产品数量和关键词的数量。最好的结果是金额刚好使用完。如果竞价太高、关键词太多，预算又不够，会出现活动才刚进行金额就用完了的情况，这样活动会直接停止，从而浪费了这次的测试机会。所以一般会按照自己账户实际留存的金额来设置参加活动的总金额。有些新账号因为账户留存金额很少,在账户留存金额少于参加 Product Boost 活动的预算金额时也会停止活动,所以还是需要控制整体的预算成本。每次活动的金额可以限定在 200 美元左右。

(2) 选品。

对于很多卖家来说,选品始终是困扰着他们的一个难题。在解决这个困难前,可以先问一下自己,选品的目的是什么? 选品的目的是为了卖出去。要卖出去就需要贴合市场的需求,所以选品时千万不要只从自己的角度去考虑,因为从不同维度统计出来的结果肯定是不同的。关于选品可以从两个方向切入。第一个是站内选品,第二个是站外选品。站外各种平台都支持选品,通过这些网站可以观察消费群体的消费情况。在选品的适合度上,首先要搞清楚产品所在类目的供需指数。选择产品时不一定要从"蓝海"类目中选,即使大的热门类目中也会有很多小类目是"蓝海",如 3C 品类是最热门、最"红海"的品类,但是在 3C 品类中有很多小的细分类目,市场需求量也非常大。其次要看市场是否有足够的空间。然后对供应链的能力也要做一定的提升,如自主开发的能力、生产的能力要保证能满足运营需求。另外还需要考虑这个平台的综合评价、品控体系是否完善,以及产品在平台的成交指数、产品在平台的购买率排名等因素。选品的方式和渠道多种多样,每个商户都有自己的一套理论和渠道,接下来介绍以数据为依据进行选品的方法。

数据获取来源分为多种渠道,商户用得较多的渠道如下。

① 其他跨境电商平台。

② 各类搜索引擎提供的搜索数据、竞价数据等资料。

③ 第三方网站,如海鹰数据、米库等。

大多数商户通过这些渠道寻找产品,分析关键字、价格等,下面介绍几款比较有用的数据网站和软件。

• Google Trends(谷歌趋势,免费)

https://www.\google.com/trends/?hl=zh-CN

功能:一种产品研究工具,可通过查看关键词在 Google 的搜索次数及变化趋势,间接看出该行业的整体趋势,有助于管理库存,根据往年销售情况进行备货。

• Google Keyword Planner(谷歌关键词规划师,免费)

https://adwords.google.cn/KeywordPlanner

功能:主要提供了 Google 搜索引擎的历史搜索数据,可以做有深度的关键词研究,也可以找到客户关注的关键词。

• Keyword Snatcher(收费)

https://www.keywordsnatcher.com/

功能:关键字挖掘软件,支持 Google、Yahoo、Bing、ASK 四个搜索引擎,只要输入关键词,选择好目标市场,就能找到很多可能相关的长尾关键词,以丰富、优化关键词。

• Long TailPro(收费)

https://www.longtailpro.com/

功能:SEO 长尾词辅助工具之一,通过 Google Adwords 引擎,实时抓取关键词信息,不仅能抓取最新最有效的关键词和长尾词,而且会将各个词的搜索情况、竞价情况等分析出来,十分便利。数据汇总后需制作成表格形式。

(3) 产品关键词。

产品关键词是核心的主干词。这里需要说明的是,产品关键词与 Tag 并没有关系。Tag 是 Wish 平台上的商品与消费者之间联系的工具,是 Wish 系统对商户产品认知的标识,而关键词则是消费者在平台上搜索时常用的单词。我们会看到很多 Tag 是用"&"符号连接的,但是实际中极少有用户会用带有"&"符号的词来进行搜索。

通过对后台关键词工具的分析可以发现,关键词分为被搜索的次数非常高、高、中等、低、非常低五个档次。非常高的词的搜索量最高会达到近 10 万次,其他的也有几万次之多,非常低的词一般是 1000 次的基本搜索量。搜索热门词的消费者通常目的不是非常明确,所以产品的转化概率会比较小,因此,若商户的产品是新兴的品类并采用热门关键词,则很容易被淹没在大量产品之中。

此外,商户通常较少使用涉及小语种的词,但是买家端的搜索频次相当高。例如,法国人购买鞋子习惯用 chaussure femme;西班牙人购买衣服会用 vestidos 等关键词搜索;葡萄牙人购买手机、手表会用 celulares smartphone、relogio masculino、relogio feminino 等。这些都是搜索量很高,但是跨境商户很少去用的关键词,商户可以深度挖掘这些与小语种相关的产品表达方式,以提升关键词的丰富度。

在填写关键词之前,最好先将自己所选择的关键词在 Wish 的前台进行搜索,以了解相关联想关键词,或者在谷歌的关键词分析工具上进行联想查看,最好不要按照自己的猜测来决定关键词。

(4) 竞价。

可以通过一些关键词分析工具发现,热门关键词的竞价越来越高。同时,也发现很多搜索词的搜索量并不大,但是竞价依然很高。例如,wave ring、license plate oxfords shoes、blues、casual t-shirt、opals、engagement 等,这些相对长尾的词竞价也达到了 10 美元。我们相信,使用这些词的商家并非没有进行过调研,而是他们不太清楚在填写后台的关键词和竞价时,其中的竞价为所填写的每个关键词的竞价。例如,商户在设置一个产品时添加了 5 个关键词,竞价填写 10 美元,则 5 个关键词的竞价都是 10 美元。这其实是一种浪费,会导致总预算金额很快被消耗掉。

竞价时的关键词通常选取热门词和长尾词相结合的方式,包括小语种的词,数量为 5~10 个。竞价是按每周活动递增的形式来进行的,也就是说,在第一期新产品做 Product Boost 时,不需要提供太高的竞价,前提是关键词要相对精准,并且是常用词库里的词。在活动结束之后,对于效果好的产品在下一轮活动中可以相应提高竞价,争取到更多的流量;对于表现不好的产品进行分析和产品链接的优化。常此往复,交替进行,逐步积累关键词的选取方法和竞价方法。

竞价的目的是在 Wish 的搜索结果中,争取一个靠前的展示窗口。第一页被展示的产品往往获得的流量最大,但是我们需要知道 Wish 手机端的展示位一页只有 4、5 个产品,产品页下拉的概率远远高于 PC 端。客户通常最多会下拉 10~15 次,也就是排名前 50 的产品都有曝光展示的机会。重要的是,产品的首图、价格、Review,以及是否海外仓发货等这些因素能否取胜于其他商户。

Product Boost 项目是 Wish 于 2017 年 4 月推出的,至今时间也并不长,因此未来也一定会有很多的变化。目前,后台可以直观地看到单次活动和单品的流量订单和销售额转化,相信会很快推出更详细的数据模块,并不断完善 Product Boost 的各项功能。

案 例 思 考

案例背景介绍

2018 年以来,Wish 新政频频,从虚假物流单号受罚再到误导性产品政策,再到近期引起商户强烈反响的欺骗性履行订单的新政策(每次违反该政策会有 10 000 美元的罚款),这些条款无不在触动着商户的神经。

一位 Wish 商户在运营群里贴出了自己 2018 年 5 月 2 日当天的部分罚款。这份清单中,大部分被罚款原因是"店铺内有产品侵犯了知识产权",还有部分是"在产品中检测到不合适的内容",仅上午 10 点钟后的 10 分钟内,这位商户就受到了 130 美元的罚款。

在 Wish 运营群里,另一位商户也讲了自己的情况,贴出了自己的天价罚单:2018 年 4 月 24 日,在产品中检测到不合适的内容,被罚款 1287 美元;2018 年 5 月 1 日,再次在产品中检测到不合适的内容,被罚款 5932 美元……7200 多美元就这样不翼而飞,商户已经欲哭无泪。

此外,也有不少商户收到一条消息:"Inappropriate content detected on product listing.This product has been fined $10"。被罚款的原因一样,因为 Listing 中被检测到不合适的内容,该产品已被罚款 10 美元。

2018 年 4 月 17 日,Wish 发布了《关于虚假广告的政策通知》,公告:自 2018 年 4 月 17 日起,凡被检测为虚假广告的产品将被 Wish 系统下架,并处以罚款。若产品被检测为存在误导性,对于其在 30 个自然日内的相关订单,商户将被处以 100% 订单金额的罚款,罚款最低为 100 美元。

2018 年 5 月 2 日,Wish 再发"误导性产品政策 2.10 更新",公告:自 2018 年 5 月 2 日起,若产品被检测为存在误导性,对于其在过去 30 个自然日内的相关订单,商户将被处以 100% 订单金额的罚款,外加单个订单 100 美元的罚款,总罚款金额最低为 100 美元。

最近,Wish 的不良商户有一种新玩法:超低价引流,疯狂抢流量、抢转化。同时,"发空包"或"挂羊头卖狗肉"(如主图是手机,实际卖出的是手机支架),销量上升后伴随着流量暴涨,再改前台价格。

Wish 这两则公告针对的正是平台上"发空包"与"挂羊头卖狗肉"的不良商家。

Wish 有明确的平台规则,产品营销与引流也有正规的渠道,但是部分商户"挂羊头卖狗肉",或者售卖侵权产品为新店引流,于是收到了平台的天价罚单。

问题和思考

1. 从上述案例中可以看出 Wish 有哪些罚款政策?
2. 商户在选择入驻 Wish 平台后,在选择店铺上架商品时应注意哪些问题?

习 题

一、单选题

1. 专注于移动端的跨境电商第三方平台是(　　)。
   A. 全球速卖通　　　　　　　　B. eBay
   C. Wish　　　　　　　　　　　D. 亚马逊

2. 下列不属于 Wish 平台目前主要销售的类目是(　　)。
   A. 配件　　　　　　　　　　　B. 服装
   C. 家具　　　　　　　　　　　D. 大型机械设备

3. 下列不属于 Wish 平台特点的是(　　)。
   A. 专注产品展示与个性化推荐
   B. 无障碍连接用户和内容
   C. 对商家十分宽容,基本很少受到处罚
   D. 根据用户喜好进行商品推送

4. 下列关于 Product Boost 的说法,错误的是(　　)。
   A. 诚信店铺的产品才能参加
   B. 能够增加更多流量
   C. 每次活动最多可提交 250 个产品 ID
   D. Product Boost 竞价体系中出价越高排名越靠前

二、填空题

1. Wish 是 2011 年成立于(　　)的一款基于手机移动端的全球综合类商品购物应用,也是目前(　　)和(　　)最受欢迎的移动购物平台,成为苹果应用商店和安卓应用商店里最受欢迎的生活类应用。

2. Wish 平台商户对于产品首图的编辑方式可分为(　　)、(　　)、多色拼接和模特＋产品图片四种。

3. Wish 的站内推广方式包括搜索引擎、活动推广、(　　)和(　　)。

三、简答题

1. 论述 Wish 区别于其他电商平台的优势。
2. 简述使用 Wish 的 Product Boost 的好处以及应当选择什么样的产品参加 Product Boost。

实 践 操 作

1. 打开 Wish 平台,查找目前在 Wish 平台热销的 3C 类目产品。
2. 请说明 Wish 政策的作用,有什么值得国内购物平台学习的地方。
3. 请拟写一个 Wish 产品在 YouTube 平台上的推广活动方案。

子情景六 eBay平台

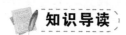

eBay平台创立于1995年,业务遍及30多个国家和地区。随着互联网经济的迅猛发展,以互联网平台企业为代表的网络服务企业在全球范围内不断成长壮大,其中,eBay平台的全球活跃客户总数高达3亿,已发展成为美国第二大国际电子商务网站和全球网络购物的重要平台之一。本节将了解eBay平台的特点,学习eBay平台的站内推广工具及站外引流工具。

学习目标

知识目标

了解eBay平台特点。

熟悉eBay平台站内推广工具特点。

熟悉eBay平台主要推广工具作用与效果。

了解eBay平台站外引流工具。

能力目标

能够运用价格吸引策略进行站内引流。

能够制定运费优惠策略。

能够运用促销刊登、Promoted listings、Best Match进行促销推广。

能够运用直销车促销和店铺邮件开展推广。

素质目标

能根据eBay推广工具反馈的数据进行推广效果分析。

能结合数据分析结果进行产品优化和推广策略优化。

 相关知识

eBay是全球消费者网上拍卖和购物的平台,由皮埃尔·欧米迪亚(Pierre Omidyar)于1995年创立,总部位于美国加利福尼亚州圣荷西。eBay平台以B2C垂直销售模式为主,其业务主要面向个人或小企业,类似于国际版淘宝。该平台拥有37个独立站点及门户网站,覆盖190多个国家和地区,支持23种语言,全球活跃客户总数高达3亿,主要业务包括网上拍卖、电子商务、购物商场等。其盈利方式包括三种类型:第一,收取产品拍卖的刊登费;第二,收取已完成拍卖的成交费;第三,来自PayPal产生的收益。eBay和PayPal与淘宝、支付宝相似,一个用于开店,另一个用于付款。

1. eBay店铺设置

1.1 创建定制eBay店铺页面

商店页面是卖家创建品牌标识的基础。除了eBay平台提供的页面外,卖家还可以自定义设置网站页面,展示产品详情,并在每个自定义页面中添加搜索关键字,从而提高该店的搜索排名、销量和消费者覆盖率。

1.1.1 Store Name(店铺名称)设置

1) 操作步骤

(1) 进入 Manage My Store,单击 Edit Store。

(2) 进入 Store Name,在文本框中输入店铺名称。

2) 注意事项

(1) 店铺名称不得超过 35 个字符。

(2) 不能以常用域名结尾,如.decom,.net 等。

(3) 店铺名称不能侵犯知识产权。

1.1.2 Logo(店铺标志)设置

1) 操作步骤

(1) 进入 Manage My Store,单击 Edit Store。

(2) 进入 Logo,单击 Add image 按钮,即可上传图片。

2) 注意事项

图片大小不能超过 12MB,像素为 300px×300px。

1.1.3 Store Description(店铺介绍)设置

1) 操作步骤

(1) 进入 Manage My Store,单击 Edit Store。

(2) 进入 Store Description,在文本框中输入店铺介绍。

2) 注意事项

店铺介绍不得超过 1000 个字符。

1.2 设置店铺 Banner

Banner 作为店铺门面,位于店铺首页的最顶端,主要用于凸显店铺的主要概念、热门产品或促销优惠活动,为消费者传递信息,以便于消费者快速了解店铺和产品,如图 4-108 所示。

图 4-108 店铺 Banner

1.2.1 操作步骤

(1) 进入 Manage My Store,单击 Edit Store。

(2) 进入 Billboard,单击 Add image 按钮,上传图片。

1.2.2 注意事项

上传的图片大小不能超过 12MB,像素为 1200px×270px。

1.3 开通 eBay RSS 服务

eBay RSS 允许搜索引擎、消费者和订阅者接收卖家产品目录的自动更新信息。卖家在营销工具板块开通 eBay RSS 服务后,RSS 标签将显示在店铺底部,不仅可以通过推广卖家的定价清单以提升流量,而且可以自动更新特价产品价格。

1.4 订购 eBay 店铺

1.4.1 eBay 店铺订购周期

eBay 店铺订购周期包括两种形式:月度订购周期和年度订购周期。以美国站为例,eBay 平台提供了 5 种不同级别的店铺,具体订阅费如图 4-109 所示。

图 4-109 不同级别店铺的订阅费

数据来源:雨果网

1.4.2 订购 eBay 店铺的优惠政策

以 eBay 美国站为例,卖家在订购店铺后可获得一些优惠政策及免费促销工具,从而达到提升销量的目的,详见表 4-6。当卖家第一次订购店铺时,无论选择何种订购方式(月度订购或年度订购),卖家的店铺优惠会立即生效。例如,卖家在 6 月 24 日开始订购店铺,将立即获得 6 月份完整的 ZIF 条数(Zero insertion fee listings,免刊登费的 Listing 条数)。

操作步骤如下。

(1) 进入 Seller hub 页面,单击 Marketing 板块。

(2) 单击 Get started。

注意事项:

(1) 如果卖家提前取消年度订购的店铺,或者把年度订购的店铺改为月度订购的店铺,eBay 将收取提前结束费。

(2) 如果卖家在订购周期的最后一个月改变订购方式,则无须支付提前结束费。

(3) 针对月度订购的店铺,不会产生提前结束费。

表 4-6 订购 eBay 店铺的优惠政策

每月额度	无店铺	Starter	Basic	Premium	Anchor	Enterprise
按月订阅（Monthly Subscription）	N/A	$7.95/month	$27.95/month	$74.95/month	$349.95/month	N/A
按年订阅（Yearly Subscription）	N/A	$4.95/month	$21.95/month	$59.95/month	$299.95/month	$2999.95/month
每月一口价免费刊登数（Monthly Fixed price free listings）	50	100	250	1000	10 000	100 000
每月拍卖免费刊登数（仅 Coll & Fashion 分类）（Monthly Auction free listings）	50	100	250（Collectable & Fashion）	500（Collectable & Fashion）	1000（Collectable & Fashion）	2500（Collectable & Fashion）
一口价刊登费（Fixed Price Insertion Fee）	$0.35	$0.3	$0.25	$0.10	$0.05	$0.05
拍卖刊登费（Auction Insertion Fee）	$0.35	$0.3	$0.25	$0.15	$0.10	$0.10

数据来源：雨果网

2. 产品设置

2.1 设置产品类别

除 eBay 平台提供的产品类别外，卖家可自定义设置产品类别，以方便消费者浏览产品目录，并快速找到需要购买的产品。

2.1.1 操作步骤

（1）在 Account 菜单中选择 Manage My Store。

（2）单击 Store Categories，设置店铺刊登产品分类。

（3）单击 Add Category，新增店铺刊登产品主分类。

（4）在 Category Name 文本框中输入主分类名称，如需再添加主分类，可单击 Add more categories 进行添加。

（5）单击主分类管理列表右上方的 Add Category，新增子分类。

（6）分类添加完成后，在 Manage My Store 页面单击 Reorder Categories，对分类进行排序，可通过 Alphabetical order 或 By number of listings 进行自动排序，也可选择 Manual order 进行手动排序。

（7）单击 Reorder Store Categories 页面右上方的 Change the Left-Navigation Bar，对店铺分类展示进行设置。

2.1.2 注意事项

设置店铺刊登产品主分类和子分类时，其名称不得超过 30 个字符。

2.2 Featured Items：主打产品设置

Featured Items 是指卖家店铺中的明星热卖产品，操作步骤为：①进入 Manage My Store，单击 Edit Store；②进入 Featured listing，单击 Select listing，可自动选择推荐的产品；③在 Select how you want us to automatically display your featured listings 下拉菜单中选择推荐刊登产品的默认显示方式；④单击 Time ending soonest，默认显示刊登时间将要结束的推荐产品，单击 Time newly listed 按钮，可默认显示新刊登的推荐产品。但值得注意的是，Feature listing 最多只能同时选择四件产品进行展示，当在线产品少于 30 件时该功能将无法使用。

2.3 All Listing：所有产品设置

All Listing 是一项显示所有在线产品的工具，操作步骤如下：进入 Manage My Store，单击 Edit Store 中的最后一项 Select the layout in which items are displayed in your Store，可选择 List 或 Gallery 显示店铺的在线产品。

2.4 单属性 Listing 刊登

Listing 包含三大部分的内容，即 Product details，Selling details 和 Shipping details，如图 4-110～图 4-112 所示。对于畅销产品而言，除了产品本身具有吸引力，优质的产品刊登也功不可没。

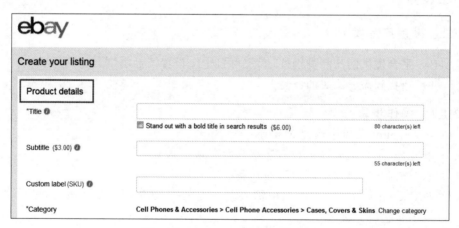

图 4-110　Product details 设置页面

2.4.1 Product details：产品信息

第一步：进入 Seller hub 页面，单击 Create listing，在 Tell us what you're selling 文本框中输入产品关键词，如"Women dress"。eBay 平台会根据卖家输入的产品关键词弹出对应分类，卖家可根据产品特点选择相应的分类，也可以跳过。单击 Get started 按钮，如图 4-113 所示。

第二步：进入正式刊登产品的界面，单击 Product details，编辑产品信息。

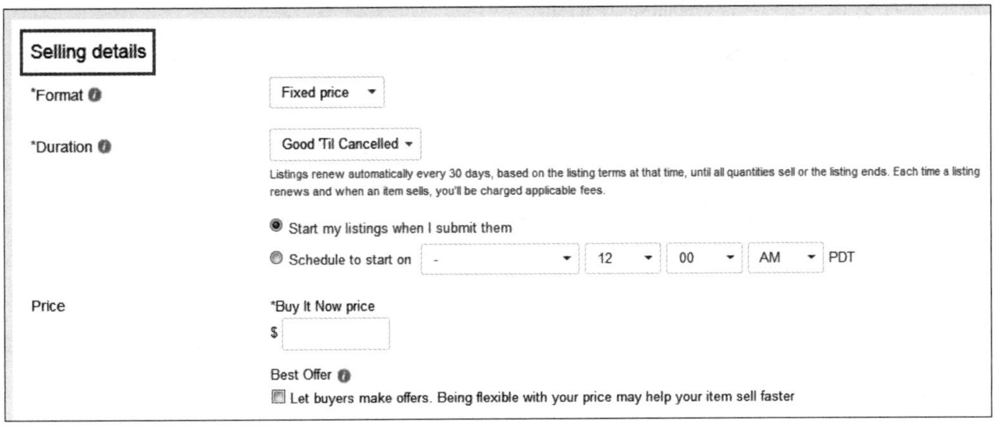

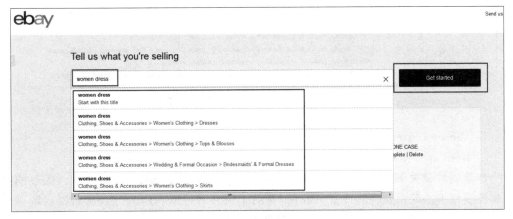

图 4-111　Selling details 设置页面

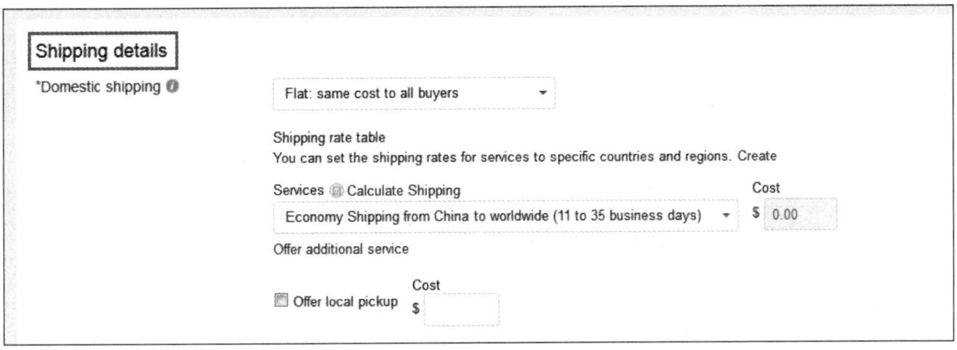

图 4-112　Shipping details 设置页面

图 4-113　Product details 设置

(1) Title(标题)。

产品标题是一项刺激消费者产生购买欲望的宣传手段。产品标题最多可输入 80 个字符,一般包括产品简介、产品搜索关键词等,建议卖家尽可能精准完整地展示产品特征,以便消费者更快了解产品,从而提升销量。

（2）Subtitle(副标题)。

（3）Category(分类)设置。

在刊登产品页面选择或修改一个合适的分类进行刊登,具体操作如下。

第一步,单击 Change category,如图 4-114 所示。

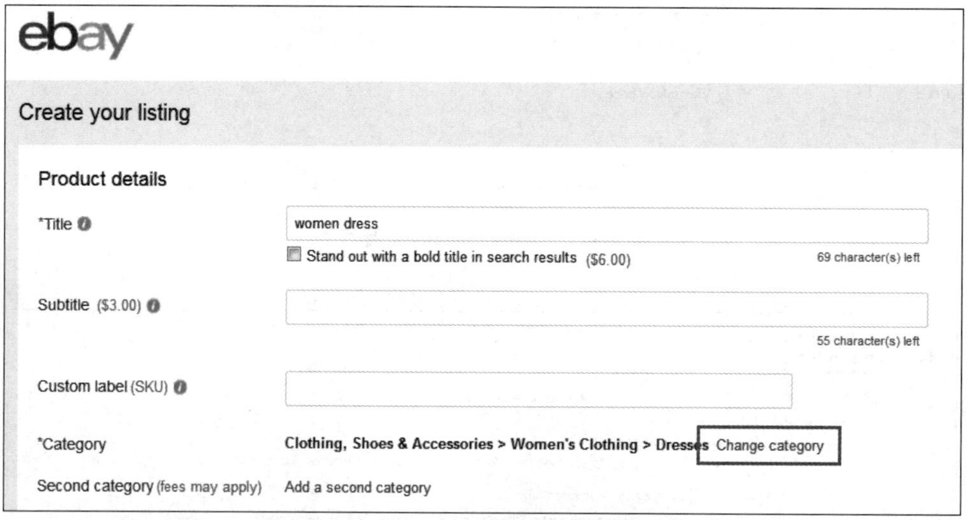

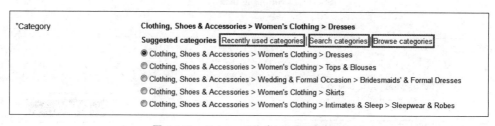

图 4-114　Category(分类)设置页面(1)

第二步：在 Suggested categories 中选择产品对应的分类。若没有合适的分类,可选择 Recently used categories、Search categories、Browse categories,如图 4-115 所示。

图 4-115　Category(分类)设置页面(2)

（4）Second category：第二分类。

① Item specifics：产品属性。

产品属性是关于产品的详细介绍,如品牌、尺寸、颜色等,如图 4-116 所示。完整的产品属性能精准匹配消费者的搜索关键词,有助于消费者搜索、查找产品,从而提高购买转化率,提升销量。因此,卖家在创建产品刊登时,应重视产品属性描述。

操作步骤如下。

第一步：进入选择产品刊登方式页面,在 Item specifics 模块填写产品属性。

第二步：单击 Add your own item specific,创建自定义物品属性。

② Item description：产品详情描述。

图 4-116　产品属性设置页面

产品详情描述应提供完整、准确、详细的产品介绍,可采用图文并茂的方式,如图 4-117 所示。详情描述应尽量简单明了,图片应展现产品特色。

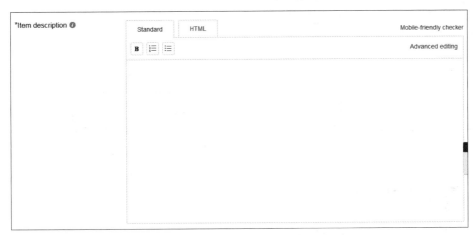

图 4-117　产品详情描述设置页面

操作步骤如下。

第一步:在 Item description 模块中单击 Standard 标签,直接输入产品描述,或单击 HTML 标签,使用 HTML 代码加入较复杂的产品描述。

第二步:在 HTML 选项卡中编辑输入完成 HTML 代码,单击 Standard 标签,查看编辑后的效果。

第三步:如果卖家直接在 Standard 选项卡中编辑,可利用工具条对产品描述进行简单的排版设置。

2.4.2　Selling details:销售信息

1) 一口价方式

第一步:在产品刊登设置页面的 Price 模块中,选择 Fixed price。

第二步:在 Buy It Now price 下方的文本框中输入销售金额。

情景四　跨境网络站内推广分析

2）拍卖方式

第一步：在产品刊登设置页面的 Price 模块中，选择 Auction。

第二步：在 Starting price 下方文本框中输入产品的起拍价。

第三步：在 Reserve price 下方文本框中，设置保底价。

注意：起标价过高难以刺激消费者购买，起标价过低又可能导致产品以低价成交，使卖家利润受损。因此，应设置 Reserve price，以保障卖家利润水平，但使用保底价功能需要支付一定的费用。

3）"拍卖"＋"一口价"方式

第一步：在产品刊登设置页面的 Price 模块中，选择 Auction。

第二步：在 Starting price 下方的文本框中输入产品的起拍价，在 Buy It Now price 下方的文本框中输入产品的"一口价"价格，即可同时设置拍卖和一口价，如图 4-118 所示。

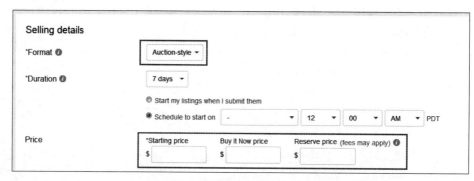

图 4-118　"拍卖"＋"一口价"设置页面

2.4.3　Shipping details：物流信息

1）Return options（退货选项）

第一步：单击 Domestic returns accepted 左侧的复选框，接受本地退货。

第二步：在 Domestic shipping 下拉菜单中选择 Flat：same cost to all buyers、Calculated：Cost varies by buyer location、Freight：large items over 150 lbs 或 No shipping：Local pickup only。如果卖家售卖普通小件产品，可选择 Flat：same cost to all buyers，如图 4-119 所示。

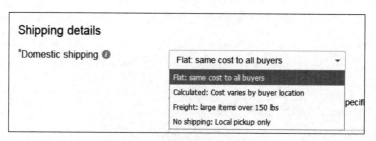

图 4-119　Return options 设置页面

第三步：在 Services 下的复选框中可设置具体的运送服务，如图 4-120 所示，分别代表经济型物流服务、标准型物流服务和加急型物流服务。

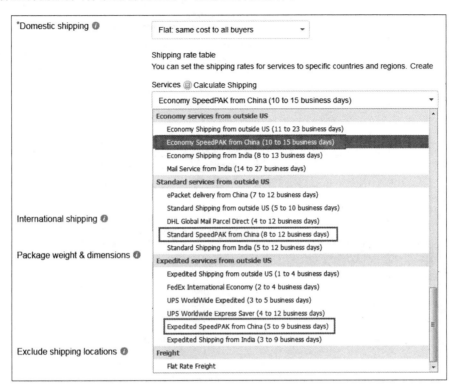

图 4-120　运送服务设置页面

第四步：在 Cost 下方的文本框中填写产品运费，或勾选 Free shipping 复选框，如图 4-121 所示。

图 4-121　产品费用设置页面

第五步：单击 Offer additional service，增加更多运输服务选项，如不需要，可单击 Remove service 取消。

第六步：在 Handling time 下拉菜单中设置产品处理时间，最长可设置为 30 天，如图 4-122 所示。

2）International shipping：国际物流细节

第一步：在 International shipping 中设置除美国外的国际物流细节，如果卖家提供国际航运，单击 International shipping，选择收费方式。

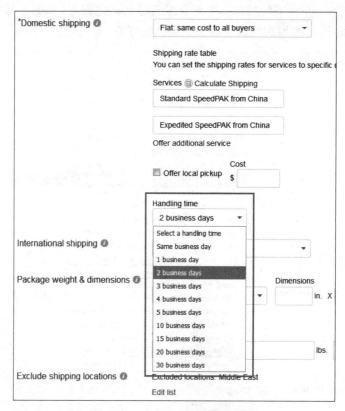

图 4-122 产品处理时间设置页面

第二步：在 Ship to 下的复选框中选择要寄送的目的地（谨慎使用 Worldwide 选项，因为部分国家可能无法送达），选择 Choose custom location（自定义目的地），如图 4-123 所示。

图 4-123 寄送目的地设置页面

第三步：在 Services 下的复选框中设置具体的物流服务，在 Cost 下方的文本框中填写产品的运费，如图 4-124 所示。

第四步：单击 Offer additional service，增加更多运输服务选项，可为不同地区设置不同的运输服务和费用，如不需要，单击 Remove service 取消，如图 4-125 所示。

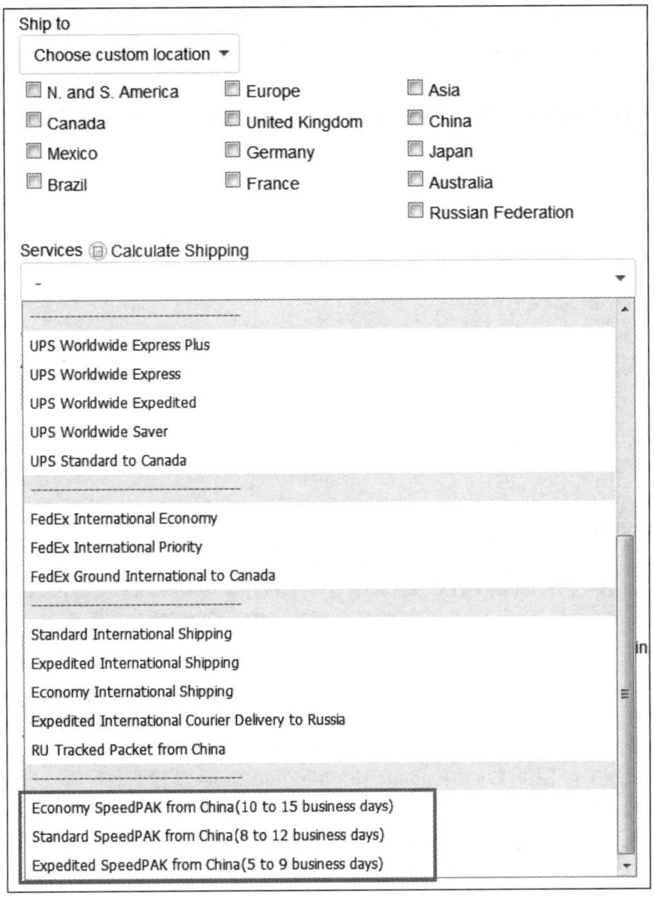

图 4-124　物流服务设置页面

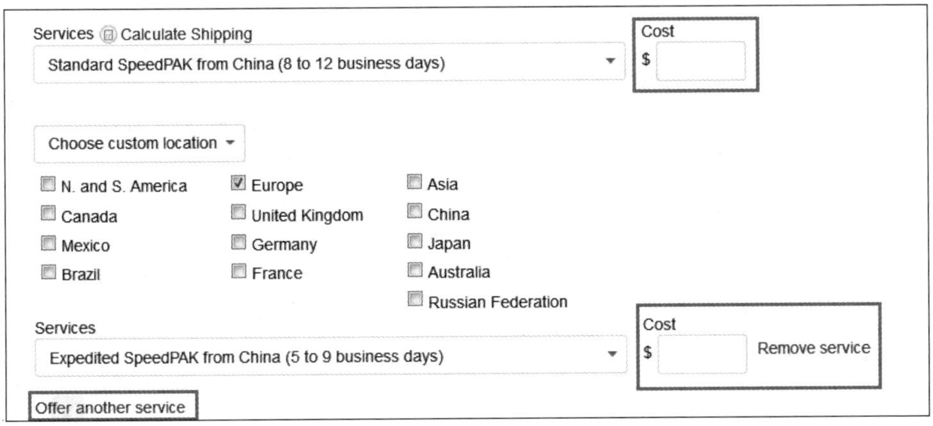

图 4-125　更多运输服务设置页面

3) Exclude shipping locations

在 Exclude shipping locations 中设置不能运达的国家/地区,单击 Create exclusion list 创建不能运达的国家/地区列表,如图 4-126 所示。

情景四　跨境网络站内推广分析

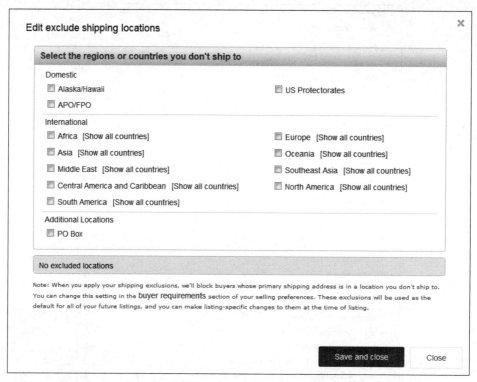

图 4-126　Exclude shipping locations 设置页面

4）Item location：产品所在地

（1）操作步骤。

第一步：单击 Change，进入编辑产品所在地的页面，如图 4-127 所示。

图 4-127　Item location 设置页面

第二步：在 Country 下方的文本框中输入产品所在国家，在 City，State 下方的文本框中输入产品所在城市和省份。

（2）注意事项。

① 卖家必须如实填写产品所在地。

② 运费的设置须与产品所在地相匹配。

③ eBay 平台严禁卖家刊登错误或不实的产品所在地资料，并对违反此政策的卖家做出相应惩罚。

3. 价格吸引策略

3.1　eBay-listing 捆绑促销

Listing 的捆绑促销主要通过关联产品的优惠活动吸引消费者。设置捆绑促销前应填写需要捆绑的产品和库存(最多可选择 9 个捆绑产品),且需使用符合 eBay 刊登快手(Turbo Lister)和专业版售卖专家(SMP)的特定标签。

操作步骤如下。

第一步:进入 Upload new related item offers in bulk,单击 Download(.csv)template 下载表格。

第二步:在 Start date、End date 中设置开始和结束时间。

第三步:单击 Upload file 按钮,上传文件,表格格式如图 4-128 所示。

	A	B	C	D	E	F	G	H	I
1	primary items	related items	Discount type	Discount	Currency	Discount	Offer description	[optional,max 50 chars]	
2	Primary SKU1	SKU110	Percentage	5		1			
3		SKU111	Amount	1.23	GBP	1			
4	主SKU	SKU120	Percentage	5		1	促销方式		
5		SKU121	Amount	1.23	GBP	1			
6		捆绑SKU							
7	Primary SKU2	SKU210	Percentage	5		1			
8		SKU211	Amount	1.23	GBP	1			
9		SKU220	Percentage	5		1			
10		SKU221	Amount	1.23	GBP	1			
11									
12	Primary SKU3	SKU310	Percentage	5		1			
13		SKU311	Amount	1.23	GBP	1			
14		SKU320	Percentage	5		1			
15		SKU321	Amount	1.23	GBP	1			
16									

图 4-128　促销产品文件格式

资料来源:雨果网

第四步:选择 Seller Hub 中 Marketing 下级菜单 Promotions 查看促销的详细数据,对促销效果进行评估。

3.2　Sales event+ Markdown:降价活动

Markdown 是针对选中的产品或品类进行降价;Sales events 是以统一的形式将所有打折产品展现给消费者,主要用于推广所有折扣产品,吸引消费者访问店铺。

3.2.1　操作步骤

第一步:进入 Seller Hub-Marketing 页面,单击 Create a promotion,选择 Sales event+Markdown,修改打折有效期、打折幅度,甚至重新创建新的打折促销。

第二步:创建新的 Sales event+Markdown 打折活动。

第三步:进入 Create a sale event 页面,选择折扣形式,如图 4-129 所示。针对单一的 Sale event,可同时设置 10 个等级的折扣,折扣的范围为 5%~80%。

第四步:单击 Select items,进入下一页面。Items 选择包含两种方式:Select Items 及 Create rules using categories。

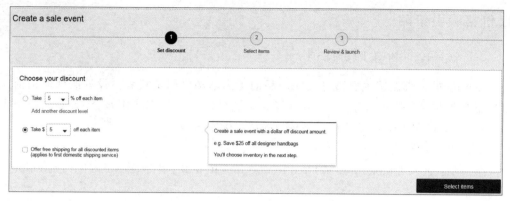

图 4-129 Create a sale event 设置页面

以 Select Items 为例,进入该页面后,通过品类、价格区间、Item 标题等选择参加活动的 Item,或手动选择参加活动的清单,选择完成后单击 Confirm selections。

若设置了多个等级的折扣,则需分别选取参加活动的清单,选择完成后单击 Save and review。

第五步:进入 Review your sale event 页面后,需设置活动名称、活动有效时间、活动描述、活动展示图片等,并检查活动的折扣及对应的 Item 数量,预览设置后的 Sale event。

3.2.2 注意事项

(1) 若选择个别产品,单一满减活动可刊登的产品数量为 500 个;若采用类别为主的规则,可刊登的产品数量为 10 000 个。

(2) 两次满减活动设置的时间间隔应至少为一天。

(3) 若以打折形式设置 Markdown,则折扣比例为 5%~80%。

(4) 打折活动的时长不宜超过 45 天。

(5) 一条清单可同时参加多个 Markdown 活动,但均以首次被绑定时的折扣计算;一条清单也可加入多个预定推出且尚未进行的满减活动。

(6) 设置预刊登的时间,最长只能提前 180 天。

(7) Sales event+Markdown 只适合一口价的清单,当然,卖家也可以针对所有产品再创建一个免运费活动。

3.3 Coded Coupon:编码优惠券

eBay 平台于 2021 年春季向卖家推出一项新的促销工具——编码优惠券,Coded Coupon 以优惠券代码的方式向消费者提供折扣,卖家不仅可将优惠券代码在 eBay 站点的多个位置公开分享,而且可以通过自己的营销渠道分享。

3.3.1 操作步骤

第一步:创建优惠券代码,选择 Private coupon 或 Public coupon 单选按钮,如图 4-130 所示。公开优惠券将会在产品页面展示优惠信息,私有优惠券不会有任何公开的优惠信息展示(Code 的编码由卖家编写,格式为大写字母+数字,编码字符数不宜超过 15 位)。

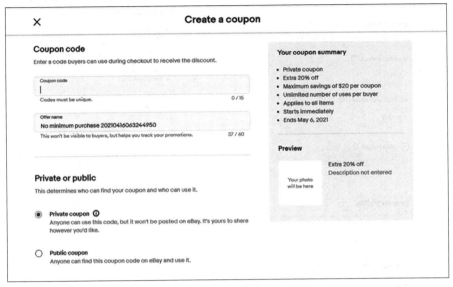

图 4-130 创建优惠券代码

第二步：设定优惠类型和使用限制。优惠类型为额外满减、买一赠一等，如图 4-131 所示；使用限制包含每张优惠券的优惠上限、每位消费者使用次数限制等，如图 4-132 所示。

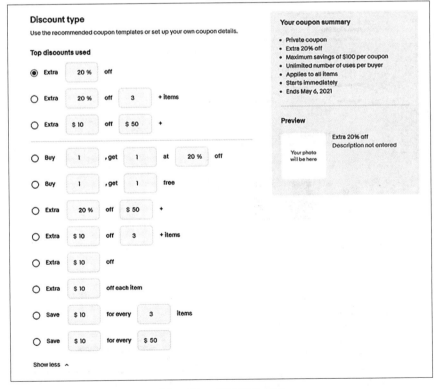

图 4-131 设定优惠类型

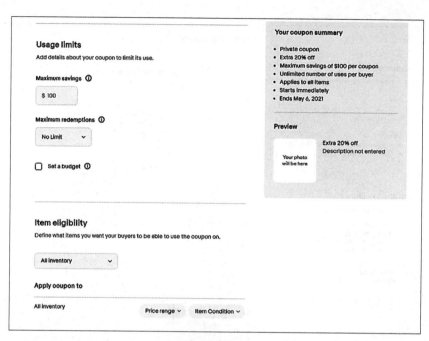

图 4-132 设定使用限制

第三步：选择优惠刊登，如图 4-133 所示。设置优惠宣传页样式，设定优惠起止日期。活动时间不能低于 1 天。

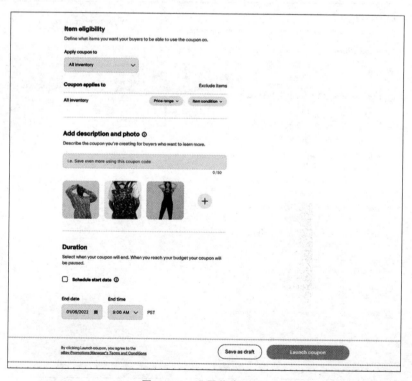

图 4-133 设置优惠刊登

第四步：编码优惠券设置完成后，可从 Seller Hub 中进入 Order discount，查看已经设置的编码优惠券。

第五步：可在前台 VIP 页面看到已设置的编码优惠券，或在搜索结果页面上显示优惠券编码。

① 前台 VIP 页面如图 4-134 所示。

图 4-134　前台 VIP 页面

② 搜索结果页面如图 4-135 所示。

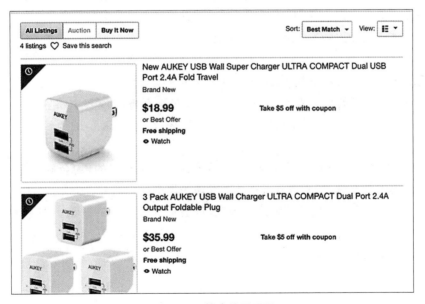

图 4-135　搜索结果页面

3.3.2　优势
（1）卖家可使用编码优惠券工具创建自定义折扣代码。
（2）编码优惠券既可以设置为对外公开，也可设置为私人编码。

情景四　跨境网络站内推广分析

(3) 编码优惠券使卖家拥有更多的灵活性。

3.3.3 编码优惠券与 Codeless coupon 的区别

Codeless coupon：针对特定消费者群体推送，只有收到 Coupon URL 的消费者才能享受折扣，其他消费者均无法看见折扣产品。

编码优惠券：既可以在 eBay 站点上的多个位置（如物品刊登、购物车和结账页面上）公开分享，又可以通过自有的营销渠道向特定消费者群体发放。

3.3.4 编码优惠券和 Order discount 的区别

编码优惠券可与 eBay 的一系列促销工具搭配使用，使卖家拥有更多的灵活性和营销预算掌控权，更好地满足卖家的需求。编码优惠券可设置促销的预算上限，超过上限将不再显示活动信息，这是编码优惠券与 Order discount 之间的主要区别。

例如，如果卖家的促销活动总预算为 1000 美元，则卖家可将编码优惠券中的预算上限设置为 1000 美元。如果优惠券折扣金额为 50 美元，前 20 名使用优惠券的消费者可在结账时获得 50 美元的折扣，当第 20 位消费者使用优惠券结账后，活动总优惠预算达到 1000 美元，将不再显示优惠券信息。

3.3.5 注意事项

(1) 消费者无法看到 Offer name，所以卖家可根据功能或者时间对 offer 命名。

(2) 在设置 Coupon 是否公开时，应明确如果选择 Private coupon，则所有用户都能使用该 Coupon，但在 eBay 页面看不到 Coupon 信息；如果选择 Public coupon，则所有消费者均能在 eBay 页面看到 Coupon 信息并且使用。

(3) Coupon 券码必须是整个站点唯一的有效编码。如出现 A 卖家设置的编码和 B 卖家已经设置完成的编码重复了，A 卖家则无法成功完成设置。

(4) 一旦卖家开始填写和编辑详细信息时，右侧面板的摘要中将实时更新相同的内容。当编码优惠券活动发布后，部分内容无法修改，不可编辑的项目旁会有"锁定"标志。

(5) 卖家的优惠券活动链接页面，无论是公开的还是私密的，均会显示优惠券代码。对于私人代码优惠券活动，消费者可在结账时输入优惠券代码查看折扣金额。

(6) 可同时运行的优惠券数量没有限制，但会根据消费者的搜索查询结果向消费者展示最相关的优惠券。

(7) 卖方可决定是否要为已取消或退回的产品提供优惠券。

(8) 该功能仅针对店铺卖家开放。

3.4 Volume Pricing Discount：批量购买折扣

批量购买折扣（图 4-136）是为购买多件商品的消费者提供分层折扣。换言之，消费者在购买同一清单产品时，选择的产品数量不同，其价格折扣也不相同。以美国站为例，当购买该商品数量为 1 件时，价格为 2.99 美元/件；数量为 2 件时，价格为 2.69 美元/件；数量为 3 件，价格为 2.54 美元/件；数量为 4 件及以上时，价格为 2.39 美元/件。

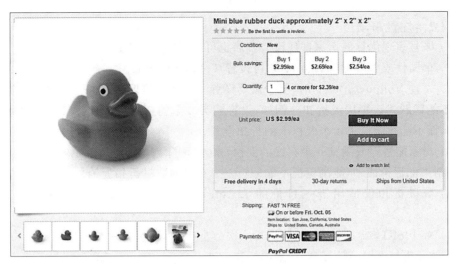

图 4-136　批量购买折扣

3.4.1　操作步骤

1) Volume pricing 的一般设置路径

第一步：进入 Seller Hub 页面，单击 Marketing。

第二步：单击 Promotion，选择 Volume pricing。

第三步：进入设置页面，按照卖家意愿进行折扣设置即可成功。

2) Volume pricing 的快速设置路径

目前，eBay 平台推出了快速设置 Volume pricing 的界面，卖家可在刊登 Listing 时进行数量折扣的设置，不需要再进入到 Seller Hub 的 Marketing 中进行促销设置，对卖家而言更为便捷，如图 4-137 所示。

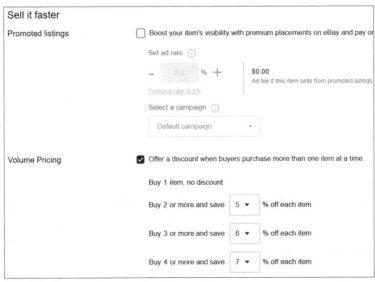

图 4-137　Volume pricing 的快速设置

3.4.2 注意事项

(1) 账号表现优良的卖家即使没有开店也可以快速设置 Volume pricing。

(2) 单属性或多属性的 Listing 均可设置 Volume pricing。

(3) 设置 Volume pricing 时,至少需要设置一个层级的折扣,也可以设置全部三个层级,但不能跳跃式设置层级折扣。例如,设置购买 2 个的折扣后,只能继续设置购买 3 个的折扣,而不能跳跃至买 4 个及以上的折扣设置。

(4) 卖家能暂停或浏览一个在线的促销,恢复、删除或浏览一个暂停的促销或者删除一个已结束的促销活动,能浏览但不能编辑一个在线的数量折扣促销。

(5) 数量折扣仅适用于一口价的 Listing,此功能不适用于数量为 1 的一口价 Listing。

(6) 对于 SKU 或 Item ID 只能进行一次数量折扣设置,若后续再次对 SKU 或 Item ID 进行数量折扣设置,则以最新设置的折扣为准。

3.5 Best Offer:eBay 议价

Best Offer 功能是指卖家是否接受消费者对某件商品的讲价,包括自动接受和自动拒绝两种功能。Best Offer 有助于促进销量增长,但同时会延长购买过程,导致部分消费者流失。

3.5.1 操作步骤

第一步:在 Format 选项中,选择 Fixed price(一口价)。

第二步:输入一口价价格后,选择 Let buyers make offers…复选框。

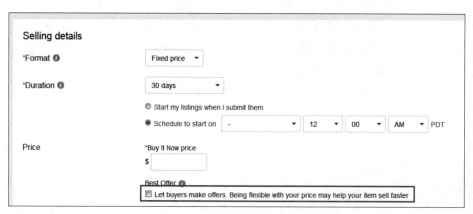

图 4-138 Fixed price 设置页面

第三步:输入卖家希望自动接受的议价价格,或者输入卖家希望自动拒绝的议价价格,如图 4-139 所示。

3.5.2 接受消费者议价的步骤

当消费者提出议价时,eBay 平台会发送电子邮件通知卖家,卖家也可以在 listing 模块下的 Active listings with offers 查看所有收到的议价消息。

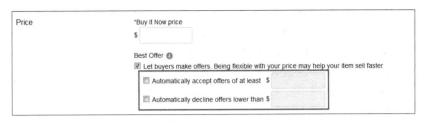

图 4-139 Fixed price 设置页面

当卖家收到消费者提出的议价后,可选择接受议价、与消费者进行还价、拒绝议价或者不回复消费者,如果议价超过 48 小时或者 Listing 下架,本次议价将过期。

3.5.3 自动接受/拒绝议价功能

如果卖家在 Listing 中开通了 eBay 议价功能,eBay 平台会根据设置自动回应消费者的议价。当卖家收到高于上限价格的议价时,eBay 平台会同时通知卖家和消费者,卖家接受议价,消费者则需要付款。当卖家收到位于上限价格和下限价格之间的议价时,eBay 平台会发送邮件通知卖家,由卖家自行决定是否接受议价。当卖家收到低于下限价格的议价时,eBay 平台会自动发送邮件拒绝消费者的议价,消费者此时可以再次发送议价邮件,卖家也可进行反向议价。但值得注意的是,在议价过程中,消费者并不知道卖家设置的限价,但卖家的限价必须低于其设置的一口价价格。

3.5.4 注意事项

(1)只适用于单属性 Listing,不建议低价销售稳定的产品使用此功能。
(2)开启 Unpaid case 助手,若消费者未付款可申请退回成交费。
(3)在大部分品类中,消费者针对一个产品可发送 3 次议价。

3.5.5 不能使用自动接受/拒绝议价功能的情形

(1)正在参加打折活动的产品(Markdown)。
(2)某一些品类不支持自动接受/拒绝议价功能。

4. 运费优惠策略

4.1 Shipping Rate Table:不同区域收取不同运费

Shipping Rate Table 是一项针对不同地区收取不同费用的促销工具。如果卖家通过产品链接设置运费,则所有地区的运费一样。如果根据大部分地区所需成本设置运费,可能使卖家因配送产品至偏远地区导致利润亏损。如果根据偏远地区所需成本设置运费,可能导致非偏远地区的消费者因价格上升而放弃购买。Shipping Rate Table 工具可单独为某些区域设置运费,且只有该区域的消费者在付款时才能看见。

操作步骤如下。

第一步:开通 Seller Hub 后,在 Overview 界面单击 Site preference 按钮进入新界面。

第二步:单击 Shipping preferences 进入 Manage Shipping Settings 界面。

第三步：单击 Use Shipping Rate Tables 后，右击 Edit，选择快递方式，包括"国内直邮（International）"和"海外仓储模式（Domestic）"。International 是针对不同的国家设定运费，而 Domestic 是指针对目标国家的不同区域设定运费。

注意：eBay 海外仓服务标准包括三点内容，第一，保证交易实际派送时效；第二，刊登承诺时效需满足一定要求；第三，禁止利用海外仓进行虚假交易。

4.2 Shipping discount：多件产品减免运费

在产品价格相同的情况下，卖家较少采用 Shipping discount 促销工具，因为免运费的 listing 的排名优先于有运费的排名。因此，大多数卖家会直接将运费算进产品价格，设置为免运费。

操作步骤如下。

第一步：进入 My eBay 页面，单击 Site preferences。

第二步：选择 Shipping preferences，单击 Offer combined payments and shipping。

4.3 Offering combined shipping：合并运费

为节省物流成本，消费者或卖家会建议合并相同账号和收货地址的订单。如果需要合并，必须事先制定合并规则，具体步骤如下。

第一步：在账户设置中开启合并运费功能。

（1）进入 Combined Payments and Shipping Discounts 页面，在 My eBay 中单击 Account 标签，选择 Site Preferences，单击 Shipping preferences，选择 Offer combined payments and shipping，在 Combined payments 下方选择 Create 或者 Edit，如图 4-140 和图 4-141 所示。

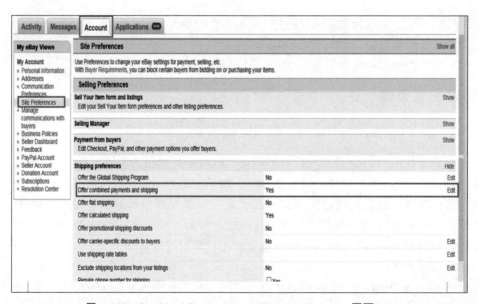

图 4-140　Combined Payments and Shipping Discounts 页面（1）

图 4-141　Combined Payments and Shipping Discounts 页面（2）

（2）选择 Allow buyers to send one combined payment for all items purchased 复选框，选择卖家愿意接受合并运费的时间段，最后单击 Save 按钮，如图 4-142 所示。

图 4-142　时间设置页面

（3）卖家可在 Combined Payments and Shipping Discounts 页面为消费者设置相应的物流费用折扣。

第二步：开启接受合并运费选项后，卖家可以在 Seller Hub 中将需要合并的产品合并至同一张货单中。

第三步：添加新的物流费用。

第四步：单击 Send invoice。

5. 广告促销

5.1 eBay 促销刊登

5.1.1 含义

促销刊登是一项专门为销售产品开发的广告服务，卖家通过 eBay 的促销刊登工具将优质产品推广至在线消费者面前，通过提高产品曝光率（约提升 30%），从而提升销量。

5.1.2 适用范围

促销刊登适用于 eBay 美国站、英国站、德国站和澳大利亚站所有的店铺卖家。目前，该服务仅适用于如表 4-7 所示产品分类。

表 4-7 适用产品分类

分类	子分类	子分类	分类	子分类	子分类
零配件	沙滩车零件	贴花及标识	零配件	古董车及卡车零件	配件
零配件	装饰品及商品	全部	零配件	古董车及卡车零件	贴花、标识及点缀物
零配件	航空零配件	全部	零配件	古董车及卡车零件	车辆、车胎及毂盖
零配件	船零件	配件及工具	零配件	批发物品	全部
零配件	船零件	锚泊及停靠	零配件	其他车辆配件	全部
零配件	船零件	船体零件	零配件	其他	全部
零配件	船零件	控制及转向	零配件	全部	全部
零配件	船零件	甲板及船舱硬件	汽车工具及用具	全部	全部
零配件	船零件	电气及照明	古董	全部	全部
零配件	船零件	电子产品及导航	婴儿用品	全部	全部
零配件	船零件	内部、船舱及船上厨房	手机及配件	全部	全部
零配件	船零件	喷气驱动	照相器材	全部	全部
零配件	船零件	船用绳索	服装	全部	全部
零配件	船零件	纪念品	钱币及纸币	全部	全部
零配件	船零件	管道及通风	收藏品	全部	全部
零配件	船零件	螺旋桨	消费电子产品	全部	全部
零配件	船零件	航行硬件及工具	计算机/平板电脑及网络	全部	全部
零配件	船零件	维修工具	娃娃及熊类玩偶	全部	全部
零配件	船零件	拖车零件	健康及美容	全部	全部
零配件	船零件	其他	家居与园艺	全部	全部
零配件	船零件	全部	珠宝首饰及钟表	全部	全部
零配件	船零件	配件及工具	乐器及工具	全部	全部

续表

分 类	子 分 类	子 分 类	分 类	子 分 类	子 分 类
零配件	船零件	贴花/标识/牌照框	宠物用品	全部	全部
零配件	汽车及卡车零件	电动车零件	陶器及玻璃	全部	全部
零配件	汽车及卡车零件	车辆、车胎及零件	鞋及配件	全部	全部
零配件	手册及文献资料	全部	体育用品	全部	全部
零配件	摩托车零件	全部	体育纪念品	全部	全部
零配件	高性能车及赛车零件	全部	卡片及球迷商店	全部	全部
零配件	休闲车、拖车及露营车零件	全部	邮票	全部	全部
零配件	救援车零件	全部	旅游	全部	全部
零配件	维修及安装	全部	视频游戏及游戏机	全部	全部

资料来源：雨果网

5.1.3 优势

1）提升产品曝光率

卖家通过促销刊登向广大消费者宣传产品，可将产品曝光率提升30%，从而增加产品销量。

2）交易成功后付款

消费者单击广告并在30天内购买该产品才需支付广告费用。

3）监测广告表现

通过监测相关数据评价广告效果，及时调整促销活动，促进销量提升。

4）促销刊登补贴额度

超级店铺卖家每季度将获得25美元的促销刊登补贴额度。

5.1.4 费用

促销刊登费用为卖家自行设置产品成交价（运费和销售税除外）的百分比。若卖家接受了消费者的议价价格，则基于议价价格收取广告费用。广告费越高，曝光率越高，但值得注意的是，广告费用只有在消费者单击广告后并在30天内购买该产品时才会收取。

5.1.5 操作步骤

eBay促销刊登的操作包括四种方式，具体如下。

1）我的eBay

第一步：打开需促销刊登的产品下拉菜单，选择"促销刊登"。

第二步：选择趋势广告费率，或在"广告费率（%）"下自行设置费率。

第三步：选择活动，立即促销刊登。

2）卖家专区

第一步：选择刊登标题下的"促销刊登气泡"，或者选择任意带有"促销刊登"气泡的产品刊登编辑下拉菜单。

第二步：单击"促销刊登-促销"，设置广告费率。

第三步：选择现有活动或创建新活动后，再选促销。

3) 促销刊登管理区

第一步：创建新活动。

第二步：选择产品刊登方式，包括逐一选择产品刊登（最多可选择 500 个产品刊登）、批量选择产品刊登（最多可选择 50 000 个产品刊登）。

第三步：选择需促销刊登的产品，设置广告费率。

4) 业务工具创建

第一步：在"产品刊登详情"页面底部，单击更快售出物品-促销刊登框。

第二步：设置广告费率。

第三步：在"选择活动"下拉菜单中，选择现有活动或新活动，刊登产品。

5.2 Promoted listings：卖家物品推广

eBay Promoted listings 是一项以业绩为导向的引流工具，只有通过 Promoted listings 版位售出的产品才会收取相应的广告费用。使用 Promoted listings（PL）功能的产品将展示在 eBay 平台的显著位置，包括 Search results page 以及消费者登录站点的相关产品部分，有助于提升产品的曝光率。

5.2.1 Promoted listings 涉及站点及展示位置

目前，eBay Promoted listings 功能已在美国、英国、德国和澳大利亚开放，一旦卖家参加了 Promoted listings 活动，Listing 会出现在消费者搜索页面的某些特定版位，如 Search result page、View item page。以美国站点为例，Promoted listings 的展示位置如下。

（1）首页，如图 4-143 所示。

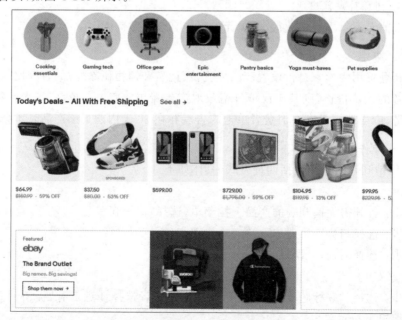

图 4-143　eBay 首页

(2)搜索结果页上的版位,如图 4-144 所示。

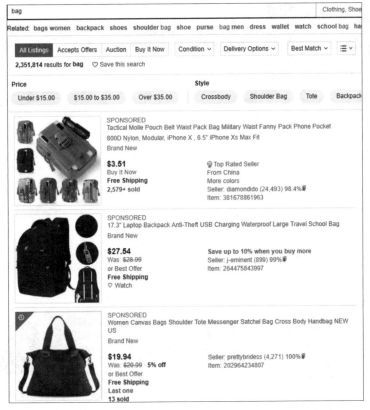

图 4-144 搜索结果页

一般来说,如果每页搜索结果包含 50 个产品,Promoted listings 产品的搜索结果页面最多会有 10 个版位。同时,在第 15～25 位的 Listing 会动态显示 Promoted listings,最多显示 4 个 Promoted listings 产品,或者没有。

(3)产品详情页版位。

① 版位 1,如图 4-145 所示。

② 版位 2,如图 4-146 所示。

(4)结单页,如图 4-147 所示。

5.2.2 Promoted listings 的优势

(1)提高曝光率。促销列表可将产品推广至更多消费者,将曝光率提高 30％左右。

(2)按效果收费。在消费者单击广告后并在 30 天内购买促销商品之前,不会收取任何费用。

(3)引导式设置。Promoted listings 的指导工具有助于卖家消除猜测带来的不确定性,并为卖家推广的项目及费用预算提供建议。

(4)详细报告。访问详细的广告系列指标和销售报告,以监控推广效果并微调广告系列。

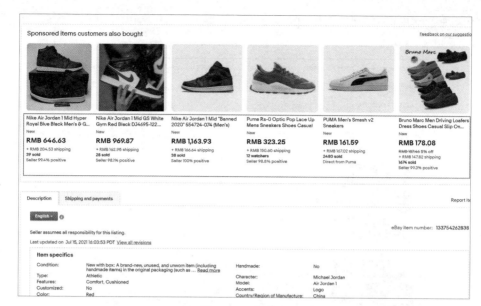

图 4-145 版位 1

图 4-146 版位 2

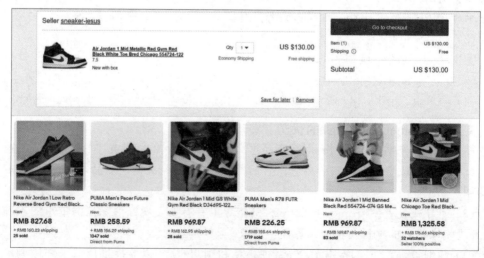

图 4-147 结单页

5.2.3 Listing 排名优化技巧

(1) 在流量高峰期时上传新的 Listing。

(2) 上传新产品时,价格以低于市场均价 25% 为佳,出单之后再调价。

(3) 设置好订单处理时间。

(4) 提供 30 天退换政策,并说明退换货政策详情。

(5) 完善产品的详细介绍。

(6) 使用多属性刊登产品,在不违反重复刊登政策的前提下,自由组合现有库存量,上传新 Listing,制造最好的曝光。

(7) 上传高清图片,推荐使用像素为 1600px×1600px 以上的图片。

(8) 优化搜索字词:

① 删除与标题无关的字词。

② 精练产品关键词。

③ 每条 listing 可使用多个关键字。

5.2.4 Promoted listings Dashboard

卖家能创建 Promoted listings 活动,同时通过 Dashboard 板块查看使用了 Promoted listings 的 Listing 的效果。

操作步骤如下。

在 Seller Hub 单击 Promoted listings,选择 dashboard。

指标含义如下。

(1) Last 31 days:指近 31 天内的数据反馈。

(2) Campaigns:推广服务的投放量。

(3) Promoted listings:参加 Promoted listings 的 listing 的数量。

(4) Impressions:Promoted listings 的曝光次数。

(5) Clicks:Promoted listings 的点击量。

(6) Sold:参加 Promoted listings 活动售出的数量。

(7) Ad fees($):推广费。

(8) Sales($):使用 Promoted listings 所产生的销售额。

listing 推广方式如下。

(1) 若无 eBay 店铺。

① 卖家中心促销工具(Seller Hub→Marketing)。

第一步:打开 Marketing,单击左下方的 Promoted listings。

第二步:点击 Create your first campaign。

第三步:进行选择,包括 See eligible listings and select which ones to promote 或 Select listings individually。

② 卖家中心产品页面(Seller Hub→Listings)。

打开 Listings,单击下方的 Promoted listings-eligible。

③ 创建列表—快速销售功能(Create listing→Sell it faster)。

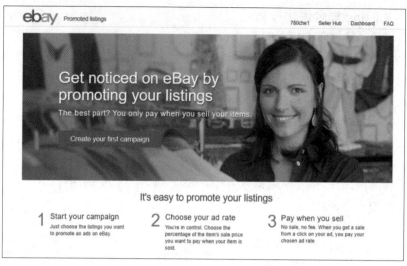

图 4-148 Seller Hub-Marketing 设置页面

进入 Sell it faster,单击下方的 Promoted listings。

（2）若有 eBay 店铺,则包括所有的 Promoted listings 工具。

（3）设置 Promoted listings 的步骤。

第一步：在 Seller Hub 单击 Marketing,并选择 Promoted listings。

第二步：单击 Create a new campaign,进入创建 Promoted listings 活动页面,活动包括 Select listings individually 和 Select listings in bulk 两种方式。

第三步：以 Select listings individually 为例,单击进入后,对于单独选取参加 Campaign 的方式,单击 Recommended listings 选项,查看平台为卖家提供推荐参加的清单,在空白处任意单击,进入正式选取 listing 页面。

第四步：在左边导航栏选择 listing 的方式,选择完成后可通过右上方 Sort 进行排序。

第五步：进入广告费用设置页面,单击 Apply trending rates 按钮,平台可根据同类产品设置广告费用比率,卖家也可在此基础上进行调整。

第六步：进入 Review & launch 页面,在 Campaign name 文本框中输入名称,单击 More options,设置 campaign 开始、结束时间,如图 4-149 所示。

5.2.5 Promoted listings 的广告费用

eBay 的 Promoted listings 的系统会根据广告佣金比例、Listing 产品质量以及产品与消费者搜索的匹配程度,自动选择推荐的 Listing 的时间和栏目,以下是相关细节。

（1）卖家可单独设置 Listing 的广告佣金。

（2）eBay 平台会每周根据在线使用 Promoted listings 的情况,向卖家推荐 Category trends。

（3）当消费者单击了 Promoted listings 的广告,并且在 30 天内购买,卖家才需要根据预先设置的广告费率,支付 Promoted listings 的广告佣金。

图 4-149 Review & launch 页面

5.3 Best Match（最佳匹配）

Best Match（最佳匹配）是 eBay 平台默认的搜索结果排序方式。在某种程度上，只要卖家的产品名称和描述与消费者搜索的关键词相匹配，就能在搜索结果中显示出来。然而，由于 eBay 平台销售的产品数量庞大，为确保产品热销，eBay 平台会通过算法将优质的产品排在首位。

5.3.1 最佳匹配（Best Match）关键影响因素

（1）近期销售记录：对定价类产品而言，近期销售记录越多，越能吸引流量。

（2）即将结束时间：对拍卖类产品而言，在拍卖时间即将结束时，产品排名最靠前。

（3）卖家评级（DSR）：包括产品描述、物流时间、运费等评级。获得优秀评级的卖家（Top Rated Seller）的商品一般排名较为靠前。

（4）消费者满意度：包含中差评数量、卖家评级 1 分或 2 分的数量、INR、SNAD 投诉数量。

（5）产品"标题"相关度：即消费者输入的关键字与最终成交商品的标题、关键字之间的匹配度。

（6）包邮和优质服务：在最佳匹配算法中，会提升提供免费配送、包装以及快速支付选择等服务的店铺排名。

（7）安全诚信：包括卖家服务评级的比例、买家投诉的比例、买家满意度与评价。

（8）是否提供退换货服务：在最佳匹配算法中，提供优质退换货服务的店铺排名更靠前。

(9) 不同的刊登方式。

① 对拍卖产品而言,产品关联度、卖家的评级以及产品下架时间等是影响最佳匹配排序中的重要因素,但提供包邮服务的拍卖产品无法再吸引额外流量。

② 对一口价产品而言,产品总成本、产品销量以及运费的设置等是影响搜索结果排序的重要因素,产品下架时间对定价产品的排序影响较小。

5.3.2 提高产品曝光率的策略

(1) 选择合适的产品刊登方式。

① 适合选择拍卖形式的产品:如独特的产品、单件产品、起价低且价格不确定的产品。

② 适合选择一口价形式的产品:如多件产品、规模产品、价格已知、需长时间在线。

(2) 产品价格(包括运费)。

① 拍卖形式:应设置较低的起拍价,以鼓励消费者出价。

② 一口价形式:关键在于价格优势。

(3) 设置"免运费(Free Shipping)":提供包邮服务的产品会在搜索中获得额外的曝光率,而过高的配送费用会降低最佳匹配的搜索排名,拉低卖家评级。

(4) 准确描述标题和选择商品规格属性:在刊登独特产品时,不仅可以利用图片凸显产品特色,而且需要通过名称展现其独特之处。

(5) 卖家评级分数达 4.8 及以上。

6. 连带推广

连带推广是 eBay 卖家独享的超强销售武器,主要利用专区展示方式,在推广核心产品的同时连带推广卖家的其他产品。例如,在推广手机产品的同时,可以连带推广手机保护套和保护膜。通过连带推广,可以增加物品曝光率,从而提升销售量。

6.1 预设自动连带推广

1) 操作步骤

第一步:进入"我的 eBay"→"我要卖",在"连带推广"下方单击"变更预设类别"。

第二步:进入"预设类别"页面,检视自订类别的关系清单,在准备变更其连带推广的类别旁单击"变更预设类别"。

第三步:选择连带推广的类别"在买家检视物品时"或"在买家出价及购买物品时",设置完成后,单击"存储变更"。

2) 注意事项

预设的连带推广产品,应根据自订的店铺类别而定。

6.2 自行指定连带推广

操作步骤如下。

第一步:进入产品页面,单击"变更连带推广的物品",页面将显示两组连带推广产品,其中一组在买家检视物品时显示,另一组在买家出价及购买物品时显示。

第二步:在变更专区上方单击"自行指定推广物品"。

第三步:在准备变更的产品旁单击"变更物品",进入设置页面。

7. eBay-promoted 直通车促销

eBay 直通车是一项付费引流工具,只有消费者单击且完成交易时才收取费用。操作步骤为:选择所有类目,将产品添加到活动中,通过 Creat a new campaign 创建直通车促销。值得注意的是,消费者单击并成功下单后 eBay 直通车促销才收取佣金,并非点击量越多费用越高。

8. 店铺邮件营销

eBay 平台有一套邮件营销功能,在电子邮件营销标签下,单击"创建邮件"即可。邮件营销包含信息类和促销类两种类型:新闻邮件、小贴士与建议、客户调查问卷与反馈请求等为信息类邮件;电子优惠券、商品与特卖信息、事件邀请函与后续跟进邮件等为促销类邮件。

对卖家而言,邮件营销是一种从追踪交易到建立良好客户关系的最为简单、有效且实惠的方式。卖家采用邮件营销与消费者建立联系,提升品牌知名度和忠诚度,促进消费者重复消费,增加销量。

9. eBay 平台站外引流

eBay 平台聚集了很多知名大品牌,小卖家获得的流量相当有限,因此大多小卖家只能借助于站外引流的推广方式,以提高访问量和转化率。站外引流的来源包括社交媒体(如 YouTube、Instagram、Facebook 等)以及其他流量渠道(联盟营销等)。

9.1 产品评估

在决定实施站外引流策略之前,卖家应对产品做以下评估。

第一,Listing 是否足够完善。

第二,产品价格与同行相比是否具有优势。

第三,预测推广后产品的成交状况,保证货源充足,避免断货情形的出现。

9.2 利用社交平台增加曝光度

通过 YouTube、Instagram、Facebook、Google、新浪微博或其他流量来源社交平台投放文字、图片广告等,以增加产品曝光度。本文以 YouTube、Instagram、Facebook 为例,详细介绍具体引流方式。

9.2.1 YouTube

YouTube 是全球知名的视频共享平台,拥有约 20 亿月活跃用户。如何利用 YouTube 引流呢?首先,应建立商用 YouTube 账号,完善品牌信息;其次,通过品牌故事、教育意义以及生活方式等吸引流量。

9.2.2 Instagram

Instagram 是提供分享图片及视频的社交平台,注重用户的参与度,在全球拥有约 10 亿用户,深受广大年轻群体的喜爱,是 eBay 平台引流的重要途径。eBay 卖家借助 Instagram 引流需注意以下四点。

第一,发布形式。上传高质量、精美的产品图片或简短有趣的视频,有助于吸引公众获得大量关注,从而达到推广 eBay 商店和产品的目的。

第二,标签技巧。在产品标题中使用热门标签可获得人们的广泛关注,但在使用热门标签时应与产品信息保持一致。

第三,互动技巧。在照片或视频中抛出具有争议的问题,吸引人们注意,此外,也可以给互动用户发放礼品,以提高客户黏性。

第四,红人营销战术。与网红合作是接触新用户最为有效的方法,资金较为充裕的卖家可选择适合自己品牌并拥有大量粉丝基础的网红或明星合作,以增加 eBay 商店的流量。

9.2.3 Facebook

Facebook 作为全球最大的社交平台,一直以来都是跨境引流的主要渠道。据统计,Facebook 的每日活跃用户已超过 10 亿,平台用户黏性强,成为众多卖家获取流量的首选网站。卖家借助 Facebook 的群组,通过加入群组、发送促销信息和在竞争对手平台留下链接等方式推广产品。此外,后期可根据成交的粉丝作为定位,进行同质人群粉丝营销。

9.3 eBay 联盟营销

联盟营销是一种按营销效果付费的网络营销方式,商家通过该渠道产生收益后,联盟营销机构或会员会收取佣金,佣金的多少取决于推广的产品。eBay Partner Network (ePN) 为 eBay 旗下的广告联盟网络,该联盟对不同品类收取的费用不同,例如,针对时尚、家居和花园、零部件和配件类别,eBay 平台需要向关联公司支付所赚费用的 70%;针对收藏品、媒体和电子产品等众多类别,eBay 平台需要向关联公司支付所赚费用的 50%。

近期,eBay 联盟营销发生了两个重要变化。第一,为 ePN 计划推出新的价目表。未来,ePN 计划按地区和子类别计算费用,这无疑增加了计算的复杂性,更加难以估算联盟营销的收费。第二,eBay 平台将取消支付给合作伙伴的 NORB(New or Reactivated Buyer)额外购物津贴,但会选择性地向合作伙伴发放战略奖金,以维持 eBay 平台获取高质量消费者的能力。此外,如消费者单击联盟链接,并完成购买,联盟将获得这笔交易的信用值。

10. eBay 和其他跨境营销工具的对比

eBay 和其他跨境营销工具的对比见表 4-8。

表 4-8　eBay 和其他跨境营销工具的对比

类　型	销售模式	平 台 优 势	平 台 劣 势
eBay	B2C	① 排名相对公平； ② 拥有专业客服； ③ 开店门槛较低	① 强化了消费者权益保护，在买卖出现纠纷时多偏袒消费者； ② 平台政策不规范； ③ 收取费用过高； ④ 用户黏性差； ⑤ 物流发展滞后
AliExpress	B2B、B2C	① 注重客户满意度； ② 具有强大的物流体系； ③ 交易信息更新快； ④ 容错性相对较高	① 产品同质化严重； ② 跨境支付体系不完善； ③ 运营政策不健全； ④ 消费者对平台忠诚度较低
Amazon	B2B	① 平台流量大； ② 物流体系及相关配置设施完善； ③ 具有良好的商业信誉	① 对卖家的产品品质要求高； ② 国内费用较高； ③ 退货过于随意； ④ 手续较其他平台略复杂； ⑤ 客服端的灵活性较差； ⑥ 需要注册美国、英国等国家的银行账号，用以收款
Wish	B2B、B2C	① 卖家入驻门槛较低； ② 页面简单，购物方便快捷； ③ 利润率高，竞争相对公平； ④ 后台操作简单，运营难度不高	① 卖家与客户沟通不便； ② 收取的费用较高； ③ 物流解决方案不够成熟； ④ 平台政策规则多变
阿里巴巴国际站	B2B、B2C	① 拥有庞大的客户群体； ② 平台功能较为齐全完善； ③ 提供卖家培训服务	① 获客成本高； ② 优质客户识别困难； ③ 消费者回复率较低； ④ 恶性竞争激烈
敦煌网	B2B、B2C	① 提供免费上传产品等服务； ② 物流便捷； ③ 提供相应的信贷服务，帮助卖家缓解资金流问题	① 支持信用卡支付，存在一定的交易风险； ② 自身推广力度不足； ③ 各种收费较多

案 例 思 考

案例背景介绍

随着移动互联网和全球化的加速，数字经济蓬勃发展，作为外贸新业态的跨境电商产业近些年发展迅猛，很多企业加入了跨境电商行列。浙江宁波市有棵橙科技有限公司（以下简称"有棵橙"）是一家主营家电、家具的老牌出口制造工厂，2019 年公司做出顺应全球经济发展趋势转型升级的重大决策，从传统外贸向跨境业务全面转变。同年 4 月，公司入驻 eBay 平台，跨入跨境电商大门，在短短一年内，业绩突破百万美元，成为"跨境之星"。

据有棵橙 eBay 主管欧阳敏介绍,公司产品主要集中在汽摩配件、厨房小家电、户外园林工具、时尚电子等品类。目前,有棵橙在 eBay 平台上的产品线只占到总体的 1/3,且以家电配件为主,计划继续加大对 eBay 平台的投入,将所有产品从线下转移到线上。(根据网站案例改编)

问题与思考

1. 有棵橙科技有限公司如何在短时间内成为"跨境之星"?
2. 面对激烈的市场竞争,请结合本情景所学,讨论该公司应如何开拓市场。

习 题

一、单选题

1. eBay 平台属于( )销售模式。
   A. B2C   B. B2B   C. C2C   D. C2O

2. 为购买多件商品的消费者提供分层折扣的促销工具为( )。
   A. Shipping Rate Table   B. Volume Pricing Discount
   C. Best Offer   D. Coded Coupon

3. eBay 网站是皮埃尔于( )年创办的。
   A. 1999   B. 1995   C. 2000   D. 2008

4. eBay 的优势包括( )。
   A. 排名相对公平、专业客服支持
   B. 新卖家可以靠拍卖曝光
   C. 开店门槛较低,但规则烦琐,需要研究
   D. 以上都是

5. eBay 平台的盈利方式不包括( )。
   A. 刊登费   B. 已完成拍卖的成交费
   C. PayPal 产生的收益   D. 竞价排名

二、填空题

1. 单属性 Listing 刊登包括( )、( )、( )三大部分的内容。
2. Best Offer 是指卖家是否接受消费者对某件商品的议价,包括自动接受和( )两种功能。
3. 设置批量购买折扣时至少需要设置一个层级的折扣,也可以设置全部三个层级,但不能( )设置层级折扣。
4. 在决定实施站外引流策略之前,卖家应对( )、( )、( )做出评估。
5. 价格吸引策略包括捆绑促销、( )、( )、( )和 eBay 议价。

三、简答题

1. eBay 平台的优势与劣势分别是什么?
2. eBay 平台包括哪些运费优惠策略?具体如何操作?

实 践 操 作

eBay 为桥,助推转型

上海隽繁机械设备有限公司(以下简称"隽繁")是一家传统外贸企业,自 2015 年起专注于工具类目的外贸。2019 年 4 月,隽繁决心转型加入跨境电商,入驻 eBay 平台,并率先在 eBay 英国站开店。短短一年时间,隽繁华丽蜕变为 eBay 金鹰卖家,一年的销售额突破了 1200 万元。作为传统外贸企业,隽繁是如何在不断变换的跨国贸易环境中顺势转型跨境电商的呢?

自隽繁决心转型加入跨境电商后,便加入 eBay 新卖家培训计划。通过站内促销和站外引流相结合的方式,借助店铺引流、付费引流、价格吸引、运费优惠等促销工具增加重复购买的可能性;同时积极利用社交平台吸引流量,增加曝光率。由于工具类产品具有体积大、产品重等特点,因此选择海外仓储势在必行。经过全方位调研后,隽繁选择与万邑通合作,凭借稳定高效的本地化发货服务提升海外消费者的体验。作为金鹰卖家,隽繁获得了万邑通的专属支持,即享受海外仓仓租减免及尾程派送费的折扣,为金鹰卖家隽繁快速启动业务和全球布局提供更有力的支持。在库存备货方面,隽繁可通过万邑通海外仓系统的库存动销数据,结合自身 ERP 系统的补货算法预估备货数量,高效协调补货。此外,除了使用万邑通海外仓提供的退换货服务外,隽繁也会通过电话或视频等方式解决产品售后问题,从而提高用户满意度。

自隽繁入驻 eBay 平台以来,其在英国站点的销售额取得了可喜成绩。为进一步扩大海外市场,隽繁计划持续开拓欧洲各站点,目前已选定德国站点。隽繁认为,只要配备德语相关人才,在目前已有品类及产品优势的情况下,合理运用广告促销与价格吸引策略,隽繁必定会在德国市场有所作为。

要求

1. 利用所学知识,为隽繁德国店铺的产品制定价格吸引策略,进行站内引流。

2. 打开 eBay 平台,运用促销刊登、Promoted listings、Best Match 对隽繁德国店铺的产品进行促销推广。

情景五 跨境网络站外推广分析

子情景一 搜索引擎付费推广

知识导读

搜索引擎营销作为一种新的营销方式,通过用户使用搜索引擎检索信息的机会,尽可能地将营销信息传递给目标用户,是基于搜索引擎平台而开展的网络营销。搜索引擎营销的基础是企业网络营销信息,是一种企业网站推广的常用方法,也是一种由用户主导的网络营销方式,信任度较高。搜索引擎营销的服务方式主要包括三种:搜索引擎付费推广、搜索引擎优化、网盟推广。本章将介绍搜索引擎的基本概念、类型和工作原理,了解搜索引擎付费推广的特点、相关概念,并结合 Google Ads 了解搜索引擎付费推广的基本步骤。

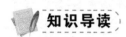

学习目标

知识目标

了解搜索引擎的类型。

理解搜索引擎工作的基本原理。

理解 Google Ads 的相关基本概念。

能力目标

掌握 Google Ads 账户搭建方法。

掌握搜索引擎付费推广的基本流程。

能够制订搜索引擎付费推广计划。

素质目标

培养利用 Google Ads 进行付费推广及动态优化的系统化思维。

相关知识

1. 搜索引擎

1.1 搜索引擎概述

1.1.1 搜索引擎的概念和类型

搜索引擎(Search Engine)是指根据一定的策略,运用特定的计算机程序,自动从互联网上搜集信息,并对这些信息进行筛选、组织、整理和排序后,再按照用户搜索信息的关键词将相关信息展示给用户的系统。

随着搜索引擎技术的不断发展,搜索引擎越来越多,主要包括全文搜索引擎、目录索引、元搜索引擎、垂直搜索引擎和集合式搜索引擎等类型。

全文搜索引擎(Full Text Search Engine)是目前广泛应用的搜索引擎,是指计算机索引程序通过扫描文章中的每一个字词,对每一个字词建立一个索引,指明该字词在文章中出现的次数和位置,建立数据库。当用户查询时,检索程序根据事先建立的索引进行查找,检索与用户查询条件相匹配的记录,并将结果按一定的顺序反馈给用户。根据搜索结果来源不同,全文搜索引擎分为两类。一类拥有自己的蜘蛛程序,能够建立网页自己的数据库,搜索结果直接从其数据库中调用,如Google、百度、360搜索;另一类则租用其他搜索引擎的数据库,然后按照自己的规则和格式排列和显示搜索结果,如Lycos搜索引擎。

目录索引(Search Index/Directory)也称分类检索,是互联网上最早提供网站资源查询的服务,主要通过人工或半自动的方式搜集和整理互联网上的资源,由编辑人员查看信息后,根据搜索到的网页内容进行信息摘要,并将其分配到事先确定的分类框架中。严格意义上来说,目录搜索引擎不能称为真正的搜索引擎,只是按照目录分类的网站链接列表。用户在目录索引中查找网站时,可以使用关键词,也可以按照分类目录逐级查询。因为目录搜索引擎是依靠人工或者半自动方式搜集信息,所以信息准确、导航质量高,但是需要人工介入,维护量大、信息量少、信息更新不及时。这些信息主要面向网站,提供目录浏览服务和直接检索服务,最具代表性的目录搜索引擎为Yahoo和新浪分类目录搜索,搜狐目录、hao123、Dmoz等都是目录索引。

元搜索引擎(META Search Engine)是通过一个统一的用户界面帮助用户在多个搜索引擎中选择和利用合适的搜索引擎来实现检索操作,即在接受用户查询请求后,会同时在多个搜索引擎上进行搜索,并将结果返回给用户,是对于多种检索工具的全局控制机制。在搜索结果排列方面,有的直接按来源排列,如Dogpile;有的则按自定的规则将结果重新排列组合,如Vivisimo。一个完整的元搜索引擎由三部分组成,即检索请求提交机制、检索接口代理机制和检索结果显示机制。检索请求提交机制负责实现用户的检索设置要求,包括调用哪些搜索引擎、检索时间限制、结果数量限制等;检索接口代理机制负责将用户的检索请求转换成满足不同搜索引擎要求的格式;检索结果显示机制负责所有元搜索引擎检索结果的去重、合并、输出处理等。

垂直搜索引擎（Vertical Search Engine）更专注于特定的搜索领域和搜索需求，如图片搜索、视频搜索、法律搜索、专利搜索、论文搜索等，是对通用搜索内容的细分，在特定的搜索领域创造更好的用户体验，如百度文库、Google学术等。

集合式搜索引擎与元搜索引擎类似，区别在于它并非自动同时调用多个搜索引擎进行搜索，而是由用户从提供的若干搜索引擎中进行选择，然后在其中搜索用户需要的内容。HotBot、Howsou、Duoci等都是集合式搜索引擎。

1.1.2 国内外主要搜索引擎

目前，国内搜索引擎主要有百度、360搜索、搜狗搜索等，国外的搜索引擎主要有Google、Yahoo和Bing等，见图5-1和图5-2。

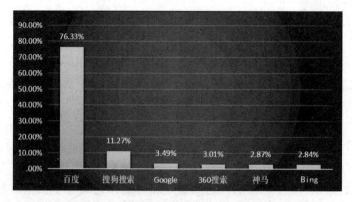

图5-1 2020年10月国内搜索引擎市场
图片来源：站长之家

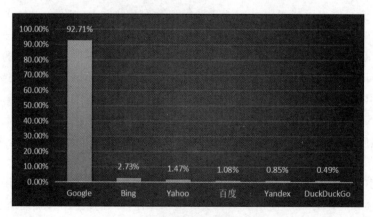

图5-2 2020年10月全球搜索引擎市场份额
图片来源：站长之家

1）百度

百度在全球搜索引擎市场份额排名第四，是排名前五的搜索引擎中唯一的中文搜索引擎，也是国内排名第一的搜索引擎，市场份额达到76.33%。百度拥有全球最大的中文网页库，收录的中文网页已达数百亿，且每天仍在飞速增长。百度每天处理来自138个国家和地区超过数亿次的搜索请求,用户通过百度可以搜到世界上新鲜、全面的中文信息。百度目前提供网页搜索、音乐搜索、图片搜索、百度新闻、百度贴吧、百度知道、百度百科等主要产品和服务,提供地图搜索、文档搜索、视频搜索、百度翻译、百度识图等多项满足用户细分需求的搜索服务,还在个人领域提供了百度影音、百度云、百度输入法等服务。

2)搜狗

搜狗搜索是全球首个第三代互动式中文搜索引擎,也是全球首个百亿规模中文搜索引擎,致力于中文互联网信息的深度挖掘。搜狗旗下的产品有搜狗百科、搜狗问问、音乐搜索、图片搜索、新闻搜索、地图搜索、网址导航、视频搜索、知识搜索、搜狗实验室、搜狗百宝箱等。搜狗搜索的音乐搜索死链率小于2%,图片搜索有独特的组图浏览功能,新闻搜索有"看热闹"首页及时反映互联网热点事件,地图搜索有全国无缝漫游功能,极大地满足了用户的日常需求。

3)360搜索

360搜索属于元搜索引擎,同时将信息聚合在一起实现网络工具化、个性化的发展需求,提升网络使用效率,目前在国内搜索引擎市场份额中排名第四。360搜索包含网页、新闻、影视等搜索产品,为用户带来安全、真实的搜索服务体验。360搜索不仅掌握通用搜索技术,而且独创PeopleRank算法、拇指计划等创新技术。

4)Google

Google是目前全球最大的搜索引擎,以简单、干净的页面设计和相关性最高的搜寻结果赢得了全球范围内无数用户的认可,在全球搜索引擎的市场份额排名第一,高达92.71%。Google提供常规搜索和高级搜索两种功能,提供多达30余种搜索语言选择,每天需要处理约2亿次搜索请求。Google目前的主要业务有谷歌搜索、谷歌广告、谷歌地图、谷歌火星、谷歌月球、YouTube、Android、Chrome、Google Play、Gmail等。

5)Microsoft Bing

Microsoft Bing(微软必应)是微软公司于2009年推出的搜索引擎服务,集成了搜索首页图片设计、崭新的搜索结果导航模式、创新的分类搜索和相关搜索用户体验模式、视频搜索结果可直接预览播放、图片搜索无须翻页等功能。作为最贴近中国用户的全球搜索引擎,微软必应致力于满足中国用户对全球搜索的需求,必应图片搜索率先实现了中文输入全球搜图。

6)Yahoo

Yahoo自1994年推出全球第一个搜索引擎,是目前全球排名第三的搜索引擎。Yahoo提供目录、网站及全文检索功能,为超过5亿的独立用户提供包括搜索引擎、电邮、新闻等在内的多元化网络服务。Yahoo是较早的分类目录搜索数据库,所收录的网站全部被人工编辑,并按照类目分类。

1.2 搜索引擎的工作原理

搜索引擎的工作大致分为四个阶段:蜘蛛爬行、抓取建库、页面处理、检索及呈现。

1.2.1 蜘蛛爬行

如何有效获取并利用互联网上的海量信息,是搜索引擎要解决的首要问题。爬行与抓取是搜索引擎工作的第一步,包括在互联网上发现、搜集网页信息,同时对信息进行提取和建立索引库。

1) 搜索引擎蜘蛛

搜索引擎蜘蛛(Spider),又称为网络爬虫(Web Crawler)、网络蜘蛛或网络机器人,是一种按照一定的规则,自动抓取互联网信息的程序或者脚本。每个搜索引擎蜘蛛都有各自的名称,如 Googlebot、Bingbot、BaiduSpider 等。搜索引擎蜘蛛的作用就是在互联网中浏览信息,把这些信息都抓取到搜索引擎服务器上,然后建立索引库。

根据抓取目标和范围,可以将搜索引擎蜘蛛分为三类:①批量型蜘蛛,指有明确的抓取目标和范围,达到即停止;②垂直型蜘蛛,指针对某个特定领域的网络,根据主题过滤网页和信息;③增量型蜘蛛,应对网页不断更新的状态,及时反应。一般的商业搜索引擎蜘蛛都属于增量型。

2) 爬行策略

为了抓取更多的页面,搜索引擎蜘蛛会跟踪页面上的链接,从一个页面爬行到下一个页面,就像蜘蛛在蜘蛛网上爬行一样。整个互联网是由相互连接的网站及页面组成,从理论上讲,搜索引擎蜘蛛从任何一个页面出发,都可以顺着链接爬行到互联网上的其他页面。由于网站及页面链接结构非常复杂,搜索引擎蜘蛛需要采取一定的策略才能爬行完互联网上所有的页面。

搜索引擎蜘蛛的爬行策略通常分为三种:深度优先策略、宽度优先策略、最佳优先策略。

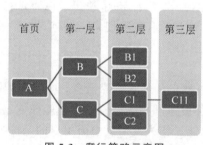

图 5-3　爬行策略示意图

(1) 深度优先。

深度优先策略是早期搜索引擎蜘蛛使用较多的一种策略,指的是在一个网页文件中,当一个链接被发现,蜘蛛沿着该链接一直向前爬行,直到再也没有其他链接,然后返回到第一个网页,再沿着另一个链接向前爬行。当不再有新的超链接可供选择时,爬行过程结束。如图 5-3 所示,搜索引擎蜘蛛爬行的顺序为 A-B-B1-A-B-B2-A-C-C1-C11-A-C-C2(访问次序并不唯一,第二个点既可以是 B,也可以是 C)。

(2) 宽度优先。

宽度优先策略是将某个页面中的链接依次加入待爬取队列,即蜘蛛在一个页面上发现多个链接时,不是顺着一个链接一直向前,而是把页面上所有的第一层页面都爬一遍,再沿着第二层页面上发现的链接爬向第三层。如图 5-3 所示,搜索引擎蜘蛛爬行的顺序为 A-B-C(第一层链接的页面)-B1-B2-C1-C2(第二层链接的页面)-C11(第三层链接的页面)。

理论上,无论是深度优先策略,还是宽度优先策略,只要给搜索引擎蜘蛛足够的时间,都能爬行完整个网络。但在实际工作中,蜘蛛的宽带资源和时间都是有限的,不可能爬完所有的页面。因此,通常需要混合使用两种策略,既照顾到更多的网站(宽度优先),也能照顾到一部分网站的页面(深度优先),同时还考虑了页面权重、网站规模和外部链接等因素。

(3) 最佳优先。

最佳优先策略是指当搜索引擎蜘蛛到达一个网页时,将其中的所有链接收集到地址库中,并对其进行分析,从中筛选出重要性较高的链接进行爬取。影响链接重要性的因素主要有 PR(Page Rank,网页排名)值、网站规模、反应速度等。其中,PR 值是根据网站的外部链接和内部链接的数量和质量来衡量网站好坏的标准,PR 值越高说明该网页越受欢迎、越重要。因此,当一个链接的 PR 值越高、网站规模越大、反应速度越快时,越会被优先抓取。

1.2.2 抓取建库

经过一定时间后,搜索引擎蜘蛛可以爬取完互联网上的所有网页,但这些网站的资源庞大,其中可能会有大量垃圾网站、重复内容等,而搜索引擎的资源有限,通常只会抓取其中的部分网页到数据库中。这就需要在搜索引擎蜘蛛到达一个网页时,对其内容进行检测,判断信息是否为垃圾信息,例如,存在大量重复内容、乱码等。检测通过后,搜索引擎蜘蛛会对有价值的网页进行收录,将网页信息存储到数据库中。为了避免蜘蛛重复爬行和抓取网址,搜索引擎会建立一个地址库,记录下已经被发现但还没有被抓取的页面,以及已经被抓取的页面。搜索引擎蜘蛛按照重要性从待访问地址库中提取 URL,访问并抓取页面,然后把这个 URL 从待访问地址库中删除,放进已访问地址库中。

1.2.3 页面处理

由于数据量过于庞大,搜索引擎蜘蛛抓取到网页数据后,不能直接用于索引服务,还需要对页面进行预处理,即建立索引,为最后的查询排名做准备。预处理主要包括结构化、分词、去停止词、降噪、去重、建立索引、链接分析、数据整合等。

1) 结构化

搜索引擎蜘蛛抓取到的网页数据中,除了用户在浏览器上可以看到的可见文字外,还包含 HTML(Hyper Text Markup Language,超文本标记语言)格式标签、JavaScript 程序、导航、友情链接等无法用于排名的内容。结构化就是从 HTML 文件中去除这些内容,提取出可以用于排名的正文文本、Meta 标签内容、锚文本、图片视频注释等内容。

2) 分词

分词是中文搜索引擎特有的工作内容,因为中文的词与词之间没有分隔符,搜索引擎必须先将一句话分解成若干词语。分词的方法主要有基于词典匹配的分词法、基于统计的分词法,以及利用人工智能并结合汉语语法和心理学知识进行的基于词义的分词法。

3) 去停止词

停止词是指在页面内容中出现的频率很高,但是对内容没有实际意义的词,如中文的"的、地、得、啊、哈、呀"等,英文的"a、an、the、to、of"等。因为它们对页面的主要意思没有什么影响,搜索引擎会去掉这些词,使索引数据的主题更突出,减少无谓的计算。

4) 降噪

噪声指页面上对页面主题没有贡献的内容,如版权声明、导航条、广告等。搜索引擎需要识别并消除噪声。降噪的基本方法是根据 HTML 标签对页面分块,区分出页头、导航、正文、页脚、广告等区域,剔除大量重复出现的无关区块。

5）去重

由于网站之间相互转载,以及使用网页模板,互联网中存在大量的重复内容,搜索引擎需要在进行索引前对重复内容进行识别和删除,这个过程就称为去重。去重的基本方法是从页面主题内容中选取出现频率最高的一部分关键词,作为特征关键词,如果页面的特征关键词相同,会被判定为内容重复,不予收录。

由此可知,通过在文章中简单地添加"的、地、得",以及调整语句和段落顺序等产生的伪原创内容,不能逃过搜索引擎的去重算法,因为这些操作并不能改变文章内容中的特征关键词,不能使转载和抄袭变成原创内容。

6）建立索引

搜索引擎会记录每个关键词在页面上出现的频率、次数、格式、位置等信息,并计算每个关键词的重要性,按照重要性对关键词进行排序,然后将页面及其对应的关键词构建为正向索引并存储进索引库。正向索引可以快速找到一个页面中包含哪些关键词,但是实际搜索是通过关键词寻找包含它的页面。这就需要扫描每一个页面,判断它是否包含该关键词,如果计算量太大,则无法满足实时返回搜索及排名结果的要求。因此,正向索引不能直接用于排名,还需要重新构建为倒排索引,把文档对应关键词的映射转换为关键词到文档的映射,根据关键词快速获取包含这个关键词的文档列表。

7）链接分析

搜索引擎对页面进行排序时,除了需要考虑网页本身的关键词密度和位置,还需要引入其他标准来衡量网页。链接分析是一种通过分析链接关系从而获取网页重要性的方法。搜索引擎会分析页面上有哪些链接指向哪些页面,每个页面有哪些导入链接,链接使用的锚文本等。复杂的链接关系能够反映网站和页面的质量及其与关键词的相关度。由于网页和链接数量巨大,且网页之间的链接关系不断更新,链接分析需要耗费很多时间。目前主流的搜索引擎广告质量分析因素中,都包含链接结构信息,很多搜索引擎在进行倒排索引前就要先进行链接分析,这对索引的排序会产生影响。

8）数据整合

除了 HTML 文件外,搜索引擎还能抓取和索引以文字为基础的多种文件类型,包括 PDF、Word、WPS、XLS、PPT、TXT 文件等,但不能直接处理图片、视频、Flash 等非文字内容,只能通过说明性文本对其进行处理。

1.2.4 检索及呈现

当用户输入查询关键词后,搜索引擎会对搜索请求进行详细分析。对于有多个关键词的搜索请求,搜索引擎的默认处理方式是在关键词之间使用"与"的逻辑。用户在搜索时,如果输入了明显的错别字,或者英文单词有明显的拼写错误,搜索引擎会提示用户正确的用字或拼写。某些搜索词还会触发整合搜索,如热门话题容易触发资讯内容。

搜索词分析完成后，搜索引擎需要从索引库中将与搜索词匹配的页面提取出来。由于包含搜索关键词的页面可能有成千上万甚至上百万，搜索引擎会通过相关性、权威性、时效性、丰富度等不同的维度，对页面得分进行综合排序，选择综合权重较高的页面进行匹配。

将搜索结果反馈给用户之前，需要对网页进行排序。相关性计算是排名中最重要的一步。影响相关性的因素主要包括关键词常用度、链接的使用和页面权重、关键词出现的位置、关键词密度和字频、关键词的距离等。

网页排名基本确定后，搜索引擎还会根据用户搜索数据（IP地址、搜索时间、搜索记录、网页浏览记录等）对结果进行优化，并通过一些过滤算法对排名进行微调，得到最终的搜索结果。

搜索结果确定后，排名程序会调用原始页面的标题标签、说明标签等数据显示在页面上。有时搜索引擎需要动态生成页面摘要。目前搜索引擎搜索结果的展现形式非常丰富，包括摘要式（图5-4）、图片式、视频式（图5-5）、软件下载式、步骤式、新闻资讯式（图5-6）等。

图5-4 摘要式搜索结果

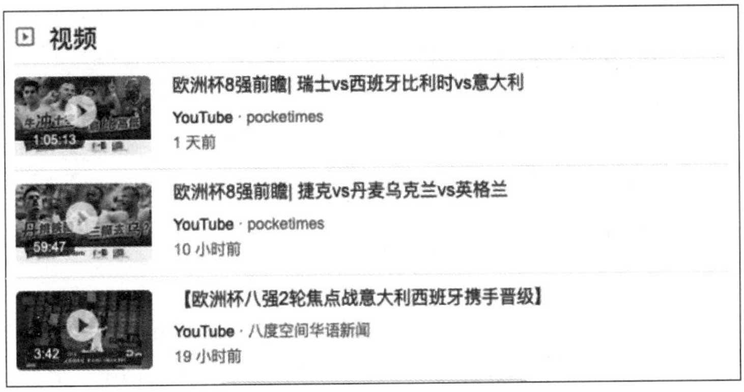

图5-5 视频式搜索结果

图 5-6 图片和新闻资讯式搜索结果

2. 搜索引擎付费推广

2.1 搜索引擎付费推广概述

搜索引擎付费推广,也叫搜索引擎广告、搜索引擎竞价推广,是一种将企业网站或产品服务以关键词的形式在搜索引擎平台上推广的一种按效果付费的网络广告。企业通过购买一定数量的相关关键词,让企业网站和广告信息出现在搜索引擎的搜索结果中,还可以通过调整每次单击付费价格,控制推广信息在特定关键词结果中的排名,并通过设定不同的关键字,捕捉到不同类型的目标访问者,用少量的投入带来大量潜在客户,让网络营销活动效果在短期内立竿见影。

2.1.1 搜索引擎付费推广的优点

1)准确定位,精准投放

搜索引擎付费推广可以通过关键词锁定有需求的用户。选择好要推广的关键词之后,企业网站和广告只会出现在搜索这些关键词的用户面前。此外,还可以通过设置投放地域和投放时间,将广告精准覆盖到特定地区、特定时段的用户,大大提高了营销效果。

2)预算灵活控制

搜索引擎付费推广虽然是一种付费广告,但推广账户的预算费用可以通过设置和调整关键词的数量、位置、投放地域和时间等来灵活管理。

3)效果实时查看

企业登录账户后可以随时查看推广效果统计报告,以及推广效果实时信息,及时了解账户推广计划的展现、单击及转化的流量,详细地了解广告效果。

2.1.2 搜索引擎付费推广的基本概念

1)单击付费

一种广告费用定价模式。当用户单击广告时,根据广告被单击的次数,向企业的广告账户收取费用。如果广告针对某个搜索查询显示但用户并未单击它,则不会产生任何费用。例如,有 100 人搜索到了广告并有 3 个人单击了广告,企业只需要为这 3 次单击付费。

(1) 最高每次单击费用。

最高每次单击费用是指当广告展示在搜索引擎广告平台时,企业愿意为其得到的每次单击而支付的最高费用,也即出价金额。

(2) 实际每次单击费用。

搜索引擎推广平台综合考量企业的最高每次单击费用和质量得分等因素,对每次单击向企业的广告账户实际收取的费用。在质量得分比较理想的情况下,实际每次单击费用要低于最高每次单击费用。

(3) 首页出价估算值。

首页出价估算值是指在搜索查询与设置的关键词完全匹配的情况下,要让广告展示在搜索结果首页,需要支付的最高每次单击费用。如果企业的出价低于首页出价估算值,广告仍会正常展示,但不太可能出现在搜索结果的首页。一般而言,更优质的广告能获得更低的首页出价估算值。

(4) 最低展现价格。

最低展现价格也称起价,是指为确保带有关键词的推广信息能够发布展示在搜索结果页,企业为每次单击所必须支付的最低金额。如果出价低于最低展现价格,关键词状态将显示"搜索无效"而无法获得展现机会。不同关键词的最低展现价格各不相同,企业在推广账户后台看到的最低展现价格较高,可能意味着关键词的质量太低或者关键词商业价值较大。此外,同一个关键词,在不同的推广账户中的最低展现价格也可能不同,这与推广账户的质量得分有关。

2) 质量得分

搜索引擎付费推广平台会对推广账户和关键词质量进行评估,以此决定最低出价并影响实际每次单击费用。账户中每个关键词都会获得一个质量得分,得分越高,代表平台认为广告和网站着陆页对于看到推广信息的搜索用户来说更具有相关性。同等条件下,潜在用户关注与认可的可能性更高,相应的最低出价和为每次单击支付的实际费用就越低。

影响质量得分的主要因素如下。

(1) 点击率。

点击率是搜索广告的点击量占展现量的比例,即广告的单击次数除以展示次数,是用于表明广告效果的指标。较高的点击率表示搜索用户对广告的关注度和认可度较高。广告与所在页面内容的相关性越强,用户单击广告的频率就越高,点击率也会随之增长。点击率是直接影响质量得分的重要因素,相关性和创意水平会通过影响点击率来影响关键词质量度。

(2) 创意内容和关键词的相关性。

由于语言的复杂性,搜索引擎付费推广平台不能做到完全智能化地判断关键词和创意内容的相关性。推广人员应该围绕关键词来撰写广告创意,用户在搜索关键词信息时才能引发创意标题和描述的飘红,达到系统对于创意内容和关键词相关性的要求,最终获得较高的质量得分。

(3) 着陆页体验。

着陆页体验主要衡量企业网站的着陆页内容和质量。优秀的着陆页,不仅会给用户带来良好的体验,也有助于企业更好地展现自己的产品和服务信息。网站的着陆页是否被系统抓取,呈现内容是否清晰、充实、易于浏览等,都是影响着陆页体验的因素。在其他因素相同时,着陆页体验越好,网站排名就越有机会靠前。

2.1.3 搜索引擎付费推广的排名规则

搜索引擎付费推广是一种按单击付费的广告服务,企业通过设置单击费用进行竞价,来争夺广告在搜索引擎结果页面上的显示位置或排名。竞价金额和关键字设置方式决定企业广告相对于其他竞价方的排名。因此,要想使广告获得好的排名,应该努力优化关键词设置和出价。

并不是出价最高的企业就一定能赢得头把交椅,广告与搜索词或目标受众的相关性是一项决定性因素。企业都希望将自己的广告展示给搜索相关业务或产品服务相关关键词的目标用户,搜索引擎也希望向搜索用户展示对他们有用且相关的广告。因此,搜索引擎会根据各种因素对广告与搜索词或目标受众的相关性进行评价,并据此分配广告的排名。相关性越高,代表搜索引擎付费推广平台认为同等条件下广告获得潜在用户关注与认可的可能性更高。

Google 和百度等搜索引擎付费推广的点击价格都是基于企业出价和质量得分来计算的。通常,质量得分越高,意味着企业的业务与购买的关键词越相关,广告就有越多的机会能够展示给搜索这些关键词的用户,就能吸引越多的用户访问企业网站,企业需要支付的每次点击费用就越便宜,广告的排名也越高。

2.2 Google Ads 概述

Google Ads 是 Google 开发的付费推广服务产品,是一种通过使用谷歌关键词广告或谷歌遍布全球的内容联盟网络来推广网站的付费网络推广方式。企业可以在其中通过竞价向网络用户展示产品、服务或视频等。Google Ads 可以选择包括文字、图片及视频广告在内的多种广告形式,可以将广告展示在 Google 搜索的结果中,也可以展示在非搜索网站、移动应用和 YouTube 视频中。

2.2.1 Google Ads 的广告平台

1) 搜索广告平台(Search Ads)

这是 Google Ads 的最基本形式之一。搜索广告可以展示在谷歌搜索结果旁边,让潜在用户在搜索相应服务和产品时,注意到广告,促成单击和流量转化。搜索广告的重要指标包括点击率、总费用、质量得分以及广告排名等。

Google Ads 为参与竞价的每个广告计算广告评级,用于决定广告排名以及广告是否有资格展示。"平均排名"指标非常适合用于检查企业在搜索广告网络中取得的进展,即自己的广告与其他广告相比的排名。

2) 展示广告网络平台(Google Display Network,GDN)

展示广告网络平台也称内容网络平台,也是 Google Ads 最基本的形式之一,由超过

100万个不同的展示位置组成,可以为众多企业提供广告展示服务。展示广告网络平台包含行业网站、B2B网站、门户网站。

3) 购物广告平台(Shopping Ads)

发布包含产品特色和定价信息的文字广告,可以转到企业网站的产品购买页面,引导搜索用户在点击到达目标网站之前了解所销售的产品详情,起到推广作用。

4) 视频广告平台(YouTube)

视频广告可以在 YouTube 和 Google 视频广告网络上展示。投放独立视频广告或将它们插入流式视频内容,能够大规模吸引用户的注意力,催生用户对产品或服务的需求,有效提升品牌认知度。当潜在用户在 YouTube 上观看或搜索视频时,可实时看见企业投放的视频广告,而且只有当他们表现出兴趣时,企业才需要付费。

5) 移动广告平台(AdMob)

Google 移动广告是覆盖最广的手机广告,是整合各个移动端搜索广告(Adword)与移动手机广告(AdMob)的手机广告模式。

2.2.2 Google Ads 的优势

1) 搜索覆盖广泛

Google 占据了全球 69% 的搜索市场及 86.7% 的英语搜索份额,覆盖全球 200 多个国家和地区,有 100 多兆字节语言界面,能够通过互联网通道获取全球信息。企业通过 Google Ads 进行推广,可以触及全球范围内的潜在用户,不需要为不同目标市场国选择不同渠道,非常方便快捷。

2) 成本及效果可控

Google Ads 的显示是免费的,用户点击后才需要付费。Google 通过了解用户在网站的行为轨迹,发现高效的关键词,给企业以更精确的指导,从而使企业用更精准的关键词进行推广,达到事半功倍的效果。同时,Google Ads 还能够及时把握在浏览网站的用户,进行精准推广,保证企业能够获取高质量的询盘。

3) 定位精准

Google Ads 能够精准投放到 200 多个国家和地区。同时,它可以根据目标市场的不同在特定日期、时段进行广告展示。Google Ads 支持 48 种国际语言,通过不同语言能够更加方便快捷地同目标市场国的用户进行沟通,进行精准用户群体推广。

4) 调控能力强

Google Ads 可以根据企业需求进行市场调整,对目标市场国进行预算设置,提高成本效率。Google Ads 可以只在工作日投放或上班时间投放,还可以使用分析工具对用户的行为、花费进行分析,针对转化率、询盘等进行系统分析,从而调整广告设置,提升广告效果。

2.2.3 Google Ads 排名的影响因素

每当用户在 Google 中搜索信息或访问展示广告的网站时,Google Ads 会快速地进行一次广告竞价,通过这种方式来确定要展示的广告。最终决定广告能否展示给潜在客户以及展示顺序的主要因素有以下三个。

1) 出价

出价是指企业愿意为所购买的关键词给出的最高点击价格。这个价格是企业愿意支付的每次广告点击价格,并不是系统实际收取的点击价格。出价是影响关键词排名的重要因素,在其他因素相同的情况下,价格越高,越有机会获得较高的排名。企业可以随时更改出价。

最终实际支付的金额通常会低于企业设置的出价金额。因为当企业参与 Google Ads 竞价时,只需支付击败其他广告客户出价所需的最低金额。假如第二高的出价为 2.00 元,那么无论企业的出价是 3.00 元、5.00 元还是更多,都只需为每次点击支付 2.01 元。

2) 广告质量

Google Ads 会分析企业的广告质量,即对于将看到广告的用户来说,推广信息及其链接到的网站的相关程度和实用性如何。Google Ads 对广告质量的评估会以摘要形式显示在质量得分中,企业可以在 Google Ads 中监控并设法改进自己的质量得分。

影响质量得分的因素很多,主要包括点击率(关键词的过往点击率、显示网址的过往点击率)、关联度(关键词与广告相关程度、关键词与搜索相关程度)、着陆页品质、账户历史表现记录,以及地理位置效果、广告在某个网站上的效果、目标设备等其他因素。

3) 附加信息及其他广告格式的预期影响

制作广告时,企业可以选择为广告添加其他信息,例如电话号码,或是指向推广网站特定网页的更多链接,此类信息称为广告附加信息。Google Ads 会估算使用的附加信息及其他广告格式将给广告效果带来怎样的影响。因此,即使企业的出价低于竞争对手,只要关键字、广告和广告附加信息的相关性更胜一筹,就仍然有可能赢得更高的排名。

3. 添加关键词

关键词(Keywords)指的是单个媒体在制作使用索引时所用到的词汇。在互联网中,关键词指的是任何一位搜索引擎用户,在搜索框中输入想要通过搜索引擎查找的相关信息的短语或者词语。关键词可以是一个或者多个,甚至可以是一句话。

3.1 关键词分类

不同性质的网站使用的关键词分类方法不同,目前普遍采用的分类方式包括按热度分类、按相关度分类、按重要程度分类。

3.1.1 按热度分类

关键词的热度主要是指关键词的近期综合搜索量。一般而言,搜索量越大,该关键词的热度越高。根据热度可以将关键词分为热门关键词、冷门关键词、普通关键词。

热门关键词近期搜索量较大,如热播的影视剧、热门事件等。这类关键词的竞争非常激烈,网站想要通过热门关键词获得较高的排名有一定难度,但一旦排名靠前,网站就可以获得较大的流量。

冷门关键词通常会涉及一些比较专业的领域,搜索量偏低但关键词的量较大,用户目标十分精准。如果网站的信息丰富全面,冷门关键词可以带来可观的流量。

普通关键词的搜索量介于热门与冷门关键词之间,竞争不大且细分程度高、精确度高、涵盖面广,是许多网站选择关键词的发力点。新设立的网站一般多选择普通关键词和冷门关键词。

3.1.2 按相关度分类

按照与企业的相关度,关键词可以分为品牌词、品类/产品词、人群词。品牌词指网站的专有品牌名称或企业名称。品类词指公司主营产品和服务的关键词。人群词是目标客户群体所表现出的主流兴趣点。

3.1.3 按重要程度分类

按重要程度可以将关键词分为核心关键词、长尾关键词、次要关键词。

核心关键词是指经过关键词分析确定的网站目标关键词,是能够直接表现网站主题的关键词,即网站产品和服务的目标客户最可能用来搜索的关键词。核心关键词是网站通过搜索引擎获取流量最重要的部分,这类词竞争比较激烈,能带来很大的流量,在搜索引擎中每日都有稳定搜索量。核心关键词一般是由 2~4 个字构成的词组,通常会将这些目标关键词放在网站首页的标题和描述中。

长尾关键词(Long Tail Keyword)是网站上的非目标关键词,是指与目标关键词相关的可以带来搜索流量的组合型关键词,通常是在目标关键词基础上进一步细分出的关键词,字数较多、描述具体,一般由 2~3 个关键词组合而成,甚至是一句短语。长尾关键词的搜索量相对较小,竞争度较小,用户搜索目标精准,转化率相对于目标关键词而言更高。

次要关键词,又称相关关键词,是核心关键词的拓展词,是指与目标关键词有一定联系,能够延伸或者细化目标关键词定义,以及用户搜索关键词时搜索引擎自动推荐的关键词。相关关键词的挖掘可以通过搜索引擎下拉框自动提示,也可以利用搜索引擎页面下方的相关搜索关键词。相关关键词的作用是辅助目标关键词或长尾关键词,让搜索引擎更加精确地定位,从而让网站排名更靠前。

3.2 关键词设置

3.2.1 关键词选择

1)寻找核心关键词

寻找核心关键词是指找到与主营业务相关的关键词,可以根据需求获取、从网站中获取、从人群工具中获取。Google Ads 可以通过多种方式来寻找业务核心关键词,包括询问外贸业务员,利用 Google 全球商机洞察(Google Global Market Finder)了解客户习惯、进行头脑风暴,使用 Google 关键词规划师(Google Keyword Planner)等。

2)拓展关键词

在获取核心关键词后,需要添加更多的关键词来满足广告投放需求。可以通过关键词规划师、搜索词报告、词根扩展法等进行关键词拓展。

3)筛选关键词

通过不同渠道拓展的关键词质量参差不齐,还需要推广人员进行关键词筛选。筛选依据主要包括营销目标和预算、KPI 考核指标。一般来说,筛选关键词主要从营销目标和预算角度出发,推广人员也可以根据推广计划设定考核方法,优先选择 KPI 指标突出的关键词类型。

4) 关键词分组

关键词分组即按照关键词的重要程度对选定的关键词进行分组,每组关键词对应一个分类。如果一个关键词可同时划归为多个类别,可以将关键词从一级分类中再划分为更细致的二级分类。如果关键词分组的逻辑不够清晰,推广人员可以根据行业常识将关键词分为多个组别。

3.2.2 关键词匹配

用户进行搜索时,系统会自动挑选对应关键词,将推广信息展现给用户。可以通过设置关键词匹配模式,决定用户搜索词与推广关键词之间的对应关系。

1) 关键词匹配模式

常见的关键词匹配模式有以下三种。

(1) 广泛匹配。

广泛匹配的范围最宽,即当用户的搜索词与设置的关键词高度相关时,即使企业没有提交这些词作为关键词,广告也可能获得展现的机会。广泛匹配可以帮助企业定位更多的潜在用户,短时间获得较多的曝光度。

(2) 精确匹配。

精确匹配是指当用户搜索的关键词与企业推广的关键词完全一致时,推广信息会展现。

(3) 词组匹配。

词组匹配介于精确匹配和广泛匹配之间,转化效果也介于二者之间,包含三种匹配模式:精确包含、统一包含、核心包含。精确包含是指当用户的搜索词完全包含企业设置的关键词,才可能自动展示推广信息;统一包含是指当用户的搜索词完全包含在企业设置的关键词及关键词的插入、颠倒、同义等形态时,系统才可能展示推广信息;核心包含指只要用户的搜索词包含企业设置的关键词或者关键词核心部分,就会自动展现推广信息。

2) Google Ads 关键词匹配类型

Google Ads 中可以使用关键词匹配类型来选择关键词与搜索内容匹配的程度,见图 5-7。如果使用完全匹配(精确匹配),关键词将仅针对与其含义相同的搜索内容触发广告展示;如果使用词组匹配,关键词可以针对包含其含义的搜索内容触发广告展示;如果未指定任何匹配类型,将默认采用广泛匹配,并且可匹配与设置的关键词相关的搜索内容。

3) 否定关键词

否定关键词是一种短语否定方式,当用户搜索的关键词完全包含企业设置的否定关键词时,推广信息将不会展现。在使用广泛匹配和短语匹配模式时,如果推广人员看到了不相关的搜索词,且这些词不能带来转化,可以通过添加否定关键词,不触发推广结果。添加否定关键词,可以排除某些搜索词,并专注于较为重要的关键词,有助于提高定位的准确性,精细化搜索流量,降低转化成本,提高投资回报率。

图 5-7　Google Ads 关键词匹配类型
图片来源：Google Ads 官方网站

Google Ads 中设置否定关键词同样可以采用广泛匹配、词组匹配或完全匹配这三种模式。否定广泛匹配是 Google Ads 否定关键词的默认类型，只要搜索内容包含否定关键词中的所有字词，即使这些字词采用不同顺序，广告也不会展示。如果搜索内容只是包含关键词中的部分字词，广告仍可能会展示。

否定词组匹配是指如果构成关键词的所有字词以相同顺序包含在搜索中，即使搜索中还可能包含其他字词，广告都将不会展示。如果搜索中在某个字词中包含额外字符，即使关键词中的其他字词以相同的顺序出现在搜索中，广告也会展示。

否定完全匹配是指如果构成关键词的所有字词以相同顺序包含在搜索中，并且搜索中不包含额外字词，广告将不会展示。如果搜索中除了包含构成关键词的所有字词外，还包含其他字词，则广告仍有可能会展示。

图 5-8 从左至右分别展示了否定广泛匹配、否定词组匹配、否定完全匹配三种模式的搜索结果（否定关键词：跑鞋）。

搜索字词	广告能否展示?	搜索字词	广告能否展示?	搜索字词	广告能否展示?
蓝色网球鞋	✓	蓝色网球鞋	✓	蓝色网球鞋	✓
跑靴	✓	跑靴	✓	跑靴	✓
蓝色跑鞋	✗	蓝色跑鞋	✗	蓝色跑鞋	✓
鞋跑步	✗	鞋跑步	✓	鞋跑步	✓
跑鞋	✗	跑鞋	✗	跑鞋	✗

图 5-8　Google Ads 否定关键词匹配模式示例（否定广泛匹配、否定词组匹配、否定完全匹配）
图片来源：Google Ads 官方网站

情景五　跨境网络站外推广分析

3.3 创意设置

创意是指用户搜索触发推广信息时,展现在用户面前的推广内容,包括标题、描述、访问 URL 和显示 URL。关键词的作用是帮助企业定位目标群体,而创意的作用是帮助企业吸引目标群体。优秀的创意能够迅速抓住目标用户的眼球,激发搜索用户的潜在需求,以吸引其单击广告。

3.3.1 创意撰写的基本规范

创意内容应客观、真实,不要夸大实际或者包含虚假信息。使用有意义的文字符号、数字、字母、空格符。避免在创意的标题、描述中使用网址。避免在创意中使用有贬低竞争对手或直接与其他客户进行比较的用语。不能在创意中使用包括赌博、色情等宣传非法内容或违背法律道德的词语。

3.3.2 创意撰写技巧

(1) 主题明确。创意应能在短时间内将产品主要卖点及优势传达给消费者。

(2) 结构合理。结构设计上符合从左到右、从上到下的浏览习惯。图文混排时,一般将图片置于文字的左侧。

(3) 文字精练。标题一般不超过 12 个字,文字描述是辅助作用而非推广创意的主体。

(4) 图片切题。图片是用户第一关注点,在保证创意、吸引力、质量的同时,确保图片内容与推广主题一致。

(5) 颜色对比。色彩搭配时应保证配色色调与网站色调基本一致,增强用户体验,加深品牌印象,同时选择有对比的颜色突出卖点。

4. Google Ads 账户结构

账户结构是指为达到最好的推广效果,将关键词和创意等按照搜索引擎推广账户的规则进行归纳整理,从而形成的有序结构。合理地搭建账户结构对开展搜索引擎付费推广有着重要作用,便于为不同推广计划设置预算,也便于查看推广数据报告。

4.1 Google Ads 账户基本结构

Google Ads 的账户结构由广告账户、广告系列、广告组、关键词和广告创意四个层级组成(图 5-9)。账户作为最高层级,主要功能是对广告系列进行管理,一个账户最多包含 1 万个广告系列,包括 active 和 paused。广告系列作为账户的子集,主要作用是对广告组进行管理,每个广告系列最多包含 2 万个广告组。广告组是管理关键词和广告创意的单位,每个广告组最多包含 2 万个关键词或 placements/list/product target,以及最多 300 个广告创意,含展示广告和图片广告。关键词和广告创意之间是多对多的关系,即同一个关键词可以对应多个创意,同一个创意也可以被多个关键词使用。

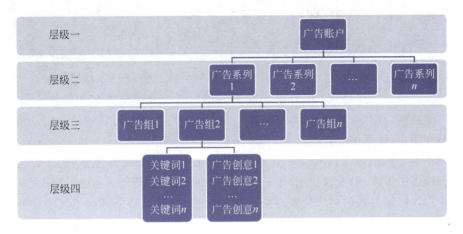

图 5-9 Google Ads 账户结构示例

4.2 健康账户的基本要求

健康的账户结构通常应符合以下要求。

每个账户内广告系列不少于 2 个。如果只设定一个广告系列，把所有的广告组和关键词都放在一个广告系列中，无法精细地划分关键词，也无法针对关键词撰写出相关的创意。

每个广告组内关键词不超过 30 个，以 5～15 个为宜。如果关键词数量太少，可能导致该广告组缺乏展现机会，不能覆盖更多的潜在用户；关键词太多，则可能无法保证每个关键词与创意之间都有较高的相关性，无法吸引用户关注，造成点击率较低，影响关键词的质量度。

每个广告组包含的系列关键词应彼此紧密相关，且每个关键词系列对应的主题应不同于在其他广告组中定位的主题。这意味着关键词应该足够具体。详细具体会让广告更具相关性。广告的相关性越高，质量通常也会越高，在广告竞价中的表现就越好，并且会带来更多单击和转化。

每个广告组内至少有 3 条与关键词相关的广告创意。一个广告组内有至少 3 条广告创意，推广人员可以尝试从产品的不同卖点、风格及表达方式方面撰写创意，并通过创意报告来对比评估不同创意对用户的吸引力，不断进行改进。同时，系统可以优化广告效果。

5. Google Ads 账户设置

5.1 更改每日预算

账户预算设置是指推广人员设置的企业账户在一定时间段内愿意付出的推广费用的最高值。在相应的时间段内，当单击费用的总额达到设定的预算之后，企业的广告就会自动下线，用户搜索时不再展现推广结果。由于流量会不断波动，在一天内实际支出的费用最多可能比每日预算高出 20%。因此，如果需要在某个时间段加大对预算的控制，需要实时关注每日预算,必要的时候可以更改预算。

5.2 更改投放区域

投放地域是指企业选择的推广投放的地域范围。推广地域设置是指根据营销目标需求设置的推广主要投放地域。Google Ads 可以把广告投放到全球 200 多个国家和地区,设置推广地域后,只有该地域的用户搜索时,才会展现广告。地域设置的作用是精准覆盖优质的潜在用户,降低推广成本。

针对企业不同的需求,Google Ads 还可以通过设置排除地理位置,让广告投放更加精准。可以逐一排除,也可以使用"批量处理多个地理位置"功能,一次性排除大量地理位置。阻止广告向定位到的地理位置内的特定区域投放,可以帮助不向不属于业务覆盖地域的用户展示广告,从而更合理地分配预算。而当需求发生变化时,企业可以对投放区域进行更改,以保证广告投放效果最佳。

5.3 设置语言

Google Ads 可以定位到一种语言、多种语言或所有语言。Google Ads 会检测用户的谷歌语言设置、广告内容语言、搜索使用的语言,当关键字匹配并且 Google 认为该用户至少能看懂一种目标语言时,广告就会响应相应查询而进行展示。通过语言定位,可以将广告定位至使用 Google 产品和第三方网站的潜在客户。通过将广告定位到多种语言,可以吸引能够使用多门语言的用户,这些用户可能会使用多种语言进行产品或服务搜索。Google Ads 会根据用户的搜索查询、用户当前浏览的网页或近期在 Google 展示广告网络中浏览过的网页等情况,向企业账户的语言设置界面进行有限的推送,方便企业使用 Google Ads 进行推广和查询。

5.4 更改投放时间

在实际推广中,可能不需要 24 小时投放广告,企业可以选择每日的推广时间段。由于 Google Ads 可以辐射全球 200 多个国家和地区,鉴于时差的问题,不同的地区广告效果时段差别比较大,企业可以根据广告投放的地域设置不同的广告投放时间,以保证广告投放效果最佳。

5.5 添加附加信息

在搜索引擎上进行搜索时,看到的带有致电按钮、附加链接、地址或其他附加信息的广告,就是广告附加信息。附加信息丰富了广告内容,能够更有效地吸引用户直接通过广告执行操作,有助于提升广告效果。在 Google Ads 中可以免费添加附加信息。

5.5.1 附加链接

广告附加链接将用户引导至推广网站上的具体网页,以供搜索用户进一步浏览推广网站上除主要目标网页内容之外的其他内容,例如,店铺营业时间页面、具体产品页面等。当搜索用户单击链接时,便会直接跳转到他们想要了解或购买的产品所在网页,进一步增加了 Google Ads 的广告价值。此外,通过附加链接功能,可以轻松更新季节性和有限制的促销活动,随时可以根据需要更改广告的附加链接,以使所有广告都能更及时地配合当前的销售和营销行动。为提高附加链接随广告一同展示的几率,Google Ads 建议企业至少添加 4 个附加链接。

5.5.2 宣传信息

宣传信息为企业提供更多可添加文字的空间。当搜索用户看到带有宣传信息的广告时,会发现广告内容更加丰富,其中包含有关业务、产品和服务的更多详细信息。

除了广告文字之外,最多可以展示 10 条宣传信息。为提高宣传信息随广告一同展示的几率,Google Ads 建议客户至少添加 4 条宣传信息。宣传信息会以各种方式展示,在计算机上展示的附加宣传信息由圆点分隔并在一行中列出,在移动设备和平板电脑上,宣传信息会以段落的形式显示。带有附加宣传信息的广告可在 Google 搜索结果的顶部和底部展示。

5.5.3 结构化摘要

结构化摘要会以标题和列表的形式显示在广告文字下方,用于在广告中突出产品和服务的具体特点,以此吸引用户。当附加结构化摘要信息随广告一同展示时,在计算机上展示的广告一次最多可以显示 2 个标题,在移动设备和平板电脑上展示的广告仅会显示 1 个标题。Google Ads 会利用算法确定最适合展示的标题或标题组合,因此最好尽可能多地添加相关的标题。

此外,Google Ads 还提供了其他许多附加信息,如附加地址信息(用于宣传本地商家)、附加促销信息(用于假日销售)和附加电话信息(用于吸引潜在客户致电)等。

案 例 思 考

欧睿国际(Euromonitor)发布的《2018 年美妆行业洞察报告》数据显示,2017 年全球美容和个护产品销售额达到 4600 亿美元,2018 年的增幅达到 6%。美妆海外市场这块"大蛋糕"惹得众多国货品牌垂涎。随着出口物流对液体类、粉状类的限制变小,加之美妆属于易耗品,海外消费需求大,采购门槛日益降低,催生了国内较多优质彩妆品牌迅速走向国际市场。2019 年年初,包括御泥坊、一叶子、膜法世家等在内的 11 个天猫 5000 万级美妆知名品牌进军跨境电商领域的消息,让国内美妆行业一度沸腾。海关总署发布的数据显示,2020 年前三季度中国化妆品出口量为 75.25 万吨,较 2019 年同比增长 3.5%,出口金额更是达到 31.39 亿美元(约合 206 亿元人民币)。从经典老牌谢馥春,到美康粉黛、御泥坊、佰草集等,国货品牌前赴后继踏浪出行海外,"中国制造"这一名词正在被赋予新的内涵。国货品牌向全世界展示的是优质优价、高性价比的"中国名片"。大多数情况下,接触更多中国品牌广告的消费者会更倾向于选择中国品牌。

御泥坊是一个以"利用现代科技重现盛唐文化与技艺"为理念的美妆品牌,承袭《千金方》《外台秘要》等大唐传世医典中的护肤方法,以皇家标准,挑选良材,以宫廷技艺,融合现代前沿护肤科技,提取养颜精粹,主要生产以面膜为主的护肤产品。御泥坊所属企业御家汇股份有限公司拥有多款外观专利,曾参与国家级面膜行业标准的制定、国家卸妆油行业标准制定。早在2013年,御家汇股份有限公司就将海外扩张作为御泥坊品牌发展的重要战略,目前御泥坊旗下产品已销往全球183个国家和地区。

2021年,御泥坊推出"氨基酸泥浆精华面膜""九法净颜泥浆面膜""灵芝睡眠面膜"等一批重磅新品,选取天然珍贵原料,用现代科技重现盛唐古法工艺,具备深层清洁、滋养修护等功效,温和亲肤,适用于所有肤质。

问题和思考

1. 搜索引擎付费推广是企业接触海外消费者的重要途径,请简要阐述 Google Ads 账户的开设过程。

2. 为御泥坊2023年新品写出 Google Ads 投放计划。

习　　题

一、选择题

1. 下列选项中,关于搜索引擎付费推广优势的说法不正确的是(　　)。
    A. 可以实时查看广告效果　　　　B. 广告预算控制灵活方便
    C. 准确定位,精准投放　　　　　D. 见效较慢

2. 下列选项中,属于词组匹配模式的是(　　)。
    A. 关键词"英语培训"触发的搜索词为"考研英语培训"
    B. 关键词"电商培训"触发的搜索词为"淘宝电商培训"
    C. 关键词"网络营销培训"触发的搜索词为"培训营销"

3. 下列选项中,关于否定关键词设置的说法正确的是(　　)。
    A. 将账户无展现的关键词设置为否定关键词
    B. 提高预见性,及时查漏补缺
    C. 遵循"先短语否定后精神否定"的原则
    D. 学会合并同类项

4. 下列选项中,属于搜索引擎蜘蛛爬行策略的是(　　)。
    A. 最佳优先　　B. 高度优先　　C. 深度优先　　D. 广度优先

5. 下列选项中,关于目标关键词的特点描述错误的是(　　)。
    A. 一般作为网站首页的标题
    B. 在搜索引擎中每天都有稳定的搜索量
    C. 一般由5～6个字词组成
    D. 网站的主要内容围绕目标关键词展开

二、填空题

1. (　　)是指与目标关键词存在着一定联系,能够延伸或者细化其定义的关键词。

2. Google Ads 排名的影响因素有(　　)、(　　)、(　　)。

3. Google Ads 的账户结构由(　　)、(　　)、(　　)、(　　)四个层级组成。

4. 搜索引擎的工作大致分为(　　)、(　　)、(　　)、(　　)四个阶段。

5. 根据热度可以将关键词分为（　　）、（　　）、（　　）。

三、简答题
1. 搜索引擎广告中影响质量得分的主要因素有哪些？
2. 简述关键词设置的步骤。

实 践 操 作

来自荷兰的 Luuk Olde Bijvank 和来自澳大利亚的 Dan Nika 所创立的品牌 GearBunch 是 2018 年全球发展最快的电商品牌之一。

在 2014 年初次会面后，Luuk 和 Dan 决定共同开启电商业务。最初从 T 恤销售开始，当时销售额为 100 万～200 万美元。两人在 2016 年 12 月创建了 GearBunch，他们注意到紧身裤的流行趋势，并且发现市场上没有专门针对该类细分产品的品牌。"当许多人想要开始创建 T 恤品牌时，我们选择了进军紧身裤，因为 T 恤市场已经处于饱和状态。尝试新的领域往往意味着更好的成功机会。""我们的目标是以一种让人印象深刻的方式进行产品设计，而这也是我们发现紧身裤利基市场的过程"Luuk 表示。随后，GearBunch 在 2016 年圣诞节前开始了销售，第一个月收入超过 10 万美元并且持续增长。在短短一年时间，GearBunch 发展成了一个价值数百万美元的紧身裤在线零售品牌，斩获了 500 万美元的销售额。

Luuk 表示目前 GearBunch 有一个由 20 余名自由职业者、服务商等组成的远程团队。另有 3 人客服团队日均处理 100 单以上的售后问题。两名远在乌克兰和南非的设计师支持设计事务。此外还有一个私人助理协助 Luuk 处理日常设计事务。与此同时，GearBunch 还配备了 StoreYa 团队，负责管理 Google Ads、YouTube 和 Google Shopping 广告系列。其全职开发人员、第三方会计师、管理员和社交媒体经理则帮助 Dan 更好地进行业务操作。

目前 GearBunch 的站点每天约有 5000 名独立访客，除了 Facebook 外，Google 成为最大的流量来源。Luuk 表示通过 Traffic Booster 工具运营所有谷歌广告，带来了非常可观的投资回报率，目前 ROI(Return Of Investment，投资回报率)约为 600%。

未来 GearBunch 会进一步和大品牌合作。其在 2018 年迅速扩展了产品风格，定位从最初的打底裤品牌转为全面的运动服饰品牌，同时寻找更多的利基市场和产品。Luuk 直言市场的空缺让其团队完全有能力继续扩展高利润的利基的产品。例如，由于材料质量、印刷的困难，一件潜水衣很容易卖到 300 美元，而且市场上定制化潜水衣的销售十分稀缺。

深谙销售类目和销售对象的两人，设计理念围绕爱尔兰幸运符三叶草和爱尔兰裔美国人两个核心概念。假设现在 GearBunch 要推出一款三叶草系列的定制化潜水衣。

要求
运用所学知识，为 GearBunch 的新产品制定搜索引擎推广营销目标和广告投放策略，并进行 Google Ads 账户规划。

子情景二 搜索引擎优化推广

 知识导读

企业网站必须由用户访问或被用户知道才有意义和价值,搜索引擎优化可以让企业的网站在搜索引擎上曝光率达到最高,提升广告信息在搜索引擎中的自然排名,让用户在亿万搜索结果中率先看到企业的广告信息,单击广告并产生购买行为,使企业获益。在互联网行业竞争日趋激烈的今天,搜索引擎优化已成为企业的重要营销手段。本节将介绍搜索引擎优化的概念、特点,以及搜索引擎优化与搜索引擎营销付费推广的区别,了解搜索引擎优化的主要内容和策略。

 学习目标

知识目标

理解搜索引擎优化的基本概念。

了解搜索引擎优化的主要内容。

能力目标

掌握关键词优化策略。

掌握搜索引擎优化结果查询分析方法。

能够制定搜索引擎优化方案并进行分析。

素质目标

培养整体规划搜索引擎优化工作的系统性思维。

 相关知识

1. 搜索引擎优化基础

搜索引擎优化(Search Engine Optimization,SEO)是一种利用搜索引擎的搜索规则来提升目标网站在相关搜索引擎内排名的方法。

进行搜索引擎优化首先应了解搜索引擎如何抓取互联网中的网页和文件,了解搜索引擎自然排名规则,在此基础上,对网站进行针对性的内外部调整优化,从而使网站有更多的内容被搜索引擎收录,在不同关键词搜索结果中获得更高的自然排名,获得更多展现量,吸引更多目标顾客单击访问网站,从而达成营销目标。搜索引擎优化的目的是使网站获得更多的免费流量,让网站在行业内占据领先地位,从而获得更多的收益。

搜索引擎优化可以为网站带来大量稳定的用户群,也意味着可以为企业带来直接的经济价值。搜索引擎优化可以提升网站的综合性能,从而提升网站关键词在搜索引擎中的排名。通过提升关键词排名,可以提升网站访问流量,并促进从流量到成交额的转化。通过提供网站访问流量,还可以提升网站曝光度,并促进产品的推广宣传,从而提升品牌知名度。

1.1 搜索引擎优化的优缺点

1.1.1 搜索引擎优化的优点

1) 效果好

通过搜索引擎优化所获得的流量都是高质量的流量,若选择了合适的关键词,这些流量都是转化率极高的有效流量。通过搜索引擎自然排名给出的搜索结果更容易获得用户的信任。正常网页广告的点击率一般为 2%~3%,而搜索引擎的广告点击率为 30%~80%。

2) 流量精准

目前大多数的推广都是设法将网站展示在用户眼前,但是如果用户没有访问网站的意图,再多的展示也是徒劳。而搜索引擎带来的用户都是主动搜索的,意向明确,这时候展示在用户眼前的网站,访问率和转化率都将大大提高。

3) 成本较低

搜索引擎优化的主要成本来自于从事 SEO 的员工薪酬或雇佣专业 SEO 公司的费用。相对于其他如搜索引擎付费推广等形式而言,成本较低。

4) 覆盖面广

搜索引擎优化是根据网站结构、用户需求及搜索引擎原理进行的网站整体优化,而不是针对某个搜索引擎进行优化。一般而言,企业网站在某一个搜索引擎中有较好的排名,那么在其他搜索引擎中的排名也会比较靠前。

1.1.2 搜索引擎优化的缺点

1) 见效慢

搜索引擎优化是一个长期的过程,不会有立竿见影的效果。要想在搜索排名中看到优化的效果,一般难度的关键词需要 2~3 个月时间,难度更大的关键词则需要 4~5 个月甚至更久的时间。

2) 排名规则的不确定性

不同搜索引擎设置的排名规则各不相同,并且会不定时地更新。排名规则改变,网站原有的排名也会发生变动,需要重新优化网站,以恢复排名。

3) 排名位置靠后

通常来说,搜索引擎优化展现的搜索结果为自然排名结果,展示时会排在搜索引擎付费广告之后。

1.2 搜索引擎优化的应用领域

大型门户网站。经过搜索引擎优化,能够完善门户网站功能,提高搜索引擎的友好性和用户体验,增加网站流量。此外,大型门户网站涉及的关键词很多,如果采取付费推广形式,会产生巨大的成本,而通过搜索引擎优化,网站可以获得较高的排名,以低成本获得大流量。

(1) 企业网站。搜索引擎优化能够帮助企业网站提高流量以及流量的质量。高质量的流量往往来自企业的潜在用户,浏览者通过企业网站了解了产品信息后,可能成为企业的直接用户,为企业节省巨额的广告费用。

（2）电子商务网站。电子商务网站实际上是一个在线商店,需要有顾客,才能形成销售。大型的电子商务网站都会通过搜索引擎优化来获取大量的免费流量。经过优化后,电子商务网站更容易获得潜在消费者的信任。

（3）个人网站。通常由于资金有限,个人网站需要成本低、效果好的推广方式,搜索引擎优化正好可以满足这种需要。

1.3 搜索引擎付费推广与搜索引擎优化的区别

搜索引擎付费推广和搜索引擎优化是两种不同的搜索引擎营销方式,前者通过付费方式购买一定的广告位来展现企业广告,后者则是通过长期优化网站,提升自然排名来推广企业信息。总的来说,搜索引擎付费推广和搜索引擎优化的区别主要表现在以下几个方面。

1.3.1 搜索结果展现形式不同

搜索引擎付费推广展现的结果中带有"广告"字样,既可以展现在结果页的左侧,也可以展现在结果页面的右侧。而搜索引擎优化形成的是自然搜索结果,是非付费的网站链接,展现结果只能出现在页面左侧,网站与搜索词的相关度越高,链接显示在结果中的排名就越靠前。如图5-10所示,搜索结果中第一条内容是付费推广结果,在它之后才是自然排名结果。

图5-10　搜索结果展示示例

1.3.2 效果呈现速度不同

搜索引擎付费推广的本质是企业通过向搜索引擎平台支付一定数额的推广费用来获得好的广告排名。因此,搜索引擎付费推广的效果与企业推广费用直接相关。企业竞价预算充足,网站在较短时间内就能提升至前几名的位置。而搜索引擎优化需要对企业网站长期优化才能获得好的排名,所以自然排名的提升效果比较慢,位置也只能排在搜索引擎付费推广后面。不过,自然排名的显著优势是排名稳定,不怕恶意点击。

1.3.3 成本费用不同

搜索引擎付费推广按单击效果支付推广费用,这就意味着用户每点击一次链接,企业都要支付一定数额的推广费,排名越靠前支付的费用越多。为了获取更多流量,同行业企业在竞争压力下往往持续调高推广费用,加重了成本负担。搜索引擎优化除了支付网站空间、域名、服务器及SEO工作人员工资等常规性开支外,几乎没有其他费用投入,成本相对较低。

1.3.4 操作方式不同

搜索引擎付费推广操作简单,方便灵活。企业只需要开通推广账户,推广人员通过账户设置投放条件和展现形式即可完成广告推广。而搜索引擎优化人员不仅要懂网站结构、域名、服务器等网络技术,还要会撰写文章,整理图集,对工作能力的要求相对较高。

2. 关键词分析

2.1 选择关键词的原则

2.1.1 注意关键词与内容的相关性

用户利用搜索引擎搜索关键词是有目的的,他们通过点击访问网站希望找到自己感兴趣的内容。如果内容与搜索的关键词无关,会引起用户的不满甚至反感,以后不会再访问该网站。网站需要的不仅是流量,更需要的是有效流量。排名和流量都不是目的,有效流量带来的转化才是目的。

2.1.2 搜索次数多,竞争度小

选择关键词,需要确认关键词的用户搜索数量达到一定量级,否则搜索效果可能非常差。但是这并不意味着要把目标定在最热门、搜索次数最多的词上。大部分搜索次数多的关键词,也是竞争比较激烈的关键词。搜索引擎优化人员可以通过关键词挖掘和扩展,列出搜索次数及竞争数据,从中找出搜索次数多、竞争度小的关键词,这类关键词不仅能保证流量最大,也降低了优化的难度。

2.1.3 目标关键词不可太宽泛

如果关键词太宽泛,很难明确用户的搜索目标,且竞争激烈,增加优化难度。想要取得好的效果,付出的代价较高,一般的个人网站或者中小企业网站承担不起,且用户搜索目标不明确,转化率也不高。

2.1.4 核心关键词不要太特殊

选择关键词时,不能过于宽泛,也不能太过于特殊。如果目标关键词太特殊,虽然竞

争度小,但搜索关键词的人数也会很少。

2.1.5 考虑商业价值

不同的关键词有不同的商业价值。购买意图比较强烈、商业价值较高的关键词应该是搜索引擎优化时最先考虑的。

2.2 关键词竞争度判断

2.2.1 搜索结果数

搜索结果数是用户通过搜索引擎搜索某个关键词之后,在返回结果页第一行显示的结果数量。一个关键词的搜索结果数如果在10万以下,说明这个关键词的竞争度很小,如果搜索结果数达到了几十万,这个关键词的优化就会有一定难度;如果结果数达到100万以上,就属于热门关键词;搜索结果数在千万级别以上,一般情况下只有权重比较高的大型网站才能获得比较好的排名。如图5-11所示,"谷歌广告"的搜索结果数超过5600万,排在付费推广之后的第一个自然排名结果是Google官方网站的相关网页。

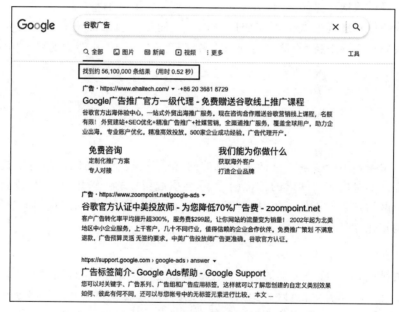

图 5-11 谷歌广告搜索结果数

2.2.2 Intitle 结果数

Intitle是搜索引擎优化中常用的高级搜索指令。Intitle结果数是指标题中包含关键词的页面的搜索结果数量。用Intitle指令查询关键词结果数的方法比直接搜索结果数的方法在精准度方面进了一步。因为一个网站页面最重要的关键词往往会出现在标题中,所以标题中包含关键词的页面才是主要的竞争领域所在。如图5-12所示,建党100周年的搜索结果数达到5860万条,而Intitle结果数仅为25.7万条。

图 5-12　建党 100 周年搜索结果数和 Intitle 结果数

2.2.3　竞价结果数

搜索引擎付费推广是由企业自主投放、自主管理,按照广告效果付费的网络广告形式,搜索结果页面右侧及左侧顶部和底部有多少个竞价广告结果,也是衡量竞争度的指标。竞价结果数,是指关键词使用非自然排名的结果数有多少,说明这些关键词能够帮助商家获得利益,具有较高的商业价值。通过竞价排名的商家越多,意味着关键词竞争程度越大。

2.2.4　内页排名数量

除了首页以外的所有网页称为内页,包括产品页、内容页等。搜索结果页的前 10 位中有多少内页,也说明了竞争程度的大小。图 5-13 中展示的搜索结果都属于网站内页。通常来说,网站首页因为权重高,排名位置最靠前,所以一般会把核心关键词放在首页。如果搜索结果的前几页中网站首页占据数量较多,说明关键词的竞争难度大,排在第一页的网站内页数量越多,说明竞争越小。但是这种判断方法不适用于大型门户网站。

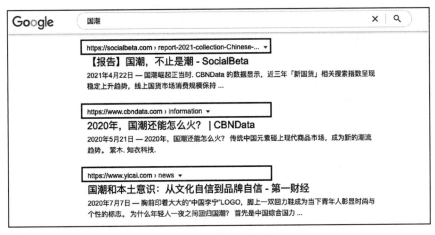

图 5-13　网站内页示例

情景五　跨境网络站外推广分析

2.3 关键词的确定与扩展

2.3.1 选择核心关键词

核心关键词与网站内容紧密相关,确定网站的主要内容和主营业务后,就可以找出核心关键词。核心关键词的选择可以从以下 3 方面着手。

1) 自我分析

围绕网站的定位和目标人群,思考"我们的网站能为用户解决什么问题?""遇到这些问题时,会搜索哪些关键词?""如何进行搜索?"等问题,通过头脑风暴等方法,列出 20 个以上的关键词作为备选。

2) 竞争对手分析

在搜索引擎中查询竞争对手的网站,通过查看网站首页源文件,快速地了解竞争对手网站的核心关键词,为确定网站核心关键词提供参考依据,且可以避开竞争度较大的关键词。

3) 搜索指数查询

利用搜索引擎,查看备选关键词的搜索指数,选出搜索量较高的关键词,并列出对应的竞争指数。

一般而言,中小企业网站、个人网站应优先选择搜索次数较多、竞争指数较低的关键词,既可以保证足够的搜索量以及优化后带来的流量,又兼顾可行性。对于人力、技术、财务预算充足的大型企业,可以选择搜索次数最多的词语。如果产品成熟且没有太大灵活性,不得不用产品通用名称作为核心关键词,则需要在产品名称前增加限定词。

2.3.2 关键词扩展

关键词扩展应该有整体思路和清晰的方向,可以采取从行业视角、业务视角、用户视角等,层层扩展。例如,准备做一个有关茶行业的网站,从行业视角出发,可以提炼出茶叶种植、茶叶加工、茶叶销售等关键词;进一步,茶叶种植又可以扩展出茶叶产地、茶叶品种;再进一步,茶叶品种又可以扩展出绿茶、红茶、黑茶、白茶等。

明确了扩展思路后,可以进行关键词扩展。常用的关键词扩展方法有以下几种。

1) 使用关键词挖掘工具

关键词扩展的常用工具包括 Google 关键词规划师、Keyword Tool、百度指数、站长之家(ChinaZ)、爱站等。在谷歌关键词规划师查询任何一个关键词,都会列出至少几十个相关关键词。再取其中任何一个重新查询,又可以联想出另外几十个关键词,很容易扩展关键词数量。搜索引擎优化人员可以把 Google 给出的关键词下载为 Excel 文件,合并、去重,并按搜索次数排序,得到大量相关词。

2) 使用搜索建议和相关搜索扩展

在 Google 搜索框中输入核心关键词,搜索框会自动显示与此相关的建议关键词,在 Google 搜索结果页面底部可以看到搜索引擎给出的相关搜索,如图 5-14 所示。一般来说,搜索建议和相关搜索中的扩展词在 Google 关键词工具中都会出现,但搜索建议和相关搜索使用更简单,有助于快速拓展思路。

图 5-14　搜索建议和相关搜索示例

3）使用关键词变体

对关键词进行各种变化,包括同义词、相关词、简写、错别字等方式。

2.4　关键词布局

关键词布局应根据关键词的不同重要级别来决定。通常情况下,关键词布局应该符合金字塔结构,依据网站关键词的权重将关键词分为塔尖、塔身、塔底三个部分,如图 5-15 所示。

塔尖是核心关键词,决定网站定位,一般放置在权重最高的网站首页进行推广。

塔身为相关关键词,搜索量没有核心关键词高,数量比核心关键词多,主要放置在网站的频道页或栏目页。次要关键词可以分为两级,一级次要关键词主要是每个产品或行业的主要标准词,简洁明了,点击率很高,放在网站栏目首页;二级次要关键词是

图 5-15　关键词布局示例

在一级关键词基础上的延伸或扩展关键词,数量更多,主要放置在网站频道页或栏目页,保持每个频道页或栏目页 2~3 个。

塔底为长尾关键词,通常放在网站的新闻、产品、文章以及帖子的内容或详情页。

2.5　关键词密度

关键词密度用于衡量关键词在网页上出现的总次数与其他文字的比例,一般用百分比表示。关键词出现的频率越高,关键词密度就越大。关键词密度太低起不到优化效果,太高则有可能会被搜索引擎认为是在堆砌关键词,从而被认为作弊并遭受处罚。一般而言,关键词的密度在 2%~8% 为宜。

3. 页面优化

网站内部优化是搜索引擎优化的重点工作之一,通过进行多方面的细微调整,使网站符合搜索引擎检索和排名的要求,提高网站收录数量及收录率,快速提升网站整体效果。页面优化包括优化页面结构和优化页面内容两方面。

3.1 页面结构优化

3.1.1 页面结构

页面布局结构是指在浏览器中显示的完整页面的结构,主要由网页头部(header)、导航栏(nav)、主体内容(main)、网页尾部(footer)等几部分组成。

网页头部主要包括网站 Logo、登录按钮、注册按钮、搜索条以及常用的快捷功能按钮等内容。

导航栏是对网站信息进行的分类,帮助用户快速查询需要的信息,提高访问效率。

网页主体内容通常由文本、图片及超链接组成,是网页中最基础、最重要的构成元素,用最直接的方式向用户传达信息。

网页尾部主要包括友情链接、版权声明、联系方式、备案信息、站长统计等内容。

3.1.2 页面结构优化策略

页面结构优化是页面优化的基础,网站的结构要清晰,布局要合理,各栏目设置要清晰易见,让访客浏览起来清晰明了。

1) 页面标题优化

页面标题用于告知用户和搜索引擎该网页的主要内容,会在浏览器的标题栏中显示,也会在搜索引擎的搜索结果中以超链接形式显示。页面标题优化应注意:主题明确,不采用过多描述,使用用户熟悉的语言,有吸引力和信任感,且标题不宜太长,各网页之间标题不能重复。

2) 页面描述优化

页面描述是对网页内容的精准提炼和概括。页面描述与页面内容如果相符,搜索引擎会将描述当作摘要的目标之一,优质的页面描述会提升网页的排名。设置页面描述时应注意:语句通顺连贯,融入必要的关键词,长度合理,为每个网页设置不同的描述。

3) 页面图片优化

页面中的图片是除文字、超链接之外的重要内容,目前搜索引擎都将图片作为索引和抓取的参考标准之一。优质的图片能够第一时间吸引访客的眼球,增加访问量,图片属性中融入关键词有利于提升关键词排名,做好图片优化可以提高文件加载速度,提升搜索引擎的抓取效率。图片优化要注意:图片大小要合适,图片格式要合适,采用 JPG、PNG、GIF 格式等,适当为图片设置 alt 属性添加说明文本,为图片添加超链接。

4) H 标签优化

H 标签,又称 heading 标签,是 HTML 网页对文本标题进行着重强调的一种标签。H 标签的文本比普通文本更突出,便于用户直观地浏览网页内容。同时,H 标签可以为搜索引擎做引导,以便搜索引擎迅速掌握文章的主题。对 H 标签进行优化时,可以在各级 H 标签中嵌入相应的关键词,权重会随着标签级别的增加而减小;H 标签的内容要具有相关性,强调页面的逻辑结构;一般情况下,一个页面只设置一个<h1>标签。

5) 页面视频优化

目前搜索引擎搜索出的视频内容大部分来自视频分享网站和一些门户及视频网站,所以可以将视频文件上传到第三方视频网站进行优化,然后将分享代码分享到各大社交媒体，或将网页播放代码嵌入自己的网页中。目前搜索引擎还不能识别视频内容，因此视频优化主要是设置视频的标题、简介、分类和标签等属性，帮助搜索引擎判断视频的主要内容。

3.2 内容建设

网站内容质量是网站生存的基础，为用户提供优质的内容是网站的根基。内容建设是网站优化的基础，网站内容要与网站主题一致，且需要长期稳定的更新。转载内容对于网站更新很方便，但原创内容是最受用户和搜索引擎喜欢的内容。

原创是指作者首创的、内容和形式都具有独特个性的物质或精神成果。原创内容可以增加网站权重、网站收录、网站流量和网站外部链接，对于网站优化十分重要。发表原创内容是为了让搜索引擎知道网站是活跃的，让网站原创内容被转载、被采集，让更多的人认识和了解网站。在搜索引擎优化中，原创内容不一定是网站运营人员自己撰写的新内容，只要网站发表的内容没有经过搜索引擎收录，对于搜索引擎来说就是原创。

原创内容创作首先要考虑与网站主题的相关性。可以以各页面核心关键词或次要关键词为核心撰写内容，也可以结合时下搜索量较大的相关热门词汇撰写。撰写原创内容时，标题中应该包含核心关键词，内容正文也可以添加次要关键词，还可以使用概括性的小标题，即在正文的小标题中添加关键词。

许多网络用户有强烈的交流欲望，可以让用户参与到网站的内容建设中。用户结合使用网站过程中所形成的感想、体验而形成的文章，最有吸引力和说服力，也增加了网站的互动性、趣味性。企业应多使用用户创造原创内容，可以在网站中开发出用户投稿的接口，也可以通过征稿，开设博客、播客等 Web 2.0 性质的频道，让用户主动创造原创内容。

内容更新频率代表着网站的活跃度。通常而言，内容更新频率越高，意味着网站内容越丰富，能够吸引越多的用户。但是更新频率应适宜，一般每天发布 1～2 篇即可，不必每天更新很多内容，更不能半个月或者一个月才集中更新一次。此外，不要为了保持更新频率而大量直接转载其他网站的内容，导致网站质量降低，导出链接增加，甚至面临版权风险。

4. 链接优化

链接也称为超链接，主要是指从一个网页指向另一个目标的链接元素，如文本、图像、网址等。在不同的情况下，链接有不同的分类方法。按不同链接对象分为文本链接、图片链接；按链接方向分为导入链接和导出链接；在搜索引擎优化中通常将网站链接分为内部链接和外部链接。

4.1 内部链接

内部链接是指同一网站域名下的内容页面之间的相互链接，如频道页、栏目页、内容页之间的链接，以及站内关键词之间的链接。内部链接的表现形式有网站导航、网站地图、网站 tag 标签、锚文本链接、纯文本链接、图片链接、超链接等。其中，tag 标签是一种灵活的、有趣的文章或者图片等信息的分类方式，常见于博客、网站等；锚文本链接是把关键词设置为链接,指向网站其他网页;纯文本链接是指只有网址而没有超链接的链接文本,用户虽然不能通过直接单击到达指向的页面,但可以通过复制、粘贴的方式进入指定的网站页面;图片链接是泛指图片形式的链接或者单击图片时出现的链接;超链接是指从一个页面通过链接指向另外一个页面的连接关系。

设置合理的内部链接可以提升用户体验,加快网站收录,提高网站权重,提升页面排名,极大地提升网站的搜索引擎优化效果。网站内部链接优化需着重关注以下几方面。

4.1.1 网站导航优化

网站导航是评价网站专业度、可用度的重要指标,对搜索引擎起到提示作用。网站导航优化应该注意以下几方面。

1) 主导航栏目结构和名称应清晰

主导航一般位于网页页眉顶部或 Banner 下部,是网站的栏目或主要内容的导入链接。作为导航系统最重要的组成部分,主导航目录一般为一级目录。

2) 关键词设置

网站导航应包含关键词,且通常按照从左到右、从上到下的重要性依次分布。导航系统的链接是网站页面内部链接的最主要来源,数量庞大。选择导航关键词时分类名称尽量使用长尾关键词。

3) 设置面包屑导航和子导航

面包屑导航的作用是告诉访问者他们目前在网站中的位置以及如何返回,是给用户指路的最好方法。子导航的设置也是一样,可以让网站结构更加清晰,减少网站的层次,有利于网站收录和减少用户的单击次数。

4.1.2 设置网站地图

网站地图又称为站点地图,是一个放置了网站上所有页面链接的页面。在网站首页设置网站地图,可以让用户对网站结构和内容一目了然,也可以让搜索引擎快速地爬行网站的各个页面,提高网站收录量。

网站地图分为 HTML 和 XML 两种形式。HTML 网站地图是用户可以在网站上看到的页面,具有可读性,可以通过分类的形式展示大部分内容,便于用户浏览。XML 网站地图可以设置几乎所有的地址,可以区分网站文件是否更新以及内容的重要性,是使用 XML 标签组成的网站地图,不利于用户体验,只适合搜索引擎蜘蛛爬取。

4.1.3 其他内部链接优化技巧

减少文章链接深度,最好满足三次单击直达网站内页。创作内容时对文章中次要关键词创建锚文本链接,让搜索引擎认为该关键词比较重要,给予较高的关注度。对网站首页不参加排名的链接添加 nofollow 标签,保留网站首页的权重,促进网站关键词的排名提升。在频道页和频道页之间互相链接,同一个频道下的文章进行相互链接,但在不同频道下的文章尽量减少链接。

4.2 外部链接

外部链接又叫反向链接或导入链接,是指网站与外部网站中的页面之间的链接,包括指向外部网页的链接及指向内部网页的链接。外部链接主要具有提升网站权重、增加网站曝光度、提升关键词排名、增加网站流量以及提高网站收录量等作用。

添加外部链接主要有以下两种方法。

1) 在高权重论坛、博客、评论等中发布外链

制作视频,留下网址,到各大视频网站如 YouTube 等发布视频;去名人博客、社交网站里留言或投稿,通过访问同行业的知名博主网站,给热点文章评论留言或进行投稿,留下自己的网址或联系方式,起到站外推广的作用;到各大搜索引擎的百科上做宣传,目前效果比较好的有维基百科等;在各种高权重的问答平台发布外链,如 Answers、雅虎答案、ChaCha、Quora、Stack Overflow 等。

2) 添加友情链接

添加友情链接,即在合作方的网站中放置自己的网站链接,使用户可以从合作网站中发现自己的网站,达到互相推广的目的。在交换友情链接时应注意,两个友情链接的网站内容应有相关性;选择权重较高或与自己网站权重相当的网站;友情链接数量要少,如果友情链接数量较多,则每个友情链接分到的权重值就较小;不要做交叉友情链接,双向链接的效果不如单项链接。

5. 效果查询与分析

搜索引擎优化人员除了对网站各方面进行优化外,还需要实时监测效果,通过对网站进行分析和诊断,检验搜索引擎优化的成效,发现存在的问题,提出解决办法,才能使网站运营得越来越好。

5.1 综合查询与分析

搜索引擎优化综合查询与分析,主要针对网站非流量数据,包括网站的基本信息、权重、排名、大致流量等,了解网站在各个搜索引擎中的表现,对网站的优化工作有很好的指导意义。

5.1.1 Alexa 排名

Alexa 排名是指网站的世界排名,包括整站世界排名、整站流量排名、整站日均 IP、整站日均 PV 等,是当前比较权威的网站访问量评价指标。如图 5-16 所示,访问 http://www.alexa.cn 网站,在搜索栏中输入网站域名,即可查询任意网站的基本信息和网站排名,注册登录后可以进一步查询详细情况。

5.1.2 网站收录

网站收录按照所属搜索引擎可以分为谷歌收录、百度收录、搜狗收录、360 收录等。查询网站总收录数可以使用 site:指令。查询形式为 site:＋域名,例如,图 5-17 即查询了新浪网的百度总收录数量为 74 016 个。

5.1.3 网站权重

通过分析网站权重可以了解网站的优化等级,这是搜索引擎对网站的整体评价。一般而言,网站权重越高,流量越大,相应的关键词排名就越靠前。网站的权重也可以反映

图 5-16　百度 Alexa 排名

图 5-17　新浪网的百度收录数量

网站的运营和优化状态,网站流量高,网站权重就较高。

5.1.4　首页关键词排名

搜索引擎优化效果监测的重要指标之一是关键词排名。需要监测的关键词主要包括首页核心关键词、分类页核心关键词及文章页面关键词。搜索引擎优化人员应该定期查看网站关键词排名情况。首页 TDK 是指网站首页的标题、描述和关键词,主要用于布局网站的核心关键词,搜索引擎优化人员需要借助查询工具,查看网站 TDK 的内容、长度以及优化建议。

5.1.5　网站链接

反链是指其他网站中指向自己网站的外部链接,出站链接是指自己网站中指向其他网站的外部链接。搜索引擎优化人员可以通过 link:指令或者使用第三方工具,查询网站的外链数量,以及每条外部链接的详细信息,包括网页标题、域名、权重等,判断外部链接所在网站的质量,以及外链优化给网站排名带来的变化。

5.1.6 响应时间

响应时间是指测试网站网页的打开速度。响应时间越短,网页的打开速度越快,用户体验越好,搜索引擎就会给予更好的排名。搜索引擎优化人员需要查看网站的响应时间,以及网站在不同地区的响应时间,判断网站服务器的带宽和性能是否合适。

5.1.7 域名年龄

域名年龄是指域名注册的时间,对网站关键词排名的影响非常大。域名注册时间越早,越有利于排名。

5.2 网站流量查询与分析

网站流量是搜索引擎优化效果监测的重要依据。通过分析网站流量指标,可以明确网站建设和优化工作的效果,从而改进搜索引擎优化工作。网站流量指标包括浏览量(PV)、浏览数(UV)、IP 数、跳出率、平均访问时长、转化次数等。

浏览量指页面的浏览量,即网页刷新的次数。访客数指网页的浏览用户数,同一台计算机在 24 小时内无论访问多少次某网站,只会计作 1 次。IP 数指访问网页的 IP 地址数量。跳出率指用户访问了入口页面(如网站首页)就离开的访问次数与所有访问次数的百分比,可以得知用户对网站的认可度,判断网站的吸引力。平均访问时长指在一定时间内,浏览网站的用户所停留的总时间与总的访问次数的比值。平均访问时长越长,表明网站对用户的引力越强。转化次数指用户访问了入口页面后,继续单击链接进行深层浏览的次数。

常用的网站流量统计方法主要有基于网站日志的统计法和基于网站脚本的统计法。网站日志统计是通过网站后台的日志文件来统计访客的浏览和单击行为,简单方便,但是因数据庞大所以处理和分析较困难,且无法统计到缓存浏览数据。网站脚本统计是通过在网站后台植入一段脚本来统计访客的浏览行为,技术难度低、准确性高,是目前主流的流量分析系统所采用的方法。

案 例 思 考

兰亭集势是以技术驱动、大数据为贯穿点,整合供应链生态圈服务的在线 B2C 跨境电商公司,成立于 2007 年,注册资金为 300 万美元,总部设在上海,曾荣获 PayPal"2008 年度最佳创新公司奖"等殊荣,是具有国际市场影响力和竞争力的跨境电子商务平台,也是目前国内排名第一的外贸销售网站。2013 年 6 月 6 日,兰亭集势在美国纽交所挂牌上市,成为中国跨境电商第一股。

公司旗下主要网站均是目前行业领先的外贸 B2C 自营销售网站,经营服饰、家装、3C 数码等近百万种商品,支持近 30 种语言和 20 多种支付方式,注册用户数千万人,遍及全球 200 多个国家,累计发货目的地国家遍布北美洲、欧洲、中东、南美洲和非洲、东南亚。

目前,兰亭集势将欧洲、美国、加拿大、澳大利亚等发达地区作为平台发展的重点市场,已跻身法国、意大利、荷兰当地最受欢迎的电商网站 Top3,同时发力东南亚、中东等潜力无限的新兴市场,在2019年《Brand ZTM中国全球化品牌50强》中,兰亭集势排名第45位。

  Google Ads和SEO是兰亭集势的主要推广方法。在创始之初公司主要是通过用户访问Google搜索关键词时提供的广告链接来吸引用户的目光并促成转化。将大量资金用于Google Ads吸引用户流量,有了不断上涨的流量和成交后,不断增加SKU和供应商数量,吸引更多的用户。数据显示,2007年3月兰亭集势正式上线,上线第一年的收入达到626万美元,2009年兰亭集势上线婚纱产品线,当年销售额达近3000万美元。

  然而,兰亭集势对Google流量的高度依赖,导致Google算法修改对兰亭集势体量的影响异常明显。2017年4~6月,可能因为Google修改算法,兰亭集势的自然流量暴增,订单也随之增加,第二季度净营收为7850万美元,同比增长19.6%,净利润30万美元,达到公司成立以来最佳。2017年7~10月,Google不断调整算法,导致兰亭集势的第四季度自然流量较之于第二季度下跌35%,也因此得到了创立以来最差的第四季度销售额。2018年5~6月,Google再次修改算法,兰亭集势遭受巨大冲击,加上之前一系列的经营失误,兰亭集势的流量再次遭受重创,美国站自然流量只有2017年同期的36%。事实上,2013年上市以来,兰亭集势一直处于亏损状态,年度未曾盈利过,股价从2013年的高峰值20多美元一直走低至1美元左右。

  2018年,兰亭集势做了多项大的改变,包括与新加坡电商ezbuy合并,扩大市场范围,经历了换帅以及高管变动。2019年开始,兰亭集势的业绩有所好转,第四季度营业收入达到7470亿美元,毛利超过3000万美元。2020年在经历了第一季度的短暂下滑后,营业收入和利润都较2019年同期有所增长。

  2020年年初至今,全球在线零售获得了爆发式增长,而作为其最大供给侧的中国跨境出口电商也迎来了新的窗口期。无论是工厂、有品牌的大小卖家还是国货品牌商,都通过跨境电商找到了更多的机会。数据显示,2020年前三季度通过海关跨境电商管理平台的进出口额逆势增长52.8%,达到1873.9亿元,今后仍将维持高速增长。

问题和思考

  兰亭集势应如何进行系统的搜索引擎优化,把握住行业发展机会,获取更多的相关用户,实现公司业绩的提升,以及品牌形象和网站影响力的重塑?

习　　题

一、选择题

1. 下列选项中,属于搜索引擎优化的优点的是(　　)。
  A. 成本低   B. 提升排名速度快
  C. 广告数量庞大   D. 排名位置靠前
2. 以下关于网页标题的说法中,错误的是(　　)。
  A. 网页标题长度最好不要超过30个字符
  B. 各网页之间标题不要重复
  C. 标题的主题要明确,应包含网页中最重要的内容

D. 一定要在网页标题中加入网站名称
3. 下列选项中,属于网站内部链接表现形式的是( )。
   A. 网站导航　　　B. 网站地图　　　C. 图片链接　　　D. 友情链接
4. 下列选项中,属于外部链接建设基本要求的是( )。
   A. 要与来源网站内容相关　　　　　B. 网站的来源要广泛
   C. 来源网站要权威　　　　　　　　D. 以上都是
5. 确定核心关键词的过程中,首先需要思考下列哪些问题?( )
   A. 网站能为用户解决什么问题
   B. 如果自己是用户,在寻找这些问题的答案时会怎样搜索
   C. 用户在搜索企业产品时会使用什么关键词
   D. 用户经常搜索的问题有哪些

二、填空题

1. 页面结构主要由( )、( )、( )、( )等几部分组成。
2. 关键词布局应根据关键词的不同重要级别来决定。通常情况下,关键词布局应该符合( )结构。
3. 网站地图分为( )和( )两种形式。其中,( )网站地图是用户可以在网站上看到的页面。
4. 添加外部链接主要有( )、( )两种方式。
5. ( )通过付费方式购买广告位来展现企业广告,( )是通过长期优化网站,提升自然排名来推广企业信息。

三、简答题

1. 简述搜索引擎优化与搜索引擎付费推广的区别与联系。
2. 简述关键词布局策略。

实 践 操 作

SHEIN 成立于 2008 年,前身为"SheInside.com",是一家专注于女性快时尚+的跨境 B2C 互联网企业,以快时尚女装为业务主体,主要面向欧美、中东等消费市场。SHEIN 是目前全球知名度最高的中国跨境快时尚品牌,在 Google 和 WPP 发布的《2021 年 BrandZ 中国全球化品牌 50 强》名单中,SHEIN 排名第 11 位,高于腾讯、中兴、比亚迪。

2020 年,SHEIN 营业收入接近 100 亿美元,已连续 8 年增长超过 100%。SHEIN 公司总部虽在中国,但几乎踏足了除中国以外的全球所有主要市场,业务覆盖 200 多个国家和地区。一大批明星和网红都为 SHEIN 做过代言,SHEIN 走进了从美国到阿联酋每个 Z 世代消费者的衣柜。

"便宜、款式多",这是许多 SHEIN 消费者都会提及的关键词。SHEIN 旗下产品主要包括女装、大码女装、童装和男装四类,官网给出的价格选择区间分别为 2~77 美元、4~75 美元、2~35 美元、5~71 美元。7 美元的上装,12 美元的连衣裙,28 美元的外套……

SHEIN 使亚马逊的价格看上去都昂贵了起来。此外，2019 年 SHEIN 全年上新量达 15 万款，平均每月上新一万余款。SHEIN 的官网上会显示近一周的上新量，2021 年 5 月 24 日、25 日、26 日 SHEIN 女装全品类上新量分别达 3839 款、3936 款、4067 款。

  目前，SHEIN 的后端供应链生态已经基本建构完成，下设商品中心、供应链中心和系统研发中心三大主要部门。得益于现有供应链后端部门框架设置和分工，辅助以自主研发的数据系统，SHEIN 还可实现从终端销售和消费决策电商平台上获取大数据，向后端供应系统和生产商反馈信息，适时调整生产计划，改变商品产量、种类或组合。比如在 2018 年，SHEIN 就准确预测了夏季美国流行蕾丝，印度流行全棉材质等。

  SHEIN 率先尝试的实时零售模式将服装由设计转为成品的时间从过去的 3 周压缩到最短 3 天（典型情况是 5～7 天），将所有中间商全部砍掉，并构造了先进的跨境版本 C2M 模式。它嵌入到竞争对手的网站，并利用 Google Trend Finder 来了解什么正在流行，然后迅速进行设计，将 App 和网站的用户行为与后端相连，实现自动预测需求并实时调整库存，不断通过付费推广和 KOL 推荐机器将广告推到目标客户面前。SHEIN 成立之初就建立了独立运营站点，不缺席任何主要的电商客户获取渠道，而且从不吝于为此付费。SHEIN 是 Google 在中国最大的客户之一，目前 Google 上搜索 SHEIN 的用户已是 Zara 的三倍以上。

要求

用学到的搜索引擎优化知识和掌握的工具，查看 SHEIN 官方网站的搜索引擎优化信息，并对网站做全面的诊断。

子情景三 社交媒体推广

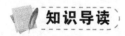

知识导读

  今天，我们生活的世界有超过 30 亿人在使用社交媒体平台，占全球总人口的 1/2，覆盖全球的使用人群，使企业与世界各地的消费者可以变得如此紧密，许多企业通过社交媒体营销来开拓全球市场，与广泛的用户建立联系，为企业带来了真实的商业成效。本节将探讨如何进行社交媒体营销的绩效度量和优化，介绍几种有效的方法来有序管理每个测试和改善的迭代过程，并对 Twitter、Facebook 和 LinkedIn 三大海外社交媒体进行了详细的介绍。

学习目标

知识目标

了解海外主流社交媒体概况。

了解海外社交媒体发展趋势。

能力目标

掌握海外社交媒体营销的方法和技巧。

掌握海外社交媒体营销的步骤和流程。

素质目标

能够洞察社交媒体的发展趋势。

能合理利用社交媒体进行营销实践。

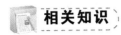

1. 海外社会化媒体的价值

随着科技、商业与数据密不可分的发展,用户生活娱乐的方式逐步更替,社会化媒体从博客、论坛等 Web 1.0 产品跨度到移动社交,如 Instagram、Facebook、YouTube 等,再到今天的内容社区、内容社群、社交媒体 3.0、社交 App,每一步的发展都依靠了两大基础——互联网和 UGC(用户生成内容),最大限度地赋予每个人创造并传播内容的能力。而社会化媒体的营销也从被动转为主动,成为海内外商业化发展的必争之地。海外社会化媒体的价值主要体现在以下几个方面。

第一,实现精准营销。在大数据时代,企业掌握着用户大量的信息,通过分析用户年龄、性别、地理位置、消费能力、消费偏好可以实现平台内广告的精准推送。

第二,形成"面"或"链"式的营销传播。社会化媒体利用用户的人际关系网形成传播热点,进行充分的交流,将企业广告变成舆论,迅速扩大企业知名度。同时,企业还可以通过舆情监测,很好地化解品牌危机和减少负面信息传播。

第三,塑造品牌人格,与消费者建立情感,拉近与用户之间的距离。社会化媒体中的互动是消费者自我与品牌人格的互动,利于凸显消费者自我身份的构建,满足消费者个性化需求,减少与消费者的距离感。

第四,提升营销内容的可信度。社会化媒体可以激发感兴趣的用户主动地参与和反馈,用户不仅是信息的接收者,同时也是信息的发出者。企业进行社会化媒体营销时,能获得来自用户的口碑,使得用户自发地成为企业宣传的一部分,从而增强营销内容的真实性和可信度。

第五,进入门槛低。大部门的社会化媒体都可以免费参与其中,且参与和利用社会化媒体中的内容几乎没有任何障碍。企业可与用户之间进行直接、透明的沟通和交流;企业也可以检测到目标受众的属性、偏好及反馈信息。

2. 海外社会化媒体最佳实践

2.1 数字驱动,持续优化社交媒体营销

有效地度量网络营销效果和持续绩效改善是社交媒体营销活动的核心问题。虽然不同社交媒体平台和搜索平台的最佳实践有所不同,还是能找到一些值得总结的最佳实践。

2.1.1 围绕绩效指标开展持续优化

绩效指标是指企业根据社交媒体营销活动目标设定的具体量化度量方法。绩效指标通常通过两个维度来确定——经营环境和营销目标。在不同的业务环境和营销目标下,企业会关注不同的绩效指标。例如,中小型电商和在线游戏公司在社交媒体营销中,通常

会关注一些基本的绩效指标,如用户规模、用户存留率、流量成本、流量变现能力等,尤其是点击率;而移动应用开发商或运营商会更加关注一部手机的安装成本、CPD（Cost Per Download）、存留率、流失率、CPA（Cost Per Action）、变现能力等指标;传统企业则更关注用户参与率（Engagement Rate）、CPE（Cost Per Engagement）、CPF（Cost Per Follow）、客户在线参与度（Customer Online Engagement Level）等绩效指标来量化跟踪和优化。

绩效指标的度量可以有助于了解当前营销活动状况,同时还可以基于度量指标投入力量逐步改善互联网营销活动,所以在营销活动中要关注绩效指标的量化表现并持续改善营销创意,以及精准地筛选合适的目标受众。

2.1.2 持续绩效改善的常用方法

持续绩效改善的定量或定性方法有助于支撑更有序的营销活动,提升时间和资金的利用率。常见的持续绩效改善方法有三种：OGSM、PDCA循环和帕累托分析。

OGSM是一种策略计划制定工具,通过将目的（objectives）分解为可以被执行的目标（goals）,然后再通过一定策略（strategy）来实现这些目标。在执行过程中,不断对过程情况加以度量（measure）,以了解是否达成目标或偏差情况,然后根据度量数据进行偏差纠正活动。在OGSM中,尽量将定性分析的结果使用量化指标具体化,这样才更容易度量和即时采取偏差纠正行为。

PDCA循环表示计划（plan）、执行（do）、检查（check）和修正（act或adjust）的循环。"计划"是指根据顾客的要求和组织的方针,为提供结果建立必要的目标和行动计划。"执行"是指实施行动计划,具体运作和实现计划中的内容。"检查"是指根据方针、目标和产品要求,总结执行计划的结果,分清哪些对了、哪些错了,明确效果,找出问题,对过程和产品进行监视和测量,并报告结果。"修正"则指新作业程序的实施及标准化,以防止原来的问题再次发生,或者设定新一轮的改进目标。对总结检查的结果进行处理,成功的经验加以肯定,并予以标准化,或制定作业指导书,便于以后工作时遵循;对于失败的教训也要总结,以免重现。对于没有解决的问题,应交给下一个PDCA循环去解决。

帕累托法则也叫作主次因素分析或排列图法,按照影响营销绩效的各种因素,自重要到次要进行排序,绘制出直方图。如果直方图表示的是绩效和广告创意或者目标受众之间的关系,那么直方图越长的部分绩效越好,可以加强投资。

2.1.3 对高效价值目标群众进行更加精细化的绩效分析

目标受众是以营销活动为目标的人口群体,可以按照年龄、性别、婚姻状况、地域、喜好、教育、职业等属性划分出若干个维度。在营销活动中,决定一个产品或服务的适当受众是市场调查中很重要的一部分。不了解自己的目标受众可能造成一个超额的低效力的营销活动。

通过细分目标受众属性,将有助于更高效地选择媒体营销平台,组织有针对性的营销内容和产品精准推送。具体来讲,细分目标受众具有以下几点意义。

首先,细分目标受众后,企业可以通过用户参与使得产品和服务设计更贴近用户。利用社会化媒体丰富的用户行为数据和高度互动性,企业可加快产品迭代速度、开发更加贴近用户的产品和服务。该过程是对用户行为习惯的度量,激发了用户社区参与度和引入用户群体智慧参与产品和服务的设计与改善,能够更聪明地捕捉用户痛点和兴趣点,通过量化分析、快速迭代,推动产品贴近用户,快速走向市场。

其次,细分目标受众有助于抵达回报率最高的目标受众,企业通常需要在不同投放人群中找到能带来最大回报率的目标受众,而细分目标受众恰恰做到了将更多的资金花费在回报率最高的群体上。

此外,由于不同群体对社交媒体的偏好不同,所以细分目标受众有助于企业根据社交媒体平台的人群匹配程度和目标人群规模与活跃程度来确定在什么社交媒体上开展营销活动,以及在此投入多少资源。

最后,如果选择竞争程度适当的细分市场,通过社交媒体营销和广告营销进行精耕细作,则有可能发展出别具一格的产品或服务,所以也有助于企业选择竞争程度适中,利润率理想的细分市场。

2.1.4 顾客参与度的度量和绩效改善

建立良好的顾客参与度,将有助于将消费者和最终用户引入产品设计、研发、销售、顾客服务的各个环节中,通过快速迭代和持续交付,使每个交付过程都足够快捷,在快速更新中持续贴近用户,满足用户的需求。

顾客参与度的度量可以将顾客满意度、顾客保留率以及顾客流失率加以整体度量,清晰地描绘出顾客们在想什么、做什么,如何通过产品和服务的持续改善来提高顾客参与度,进而持续改善顾客满意度。

然而,能产生良好的顾客参与度,未必能够带来理想的价值转化,即变现能力较弱。所以也要考虑其他指标,如客户生命周期价值和客户盈利能力水平等。

2.1.5 广告营销度量与优化

广告营销是指企业通过广告对产品展开宣传推广,促成消费者的直接购买,扩大产品的销售,提高企业的知名度、美誉度和影响力的活动。随着经济全球化和市场经济的迅速发展,在企业营销战略中广告营销活动发挥着越来越重要的作用,是企业营销组合中的一个重要组成部分。

良好的社媒广告营销能加速品牌建设、促进产品或服务销售、提升企业经营效率。广告度量和优化应紧紧围绕不同阶段的营销目标、营销资源、营销计划等关键要素开展,不同阶段的营销目标、资源或计划的不同,也会有不同的度量和优化指标。一般来说,广告营销的绩效优化可以通过持续改善广告创意和广告目标受众的选择来进行,独一无二的广告创意和精准的目标受众能获得意料之外的营销效果,使企业利益最大化。

2.1.6 移动营销度量与优化

随着移动互联网与移动设备的迅速发展,营销场景逐渐从PC端转移到移动端,发展出了各式各样的社媒移动应用。

基于位置服务与O2O营销是移动营销中最常见的形式之一,O2O表示在线上开展营销活动和销售,带动相应的线下经营和线下消费活动。例如,线上发放优惠券,线下到店支付提货。常见的O2O移动营销常常伴随着基于位置服务(Location-Based Service,

LBS),通过精确定位,划定年龄、性别、教育程度、工作单位、兴趣爱好,然后将移动广告精准投放给目标人群,从而吸引顾客从线上转移至线下咨询或消费。度量和优化 O2O 绩效较为复杂,因为很难界定哪些流量真正从线上转移至线下,哪些流量来源于线下营销活动,如街边传单等,所以如何有效度量最重要的转化活动是重中之重。

在进行移动营销 O2O 转化的时候,要特别注意用户行为习惯和访客流量特点,不同细分目标市场的用户,行为习惯往往相差很大,应按照目标受众的时间习惯来设计营销计划。

另外,也可以通过移动营销推广来帮助目标用户安装和使用手机应用。在很多媒体平台中可以投放 App 广告,这是推广阶段;如今许多企业启动移动化战略以覆盖更多的目标受众,软件商城的 App 数量呈现爆炸式增长,然而更关键的是如何增强用户黏性,产生对 App 的持续使用意愿。这需要品牌在 App 设计中考虑更多因素,如娱乐性、有用性、适量的信息、临场感等。

移动营销着陆页和网站优化也是必不可少的环节。为保证移动互联网上的良好用户体验,必须对着陆页进行面向移动设备的优化,如专门针对移动设备浏览器尺寸进行适配,避免文字布局变形等。

2.1.7 使用 A/B 测试持续改善绩效

A/B 测试(A/B testing),也叫分离测试,是通过对网站绩效进行度量并持续进行改善的一种方法。A/B 测试过程中,通常会构造若干的测试变体,然后对不同的测试变体分配不同的测试流量,测试流量在不同变体中的用户行为,然后度量和比较不同变体的绩效情况,再进行绩效比较和分析。在页面优化中,可以用来进行 A/B 测试的内容非常广泛,如页面布局、页面配色、图片、网页链接指向等网页中所有的要素都可以进行 A/B 测试。

使用 A/B 测试需要注意一些细节,如控制其流量成本、设置流量比例、根据细分市场进行流量派发等,还可以使用 PDCA 循环和帕累托图来组织 A/B 测试。PDCA 循环可以在每一轮测试迭代中逐步优化页面,改善绩效,而帕累托图可以识别一轮测试中对绩效影响最大的页面元素,重点优化关键部分。

2.2 发掘高质量广告创意

2.2.1 发掘高质量广告创意的基本步骤

第一步:批量创建广告,对广告创意进行编码,将各个独立的广告创意重新进行排列组合,批量创建测试广告。

第二步:广告投放,将批量创建的广告投放到某一社会化媒体平台。

第三步:转化跟踪和度量,记录广告绩效,特别是跟踪转化效果,以便未来进行数据分析和比较。

第四步:使用 Excel 进行分析,分解不同维度的绩效数据,通过数据透视表,按照广告创意进行聚合,并跟踪广告创意效果。

第五步:沉淀广告创意资产库,将高质量广告创意沉淀到广告创意资产库,以便未来使用。

2.2.2 使用 Power Editor 和 Excel 管理测试广告

由于广告组合数量巨大,所在可以借助 Power Editor 的批量处理能力以及 Excel 的强大编辑能力来共同管理和创建广告,并且要先进行部分广告创意的测试,然后经过持续优化来逐步筛选出最佳的广告创意。

批量创建广告时有几点值得注意:广告名称要能区分不同的广告创意元素,以便未来进行不同广告创意绩效的度量;规划好测试的宣传活动与广告组合的结构,便于有效区分不同用途的宣传活动和广告组合,特别是将测试和正式投放的广告区隔开;需要保证各个创意均匀分布在创建的广告上。

广告投放的管理中也应该注意,最好能根据广告数量分批次有计划地组织广告投放,一次性投放广告过多会使有些广告缺乏展示机会而呈现出很差的绩效。通过分批次、有计划地组织广告投放,可以保证每个广告都获得相对平均的展示机会,这将有助于客观地评价广告创意元素的绩效。具体有以下几个方面:控制每批同时投放数量,保证各个广告都有足够的展示机会;直接从测试范围中移除展示量低的广告创意;按照图片、标题、正文的顺序进行投放;保证每批广告投放周期一致,以周为单位,且尽量避开公共假日的影响。

2.2.3 使用 Excel 进行广告创意绩效度量

测试广告投放一轮之后,将进行不同创意元素的绩效度量,通常需要以下几个步骤来实现:第一步,从平台中导出进行测试的广告对象的绩效;第二步,使用 Excel 将广告名称中的图片名称等创意元素信息解析出来;第三步,使用数据透视表聚合统计出不同创意对象的绩效数据,筛选出绩效最佳的广告创意元素。

在此之后还要注意持续优化和组织广告创意,可以将元素分割为不同测试批次,在这种小规模情况下将一些低绩效广告创意元素从测试集合中移除,再启动下一轮测试活动,以此提升测试效率。

2.3 发掘细分市场机会

本节将一起来探讨如何通过 Facebook Power Editor 和 Excel 数据透视表找到未经发现却充满潜力的新兴市场机会。

2.3.1 发掘细分市场机会的基本步骤

第一步:批量创建广告,保证测试过程足够均匀地覆盖到各个广告创意。这样将有助于更加准确地获得目标市场的绩效数据。

第二步:宣传活动命名,将典型的目标受众属性记录到宣传活动名字中,这会有助于未来对目标受众绩效的进一步分析。

第三步:转化跟踪和度量,记录广告绩效,特别是跟踪转化效果,以便未来进行数据分析、探索和解释。

第四步:使用 Excel 分解不同维度的绩效数据,通过数据透视表从不同维度分析目标市场营销绩效,以筛选出优质的潜在市场。

第五步:持续优化和改善绩效,通过导入更多广告创意,生成更多广告来进一步筛选最具潜力的目标市场,并沉淀适用于该市场的广告创意。

2.3.2 Facebook Power Editor 和 Excel 批量创建广告

正式开展市场测试之前需要做一些准备活动,一定数量的广告创意是必备的,要能够保证这些创意足够均匀地覆盖到目标人群;还需要提前设计宣传活动或广告组合的名称规则,以便未来进一步解析出不同细分市场的绩效指标;准备活动还包括在网站中部署追踪像素或跟踪代码,构造着陆页的 URL 地址等。

批量创建广告有一些注意事项,比如面对每个受众群体所投放的广告要保持一致性,同时又要保持用于测试不同受众群体的广告创意的相对独立性,避免细小数据混杂难区分;此外,还要保证适当数量的广告创意,数量太少将难以测试受众是否感兴趣,而数量太多又会使得绩效较好的广告在大量广告中失去展示机会。

经过前期的准备活动以及对批量创建广告几个注意事项的了解,接下来就介绍一下批量创建和投放这些广告的大致步骤:第一步,使用广告创意分离测试中的批量广告创建方法,批量创建出用于测试的广告;第二步,逐一创建广告宣传活动;第三步,将准备投放的广告复制到各个广告宣传活动中;第四步,批量编辑广告宣传活动中各个广告的目标受众;第五步,投放广告。

2.3.3 转化跟踪、绩效度量与部署追踪像素

如果企业通过 Facebook 等平台将流量引入到自己的网站中,就需要部署追踪像素来跟踪用户操作行为、转化路径,并最终根据广告绩效数据对广告投放效果进行评价。

在部署追踪像素或者追踪代码的时候,可以同时部署多个公司不同的追踪像素。例如,同时部署 Facebook 的追踪像素和 Google Analytics 的跟踪代码,并使用 Google 分析对用户转化路径进行度量和分析。对于测试过程中展示量极低的广告创意,可以将其从宣传计划中移除,以免造成测试周期的延长。

2.3.4 使用 Excel 的数据透视表分析绩效数据

为了能在若干的细分市场中筛选出最有营销价值的市场,识别最好的细分市场并优化广告营销预算分配比例,可以使用 Excel 数据透视表来分析绩效数据。

由于平台能提供的细分市场的属性太多,细致地进行目标市场属性拆解可能会导致广告管理与投放非常复杂,所以在发现潜在市场机会的时候还需要实施两个策略:其一,降低细分市场的属性维度,将注意力聚焦在会产生更好 ROI 的市场中;其二,按照 80/20 原则逐渐提炼最重要的市场细分,以便聚焦和精细化地分配广告资源。

使用 Excel 数据透视表分析绩效数据可以通过以下几个步骤来执行。

首先,要进行绩效数据预处理,保证数据得到必要的加工以便能够进行数据分析,从宣传活动中把不同目标细分市场属性分解出来。

接下来,对完成测试的宣传活动绩效数据进行量化分析从而寻找可能带来最佳营销效果转化的潜在市场。需要注意的是,潜在细分市场的粒度不能太粗,否则会错过很多市场机会,也不能太细,尽量让广告管理的精力投入、资金投入和管理的精细化程度达到某种合适的平衡点;量化分析主要包括确定主要观察和分析的 KPI 指标范围,如点击率、花费、CPA 等,然后针对不同目标市场属性,使用数据透视表进行绩效数据聚合,并分析最

具有潜力的潜在市场机会。

最后，细分已知市场，优化预算分配。对于一个已经熟悉的市场也可以再次划分，如果能够找到投资回报率最高的市场细分，就可以为这个细分的市场分配更多的广告预算，带来更好的回报。但也要注意，市场过于细分可能会导致广告预算搁置，虽然提升了投资回报率，但降低了回报总额；此外，过于细分的目标市场属性还会拉长测试周期，加大未来广告管理的难度。

2.3.5 持续优化和改善广告营销绩效

在执行完一轮测试过程之后，可以再进一步将测试结果比较好的广告再多进行一轮测试，目的在于验证和确定之前的测试是否准确有效，在这个阶段投放的广告数量可以适当减少。

市场是不断变化的，广告受众的喜好也会不断改变，以往成功的广告创意可能在现阶段并不适用，所以企业必须定期持续监控投放中的广告绩效，尽早发现那些绩效开始下降的市场并尽早采取行动。同时，持续的监控也会使企业迅速对新的市场机会做出及时反应。

3. Twitter 营销

3.1 Twitter 的介绍

Twitter 作为一个社交媒体平台，同时也是全球新闻、娱乐及评论的重要来源，如今 Twitter 是全球网络访问量最大的十个网站之一。2006 年 5 月，Twitter 创办人杰克·多西在 Twitter 上发布了第一条信息，并于 2006 年年底升级服务，使用户可以通过即时信息服务和个性化的 Twitter 网络接收和发送信息，从此 Twitter 开启了社交媒体的微博客时代。Twitter 在早期建立时是以可快速更新作为最大特点的博客式社交网站，依赖于移动通信的信息实时传播特点。2008 年，孟买暴发恐怖袭击，大量目击者通过 Twitter 实时发布现场信息，当年 Twitter 的独立访问用户数从约 50 万增长到 443 万。由于最初的 Twitter 被设计为以手机短信的形式发送，至今 Twitter 可发送的字符依旧被限制在 140 个之内，也因此构成了 Twitter 的另外两大特点：简洁、精练。Twitter 的词义为鸟叫，"短、频、快"的鸟叫符合产品的特点，Twitter 上这些被发送的字符被称为"推文"（tweet）。由于移动通信无处不在，Twitter 的信息可以随时随地传播，Twitter 被形容为"互联网的短信服务"。

早期 Twitter 以用户将自己最新动态和想法以移动电话的短信形式随时发布在自己的 Twitter 上为主，Twitter 可以分为两个主要内容。

Following：你关注的用户。Twitter 用户在 Twitter 上"follow"想跟随的其他用户，这些用户被称为该用户的"following"（正在关注的人）。Twitter 给用户播报用户的"following"所发的推文，用户在移动手机或者计算机上都可实时读取信息，如图 5-18 和图 5-19 所示。

Followers：关注你的用户。Twitter 用户发布的推文被关注自己的"followers"实时读取，关注者可查看他关注的人的每一条推文。

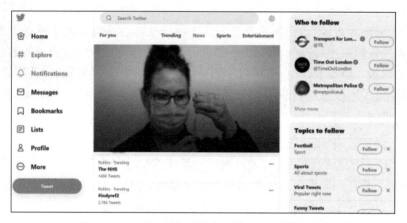

图 5-18　Twitter 用户登录之后的页面(计算机版)

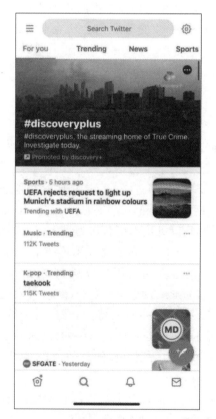

图 5-19　Twitter 用户登录之后的页面(App 版)

3.2　Twitter 的功能

使用 Twitter 只需找到 Twitter 的官方网站然后注册,或者下载 Twitter 的 App 之后注册,注册只需名字和手机号,然后通过手机短信验证即可,在设定密码后可注册成功。

注册成功后,会被推荐先选择头像,以及自我描述,接着推荐一些名人的 Twitter 让用户选择关注，推荐的账号有政客、球星、歌手以及新闻媒体等，其涵盖范围的地理位置包括全球，行业跨度较大，这些可跳过，通过用户关注的账号，可对用户进行细分以便之后的精准推送。用户在打开任意一个账户后，下方会出现相关的话题，方便用户追踪到自己感兴趣的领域，在关注了某个话题之后，在 Home 区域就会推送其他用户所发的带了该话题的推文。

Twitter 用户在 Twitter 上可以只发推文，或者发图片、视频以及关于一些事件的投票，视频可以直接引用 YouTube 上的视频，同时可以看到下方的评论（Retweets）。评论综合排序从上至下，按点赞数、评论时间等算法进行智能排序，这点类似国内的微博评论，转发的推文（Quote tweets）数及点赞数会显示在推文的下方。

由上述可看出，Twitter 对于企业和个人具有以下功能。

（1）发布动态。这是早期 Twitter 的微博客时代最主要的用法，用户发布动态，所有 follow 该用户的 followers 都能看到他的推文，这明显是"单向广播"的特征，不同于即时通信的点对点通信或群通信，是单向地发布信息。

（2）记录。这是发布动态功能的一个延伸，由于 Twitter 的实时性以及在移动通信上的运用，使得 Twitter 用户可以随时随地记录自己的最新动态和想法。

（3）原创性。由于发布推文的门槛低，任何人在任何时刻都可以发推文，140 字的推文限制却使得大量原创内容爆发式增长。Twitter 于 2011 年推出的图片发布功能及后面的投票、视频发布功能使 Twitter 用户的创作热情大幅增长。

（4）找到感兴趣的人或圈子。用户可以在 Twitter 上 follow 自己感兴趣的人，可以是认识的朋友，也可以是名人、政客，关注他们的动态、想法，或是关注和自己有相同兴趣的人。

（5）新闻平台。这也是 Twitter 赖以发展的一个重要功能，大量用户在 Twitter 上获取信息，也使得例如 CNN、NYT 等专业新闻媒体在 Twitter 上运营账号发布新闻，Twitter 也在首页开辟了专门的新闻页面。

（6）获得及时信息。除了订阅媒体 Twitter 账号获取即时推广的新闻，在很多突发事件上，来自个人账号的及时信息对其他人了解事件内容非常重要。但这也使得 Twitter 上很多的信息真假难辨，降低了信息的准确性。

（7）数据库。Twitter 发展到今天已经拥有海量数据，数据库是公开的，绝大多数用户在 Twitter 上可以搜索到想了解的信息。

（8）话题。Twitter 开设的话题板块，使得有相同话题的人群聚焦一起，相同观点、爱好的人产生共鸣，构成他们自己的圈子。

通过以上功能，Twitter 展示出巨大的价值和优势：首先是 140 字的字数限制使得 Twitter 社区内容精练。再者，海量用户，对于企业来说，Twitter 发展至今所拥有的海量用户代表着巨大的市场潜力，根据 Twitter 官方 2019 年的第一季度财报显示，Twitter 的月活用户（MAU）（其中不包括 SMS 用户）为 3.3 亿。最后，Twitter 拥有对广告精准投放的能力，例如 Twitter 开创的话题，提升沟通效率，使企业在推广时能对用户进行精准定位，针对特定用户群体推广更高效，此类 Twitter 的广告营销价值在后续的广告服务中再详细介绍。

3.3 Twitter 的推广策略

有海量用户作为基础，Twitter 根据自己的功能形成了一系列成熟的推广策略，企业利用 Twitter 的推广策略合理安排营销活动对其产品或企业本身进行推广。Twitter 包括以下几种推广策略。

(1) 关键词定位：在 Twitter 上定位关键词本身是 Twitter 官方广告服务的一个组成部分。作为企业，有关于关键词定位在 Twitter 的推广策略可分为以下两类。

第一类是使用 Twitter 的高级关键词搜索，常规搜索可精确寻找内容，但会过度精准，更高级的搜索方式例如相关热门短语不仅帮助用户排除没有用的内容还可以扩大推广的范围；第二类是使用抓取工具，设置与用户相关的关键词，利用算法在 Twitter 的实时热点下抓取关键词，并通过评论或转发等进行推广，同时注意推广技巧，不能使得推文生硬，使用营销技巧例如 80/20 规则(80%的内容是与事件本身有关且有趣，20%的内容与推广有关)，甚至大多数 Twitter 用户感受不到 Twitter 的广告；第三类是在相关话题中推广，例如，在运动话题中推广蛋白粉。

(2) 主题标签的使用。在推文中加标签可以扩大推文的影响力，将信息和关键词捆绑在一起，其他对该标签感兴趣的用户跟随主题标签就会被吸引到推文，如图 5-20 所示。在使用主题标签时要注意几点：首先不要过度使用主题标签，最好为一两个，具有两个以上主题标签的推文比两个以内的推文的用户参与度低很多；其次，对于业务的重点创建主题标签，以便于目标受众方便找到该推文，要注意不要使用和推文不相干的主题标签；最后，最好使用便于记忆和难忘的主题标签，可使用 Twitter Analytics 查看成功的主题标签，参考借鉴。

图 5-20 推文下面带的标签

(3) 清楚发布推文的重要时间点。在获取一定的关注者后，账号保持发布推文的更新频率和确定更新时间都是关键点。为了维持已获得的关注者和增加新的关注者，需要保持推文的定期更新，同时还需要在一天的正确时间点更新。更新的时间点并不统一，而是和目标受众有关。根据 Twitter 的算法显示，不同时间段的用户群不同，一般与通勤时间表相关，对于面向上班人士的推文发在工作日的早上 9 点之前和下午 6 点之后容易使阅读量增多。企业可以使用 AI 社媒工具进行分析目标受众的所需内容类型的详细信息，查看 Twitter Analytics，了解自己的推文在什么时间发布参与度最高最有效。在确定了更新时间和频率之后，可以提前写好推文利用工具在确定的时间发布。

(4) 使用图像和视频。图像会使推文的内容更容易吸引关注者，视频比起 140 字的文字更能准确全面地传达信息，带视频的推文的参与度平均可能是没有视频的推文的 6 倍，图像和视频极大丰富了推文的内容和形式，使推文更个性化。

(5) 与关注者互动。Twitter 让推广活动更具个性化，企业的推文不再是电视广告一样单向传播，用户和关注者的互动会极大增加关注者对推文的参与感，也能丰富企业形象，增强品牌忠诚度。

(6) 创办在 Twitter 的推广活动。可以创建专门针对 Twitter 的社交媒体营销活动，以定位用户并增加关注者群,同时通过该平台提高品牌知名度。

(7) 关注目标受众的兴趣和需求。在创建推文时,想确保推文的内容引起关注者的共鸣,就需要关注他们的兴趣和需求,包括推文的内容和形式。可以通过在评论中得到反馈进行改善或者以问卷、投票的形式来了解。

3.4 Twitter 的广告服务

Twitter 具有极大的广告营销价值,Twitter 上每月有 3.3 亿活跃用户,每天有 1.45 亿活跃用户,75% 的 B2B 企业在 Twitter 上销售其产品或服务,每天有 5 亿条的推文发布,海量数据和海量用户是 Twitter 的优势之一。

设计不好的广告会劝退用户,而 Twitter 会极大降低广告的突兀感,正如他们在广告服务页面上写的那样"People spend 26% more time viewing ads on Twitter than on other leading platforms.",人们花在 Twitter 上观看广告的时间比其他主流平台多 26%,Twitter 的大多用户感受不到广告的干扰,这主要就是源于 Twitter 广告的精准投放能力和超强的用户体验感受,Twitter 对用户属性进行深入挖掘,提供了 25 个大的兴趣门类,在大类里又有更多细分的子话题,通过细分的定位条件,提高广告和顾客的用户相关性。

为了更方便广告顾客快速上手,Twitter 提供了完善的自助广告服务平台(如图 5-21 所示),该平台的广告投放流程标准化,投放条件非常细分,绩效报告清晰,广告竞价方式明确。Twitter 广告提供 20 种产品选项,可以互换使用,大多数都直接映射到一个活动目标和营销目标,用来最大化结果,如图 5-22 所示。Twitter 把广告顾客和有影响力、有价值的账号联系在一起,从对话定位到再营销能力,利用目标定位工具与目标受众建立联系。再通过 Twitter 的广告效果分析工具,得到互动数、转化率等绩效指标,然后对广告持续进行优化。

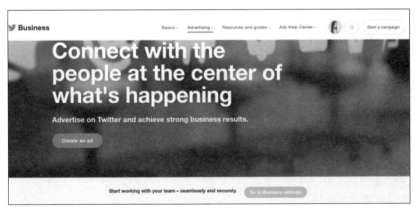

图 5-21　Twitter 官方的广告平台

Twitter 区别于传统媒体的广告收费方式,不是按照投放时长收费,而是基于效果的付费方式,当用户关注了推广账号,通过关注量、点击量、点赞量、转发数量等绩效指标收费,减少广告顾客的无效费用。

在 Twitter 广告服务网页的第一项就是活动目标,Twitter 的广告服务帮助用户首先

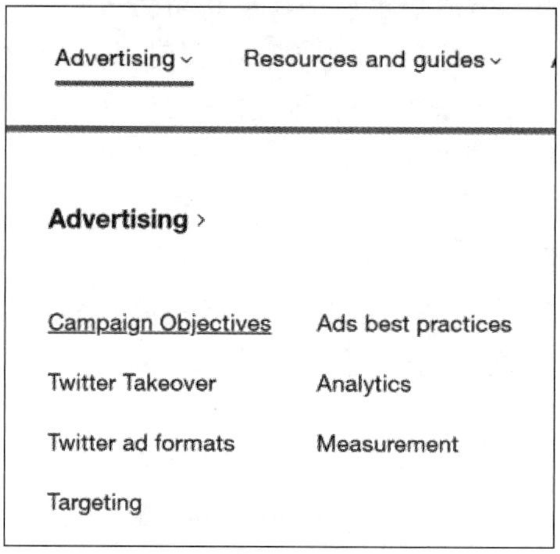

图 5-22 Twitter 广告服务的内容

明确广告目标,不同的广告目标对应完全不同的营销策略。然后输入活动详细信息,包括易于识别的活动名称,每日预算和总预算,以及开始日期和更新频率。在单个活动中,可以创建多个子活动,这些活动由不同的受众或不同的创意资产组成。然后选择目标受众,Twitter 还提供了定位功能,允许根据对话、事件、兴趣、电影和电视节目、关键词、追随者参与度来提供以下广告。

Twitter 为不同的广告目标提供以下五种不同的广告服务。

(1) 账号推荐。企业为提升其在 Twitter 上的社区用户规模,选择推荐账号。推荐的账号一般出现在用户的首页右端,或者在用户注册时出现。主要目的是提高关注者数量,扩大自身影响力。可以增加购买、下载等用户行为,提高品牌的认知度和口碑,也可以在推文中加入站外网站的链接为站外网站引流。

(2) 外站卡片。外部的网站以卡片出现可以提升企业的网站流量和转化量,广告以推文的形式出现在用户的时间线中,外站卡片以图片的形式呈现,用户点击推文中带有的图片就会跳转到目标网站中。

(3) 推荐推文。为提升业务认知度,驱动用户行为转化,企业可选择推荐推文。与普通的推文不同的是,推荐推文下方带有一个橙色的箭头标识。推荐推文常出现在搜索结果页面、个人主页的时间线及第三方客户端中。

(4) 应用广告。应用广告主要为提升移动应用的安装量和下载量。这类广告只出现在移动设备的 Twitter 软件中,用户点击 Twitter 中的应用广告就会跳转到应用商城的下载页面或者已安装的该应用中。

(5) 销售引导卡片。获取用户的联系方式以便开展后续营销的企业,Twitter 推荐使用销售引导卡片。与网站卡片类似,销售引导卡片一般在推文中以图片形式出现,用户在单击该卡片之后,就会出现带有个人信息的确认页面出现,在确认之后就会将信息发送给广告顾客。

针对 Twitter 的广告服务主要有三种竞价类型:CPE、CPF、CPAC,分别针对以下三种不同的广告服务。

(1) CPE(Cost Per Engagement)获得每次互动的费用。是针对推荐推贴的类型,按用户每次的单击、点赞、转发、评论等互动支付的广告费用。

(2) CPF(Cost Per Follower)获得每个关注者(follower)的费用。针对推荐账号的类型,广告顾客需要为推荐产生的每一个新关注者支付的广告费用。

(3) CPAC(Cost Per App Click)获得每次应用单击的费用。是针对推荐应用的类型,用户单击移动设备的推荐应用产生的花费。

在 Twitter 进行推广活动时注意时间设置和地区转换,默认设置时间是美国的洛杉矶地区时间,需要根据目标受众的时间调整活动推广时间。

推广活动需要精准定位目标受众,Twitter 广告几个常见的定位条件:地理位置、性别、语言、设备和平台、关注者、兴趣、关键词、电视。以地理位置举例,据 2019 年统计,Twitter 用户 48.65% 是美国人,美国 18~24 岁的年轻人中 44% 的人使用 Twitter,因此 Twitter 更适合业务在美国主要受众为年轻人的企业。企业针对自己产品的特性,选择目标受众的地理位置,定位某一精准区域内的目标人群,在某个确定的时间段精准投放广告。

在 Twitter 投放广告充分利用用户的碎片化时间,在用户的社交媒体平台插入推广,因此要不引起用户的厌恶情绪,精准的投放能力及对 5 种不同的广告服务的正确使用是必要的。在巨大市场潜力下,越来越多的企业选择参与 Twitter 的推广活动。

4. Facebook 营销

Facebook(脸书)是美国的一个社交网络服务网站,创立于 2004 年 2 月 4 日,总部位于美国加利福尼亚州帕拉阿图,于 2012 年 3 月 6 日发布 Windows 版桌面聊天软件 Facebook Messenger。其主要创始人为马克·扎克伯格(Mark Zuckerberg)。经过十几年的快速发展,Facebook 目前覆盖 168 个国家和地区,拥有用户数量超过 13 亿,每天上传约 3.5 亿张照片,每月活跃用户超过 24.5 亿。大多数 Facebook 的全球用户通过手机访问这个平台,超过一半的网络用户每天至少访问一次该网站。Facebook 已经成为一家全球注册用户数量最多、支持语言种类最多、覆盖国家和地区最广泛的社交媒体平台,是世界排名第一的照片分享站点。它支持大量社交媒体功能,例如,涂鸦墙、礼物、事件、市场、站内应用等,还可以通过开放平台与众多第三方应用集成。根据报告显示,2020 年 1 月,2020 年全球最具价值 500 大品牌榜发布,Facebook 排名第 7 位。2020 年 5 月,Facebook 名列 2020 福布斯全球企业 2000 强榜第 39 位。2020 年 6 月,Facebook 位列"2020 年 BrandZ 最具价值全球品牌 100 强"排行榜第 8 位。2020 年 7 月,福布斯 2020 全球品牌价值 100 强发布,Facebook 排名第 5 位。2021 年 5 月,Facebook 位列"2021 福布斯全球企业 2000 强"第 33 位。2021 年 6 月,位列 2021 年《财富》美国 500 强排行榜第 34 位。

4.1 Facebook 的特点与应用

4.1.1 Facebook 的特点

(1) 使用简朴性。对于大多数的用户来说,Facebook 的主要作用就是社交,这也是 Facebook 的本质,Facebook 能满足用户的社交需求,没有复杂的过程、没用的信息,让用户通过最小的使用成本和最短的路径就达到他们想要的目的，让用户能随时随地很方便地更新内容或上传图片，让用户在他们的社交圈子中能即时完美地进行互动。

（2）平台开放性。Facebook 对应用的态度是很开放的，在 Facebook 平台上累计有 50 多万个应用，但绝大部分都是由第三方机构开发的。Facebook 服务于全球的社交群体，但 Facebook 自身的工程师有限，是无法同时满足数亿用户的庞大需求的，所以他们将注意力集中在他们的核心业务上：人、朋友、信息、分享，这样才能提高其核心竞争力。此外，通过品牌应用的互相竞争，才能让那些非常杰出的应用脱颖而出。因此，大量的第三方工具进入极大扩展了 Facebook 的功能和应用，构建起了 Facebook 的平台优势。

（3）用户分布平衡性。目前 Facebook 的用户人群遍布全世界，具有较高的市场渗透率，从受众人群来看，Facebook 的注册用户从性别、年龄、受教育程度、薪资水平或者生活地域的视角来看覆盖范围更广，各类受众人群的比例也相对平衡，Facebook 注册用户的人群质量也要高过社交网络媒体平台的整体水平。Facebook 平台所覆盖的人群与企业产品或服务的目标受众之间的匹配程度较高，这为企业在 Facebook 平台上开展营销，提供了广阔的空间。

（4）内容丰富性。Twitter 是一个短消息分享的媒体平台，WordPress 是博客分享平台，Pinterest 是图片分享平台，Quora 是问答社区，而 Facebook 几乎就是所有的集成。在 Facebook 上，人们可以分享文章、图片、视频，能够发起讨论、活动（event），人们可以通过评论和点赞参与互动，通过分享和邀请将有趣的主页分享给朋友和粉丝。几乎所有的社交媒体平台最常见的媒体形式都能在 Facebook 上使用和传播。

（5）情感连接性。相比于搜索引擎而言，Facebook 能够传递情感，在 Facebook 营销中，大多数时候，称呼来访者是 Facebook 用户，或者注册用户，如果他赞过你的主页，那么他们将是你的粉丝，从称呼的变化，折射出了 Facebook 和搜索引擎的不同。Facebook 上活动的人们需要先登录 Facebook 才可以浏览和分享，访问你的 Facebook 主页和与你互动的一定是在 Facebook 注册过的用户，他们在 Facebook 中有实实在在的注册信息，往往是基于现实社交网络的联系连接在一起。他们可能是同学、朋友、同事、亲戚或者其他关系，因为共同的话题被凝聚在一起。在访问你所管理的 Facebook 主页的时候，兴趣和乐趣的情感成分更多，可以通过评论和转发将趣闻轶事分享给自己的朋友，彼此之间的分享将会及时出现在 Facebook 页面上。

4.1.2 Facebook 的应用

Facebook 通过创建和积极使用 Facebook 页面作为通信渠道，以保持与用户的联系和吸引用户。Facebook 允许用户为公司、组织或任何试图开发产品、服务或品牌基础的集团创建个人资料或业务页面。通常，Facebook 营销被用于以下几个方面。

（1）品牌。食品、电子、家居用品、餐馆……几乎任何一种品牌都可以通过 Facebook 推广，将被动用户变成活跃的粉丝，跟随促销和发展的消息，以及与自己的朋友进行分享。

（2）本地企业。无论企业是家族拥有还是大型公司的特许经营，Facebook 页面都可用于将本地用户群转变为更多地访问你的店铺的粉丝团。

（3）个人。音乐家、作家、联合专栏作家……任何通过知名度保持盈利的个人都希望能够在 Facebook 上让尽可能多的人关注。

(4) 非营利组织。慈善、政治团体和公共服务活动都可以利用 Facebook 的自然分享功能。

4.2　Facebook 的基本设置

(1) 设置资料页。在 Facebook 中,个人主页(Profile)是指个人账户的资料页,页面(Page)则是指企业账户的资料页。两者最主要的区别在于:企业页面允许设定多名管理员共同管理,也就是说,即使其中一名管理员离开,页面的正常运作也不会受到任何影响。此外,企业页面创建之前,系统要求创建者划分企业的类型,这样能帮助企业在相关搜索中更容易被列举出来。Facebook 还为用户提供"成为好友"这一功能选项,成为个人用户的好友需要相互认可,而成为企业用户追随者(Fan)则不需要通过管理者的认可。其具体设置流程如下。

第一步:注册账号。登录 www.Facebook.com 并申请一个免费账号(登录后可以选择中文页面)。

第二步:编辑个人主页。单击页面左上方的"个人简介"(Profile)链接,再单击"信息"(Info)标签下的"编辑资料"(Edit)。按自己的情况填写基本信息、联系方式、工作/教育经历、学校、家乡、感情状况等。所提供的资料越全面,好友将更容易检索到你,你也会越容易通过好友申请。

第三步:加入网络。单击个人页面顶部栏右上方的按钮,然后选择"小组"(Networks)、"活动"(Activities)、"聊天"(Talking)、"Watch 视频"(Watch video)、"最新动态"(Latest News)、"Messenger"、"动态消息"(Dynamic message)等。加入自己感兴趣的网络有可能让你认识到更多志同道合的朋友。此外,加入网络也能方便对用户的检索。

第四步:联系朋友。Facebook 成立之初就是为了更好地联系朋友、家人及同事,因此网站为用户与用户之间建立初步联系提供了不少途径。先单击页面中间的"好友"(Friends)链接,再选择"搜索好友"(Search friends),单击"添加为好友"(Add as a Friend),系统将给朋友发送确认信,对方一旦确认了申请,该用户就成为你 Facebook 上的好友;也可以看到来自好友的添加请求(Friend requests),添加完成后,可以在好友一栏看到自己目前的全部好友人数及详细信息,之后就可以开始信息共享了。

第五步:信息共享。Facebook 为用户进行信息共享提供了一个广阔的平台:打开 Facebook 个人主页或资料页,单击页面上方的小方框,然后创建帖子,输入想与好友分享的内容,例如,照片、视频、地点、活动和感受等,编辑完成后,发布。用户输入的内容会立即发布到个人页面的"墙"(Wall)标签当中,并且以"新鲜事"(News Feed)的形式显示在好友页面中,发布后可以进行帖子的收藏、编辑、隐私设置、删除等操作。

第六步:使用应用程序。在完成了以上所有步骤之后,就可以使用 Facebook 中各种各样的程序了,其中包括"活动""游戏""优惠""筹款活动""Facebook Pay""动态消息"等。单击个人页面顶部栏右上方的按钮,在"应用程序"(Applications)中选择自己感兴趣的一项,然后就可以开始进行使用了。

(2) 进行隐私设置。Facebook 为用户提供了不同程度的隐私设置,无论是个人账户还是企业账户,都能对每一部分内容进行设置。这样就能保障在管理企业账户时,个人资料得到保护。单击页面顶部栏右上方的按钮,选择"帮助与设置"(Help and Settings)→"设置"(Settings)→"隐私设置"(Privacy Settings),然后编辑隐私设置的相关信息。

(3) 创建企业页面。创建企业页面与个人页面类似,但需要管理员先登录个人账户。企业页面并不会显示出任何管理员的姓名和资料,管理员的一切管理行为都将在幕后进行。其设置步骤如下。

第一步:打开 www.Facebook.com/pages/create.php,选择"新建公共主页"(Create New Page),为品牌或产品建立一个页面,并填好公司名称。大部分公司会选择为品牌或产品创建页面,选择这一类别使企业容易出现在同类型搜索当中,也为企业提供更多相关的信息。

第二步:找到"信息"(Info)标签,单击"编辑"(Edit),并填写企业的相关信息,如网站、描述、产品等。

第三步:在完成所有准备工作之后,单击"发布"(Publish)来公开页面。

(4) 宣传企业页面。成功创建页面后,企业可以通过宣传增加人气,主要方法如下。

丰富页面:充分运用 Discussion Board 和 YouTube 等应用程序丰富页面。Facebook 用户喜欢浏览网页资源丰富的资料页,以及感兴趣的页面,内容丰富的页面无形地吸引着用户眼球。

病毒营销:让"粉丝"们真正参与到页面活动中来。丰富的页面也让来到页面的粉丝"有事可做"。一旦粉丝们对页面中的趣事发表了评论,Facebook 的病毒营销特性就会将这一行为以 News Feed 的形式发布并进行转发。即用户登录后,会看到该用户最近在该页面对某件趣事发表了评论,吸引新的用户浏览企业页面。

利用现有网络:利用企业的电子邮件用户及博客读者,通过 Facebook 粉丝来关注企业最新动态。把页面列入公开搜索中:再次确认已经把企业页面"公开"。

(5) 创建广告。Facebook 允许企业通过宣传吸引更多粉丝以及为销售部门赢得潜在客户。制作广告的方法和管理工具与 Google Ads 的界面十分类似,主要步骤如下。

第一步:打开 http://www.Facebook.com/advertismg,登录后单击页面顶部栏右上方的按钮,选择"公共主页"栏中的"创建广告"(Create Ad),根据广告内容填入外部链接、标题、广告词,还可选择载入图片。如果要对 Facebook 上的内容做广告,可单击图片方框内的链接,然后选择广告内容并填上相应信息即可。

第二步:按需求填写目标用户和计费方式。目标用户可根据地点、年龄、性别及兴趣来划分,计费方式则可选择按点击率或浏览率来计算。通常情况下建议按点击率计费。虽然广告的浏览量很大,但真正的点击率并不高。因此,选择按点击率计费一方面可以达到做广告的初步效果,另一方面能有效降低广告成本。

第三步:单击页面最下方的"预览广告"(Review Ad),并把制成的广告合理排序。Facebook 有一个内置的系统对广告展示次数、点击率和单击通过率进行分析,这样可以帮助用户判断哪个广告投资回报率最高,最适合企业页面。

(6) 创建群组与公共主页。群组也是 Facebook 进行病毒营销最便捷的途径之一。企业除了建立公共主页,也可以再建立一个群组。两者最大的区别在于群组是为一群志同道合的人建立一个讨论页,而公共主页面则更像企业通过 Facebook 向外部展示成果的窗口。用户一旦成为组员,他们会使用群组所带的邀请功能邀请好友参加,如果好友也感兴趣,群组的人数将会迅速增加。此外,群组的管理员并不像页面管理员那样隐蔽,群组管理员发布的信息会以其个人名义显示,而公共页面则以企业名义发布。群组虽然看似比公共页面更容易发挥病毒营销的特性,但它并不能享受 Facebook 的所有应用程序,只能给组员提供基础的讨论和分享等服务。

4.3 Facebook 的推广策略

Facebook 有很多功能,企业在进行商务活动推广时,可以通过一系列的策略来进行营销,以提升社交平台网络的营销效果。Facebook 可以使用的推广策略有如下几种。

(1) 完善的资料页面。Facebook 是交流式社区,人们都喜欢找寻自己感兴趣的人或者事,在最开始进入 Facebook 的时候,首先看到的就是资料页面。每次登录都会最先出现这个页面,因此需要写出一个让人们眼前一亮的个性化资料,符合企业自身的品牌形象,这样才能更好地与粉丝互动。资料页面同时也给了企业一个很好的展示机会,去打造一个生动形象的故事,说明企业所提供的产品和服务是真正有价值的。

(2) 利用已有的社交渠道进行推广。在网站显眼的位置放置企业已有的社交渠道,通过该链接能够直接到达其他社交平台,促使用户更直接更方便地在社交平台上进行互动。

(3) Facebook 直播。企业在 Facebook 平台发布的视频内容质量状况对企业产品和服务推广的重要性不言而喻,为了获得优质的视频内容,企业可以使用 Facebook 旗下的视频直播平台 Facebook Live。据视频网 LiveStream 统计,82% 的品牌观众喜欢直播视频,而不是其他形式的社交媒体帖子。如果还在等待拍摄"高质量视频",可能会错过巨额的潜在点击量。事实上,有效的视频并不需要通过专业的手法进行拍摄。Facebook Live 的情况就是如此。企业可以用直播展示新产品、促销、为自身的利基市场提建议或者为即将到来的产品系列展示幕后花絮。

(4) Facebook 专页。企业在 Facebook 上创建品牌专页是一种相对简单的方式,专页的设置可以吸引更多的人成为页面的粉丝,而且相对于群组而言拥有更高的忠诚度。当企业创建这些专页活动时,Facebook 将根据企业的页面设置来自动调整文本和产品描述。不过,为了提高对每个细分市场的客户响应率,可以通过单击 Advanced options(高级选项)来定制标题,并使用文本框对标题进行调整。Facebook 还在专页上添加了照片和视频模块以便页面主人向粉丝们上传视频和照片,在广大粉丝支持下的社交广告不断增长的情况下,专页在 Facebook 上营销的地位将会越来越高。

(5) Facebook 活动。Facebook 基于每个企业都有开展营销活动的需要,开发了一款 Facebook 活动的自由软件,借助于这个软件,可以启动公司聚会,发布新型产品,开展交易以及纪念公司的每个里程碑,从而建立一个全方位的网页,就像一个群组,包含涂鸦墙、讨论、图片、视频和链接,在活动开展的过程中,可以邀请朋友参加这些活动,被邀请的朋友将会收到一份特别的通知,请求他们回复,还可以让一些人担任管理员,推动活动的规范开展和有序进行。

(6) Facebook 短消息。Facebook 短消息可以通过隐私消息发送给目标用户的消息匣,就像电子邮件,只有收信人和发信人可以看到。Facebook 的短消息功能作为 E-mail 的一种替代品,可以作为针对 Facebook 上特定用户的一种强有力的营销工具,因为 Facebook 默认的隐私设置,并不会看到大多数人完整的信息页面,但它允许向非朋友用户发送信息。Facebook 新增的动态消息功能就是用户登录之后,在全屏的模式之下,网页右边会显示登录用户所关心的人事物的最新动态,目前已经成为 Facebook 营销的重要途径。

（7）Facebook 分享/发布项目。移动互联网时代是一个深度分享的时代,人们在屏幕大小有限的手机载体上进行深度阅读,对新鲜事物的消费量会达到一个空前的程度,借助于 Facebook 的平台,可以推广群组、活动、照片、广告、链接,或者把你认为好的内容与朋友们分享。通过平台可以直接将分享的信息保存在资料页的发布项目列表中,也可以直接发送给朋友,同时可以在资料页上贴上增加点击率的信息,这一信息会提高点击率,这已经成为一个有效的推广策略。

（8）Facebook 圈子。Facebook 圈子是指为校友、同事或同一地区的人们所建立的群组网页。可以在此找到与自己有联系的人,但是这些页面不属于任何人。网页提供了发布活动、发布项目、市场清单的另一种方式,并提供了类似论坛的位置,任何人都可以在此发表言论。

企业还可以通过线下宣传 Facebook,选择合适的时间发布帖子,预设帖子更新、使用 Facebook 插件,使用@标签等方式进行 Facebook 推广。利用 Facebook 进行推广是企业不可或缺的推广方式。

4.4 Facebook 的广告营销

本节尝试创建一个广告,更加直观地体验 Facebook 广告的魅力。

1) 主页帖文广告

主页贴文广告旨在推广帖子,并让更多的用户参与互动,包括赞、评论、分享、视频播放和照片查看等,针对这种广告目标创建的广告叫主页帖文广告,它以公共主页上发布的帖子为推广对象,帖子的内容比较丰富,可以是网址链接、图片、视频、活动或状态。

Facebook 已经设计了一种消息推送算法,这种算法能有效提升主页帖子的营销绩效,只有真正关注企业公共主页并时常参与互动的粉丝才会收到企业在公共主页发布的消息。因此,企业除了开展内容营销之外,借助主页帖子广告与现有粉丝展开互动也是一种有效的营销方式。

2) 主页赞广告

粉丝是社交媒体营销的基础。当用户为产品或者品牌的主页点赞,用户便成为该主页的粉丝。通常这个自然积累粉丝的速度都不会很快。特别是在很多专业服务和企业产品领域,在不做任何推广的情况下,积累高质量粉丝的速度更是非常慢。快速、直接、有效的方式便是通过 Facebook 主页广告,将品牌或产品信息推送到用户面前,吸引更多的用户给你的主页点赞。

以公共主页为推广对象,以让公共主页获得更多的赞为目标的广告叫主页赞广告（page ad）,在 Facebook 广告创建工具中确定广告目标之后,要选择其中一个公共主页,主页选择完成之后,Facebook 会自动从公共主页中提取相关信息、填充图片、标题或者文本等设置项作为广告详细信息。

3)站外广告

以获取网站点击量为目标的广告旨在引导 Facebook 用户访问广告客户的网站,将 Facebook 用户引向外部网站的广告叫站外广告(external ad)。在 Facebook 广告创建工具中选择网站点击量作为广告目标,输入目标网站地址,进而设置广告的相关信息,包括图片、标题、目标网站地址和文本等。

站外广告与上面已经讲到的广告类型的不同在于,它不要求广告客户事先在 Facebook 上创建公共主页,Facebook 拥有近 24.5 亿的月活用户,对于任何企业来说都是不可忽略的媒体平台,拥有庞大的销售漏斗入口,能够为企业带来更多的实际消费客户。因此对于企业而言,创建站外广告就是最简单直接的营销方式。

4)网站转化广告

在电子商务中,网站转化是一种将网站访客变为付费消费者的行为。而在互联网广告营销领域,转化被定义为客户在网站上完成的特定操作。它的外延更加丰富,除了销售成交之外,还包括用户注册、将商品放入购物车、访问特定网页等。以网站转化为目标的广告与以获取网站点击量为目标的广告的不同在于,网站转化广告可以利用事先埋在网页中的脚本代码监控用户在网页上的操作,使得 Facebook 可以知道用户查看了广告之后在网站上采取的行为,并反馈给广告客户。

5)活动广告

该广告目标旨在发布活动信息广告,吸引用户参与活动,比如在线网络研讨会活动、音乐会售票活动等,以此为目标的广告叫作活动广告(event ad)。在 Facebook 中可以通过两个不同的途径创建活动响应广告,一个是个人主页,另一个是公共主页。根据 Facebook 的使用条款,个人主页是不可以进行商业推广的,而公共主页可以。如果不是个人派对推广,而是商业推广行为,就需要拥有一个独立的公共主页,基于公共主页创建相关营销活动。

6)优惠广告

优惠发放旨在通过发布限时折扣等优惠活动促进产品销售或引导用户线下消费,所对应的广告称作优惠广告(offer ad)。该广告类型类似于帖子推广广告,需要在主页中创建一个优惠券,在创建界面中,需要定义优惠券的有效期、优惠券数量、广告受众以及预算,在单击"创建优惠"按钮之后,Facebook 会按照前面的设置向目标受众立即发布优惠券广告,以吸引客户的线下消费。

5. LinkedIn 营销

5.1 LinkedIn 介绍

LinkedIn 是全球领先的职场社交平台("Join the world's largest professional network"),同时也是世界上最适合于 B2B 营销与销售的媒体平台之一。LinkedIn 成立于 2002 年 12 月,并于 2003 年 5 月正式启动,总部设于美国加利福尼亚州。LinkedIn 创始初期,会员增长速度迟缓,但在后期发展中,LinkedIn 彰显了自身的潜能,成功吸引了红杉资本(Sequoia Capital)的投资,同时通讯录上传功能的引入成就了用户量稳步增长。此后,LinkedIn 顺势而上引入群组(Groups)、LinkedIn 公开档案(LinkedIn Public Profile)、推荐信(Letters of recommendation)及"你可能认识的会员"("Members you may know")等核心功能入手打造 LinkedIn 的特色职业档案数据库。LinkedIn 继纽约证券交易所上市后,着手于网站全方位重构、产品创新与技术变革,使公司更加专注其使命、价值观及战略重点。2014 年 2 月,LinkedIn 全新推出了简体中文测试版"领英",并和红杉中国(Sequoia China)与宽带资本(China Broadband Capital,CBC)建立合资公司,共同探索如何为中国用户提供更好的本地化服务。

LinkedIn 的用户已经覆盖全球 200 多个国家和地区。LinkedIn 致力于打造"一站式职业发展平台"(one-stop career development platform),从品牌重塑、产品升级、职场生态体系建设三方面启动战略升级,为全球每一位劳动力创造经济机会。"2020 年全球最具价值 500 大品牌榜"发布时,LinkedIn 排名第 249 位。

LinkedIn 有三大不同的用户产品,也体现了三种核心价值,主要体现于用户的职业身份(Professional identity)、知识洞察(Intellectual insight)和商业机会(Business opportunities)。

(1) 职业身份呈现为一份完整而出众的个人档案。LinkedIn 平台可以便捷地制作、管理、分享在线职业档案,而个人档案包含六大重要部分:头像展示、职业概述、工作经历、教育背景、技能认可(Skill & Endorsements)、推荐信。其次,还可以添加工作项目、参与的社会组织与媒体、出版作品、专利发明等方面,对于大学毕业生或者刚进入职场的新人而言,LinkedIn 还可以添加测试成绩、所学课程内容等模块。与 Monster 或者一些行业垂直招聘网站不同,LinkedIn 的个人档案中的推荐信、技能认可等很多内容是由同事或商业合作伙伴完成的。

(2) 在瞬息万变的互联网时代,知识洞察需要职场用户把握市场脉动、提升职业技能、获取知识见解以保持职业竞争力。LinkedIn 集聚了全球各行各业的专业人士、专业群组与中高端就业岗位有助于用户关注行业信息、学习专业知识、获取知识见解。LinkedIn 还提供了行业脉动、Groups、公司和学校所发生的最新动态等很多与兴趣相关的功能,LinkedIn 用户可以从这里汲取人物观点、分享商业洞察、获悉包括竞争对手和商业伙伴消息的最新行业动态。

(3) 从社交媒体网络的视角来观察,LinkedIn 拥有强大的社交媒体网络人群,基于社交网络建立人际关系,其商业机会主要体现在寻找合作伙伴、搜索公司与职位信息、挖掘行业机遇、创建并拓展人脉网络、掌握行业动态与资讯,让机会主动与用户相连,助力用户开发职业潜力。首先,LinkedIn 用户可以通过同事、同学和商业伙伴帮助自己搭建高质量的社交媒体网络;其次,人们也可以在 LinkedIn 上沉淀自己的口碑,建立所在公司和个人品牌;此外,使用 LinkedIn 的社交媒体网络实现导入人脉网络、推荐信、技能认可、参与讨论组、关注公司。

5.2 LinkedIn 的推广优势

通过 LinkedIn 进行推广，其优势主要体现在以下几个方面。

（1）聚焦高质量职场人群，精准目标定位。LinkedIn 主打职场社交，聚集的多是高端白领人群，甚至企业中高层管理人员。社交媒体的强关系性质又进一步细分了用户群体，推广内容很容易在社交网中传播，形成较大的影响力。而 LinkedIn 的社交媒体更多是具有行业特色的商业社交媒体，很多信息的维护者也是职业编辑、营销者或官方信息发布机构，影响沟通效果的噪声信息很少，高价值信息更多。就 B2B 企业而言，LinkedIn 可称作是最有助于 B2B 贸易的社交媒体平台之一。LinkedIn 用户可以在网站上维护、发掘及沉淀他们在商业交往中认识并信任的人才资源，并邀请认识的人成为"关系"（connections）圈的人。通过 LinkedIn 构建商务社交网络所带来的人脉，共同梳理行业发展脉络和消费趋势，精准链接或发现商业关键决策者，甚至有机会接触企业决策层人员，并由此带来更多的询盘和成单。这无疑是最能够提升 B2B 贸易销售额的方法，也是 LinkedIn 的核心竞争力。

（2）从连接、升级、生态的维度打造高效的推广工具。在跨界融合的发展趋势下，通过大数据技术和广告升级创新，构建全方位推广体系，并与合作伙伴共享社交信息和价值网络。LinkedIn 提供了展示广告、企业推广快讯和推广 InMail 等工具，是企业产生精准、可衡量的广告转化效果的重要法宝。其次，LinkedIn 的 Pulse、Groups 及最新动态等功能使得用户数据更加精确和高端，便于定位高质量用户群体，并且可以通过教育背景、企业名称、职业经历与类别、职称、地理位置等多种条件的组合，不需使用第三方工具，就能获得很好的投资回报率、实现最大化内容投放的精准程度。在 LinkedIn 的 Groups 推广功能中，用户可以与行业专家开展讨论，并基于 Groups 建立行业人脉资源。但有的 Groups 是开放的，有的 Groups 则需要经过管理员审批才能够加入。相比其他社交媒体平台的 Groups，LinkedIn's groups 的商务气息更重，很多 Groups 都是面向数字营销、产品设计等某种特定行业或者专业技能的。用户选择适合自己的 Groups，参与到相关专业或者行业 Groups 中，这对于信息获取和基于 Groups 进行品牌营销来说是一件非常值得探索的事情。

（3）推广效果可衡量。LinkedIn 平台为不同行业和规模的企业制定适合的推广方案，利用数据分析追踪每一个受众，企业能够更加精确和有效地将个性定制的原生广告推送给品牌定位的目标受众，为他们提供有质量的数据内容。LinkedIn 还提供了营销度量工具（Metrics）来度量推广效果，提供的指标包括受众数量、精选技能、个人成就、点击率、参与率、关注量、订阅数、CTR、CPC、CPM 费用等。例如，CPC 可以获取更多网站流量、CPM 有助于提升品牌印象等。作为一种社交媒体平台，LinkedIn 还提供了度量工具帮助用户度量个人档案被浏览的情况，同时还可以将不推广的内容和推广的内容进行多维度对比，深层次分析以达到推广的效果。

（4）坚持职场社交与营销。LinkedIn 作为职场社交媒体平台，能够将有价值的人才信息和人才需求对接起来，以智能、精准、低成本的方式实现职场中企业与人才的匹配与招聘的营销化、社交化及品牌化。

LinkedIn 在全球商务人士中的渗透率非常高,尤其是在信息技术服务(Information Technology Services)、金融、高等教育、软件、电信行业集聚了高质量人群,人群数量足够大、覆盖范围广泛而精细,所以挖掘出来的信息价值较大。而 LinkedIn 的中高端特性决定了需要进行高质量内容的推广,推广的内容一定是所有内容里最好的、最有价值的。这样企业可以在所属行业中树立良好的 LinkedIn 风尚和较高的威信,品牌更容易得到青睐。

5.3 LinkedIn 的主要产品

Facebook、Twitter、YouTube 这些一线社交平台所开展的营销活动虽然能够帮助用户建立和提升品牌形象,但在销售转化环节上就不如 LinkedIn 直接了。LinkedIn 是最不具有娱乐性的,其职业社交特征决定了它的行业性和专业性。LinkedIn 还是一个庞大的商务数据库,而且搜索功能非常强大,LinkedIn 里面每个人、每个公司的职位信息、教育背景、职业经历、Skill & Endorsements、联系人、个人偏好甚至联系方式都很真实,而这些恰恰最贴合 B2B 商业模式的特点。例如,在 B2B 销售生意场上,LinkedIn 能够帮助经验丰富的销售人员直接找到对销售活动产生直接影响的关键决策者,并搭建自己的社交网络,解决如何找到正确的人,开展正确的销售活动、与潜在购买者建立信任,获得和挖掘需求等问题。所以可以系统地利用 LinkedIn 来开发和维护客户关系。LinkedIn 的产品战略聚焦到三个核心概念上:简化、成长、日常,除了 Insights、Post a job、Advertise、Find Leads、Groups、ProFinder、Salary 产品外,其主要产品有以下几种。

(1) InMail。InMail 是一种高级账号项功能,是销售人员极其有用的工具,使用 InMail 将消息传达给潜在客户是一个非常不错的选择。InMail 发信规则的侧重点会根据用户所选择方案的不同而有所不同,例如,职业发展侧重求职、商务拓展侧重曝光宣传、业务开发侧重销售、人才招聘侧重招聘。而用户只需对收到的信息付费,便可获得该客户的具体信息。LinkedIn 通过限制每个月能发送的 InMail 数量,使广告客户只能向最有成交意向的目标客户发送营销信息。这一措施能有效减少用户收到的广告数量,缩小噪声信息的影响,将营销预算实施在有转化效果的广告系列上,保证用户体验不受或少受影响。

(2) Sponsored InMail。Sponsored InMail 出现在用户的邮件队列中,它的用户数量远超 InMails,在表现形式上,Sponsored InMail 可以营造"一对一"即视感,让用户更有沉浸式体验。LinkedIn 不同于 Facebook 和 Twitter 的目标客户定位功能,其最大的优势是可以分析不同的用户群体和企业统计结构、数据,客户定位更加精准。通过 Sponsored InMail 广告客户可以根据地理位置、人口统计、职业、教育程度、Groups、性别、公司规模等指标对收件人进行细分,进一步扩大广告目标受众,助力提升转化率,进而更加精确地获取目标客户。

(3) 广告产品。与 Facebook、Twitter 等同行相比,LinkedIn 上的广告不具有娱乐性,相对并不引人注目。LinkedIn 针对广告目标受众群体提供多种形式,并根据教育背景、职务、职位等级、行业、公司性质与规模、兴趣和资历对用户进行分类。LinkedIn 展示广告还可以根据不同的受众群组进行有针对性的调整,增加信息到达潜在客户视野的通道,确保开发效果最大化,其具有的较高针对性特征是用户体验的一个自然组成部分。广告客户可以通过 LinkedIn 的自助服务广告平台创建企业推广快讯广告和文本广告这两种类型的广告,而两种广告都可以为用户的网站引流。

5.4 LinkedIn 的推广策略

作为全球最大的商务社交媒体平台和最大的社交媒体招聘平台之一,LinkedIn 有 6 亿多注册用户,是一个分享公司信息、行业资讯与市场动态的平台。在这里,用户更多地从商业角度开展合作和咨询,而不是娱乐或兴趣。通过该平台,企业可以接触全球各行业人士及潜在目标客户。LinkedIn 的社交推广策略主要有以下几种。

(1) 建立专业网络,提升个人品牌与公司信誉度。LinkedIn 上引流的方式有很多种,其中优化资料可以帮助企业把品牌最精准地推到职场上。在 LinkedIn 主页中,要使用多媒体工具,将个人信息档案与热点刊物、主题标签、媒体内容、PDF 文件、视频、文档、书籍等灵活结合,建立一整套完整的专业形象展示栏,并且定期更新。个人档案的内容应侧重于展现专业技能与素养,一份高质量的 LinkedIn 个人档案胜过一张精美的名片,有助于在潜在合作伙伴心中建立起对个人或企业可靠、专业的良好印象。

个人资料与企业要有明确的相关性,抓住目标客户的需求。并且个人资料强调个性化,可以向别人展示自己的工作能力和学习成绩,还能够通过同事对你的评价、推荐信或 Skill & Endorsements 使得个人档案具备更高的可信度。

(2) 提高在 LinkedIn 上的互助性。LinkedIn 上有很多专题讨论小组,用户在这里针对自己的困难提出问题、进行互助,并且想要获得认可,就要积极主动地为其他用户解答疑问,同时也可以在 LinkedIn 上发表文章,这样有助于用户成为意见领袖。在 LinkedIn 中,用户还可以通过 Campaign Manager 或使用一些社交媒体管理工具来推广自己和自己的企业。用户不但可以为自己的个人档案、所在的企业页面发布广告,还可以发布 Facebook、News Feed 广告这样的 Sponsor 广告,将所发布的动态信息推广给更多的受众群体。例如,使用 DrumUp 可以搜索与企业相关的内容,提高企业的可见性并让客户感受到企业的品牌形象。

(3) 基于信息对称,完善搜索条件和推荐功能智能化。通过运用大数据技术,LinkedIn 提高了智能招聘的程度,通过海量数据库和推荐算法的结合,使得基于社交网络的人才和企业实现了专业化的匹配。同时,优化企业 LinkedIn 页面上的资料,让员工在个人档案中的电子邮件签名中添加公司的 LinkedIn 页面链接,这不仅会给企业页面带来更多关注,吸引更多的潜在客户,还可以提升员工个人信息可信度。

(4) 创造和加入 LinkedIn'groups。向客户展示企业良好风尚的最好办法是创造一个可以发起类似于开放性论坛、可以分享行业信息与建议的 Groups。公司必须积极参与这些讨论,及时处理客户的意见,提高有质量意见的成果转化率,消除客户的顾虑并为客户提供关注问题的解决方案。如果企业和 Groups 里的潜在客户建立起了联系,可以用 LinkedIn InMail 发送信息,建立更紧密的联系。

(5) 价值网络属性。实现人才与企业之间的精准匹配是需求得到满足的关键,而两者之间以网络的形式成为一种新的互惠关系,共同为客户创造、传递、实现价值。职业社交网络的高黏性、专业化、网络资产使其成为更高潜力的网络价值,而高质量、有价值的关系网,意味着要把一般的连接转化成实际的交往关系,同时在行业社交平台得到别人的认可。建立有价值的社交网络是一个动态化过程,需要专注于将社交网络的连接转化为有价值的人际关系,将会有助于企业在行业中的可持续发展。

(6)建立更紧密的关系网,贡献有价值的专题小组。内容营销的理念之一就是营销者要通过高质量的内容向潜在客户传递价值。而通过原生广告等内容营销形式,将LinkedIn的品牌价值进行长期的传达,这种营销方式更侧重于建立思维导向,使LinkedIn成为一个思想领导平台。客户如果是根据兴趣、Groups集聚,对于营销者而言,只需花费较少时间成本,就可以通过专题小组掌握动态化信息,接触潜在目标客户。此外,坚持客户导向理念,对于企业而言,可以与客户建立更紧密的关系网。

案 例 思 考

案例背景介绍

可口可乐公司被称为"把Facebook用得最好"的品牌,该企业通过多种渠道,如blog、照片视频分享等方式来推广他们的品牌并获取巨大成功。可口可乐渴望用最真实的故事打动人心,比如曾经的芬达欢乐自拍罐,搞怪有趣的罐身设计被人们用来记录无数乐趣无限的瞬间;再比如母亲节推出贴心定制的独特母亲节罐身;以及另辟蹊径,当可口可乐"撕掉标签",唤起人们对于偏见的共同思考,在Facebook上引起广泛讨论……

那么,该企业是如何利用Facebook平台来营销的呢?

问题和思考

1. 可口可乐通过哪些方式获得了平台上的广泛讨论与关注?
2. 可口可乐如何将Facebook的特点和本产品特征结合起来进行营销?

习 题

一、单选题

1. 下列海外社交媒体平台中,不能创建企业页面的是( )。
   A. Facebook   B. Twitter   C. LinkedIn   D. Google+
2. Twitter的每条推文最多可以发送( )个字符。
   A. 100   B. 120   C. 140   D. 180
3. 在Facebook中不能创建的是( )。
   A. FanPage   B. Groups   C. Events   D. Connect
4. 在Twitter中,用来标记某个推文的主题的符号是( )。
   A. #   B. &   C. @   D. *

二、填空题

1. 社交平台推广的特点有( )、( )、( )、( )。

2. Facebook 主要应用于（　　）、（　　）、（　　）、（　　）。
3. LinkedIn 主要体现用户的（　　）、（　　）、（　　）。
4. LinkedIn 的主要产品有（　　）、（　　）、（　　）。

三、简答题
1. 请分析 Facebook 的推广策略。
2. 请分析 LinkedIn 的推广策略及推广优势。
3. 简述 Twitter 的广告服务。

实 践 操 作

请写出以下问题的演示操作过程。
1. 注册一个 Twitter 账户,关注 10 个以上感兴趣的人,并发布一条带有主题标签的推文。
2. 利用当前 Twitter 趋势上一些热点话题发布相关推文,通过推文吸引用户对账号的关注。
3. 创建一个 Facebook 账号。
4. 查找并处理通知信息。
5. 创建一个群组和公共主页。
6. 开展 Facebook 的企业推广。
7. 开展 Facebook 的广告营销。
8. 创建一个 LinkedIn 的企业主页或个人档案。

子情景四　其他站外推广方式

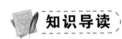

读者对站外推广或许不太了解,但是可能听说过或者以其他形式接触过它,因为站外推广的表现、应用形式多种多样,从而衍生出多个名称。站外推广简称外推,这个词汇读者应该都很熟悉。站外推广其实就是利用互联网的网站发布自己的推广信息,并且使得推广信息页面被搜索引擎收录,从而进行排名引流的一种方法。本节将回顾电子邮件营销的概念、优缺点、类型以及注意事项,学习内容营销的类别、形式以及如何成功打造内容营销,介绍联署营销和视频营销的相关知识。

学习目标

知识目标
掌握电子邮件营销的优缺点、类型及注意事项。
掌握内容营销的概念、作用及成功打造内容营销的方法。
了解视频营销和联署营销的概念及优势。

情景五　跨境网络站外推广分析　377

能力目标
能够运用电子邮件进行营销推广。
能够进行内容营销的策划。
能够运用各种站外推广方式开展整合营销。
素质目标
培养洞察其他站外推广方式的有利市场及潜在机会。

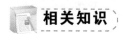 相关知识

1. 电子邮件营销

1.1 电子邮件营销介绍

电子邮件营销(Email Direct Marketing,EDM)是基于用户事先允许的条件下,利用电子邮件的方式来与目标客户沟通,从而传播相关信息的一种网络营销手段。它包含三个最基本的要素,分别是用户允许、电子邮件的方式传播信息、信息与目标客户相联系。这三个要素是必不可少的,但凡缺少了其中一个,都不能够实现电子邮件营销。电子邮件营销是借助互联网中的电子邮件来实现营销目标,相比于现在新生的微博营销等营销方式,电子邮件营销是网络营销中最为古老的一种营销方式。电子邮件营销历史悠久,充分证明了它是一种有效的网络推广方式。通过查阅相关的调查数据发现:在电子邮件发送出去的当月阅读了该邮件的用户超过65%,这其中单击了邮件内容链接而获取到相关信息的用户又超过了35%。通过这样一组数据充分地展示了电子邮件营销的点击率、有效性是非常高的。与此同时,任何事物都是两面的,电子邮件营销也存在一些缺点,接下来详细介绍电子邮件营销的优点和缺点。

1.2 电子邮件营销的优缺点

1.2.1 电子邮件营销的优点

(1) 应用范围广,发送效率高。

首先电子邮件营销的应用范围是十分广泛的,各行各业都可以借助这种营销方式。这是由于电子邮件的内容不会受到限制,可以传播任何信息,同时它的形式既可以采用文本格式,也可以采用HTML格式。文本格式,顾名思义就是只能够放置文本,将需要传送给目标用户的信息编辑成文字,然后发送给目标客户,也可以设置一个链接,单击它就能够直接链接到相关的产品页面。HTML格式的邮件内容相比于文本邮件就丰富多了,可以将相关的图片插入进去,相比于文字,图片能够更直观、生动地将相关的公司信息、产品信息传递给顾客,但特别值得注意的是,需要将HTML邮件的信息尽量简单化,这是因为并不是所有的用户都能够完整地看完HTML邮件的内容。其次,电子邮件操作简便,发送效率高。只需要工作人员利用计算机选择一款模板,再填充进去相关的内容,然后选择所有的目标用户一键发送。这相比于电话营销、人员地推等方式来说,效率大大地提高了。

(2) 精准传递信息，节约宣传成本。

电子邮件营销只需要简单地编辑电子邮件，首先找到适合的模板，然后再加入需要传播的信息便可以完成电子邮件的编辑，这就决定了电子邮件的成本大大降低了，大幅度节约了宣传成本。同时借助相关的电子邮件商所建立的数据库，可以通过年龄、性别、工作状况、受教育水平、收入等基本信息的筛选，找出企业的目标顾客群体，这样企业就可以只针对目标市场进行宣传，支付有效宣传费用，不仅花费少，而且可以更频繁地向目标客户传递信息。值得注意的是，内容是吸引客户的前提，邮件发送频率最好不要超过一周一次。

(3) 制作、维护简单快捷、成本低。

电子邮件的广告只需要确定传播的内容，然后找到合适的模板，即可完成邮件广告的制作，这个过程只需要短短的几天甚至一两天就可以完成。其制作和维护相比于传统媒体来说，既简单又快捷。同时操作方式也非常简单，这就降低了总成本，可以将费用更有效地花费在其他地方。

(4) 具有快速反应能力，易检测效果。

现在的市场环境已经发生了天翻地覆的变化，由传统的大鱼吃小鱼转变为快鱼吃慢鱼，因此对于一个企业来说，根据市场情况来及时做出反应极为重要。但是传统媒体由于广告制作相对复杂，中间环节过多，在时间效应上往往具有滞后性。而电子邮件制作简单快捷，企业可以在短短几小时内把广告信息传递给数十万个目标消费者，防止竞争对手捷足先登。此外，有些季节性、时效性强的产品，企业也可以利用电子邮件在旺季进行大规模推广，以便获取先机。除此之外，和传统的广告相比，电子邮件营销的效果和用户参与度更加容易测评。借助于反馈的统计信息，可以直观清楚地看到有多少阅读量和点击率，以及哪些邮件的内容是相比于其他邮件点击率较高的，通过这样的方式可以看出顾客的信息偏好，哪些内容和形式是他们喜欢的，哪些又是他们厌倦的。这样就可以针对顾客喜欢的形式和内容进行更准确和有效的信息传播。

(5) 具有较高的目标市场覆盖率。

电子邮件本身具有定向性，企业可以针对某一特定的人群发送特定的广告邮件，还可以根据需要按行业或地域等进行分类，然后针对目标客户进行广告邮件群发，覆盖所选目标市场的大部分人群，使宣传一步到位，目标明确。

1.2.2 电子邮件营销的缺点

(1) 垃圾邮件监管缺失，垃圾邮件泛滥。

现在的信息成千上万，许多企业在通过电子邮件营销传播信息时意识较为薄弱，对于发送的内容没有经过仔细的筛选，没有及时更新产品信息，还有的邮件地址也填写错误，众多的原因夹杂在一起就导致给顾客的印象非常差，认为全部都是垃圾邮件，严重地损坏了电子邮件营销的整体形象。这种大量低质量的垃圾邮件会让用户对邮件极为反感，导致他们对其他即使是正规的电子邮件广告也产生极大的抗拒心理，这对于电子邮件营销的长远发展是极为不利的。

（2）电子邮件的可信度低。

互联网给人们带来极大便利的同时，也同样产生了一些弊端，现在的网络上各种各样的信息每时每刻都是以亿为单位计算，其中各种各样的虚假信息也掺杂在其中，人们很难去分辨其真伪。电子邮件作为现在互联网的一种联络方式，它的门槛是非常低的，每个人都可以注册自己的电子邮箱，甚至不止一个，然后就可以通过这个邮箱来随意地发送信息。当然其中就有许多虚假信息、垃圾信息，大大地降低了其可信度。

1.2.3　电子邮件营销的发展机遇

首先，庞大的用户规模为电子邮件的营销奠定了基础。互联网的高普及率为电子邮件营销提供了庞大的目标客户群体。其次，国家也开始就电子邮件的发展各方面逐步制定相关的法律政策、行业监管措施等，有助于打击垃圾邮件和虚假、非法邮件，从而重塑电子邮件营销的可信度，为电子邮件营销的发展提供了强有力的保障，发展前景广阔。

1.2.4　企业开展电子邮件营销面临的威胁分析

首先，顾客需求的多变和多样化。随着市场竞争的加剧和经济发展速度的加快，每一顾客群体甚至每一位顾客的需求都是多样化的，虽然前面提到电子邮件可以通过模板来简单地操作完成，但是针对现在顾客需求的多样化，这种方式可能会使阅读量、点击率大大降低，也就越来越难以奏效。同时顾客的需求不仅多样化，而且非常容易发生改变，这就要求企业要及时掌握顾客需求的变化，从而及时更新邮件的产品信息内容和形式。其次，网络上这种虚拟空间存在的大量虚假信息也就相应产生许多垃圾邮件和非法邮件，人们早已对每天铺天盖地而来的邮件产生厌倦、疲惫心理，很容易将全部邮件都删除，根本没有去阅读的兴趣和想法。通过前面的电子邮件营销的优缺点分析以及机遇分析和威胁分析，可以知道电子邮件营销尽管存在一些缺点和威胁，但它所具有的优点以及相关法律的完善，仍然给电子邮件营销带来了广阔的发展机遇和前景，也为企业提供了更多可能的营销方式，对于企业的发展也具有重大的意义。

1.3　电子邮件营销的类型

1.3.1　许可式邮件

许可式邮件是指在用户的允许下，将邮件发送给用户。而许可式邮件营销指的就是顾客主动要求将相关的产品信息及其他信息通过电子邮件的方式发送给他。与之相反，但凡没有经过顾客允许，顾客没有主动要求所发送出去的邮件都不是许可式邮件，也不建议读者使用。

一般用户是通过以下这种方式来主动要求接收邮件的：在某个公司或者产品的网站上填写一个注册表格，这个网站下方会清楚地标明当顾客填写完这个表格之后就代表这个用户要求企业主动发送邮件给他，并且需要同意相关的条款和权限。在填写完表格之后，不久便会有相关的工作人员将相关的信息发送到其表格中留下的电子邮箱地址。

虽然填写注册表格非常简单但是还存在着一定的风险，这种风险被称为单次选择进入方式。单次选择进入就是当用户在填写完成后，便立马就发送邮件给顾客，中间缺少了确认环节，因此当顾客由于失误等原因填写地址错误时就不能收到邮件。相反，现在的企业更多的是采用双重进入选择方式,这个方式就可以有效避免这种差错,这是因为这种方式是当用户填写完表格后,中间增加了一个确认环节,即用户填写完之后会立马收到一封系统发送的邮件让他确认相关的邮件地址等信息有无错误,如果有误可以及时纠正,只有当用户确认无误后,相关工作人员才会发送邮件给他。显然,这种双重进入选择方式是较为保险的方式,可以有效避免更多的失误,但中间耗费的时间自然而然也增加了,也可能影响订阅量。尽管如此,当前大多数的电子邮件营销者还是更钟爱于使用这种双重进入选择方式。

1.3.2 垃圾邮件

与许可式电子邮件相对应的是垃圾邮件。所有这些用户没有主动要求和允许所寄发的邮件都是垃圾邮件。

随着网络上铺天盖地而来的信息,每个人都收到越来越多的垃圾邮件。这种垃圾邮件不仅浪费用户时间和精力,而且也对许可邮件的阅读造成了干扰,垃圾邮件正在成为互联网上的一个毒瘤。我国也正在逐步完善邮件发展相关方面的各种法律和措施。

在现实生活中,对于垃圾邮件的判别标准主要有以下几条。

一是用户没有主动要求或者允许。只有在用户允许或者主动要求的前提下,这样发送的邮件才不是垃圾邮件,也就是许可式邮件。

二是邮件的内容带有销售、推广的性质。例如,现在一位顾客正在浏览某公司网站上的一个产品,然后就某些疑问留言或者要求企业通过电子邮件的方式进行解答,企业就所针对的问题进行解答这不算垃圾邮件。但现实里许多商家在除了解答问题之外,会另外发送一系列产品的价格以及相同系列的产品,以及询问你是否对价格满意,并表示有各种优惠活动,这种很明显就是带有销售和推广产品的性质,这也就演变成了垃圾邮件。

三是邮件是一次性发送给许多的人,还是说只是一封一封发给少量的人。前者一次性发给许多人的邮件极有可能是垃圾邮件。但是如果说只是一封封发给少量的人,而且发送给每个人的内容也不同,如洽谈与供应商的合作等问题,这就不是垃圾邮件。

发送这种垃圾邮件会给企业造成非常严重的危害。首先面临的一个问题就是法律问题,随着相关法律制度的健全和落实,发送垃圾邮件必然会受到法律的严惩。其次对于企业自身的网站甚至上网接入服务也会带来极为严重的影响。当企业在发送垃圾邮件时,用户收到之后是可以向上网接入服务商和反垃圾组织报告的。在我国几大上网提供运营商对于垃圾邮件都是明令禁止的,对于发送垃圾邮件造成严重后果者是必然会停止其上网账号和上网服务的。

而反垃圾组织会把发送垃圾邮件的企业或者个人的 IP 地址列入垃圾邮件黑名单,以提供给全世界范围内的网络运营服务商使用,今后该 IP 地址都会被禁止上网。

对于垃圾邮件的发送者来说,会面临着法律风险和自身网站和 IP 地址、上网服务被禁用等风险,是非常得不偿失的。而对于垃圾邮件的接收者来说,又浪费了大量的时间和精力,给用户平添烦恼,还可能让用户遗漏重要的信息。总之,无论是从法律或者道德上来说,垃圾邮件都是不被允许的。

还有一些人们很容易忽略的邮件其实也是垃圾邮件。如某考研培训机构或者辅导机构,开展一些所谓的免费课程或者讲座,学生可以免费来参加,但到了现场来参加的学生是需要填写自己的一些专业信息、QQ、邮箱、电话号码等信息,待讲座或课程结束之后,便会将这些信息整理成文件,然后给这些学生打电话或者发送有关推荐产品的邮件,这种邮件也是垃圾邮件。因为来参加讲座或者课程的学生只是想听课,并没有允许也没有主动要求企业给其发送邮件。

还有一些营销人员去微博、抖音等各种社交媒体和短视频平台搜集手机用户的邮箱地址,更有甚者,利用相关的软件直接抓取各个平台中含有邮箱地址的信息,收集之后便一键发送邮件,这也是一种垃圾邮件。

总之,各种形形色色的垃圾邮件非常多,判定其为垃圾邮件最为关键的就是是否是用户主动要求和允许的情况下,再看看邮件的内容是否具有推销性质,具有这类性质的也往往是垃圾邮件。

1.4 电子邮件营销的注意事项

通过电子邮件进行营销,看起来非常容易,但是想要达到成功进行企业推广的目的是非常困难的。在进行电子邮件营销时,应注意以下事项。

(1) 不要在未经用户允许的情况下发送电子邮件。

在不尊重用户权利的情况下,向收件人邮箱发送信件的行为,与邮件营销的基本理念相悖:一方面降低了其电子商务网站品牌的威信,另一方面也让其被列入黑名单,从而失去潜在用户。至于获得用户同意的方式,一般分为两大类:线上和线下。线上有注册、订阅、促销活动等;线下有旅游票、展销会等。

(2) 邮件的内容要注意精挑细选。

邮件内容的可读性决定了读者愿意花一部分时间阅读自己感兴趣的东西。邮件的内容必须是经过仔细筛选的,可以为收件人提供有指向的信息。内容可能包括有关以折扣价出售的产品和免费服务的相关信息。寄售人个人认为,注册会员在支付笔记本电脑费用时,以电子邮件形式发送的内容必须包括:计算机专有技术、计算机维护说明、更健康的互联网接入等;总之,应该尽可能全面地考虑到那些收到电子邮件的人购买相关产品后在使用中出现的困惑,并帮助他们解决遇到的困惑。

(3) 及时回复邮件的评论。

发送出去一份电子邮件,我们最期待的是得到客户的肯定的回应,这在一定程度上表现为进入网站的访问者数量或邮件回复的百分比。对于收到的回复,电商网站的运营商必然需要及时解决发信人的困惑,潜在客户已经发了一封关于产品的信,咨询后肯定是期待尽快收到答复的。如果两三天后仍然无人应答,他很可能就是竞争对手的顾客了。

(4) 邮件格式切勿混淆凌乱。

电子邮件的格式并没有构成统一的文体体系,但由于它是一种商业电子邮件,因此必须有一种特定的格式,至少包括称呼、邮件文本、发件人签名、信息来源、是否退订等。有时在通信系统中会收到这样的信息:××网站感谢你的不断陪伴,在这个节日里给你发了99元优惠券的祝福……这种邮件虽短,却忽略了对收件人的尊重,如果是这样会发生什么呢?

(5) 用户的订阅以及退订邮件要简单易行。

一种商业电子邮件,它有一个简单而有效的订阅和退订按钮,收件人可以在订阅和退订之间进行选择。简单而有效的按钮可以为用户的体验发挥重要作用,相反,复杂的按钮可能会使收件人更加反感。切记不要为取消订阅设置障碍,选择退订的用户在一定程度上不会是网站的忠实客户,请记住分析数据的变化,并自行查找邮件退订问题的原因。

(6) 每封邮件的底部要有邮件列表来源的版权说明。

邮件底部内容的权限应明确发送电子邮件的单位,收件人可以通过清晰的显示信息来验证其真实性和权威性。这些信息的存在,在一定程度上解决了邮件中的版权问题,对在电子商务网站上创造品牌效应起着至关重要的作用。信息来源的重点是如何使读者方便记忆和访问电子邮件阅读器,帮助读者自己思考和解决问题。

(7) 邮件发送频率要恰到好处。

每天都发送一封邮件会让收件人邮箱中基本上都是某网站的邮件,这对该网站非常有用,但必须考虑收件人的心理接受程度。高频地发送邮件往往会阻碍收件人与发件人之间的联系,有的人选择删除邮件,有的人则会选择直接拉黑。在这种情况下,要确保通信的发送频率不过高、不过低、不太波动以及注意邮件发送周期的频率问题。基于大多数邮件订阅者的习惯,一般一个月两三封最为合适。

2. 内容营销

2.1 内容营销的概念

虽然媒体环境在变,信息技术在变,但营销的本质其实并没有改变。既然叫内容营销,中心词落在"营销"二字,那么作为营销一定是为了达成商业推广的目标服务的,内容是手段,是用于连接企业和消费者的介质。

内容营销是指围绕与企业有关或与产品销售有关的所有媒体,如图像、文本、视频等内容创作,向有关用户有效传播信息。内容营销是一种战略性的营销方法,它通过创建和分发有用、相关和一致的内容来吸引和维持目标受众人群,并最终推动用户的盈利行为。

内容营销和传统营销一样,广泛依附于不同的载体,可以通过公司的 Logo(VI)、相册、网站、广告甚至在T恤、纸杯、纸袋等载体上体现,不同的载体,传递的介质各有不同。内容营销的平台几乎包含目前能介入的所有表现形式。简单通俗的解释就是:内容营销是销售的一种策略。对于这个策略的实施,可能会用到我们所知的任何一个媒介渠道和平台。而作为"销售"这个事件来说,并不是单纯的"博君一笑",最终是要实现可见和可衡量的盈利成果。内容创新的形式可以是软媒体、新闻稿、音频、视频或严谨的在线教育、电视广播、幻灯片、研讨会、应用程序、游戏等。相比古人通过话本、小曲来传播卖货,现代的内容营销借助互联网有着传播速度更快,更容易形成爆炸式传播的特点。

2.2 内容营销的本质

内容营销有时也称作定向媒体(custom media)、定向出版(custom publishing)、定向内容(custom content)或品牌内容(branded content)。顾名思义,定向媒体指的是,精心制作的内容往往是基于某个定向媒体的特性定制的,自然要通过特定媒体发布,可能是自媒体，也可能是某个付费媒体。定向出版，特指纸媒，从印刷时代开始到今天，依然有很多这样的定向出版物，就像前文提到的《米其林指南》、孩之宝携手漫威推出的漫画杂志 *GI Joe*；在中国电商大潮席卷全球之际，阿里巴巴还推出了两本非常成功的杂志：《淘宝天下》和《天下网商》；2007 年，英国排名前十的报刊出版物中有七家是由公司主导的。定向内容，是指为特定的目标客户定制的内容。品牌内容，是指为塑造品牌形象，讲述与品牌相关的资讯和内容。

内容营销从根本上说，是通过有计划的生产以及传播具有教育意义和高知名度的内容来吸引客户。内容营销的本质是通过叙事、倾听和互动来讲述、传播品牌故事和理念。这句话非常重要，就像一个好的故事讲述者，不仅要会讲，还需要观察和聆听观众的反应，并给予及时的回应，这也正是对内容营销从业者的要求。

内容 2.0 营销的核心是内容的生产，并将其作为一种传播工具来影响现有和潜在客户，使品牌进入客户的选择范围。值得关注的是，无论是技术的发展还是内容形式的变化，"叙述"都是企业内容营销的永恒核心。例如，每个喜欢逛宜家的人都愿意拿一本最新的《家居指南》带回家看，因为其内容不仅可以作为家居装饰的参考，还展现了在家的不同空间、场景中发生的故事。它着力描绘的是一种理想的生活方式，很多人是把它当成一本好看的杂志来看的。

2.3 内容营销的作用和介质

2.3.1 内容营销的作用

1）新人群的引入带动新需求

对于传统销售模式来说，传统销售已进入惯性的死循环。而内容营销借助互联网的影响力、灵活性，带给传统行业新的生命力。随着消费者了解产品多样性的渠道越来越多，内容化、社群化便走上历史舞台，单一推广、砸钱买曝光做爆款的时代已经过去，用户更加追求趣味性、个性化、真实感，更倾向购买自己喜欢的东西，而非买到好的商品。

2）增加流量

增加流量是很多企业采用内容营销模式的重要目的。为了达到这个目的，内容生产者应该聚焦于标题制作，围绕时下人们关注的热点话题创作内容，与公众人物合作进行内容推广，利用网络渠道进行大范围的信息扩散，并使读者能够在简单操作的基础上实现内容转载。

"增加流量"的含义比较笼统，对营销者来说，要增加流量，就要吸引用户的注意力。因此，在具体实践过程中，营销者不应该局限于获得潜在消费者的关注，还应当拓宽受众范围，使广大用户都能接收到自己传达的信息。有些营销者通过在社区平台推送文章来扩大用户覆盖范围，这么做就是因为社区平台拥有广泛的用户基础，能够最大限度地进行信息扩散。

尽管此类营销方式难以实现针对性营销，但不能因此断言该营销方式的价值量不够高。这种营销方式能够使信息传递给尽可能多的用户。营销方的内容输出得到的关注度越高，对其产品有切实需求的用户聚焦于此的可能性就越大，运营方可就此类用户进行价值挖掘。

值得关注的一点是,流量变动会受到诸多因素的影响,其变动在很多情况下是没有固定规律可循的。举例来说,品牌方的某篇推广文章被活跃于网络平台的关键意见领袖看中并转发,或其内容输出在某个时间段引起广大用户的情感共鸣,得到人们的认可与自发传播。此时,营销者所在的网络平台会在短时间内实现流量大规模增加,即便如此,也不代表该平台的流量规模会一直保持现有的状态。所以,在收集流量数据时,比较科学的方法是取平均值来分析。当营销人员完成数据收集及分析工作后发现,经过一段时间的运营,平台的流量平均值呈上升趋势,在一定程度上说明其运营取得了较为理想的效果。因此,当短时间内流量大规模提高时,不应过于乐观;如果短时间内流量下滑,也不要从此一蹶不振。只有长时间的流量变化才能有效说明问题。

3) 建立信任

从宏观发展角度来分析,仅通过内容输出实现销量增加是不够的,还要获得用户的信任,体现自身的存在感。具体而言,当品牌方与其用户形成良好关系并得以长期维持时,除了能够增强用户的黏度,还能对相关的人产生影响。受众会将自己认可的产品向亲朋好友推荐,这种推广方式更容易获得其他人的认可与信赖。

内容营销的最终效果可以通过注册或内容点击量进行数据统计,但品牌方与用户之间的关系无法精确计算。也就是说,企业通过内容营销与用户之间建立的关系并不是直观的,但营销者需认识到其价值所在。另外,营销者可参照如下因素来衡量两者之间的关系:社交平台的粉丝数量、网络平台的信息发布中涉及自身产品的次数、回访用户人数等,这些因素能够反映出消费者对产品的接受度。

为了在品牌方与用户之间建立良好的关系,在实施内容营销的过程中,要更加注重内容质量,而不是盲目进行批量化内容输出。这样才能为用户提供优质内容,帮助其解决问题。很多企业在开展内容营销的初期,难以创作出优质内容,便将注意力转移到内容数量上,但其输出的内容存在严重的同质化问题。

作为营销者应该明白,同质化内容输出无法增进品牌与用户之间的联系,还有可能给品牌形象带来不利影响,导致用户流失。为此,营销人员必须保证内容的质量,若在短时间内缺乏高品质内容,也要理性处理,而不是盲目输出低质内容。

4) 提升转化率

要促使用户转化,就要不断完善产品购买或应用注册程序。从整个营销优化过程来看,增加转化率只是个阶段性目标,内容营销则需要经历漫长的过程。这种营销方式旨在帮助企业沉淀高质量用户,短时间内可能没有那么明显的效果,因而,企业在选择内容营销时需谨慎考虑。

若企业想通过内容营销来增加转化率,在具体实施过程中,不能忽视以下几个问题:着重表现当前客户对自身产品及品牌的认同,及时统计并分析转化数据,优化用户界面,精简交易流程。此类推广方式类似软文营销,看似是进行内容输出,实则是向用户推销。

企业要根据自己的发展需求选择相应的内容营销方式,在实施过程中,也可以将各类营销方式结合起来。不过,营销者需确立核心营销方式,并以此为参照制定内容战略。再者,采用内容营销方式的企业,应该实时进行数据统计与分析,对营销成效进行科学评估。

2.3.2 内容营销的介质

内容营销的表现形式是多样的,而内容营销的载体在互联网时代也同样具备了多样性,甚至因社会的发展而更加多变。

1) 以载体属性区分

根据平台的特点,内容营销大致可以分为传统媒体(新闻、户外、报刊、广播、电视)和自媒体(博客、微博、微信、贴吧、论坛/BBS等网络社区)。

2) 以载体的固有传播特点区分

以产品销售为直接目的,首推附着于淘宝网这个大载体上的图文内容、视频、直播等内容。淘宝平台每天有3亿~5亿元的销售额来源于直播,每年有1460亿元来源于直播渠道,占GMV(成交总额)的4%。

以娱乐性为黏度形成爆发式推广的,在微博、抖音、秒拍等媒介上运作更为合适。2017年年末,小米商城创作的创意广告在微博上通过当红达人播出,视频主题是《挑剔的妈妈》。刚看标题没有想到居然植入了小米广告。视频中打出了"妈妈的唠叨"这样一张温情牌,视频主播一人演绎了"拧巴的别人家小孩"和"宇宙无敌唠叨上海妈妈"两种不同人格,演绎了"遭遇挑剔妈妈无懈可击的围剿大戏"。网友表示产生了共鸣:"同一个世界,同一个妈妈!"一时间话题热议,传播迅猛,搜索观看量飞速攀升。之后发视频的人说,"小米都知道感恩,真是生你不如生叉烧,养你不如养小米!"这些金句也被雷军转发并说道:"就是一个大写的服!"同时,在24小时内,小米商城被网友挤爆了,12月19日凌晨,由于浏览用户过多,服务器无法使用。

以好友作为固定人群推广的,对于腾讯旗下的QQ、微信来说更为擅长。在微信上读者一定看过不少朋友圈里有人发布分享的"有用的知识",有不少"分享"里就涵盖着内容营销的内容。

常见的传播类型有排名营销和知识营销两种。

(1) 排名营销。

数据研究表明,品牌排名是影响(诱导)优质消费者的最佳方式。排名有很多分类,总有一种适合你。该行业的大型公司主要基于品牌实力、公司资质和产品的整体销售情况来进行排名营销。新产品和新品牌适合一流的营销,优先考虑产品特性、趣味展示和产品创新。有能力以大数据分类为支撑的单位,可以通过权威媒体渠道发布,提高产品的权威性和可行性,促进产品的传播。

(2) 知识营销。

知识营销对于专家形象的打造,对于"吸粉固粉"都能起到积极的作用。一方面,必须以清晰易懂的方式解决消费者和潜在用户的疑惑;另一方面,必须树立品牌形象,提升企业在行业内的口碑。例如,海尔净水过滤器的营销要点:打造一个对于饮水有较高追求,并且会给用户以专业意见的专家形象。专家除了和大家沟通饮水养生等知识以外,还会时不时发布介绍关于纯净水过滤机的各种知识。比如不同形式过滤的优缺点,让大家了解纯净水产品的工作原理,从而帮助用户做出最为合适的选择。

任何产品都有其优缺点,而内容的发布一定是相对倾向强化优点的。内容的发布和传递,让消费者有机会了解产品并对这个产品有所认可,最终实现产生购买的结果。

2.4 内容营销的特点

近年来,越来越多的企业将注意力放在了内容营销方面。但很多企业对内容营销的理解尚不全面,还停留在"内容为王""先内容后营销"的阶段。相较于硬广告来说,内容营销更追求长期效果。

具体来讲,作为一种营销方式,成功的内容营销要包含以下特点。

(1) 既要保证内容的质量与价值,又要保证内容能持续生产。

(2) 围绕受众需求组织一种能够创造利益的受众行为,如引导受众对品牌产品或服务进行了解、购买,提升受众对品牌的忠诚度。

(3) 营销效果要具备可衡量性,推动营销目标实现,帮助企业盈利。

2.5 内容营销的类别

1) 门户型内容营销

门户型内容是指直接展示在门户网站上进行广告宣传的信息。通过门户网站发布的内容,转载率高,效果好,可以给企业带来巨大的流量,提升销售效果,同时可以对企业品牌有很好的烘托作用。此外,门户网站的内容优化了企业网站关键字的权重,显著增加了企业外链,从而增加了业务站点企业网站的权重,提高了它们的可见性。

2) 品牌型内容营销

品牌型内容是指企业通过深入挖掘企业文化理念和品牌价值所形成的文本信息。品牌内容如果撰写成功,会大大提升企业品牌知名度和营销效果,提升流量和转化率,达到硬性广告推广所达不到的效果。

3) 企业型内容营销

企业型内容一般是指在社会公众喜欢的信息的基础上再加上企业的内涵所形成的文本。它更多的是宣传企业的产品、文化和理念,并与社会大众审美相结合,形成有利于企业推广的信息资料。企业型内容营销最重要的问题就是标题要能吸引客户,同时内容具有原创性,这样才能被很多高权重的网站所收录和转载。

2.6 内容营销的形式

1) 第一种分类方式

(1) 热点型内容营销。

借力热点事件,制造话题,更容易吸引关注,提升品牌或产品影响力与高度。

(2) 持续型内容营销。

优质的内容一定要可持续,正如品牌需要时间积淀才可更好地占领消费者的心。

(3) 创意型内容营销。

用生动、有趣、创新的内容与表现形式,能获得出其不意的效果。

(4) 温暖型内容营销。

有时候,一句话、一瞬间都能引起消费者的共鸣,在大多数人情绪容易被伤害的年代,温暖内容无疑帮助品牌提升了好感度。

(5) 实战型内容营销。

实战型内容营销面对的受众更加精准、直接,受众能获得有用的价值,用户黏性自然能大大增加。

(6) 知识型内容营销。

编辑、传播与品牌相关联的知识,用户在获得知识的同时,也感受到了品牌的文化底蕴,起到了润物细无声的作用。

(7) 分享型内容营销。

用户、合作伙伴、品牌三者在一个平台上各自讲解自己擅长的知识,各取所需。

(8) 视觉型内容营销。

众所周知,信息传播已经到了读图时代。一幅高端大气上档次的美图能瞬间提高用户注意力。

(9) 互动型内容营销。

网络运营重在社交搭建,让用户参与到活动当中,既增加品牌亲和力,更提高品牌黏性。

(10) 恶俗型内容营销。

效率高但不理想。品牌的网络营销有正、负效应,如果没有底线,光靠哗众取宠是无法长远发展下去的,也不利于企业品牌形象的建立和维护。

2) 第二种分类方式

(1) 悬念式内容营销。

核心是问一个问题,然后围绕这个问题问:"你为什么选择?"等。这种形式的优点是通过一个"引起话题"提出问题和关切。但要注意控制火候,提出的问题必须有吸引力,答案必须合理,不能漏洞百出。

(2) 故事式内容营销。

像"印第安人的秘密"一样通过讲述一个故事引出产品,使得产品具有故事性和神秘感。故事不是目的,故事背后的产品是文章的关键元素。听故事是最古老的收集知识的方式,因此它的知识、兴趣和推理是其内容成功的基础。

(3) 情感式内容营销。

情感一直以来都是广告的重要手段和情感表达的内容,得益于信息被有针对性地传达出来,它更适合在人的心灵之间创造联系,如"女人,你是美的化身"等。情感的主要特点是易于触动人和进入消费者的内心,因此情感营销一直是惯用的"灵丹妙药"。

(4) 恐吓式内容营销。

恐吓是一种反情感式诉求,感情说得好,恐吓被打倒。比起赞美,恐吓带给人更深的印象,但往往也是仇恨的记忆,所以千万不要过度。

(5) 促销式内容营销。

促销式内容营销常常同促销活动相结合,如"最令你满意的台灯"和"你的专属台灯"。这样的内容配合促销使用,可以形成影响力促使客户产生购买欲。

(6) 新闻式内容营销。

新闻式内容营销是指寻找新闻进行宣传,以新闻事件的手法进行内容营销,让读者以为这是昨天才发生的意外。这种文本对企业和媒体来说需要时效性强。企业和新闻也必须有良好的适应能力,内容营销必须在客户可接受的范围内进行。

2.7 如何打造成功的内容营销

至于如何打造一次成功的内容营销,可借鉴声浪传播学理论,从音符(品质)、伴奏(用户体验)、发声点(品牌定位)、互联网技术、发声区(平台)、回声区(UGC)六个方面出发进行归纳、总结。

1) 音符(品质)

在这个环节,企业的主要任务就是为产品添加内容,打造不一样的品牌声音。

在传统的营销思维下,企业要先将产品生产出来,然后再挖掘产品卖点。现如今,在内容营销思维下,企业意识到为产品增添内容,让产品自带传播力非常重要。只有谋定才能更好地后动,只有有了坚守的点,企业才能成功地发起一场产品营销活动。

某手机的产品总监曾说:产品设计是营销传播活动的辅助行为,产品经理在产品设计初期就应该想到这款产品应如何推广、营销,而不是先将产品生产出来,再将产品推广营销任务全权交由市场部负责。产品设计、营销、传播应是一体的。

具体来讲,"内容"产品要具备以下三大特征。

(1) 与目标受众群体息息相关。

(2) 能从情感层面引发受众共鸣。

(3) 能与受众互动。

2) 伴奏(用户体验)

在这个环节,企业的主要任务就是提升服务质量,带给用户更好的体验。

品牌营销链的健康循环影响着消费者是否会再次购买。如果再加上消费者访问新媒体的能力不断增强,从而为用户提供更好的体验,我们也会看到消费者理解力的真正提高。

3) 发声点(品牌定位):消费者主导的品牌定位

声浪传播学倡导企业倾听消费者的心声,提炼消费者的个性化需求。

现如今,很多快消品牌企业对女性消费群体强大的购买力有了深刻的认识,都想进军女性消费市场。在借助内容营销成功进军女性消费市场方面,阿迪达斯是成功的典型。

4) 互联网(技术):内容营销的内核

近年来,新媒体数字营销技术备受欢迎。内容营销不只需要内容,还需要技术作支撑,在品牌与消费者之间建立实时沟通渠道。谷歌、百度、腾讯、阿里巴巴等互联网公司借助信息技术与大数据对市场动态进行实时检测,能对消费者行为做出准确洞察。在大数据技术流行的当下,企业不能只将重心放在技术完善方面,还要做好企业文化的传播、传承工作。

5) 发声区(平台):善于利用平台

一般来说,内容的营销是沿着一条路线进行的,如产品或服务-媒介-消费者,媒介是企业和消费者之间的连接。要让消费者听到自己的声音,商家必须根据自己的特点选择最适合自己的网站和社交平台。

6）回声区

回声区（UGC）指的是用户生产内容。当参与的用户达到一定数量时，传播效果最佳，因此公司会定期组织 UGC 活动进行产品营销。声浪传播理论中的回声区指的是举行 UGC 活动以吸引用户反应的事实。为了让用户响应这些公司组织的 UGC 活动，内容供应商有必要找到能引起消费者共鸣并引导他们发出声音的内容。

当然，在自媒体时代，用户掌握着主动选择权，仅凭一个 UGC 活动就想让用户主动创造内容非常困难。因此，企业要围绕用户设计 UGC 活动，多倾听用户的声音，只有这样，UGC 活动才能产生应有的作用。

3. 联署营销

3.1 联署营销介绍

联署（Affiliate）营销是指在国外商业互联网上流行的一种营销模式，也称联署营销计划，通过代码或网站链接发送联署代码给网站站长，广告主推广产品或服务，带来流量或效果的站长收取佣金的广告系统。

它只是一种按效果收费的互联网广告形式。网站站长加入了广告商的联署计划，获得一个特定的只属于这个站长的联署计划链接。站长把链接放在自己的网站上，或者以其他方式进行推广。用户通过这个公共链接到达广告商的网站后，联署计划程序将跟踪结果、导航和销售。如果用户在运营商的网站上进行了交易，则佣金将支付给站点负责人。在这种情况下，用户将采取的具体行动包括销售和指导。联署计划必须有适当的程序来跟踪链接点击率和采购之间的联系。一般是通过在用户计算机中设置 cookies 实现的。联署计划程序基于联署链接 ID 和 cookies 来确定某个特定销售是从哪个网站介绍的。

典型联署计划链接的最基本形式是：www.domain.com/aff.php?123456。其中的号码 123456 是联署会员 ID，每个参加联署计划的站长都会被分配一个独特的 ID，然后在自己的网站或者以其他任何合理的方式推广这个联署计划链接。用户单击联署计划链接后，联署计划程序（也就是 aff.php 脚本）自动在用户计算机中设置 cookies，并将单击数据、用户 IP 等记录进数据库。然后程序自动将用户转向到网站首页。

用户完成指定的引导或购买行为后一定会来到付款完成确认页面或感谢页面，这些目标完成页面上的跟踪程序将查询用户计算机中的 cookies，如果发现是来自某个联署计划 ID，则这个转化被计入相应的联署会员账号下。

联署营销计划其实是广告和产品分销的渠道，通常包括三个角色：①商家网站，即贸易商通过互联网络（广告运营商）进行广告或分销的网站；②联署成员，即提供广告渠道或分销渠道的会员，主要是在联署网站上，也可以通过电子邮件的方式发布；③联署网络营销管理系统，商家网站通过该系统跟踪记录每个相关会员的点击次数、成交金额等，然后根据协会协议向相关会员支付费用。

在联署计划中,关于广告主的角色,只考虑产品利润的分成,而不考虑产品的促销。众所周知,为商业产品推广因特网的工作已经在进行之中,特别是在研究引擎方面,联署计划可以有效避开现有的竞争模式。

另外,这样的在线销售网站(如 B2C)只通过 SEO 所增长和取得的效果相对有限,流量和转化率毕竟不可能无限增长,而联署营销计划则非常有效地拓展营销网络领域。目前,国外的 Affiliate Program 很多,但国内很少有这样的开源程序。相信在不久的将来,国内会有越来越多的人应用这种营销方式。

3.2 联署营销的计费方式

前面介绍了,联署营销的三种推广形式,每一种的计费方法都不一样,下面介绍一下这三种形式的区别和计费条件。

(1) 按单击付费(pay per click)。

和百度的 sem 有一些类似,同样按照单击付费,广告商在联署网站上投放广告,而站长到联盟申请广告悬挂,当每一个用户单击这个广告链接进行浏览后广告商都需要付费给站长。

(2) 按引导付费(pay per lead)。

引导是免费的,用户不需要付费,比如引导加好友、关注公众号、下载使用等操作,也可以理解为引流,这种广告付费一般按月或者季度和年计算。这些数量的监测用于网站联盟对站长进行监督,免得站长有作弊行为。

(3) 按销售付费(pay per sale)。

和销售员差不多,属于多劳多得类型,每出一单才会有提成可拿,反之就算流量百万出不了订单都不会有收入。这个数据的监测网站联盟是有数据后台的,但是这个数据除了防作弊外还可以帮助站长进行数据分析。

3.3 联署营销的优势

联署计划营销是一个非常有效和有利的互联网营销渠道,让广告商、站长和用户三方获利。

对于广告商来说,广告费用只有在用户做了一定的工作,产生了一定的营销效果后才能支付。没有营销效果,广告商也不必支付任何费用。

当然,如果没有站长的积极参与,只有广告商获利,那么联署营销计划的快速发展也不可能实现。对于参与联署计划的站长来说,这也是一种有效的赚钱方式。

最后,联署计划也有利于用户。如果没有联署计划,用户可能就没有机会看到广告商的网站并购买他们想要的产品和服务。无论用户如何转向广告商的网站,产品和服务的价格和服务水平都是相同的,支付的价格不会因为是从联署计划链接中来的就更高。对于最终消费者来说,产品、价格等是一样的,没有区别。

4. 视频营销

4.1 视频营销介绍

如今,人们对视频的关注度逐年提高,而移动短视频的流量每年都以100%的速度增长,视频营销已经成为企业的主要营销渠道之一。根据一些研究,79%的消费者认为视频是获得网络品牌的最简单方式,而74%的消费者能够在社交媒体上的视频和他们的购买决策过程之间建立直接联系。因此,许多公司在视频营销上投入巨资,致力于产品营销。

视频营销是一个以视频网站为主,注重内容和创意的网络平台,它利用精心编排的视频内容来实现产品营销和品牌传播的目标;它是"视频"和"互联网"的结合,两者兼有优点;它体现了电视视频的不可想象性、内容的多样性、观念的新颖性等优势,以及网络营销的交互性、主动传播、传播速度快、成本低等优势;有专业团体制作的高质量"微电影",也有中小企业独立制作、小型外包甚至众包。

视频包括电视广告、网络视频、宣传片、微电影等。视频营销归根结底是一场营销活动,因此一部成功的营销视频不仅需要高水平的视频制作,还应提升营销的内容。

随着网络的发展,视频营销已经达到了一个新的水平。公司在互联网上以各种形式播放各种各样的视频,作为某种促销目的的营销工具。网络视频广告的形式与电视视频相似,而平台则在互联网上。

"视频"与"互联网"的结合,使这种创新的营销形式具有两者的优点:具有电视短片的所有特点,如感染力强、内容多样、创意自由等,也具有互联网营销的优势。众多网络营销公司纷纷推出并重视视频营销项目,该项目以其创新的形式吸引了客户的目光。

通过各种方式,如影视插播、网络视频、宣传片、微电影等,并在视频中插入产品或品牌信息,通过网民的自发传播进行产品或品牌的营销。由于互动性强、主动传播、传播速度快、成本低等特点,网络视频营销基本上成为电视广告与网络营销的结合。

4.2 视频营销的优势

1) 市场渗透策略

这个视频在各个方面都很有用。对于每一个受众群体,都有一种视频宣传活动是有用的。视频最常见的用途是用于网络营销,以提高品牌知名度。然而,即使是追踪过去顾客的视频数据也是有效的。

2) 更高的投资回报率

投资广告的目的是增加销售量。尽管视频看起来更贵,但它比平面广告便宜。在当今的市场上,视频也是一种更强大的沟通手段,这意味着更高的销量,减去营销成本,就会得到满足感。

3) 社交媒体分享

社交媒体喜欢视频,他们想把视频推荐给用户。当这两件事结合起来,视频有可能成为"病毒"在网络上疯传,有什么比公众帮你免费宣传更好的呢?

4）目标关键市场

当你举办一场活动时,首先需要做的是了解听众,以此来确保活动效果。视频则可以让我们缩小特定人群的范围,可以通过添加正确类型的音乐、描绘出正确的情景等方式让目标受众认同你的品牌;通过监控和管理需要做广告的市场来形成自己度量视频视图的指标。

5）长期品牌化

在大部分的商业活动中,许多事情都需要提前计划,因而用某种文化来建立自己的品牌也必定是一个长期的过程。短期的目标从一定程度上来说提供了信息和娱乐性的故事,其效果也仅仅是增强公众对公司的认知,而长期的效果才是营销的主场,是品牌真正想传达的内容。

6）信息和娱乐

相比于其他的传播方式,一个好的视频更能清楚地讲述好一个故事,而要想获得"病毒"式的传播,需要在视频中加入信息和娱乐,增加分享和讨论,让它帮助公司成为文化的一部分、成为消费者购买时认可的产品和标志。

4.3 视频营销的类型

短视频的玩法多种多样,根据与短视频结合的深浅程度大致上可以分为四类:传统广告型、内容营销型、"短视频＋"平台型和短视频交互活动型。

传统广告型的玩法适用于绝大多数刚刚接触短视频行业的企业,但是由于大环境的不可控性,其营销的效果难以控制;采用内容营销型玩法的企业通常都会拥有自己的视频账号,通过选择自营内容全渠道分发的方式来获得大量的流量;"短视频＋"平台型这类商业模式一般让玩家平台在早期的时候获得高流量增长和曝光后,再通过视频营销的方式引发各路玩家纷纷入局;而交互活动型主要是将线下举办的活动视频素材剪辑成短视频来发布。

4.4 视频营销的流程和策略

不少企业在进行视频营销时因为不知道如何选择平台和怎么高效地运用它们,从而导致视频营销的效果低下,无法达到预期的效果。但其实视频营销也是网络营销的一种,与其他的营销并没有什么本质的区别,营销的思路和相关的策略基本也是大同小异,下面也会展开来介绍视频营销的流程和策略。

1）分析目标受众

要想增强视频的整体效果,首先需要对潜在顾客进行研究,了解他们的需求及偏好,确定他们一般使用何种播放渠道,习惯使用何种语言类型以及哪种语言最能表达我们想表达的信息等。只有足够了解目标受众的需求和问题时,所做出的视频才更加有针对性。

2）融入品牌元素

无论是在制作实时的视频还是创意型的视频,都需要与品牌的格调保持一致,可以在视频的开头或者结尾添加一段简短的品牌介绍,或者在视频的某个角落添加品牌的标志,以此增加顾客对品牌的印象、扩大品牌的影响力。

3）明确视频主题

进行视频营销的目的归根到底是为了争取到潜在的顾客,因而在制作视频的时候需要明确视频的主题,从而吸引到更加精准的顾客群体。对于顾客来说,标题是他们第一眼看到的东西,因此一个能清楚表达主题的优质标题尤为重要,这样才能吸引他们单击视频,为视频停留,而要想顾客在视频上停留更多的时间,可以在简介中加入一些重要的信息,比如视频的结尾有折扣信息等。

4）使用社会证明

社会证明是顾客在决定是否购买时所使用的一种重要的影响因素。简而言之,社会证明可以帮助顾客在自身无法做出选择的时候,根据以往他人的经验来做出相应的决策,因而在制定视频营销策略的时候也可以根据自身的预算情况将那些有影响力的人或者专家纳入其中。

5）视频 SEO 优化

视频优化是视频营销决策中必不可少的一步,关键需要做到以下几点:确定合适的主题以确保潜在顾客搜索主题时可以发现视频;在标题或者描述中加入关键词;注意标题的简短性(一般是少于 60 个字符);使用品牌高质量、醒目的缩略图;视频中包含指向品牌的网站链接。

6）加入引导性用语

一个优质的视频需要在其中加入引导性的用语,否则顾客在观看完视频之后大部分都会选择直接离开,将无法带入更多的品牌内容,也无法达到视频营销真正的预期效果。我们的行动呼吁是需要告诉顾客下一步应该做什么,而激励顾客需要运用不同的引导性用语,例如,可以引导他们到另外一个视频;引导他们进入品牌网站;呼吁他们成为订阅群体;让用户通过社交媒体渠道取得联系等。通过引导行为来增加顾客与品牌取得联系的几率,增强品牌的知名度及认知。

7）分析视频数据

视频的价值不仅是帮助我们抓住潜在的顾客群体,同时也可以通过视频的相关数据指标来跟踪和分析视频最终达到的效果,从而发现视频中存在的问题并加以改正,不断地创造出更加优质的视频内容。而衡量的指标具体有以下几种:①参与度,指的是与顾客互动的频率、顾客观看视频的时间长短等;②播放率,主要是指每个不同平台上独立访问者的数量占比,从这个数据可以分析出不同平台受众的大致分布情况,值得注意的是,播放的速度受到视频大小、缩略图等因素的影响;③社交分享,指的是观看视频的用户将其分享给其他用户的次数,如果某个用户对视频或者品牌内容十分感兴趣,并认为它十分有价值,那么极有可能会对视频进行转发;④评论,评论一方面是了解顾客需求和与顾客沟通的渠道,另一方面也可以通过评论来获得顾客对品牌的改进意见、让顾客找到志同道合的伙伴,在不断改进的同时保持良好的双向互动;⑤播放次数,指的是视频被平台用户播放的次数,通过这个数据可以分析得出平台某个主题的覆盖范围以及下一步的视频营销改进意见。

8）平台的选择

实际上,开展视频营销主要是分析企业所在行业的视频环境、分析制定视频营销策略和营销方案、执行视频营销方案和评估视频营销效果。那么应该选择何种视频平台来开展营销呢？这主要是根据企业的产品和受众来进行选择。选择一个合适的营销平台可以获得更多的曝光，使更多的顾客接触到企业的品牌信息。国内传统的视频营销平台有爱奇艺、腾讯视频、优酷等，新兴的短视频平台有抖音、快手、火山小视频和小红书等，而国外的主流视频营销平台主要包括 YouTube、Facebook & Instagram、Twitter、Vimeo、Vine等。

其实视频营销也是网络营销的一部分，并不是单独存在的，因而在开展视频营销的时候单一的营销方式所能达到的效果是有限的，需要与其他的营销手段相结合。利用短视频能够很好地为企业引流，而将引流的顾客变成真正的客户需要在视频营销之前好好分析营销目的，把视频营销作为整体营销的一部分进行统筹规划，再结合不同的营销方式，充分发挥出营销的效果。

4.5 视频营销的注意事项

4.5.1 视频营销正确的方式

（1）内容为本，最大化视频传播卖点。一个好的视频内容可以不用借助视频平台的推送和传统的媒体传播媒介，就能够在顾客之间进行传播。视频营销的关键就是在于它的内容，视频的内容决定了其传播的广度。因为一般顾客在看到一些有趣、惊奇或者自己感兴趣的视频时，总会自发地分享给身边的朋友，带着企业品牌信息的视频就会进行蔓延式的传播，因此找到企业品牌的诉求点并与视频相结合是企业需要考虑的一个重要的问题。

（2）巧妙叙事。优秀的故事讲述能力能够正确地表达出信息的完整性，吸引顾客的注意力并为之停留。

（3）言简意赅。在如今"快餐式"的时代，效果最好的视频长度为几秒到 30 秒，因而需要简化用语，在有限的时间精确地表达出所要表达的信息。如果有一个比较长的视频，可以分段进行发布，在满足顾客好奇心的同时保持信息的完整性，也让顾客更容易找到主题。

（4）发布力争上频道首页。在优酷、爱奇艺等视频网站上，会针对不同的用户划分出不同的频道，而在不同的频道上都会存在一个首页推荐，登上首页推荐意味着能够获取更多的曝光，让更多的网民看到。因此企业应该不断发布优质的内容，力争登上首页推荐，当然同时也需要注意关键词和标签的运用，让用户更容易通过搜索找到视频。

（5）增强视频互动性，提升参与度。参与式的信息交流与被动的接受信息两者的传播效果是天壤之别的。在数据化的时代，顾客不仅喜欢看视频，同时也喜欢通过相关的平台发布并与他人分享视频，有效地整合其他的社交媒体平台，提高营销的互动性，可以加强视频营销的效果以及参与度，比如可以在视频的留言区与顾客互动，解答顾客提出的相关问题等。

4.5.2 视频营销需避免的错误

（1）弄虚作假。任何企业的经营都必须以诚信为先，妄想通过弄虚作假的方式来营销或者夸大品牌效果的行为，在真相大白时所面临的后果是惨重的，因而企业首先需要明白自己的定位,脚踏实地才是根本。

(2) 处心积虑。与其费力地准备长篇的演讲稿让人照着宣读,不如让员工用自己的语言来讲述自己的故事,既可以达到营销的目的又可以增强宣传内容的真实性。

(3) 极度润色。当公司准备创建一个视频推广网站时,上面的作品内容不一定都需要保持极高的品质,实际上,有时候通篇过高的质量会被人误解为传统的电视广告。

(4) 年轻过头。很多人会认为,网上冲浪的基本都是年轻人,因而将主要的目标受众锁定在年轻群体中,但是最新的调查表明,35~54岁的中年用户与18~24岁的年轻用户相比对网络视频的热情是不相上下的,所以仅关注年轻群体最终会导致丢失一大块目标市场。

(5) 忘记品牌。制作视频时仅注重娱乐性而没有将应该传播的品牌信息纳入其中,虽然可能会获得极佳的传播效果,但是并不能强化品牌的形象,也并不能为企业创收,而且还要消耗大量的时间和人力成本。

4.6 视频营销未来发展趋势

视频营销发展的三个趋势:①品牌视频化;②视频网络化;③广告内容化。

在和很多的广告主接触的过程中得知,大部分的广告主更加倾向于用视频的形式将品牌广告表现出来,在过去,他们也会选择电视或者是其他的媒体,就如今来说品牌视频化的趋势已日益显著。

其次就是视频网络化,已经发展成为一种流行趋势。从近几年视频的发展来看,可以看到网络视频已经成为一个非常焦点的热点话题了。

广告内容化,以前大家观看电视的时候,一遇到中间开始穿插广告就会选择性地换台,但当我们发现一个广告成为电影或电视节目中的一个重要的组成部分,或者是剧情的纽带时,大家更愿意去接受他,其实现在电影、电视中穿插广告已经是一个非常常见的现象了,这就是广告的内容化,已慢慢成为一种新的营销趋势了。

案 例 思 考

案例背景介绍

一个疯狂的白发中年人总是出现在视频网站 YouTube 的最受关注排行榜上。这个叫作"汤姆"的家伙把所有能够想到的玩意儿都塞进桌上的搅拌机里——扑克、火柴、灯泡甚至还有手机!每段视频的开头,老头儿都会带着防护眼镜来上一句:"搅得烂吗?这是一个问题。(Will it blend? That is a question.)"

"搅得烂吗"系列视频的最新牺牲品是一台苹果公司前些年出产的 iPod 随身听。汤姆把这个白色的古董款式往搅拌机里一扔,盖上盖子,20 秒的吱吱嘎嘎之后,随身听竟然变成了一堆冒着灰烟的金属粉末。自从 2006 年 12 月 13 日被上传到 YouTube 之后,这段惊人的视频在两个月内被观看了将近 270 万次。没有哪个观众不被那台无所不能的搅拌机所征服,纷纷单击节目说明中的网址去一探究竟。

这正中了汤姆先生的下怀——他的全名是汤姆·迪克森(Tom Dickson),他是生产家用食品搅拌机的 Blendtec 公司的首席执行官。过去,他在公司里总是用各种各样奇怪的东西去测试自家生产的搅拌机。于是,市场总监乔治·赖特(George Wright)突发奇想,决定把这些古怪的测试过程录下来,再加上一些诸如大理石和高尔夫球杆之类匪夷所思的实验品,统统贴到网上去。

他们总共制作了将近 30 段此类视频放到网上,而且会根据网友的反应不断推波助澜,"我们的目标就是加深品牌和市场认知度,"在接受美国《商业周刊》采访时,市场总监赖特说:"很多人家里的搅拌机可能连冰块都没法弄碎,他们会牢牢记住这个可以搅拌大理石的机器。卖 Blendtec 牌搅拌机的汤姆·迪克森先生对此应该再赞同不过了,在"搅得烂吗"系列视频上线后的一个月中,他们的在线销售量比过去的月度最高纪录暴涨了四倍。

问题和思考

1. 试分析 Blendtec 牌搅拌机销量取得快速增长中视频营销的关键作用。
2. Blendtec 牌搅拌机此次的视频营销给了我们什么启示?

习 题

一、单选题

1. 不是电子邮件营销的基本因素的是( )。
   A. 基于用户许可 B. 通过电子邮件传递
   C. 信息对用户是有价值的 D. 互联网
2. 在电子邮件营销三大基础条件中,( )最直接、明显地影响电子邮件营销的最终效果。
   A. 邮件列表的技术基础
   B. 用户电子邮件地址资源的获取
   C. 邮件列表的内容
   D. 获得用户许可的方式
3. 目前不提供网络联盟服务的网站是( )。
   A. 百度 B. 当当网
   C. Google D. 襄阳网
4. 视频营销的类型不包括( )。
   A. 传统广告型 B. 导购促销型
   C. 交互活动型 D. 内容营销型

二、填空题

1. 网络广告的核心思想在于( )。
2. 通常我们说网络会员制是由( )于 1996 年首创的。
3. 联署营销的计费方式包括( )、( )、( )三种计费方式。

三、简答题

1. 简述网络广告与传统广告相比的优势。

2. 简述电子邮件营销的内涵,并结合实际谈谈如果企业设有自己的网站,如何开展电子邮件营销?

实 践 操 作

1. 试图找几个知名企业网站,观察他们的网站中是否已经建立邮件列表,分析它们之间有什么区别,并尝试加入。

操作提示:

(1) 登录熟悉的企业网站,观察是否已建立邮件列表。

(2) 若有,加入列表。

(3) 比较不同企业网站的邮件列表是否有区别。

2. 创建一个电子邮件列表,并在邮件列表上预订自己所需要的商品。

参考文献

[1] Wish 电商学院. Wish 官方运营手册：开启移动跨境电商之路[M]. 北京：电子工业出版社，2017.
[2] 阿里巴巴商学院. 跨境电商运营实务：跨境营销、物流与多平台实践[M]. 北京：电子工业出版社，2019.
[3] 阿里巴巴商学院. 内容营销：图文、短视频与直播运营[M]. 北京：电子工业出版社，2019.
[4] 白杨，李宏畅. 速卖通跨境电商平台运营现状和发展建议[J]. 改革与开放，2018(13)：15-17.
[5] 蔡剑，叶强，廖明玮. 电子商务案例分析[M]. 北京：北京大学出版社，2011.
[6] 常成. 跨境电子商务与贸易增长的互动关系研究[D]. 沈阳：沈阳工业大学，2015.
[7] 陈道志，卢伟. 跨境电商实务[M]. 北京：人民邮电出版社，2018.
[8] 陈江涛，吴燕晴. 基于 Anker 品牌实践的跨境电商自主品牌建设研究[J]. 经营与管理，2020(06)：91-94.
[9] 陈科生，聂锋. 我国中小外贸企业在亚马逊的跨境电商运营分析[J]. 现代商业，2021(12)：25-28.
[10] 陈涛，林杰. 基于搜索引擎关注度的网络舆情时空演化比较分析——以谷歌趋势和百度指数比较为例[J]. 情报杂志，2013，32(03)：7-10，16.
[11] 陈媛先. SEO 搜索引擎优化：技巧、策略与实战案例[M]. 北京：人民邮电出版社，2018.
[12] 程艳红. 网络营销新渠道：SNS 营销[J]. 黑龙江对外经贸，2010(07)：111-112，135.
[13] 邓莹. 亚马逊与阿里巴巴 B2C 跨境电商平台商业模式的比较研究[D]. 兰州：兰州财经大学，2019.
[14] 邓志超，崔慧勇，莫川川. 跨境电商基础和实务[M]. 北京：人民邮电出版社，2020.
[15] 邓志新. 跨境电商理论、操作与实务[M]. 北京：人民邮电出版社，2018.
[16] 邓智敏，俞亚明. 跨境电商平台商业模式的比较研究——以亚马逊与阿里巴巴为例[J]. 广西质量监督导报，2021(04)：122-123.
[17] 董晓玮，赵月英，张一鸣. 电商秒杀系统的设计与实现[J]. 信息技术与信息化，2020(09)：40-42.
[18] 方美玉，汤叶灿. 跨境电商 Wish 立体化实战教程[M]. 杭州：浙江大学出版社，2019.
[19] 方巧云. 跨境电商业务中产品标题设置与优化[J]. 对外经贸实务，2016(05)：57-60.
[20] 付义博. 电商直播秒杀模式的应用对消费者购买心理的影响分析[J]. 商场现代化，2021(09)：16-18.
[21] 高莹. 4C 法则视域下电影短视频营销策略研究[J]. 视听，2021(03)：129-130.
[22] 郜翔. 网络营销理论基础的探析[J]. 河南机电高等专科学校学报，2006(02)：59-60.
[23] 关怀庆. 我国跨境电商的发展现状趋势及对策研究[J]. 中国商论，2016(01)：50-52.
[24] 郭国庆. 市场营销学通论[M]. 北京：中国人民大学出版社，2014.
[25] 何建民，叶景，陈夏雨. 营销内容特征对消费者购买产品态度及意愿的影响[J]. 管理现代化，2020，40(6)：82-85.
[26] 黑马程序员. 搜索引擎营销推广（SEO 优化＋SEM 竞价）[M]. 北京：人民邮电出版社，2018.
[27] 胡安琴，苏祥瑞. 基于成本管理的产品定价策略[J]. 合作经济与科技，2013(02)：36-37.
[28] 胡卫夕，宋逸. 微博营销：把企业搬到微博上[M]. 北京：机械工业出版社，2014.
[29] 黄冬梅，汤天啊. 浙江传统中小外贸企业转型跨境电商的瓶颈及对策研究[J]. 三门峡职业技术学院学报，2015，14(01)：120-124.
[30] 黄依婷，陈贤鹏. 跨境电商出口平台发展问题与对策分析——以 eBay 平台为例[J]. 投资与创业，2021，32(06)：45-47.

[31] 纪宝成.市场营销学教程[M].6版.北京：中国人民大学出版社,2017.
[32] 纪伟娟,贾昆霖.搜索引擎营销实战教程(SEO/SEM)[M].北京：人民邮电出版社,2020.
[33] 冀芳,张夏恒.跨境电子商务物流模式创新与发展趋势[J].中国流通经济,2015(06)：20-26.
[34] 贾婷立,刘亮,代燕.我国跨境电子商务物流现状及运作模式[J].现代经济信息,2018,000(015)：335.
[35] 姜旭平,王鑫.影响搜索引擎营销效果的关键因素分析[J].管理科学学报,2011,14(09)：37-45.
[36] 金虹,林晓伟.我国跨境电子商务的发展模式与策略建议[J].宏观经济研究,2015(9)：40-49.
[37] 科特勒,阿姆斯特朗.市场营销原理[M].郭国庆,译.14版.北京：清华大学出版社,2013.
[38] 来有为,王开前.中国跨境电子商务发展形态、障碍性因素及其下一步[J].改革,2014(05)：68-74.
[39] 蓝海林.企业战略管理[M].2版.北京：科学出版社,2013.
[40] 老魏.亚马逊跨境电商运营宝典[M].北京：电子工业出版社,2018.
[41] 老魏.增长飞轮：亚马逊跨境电商运营精要[M].北京：电子工业出版社,2020.
[42] 乐上泓.短视频时代移动营销策略研究——以快手短视频平台为例[J].传媒,2021(4)：55-57.
[43] 黎莉,佟岩.基于波士顿矩阵法的沈阳沈北新区生态农业发展战略研究[J].农业经济,2014(10)：16-18.
[44] 李春雨,黄克栋.基于五力模型的康养旅游产业研究[J].全国流通经济,2021(04)：128-130.
[45] 李东,进秦,勇陈爽.网络营销：理论、工具与方法[M].北京：人民邮电出版社,2021.
[46] 李梦洁.内容营销组合及策略分析[J].经济研究导刊,2021(2)：108-111.
[47] 李敏敏.中国中小企业运用跨境电商开拓法国市场策略研究[D].北京：北京邮电大学,2019.
[48] 李爽,孙鹏.《电子商务法》对跨境电商的影响分析[J].现代商贸工业,40(12)：49-50.
[49] 李燕,梁忠环,齐伟伟.跨境电商的营销策略研究——以青岛HC公司为例[J].中国商论,2021(13)：49-51.
[50] 廖蓁,王明宇.跨境电商现状分析及趋势探讨[J].电子商务,2014,000(002)：9-10.
[51] 刘江伟,于立,郑旸.基于亚马逊成功发展案例分析[J].科技创新与生产力,2016(08)：39-42.
[52] 陆明,陈庆渺,刘静丹.海外社交媒体营销[M].北京：人民邮电出版社,2016.
[53] 罗嘉燕,洪锦端.我国跨境电商B2B与B2C模式比较研究[J].现代营销(下旬刊),2019(02)：166-167.
[54] 吕宏晶.跨境电子商务中产品定价的方法与技巧[J].对外经贸实务,2016(02)：69-71.
[55] 吕慧.互联网+时代下企业新媒体营销发展路径研究[J].轻工科技,2021,37(05)：133-134+196.
[56] 马骁.转型升级背景下跨境电商发展问题及对策[J].中国商论期刊,2017,000(006)：75-77.
[57] 聂金鑫.平台型外商投资企业进入模式研究[D].北京：北京邮电大学,2017.
[58] 农家庆.跨境电商平台规则+采购物流+通关合规全案[M].北京：清华大学出版社,2020.
[59] 潘百翔,李琦.跨境网络营销[M].北京：人民邮电出版社,2018.
[60] 潘园园.基于跨境视角的网络营销绩效评价分析[J].北京印刷学院学报,2020,28(S2)：22-24.
[61] 彭雷清.新媒体时代如何提升用户转化率[M].北京：中国经济出版社,2018.
[62] 任溥瑞.基于消费者搜索行为的中国跨境电商出口价格研究——来自平台买卖双方的证据[D].杭州：浙江大学,2020.
[63] 阮晓文,朱玉赢.跨境电子商务运营：速卖通 亚马逊 eBay[M].北京：人民邮电出版社,2018.
[64] 沈洁,占丽.跨境电商模式下供应链管理中的订单实施问题分析[J].经济研究导刊期刊,2018,377(27)：146-148.

[65] 史先贺. 亚马逊跨境电商运营手册[M]. 北京：电子工业出版社，2020.
[66] 帅青红，张宽海. 支付工具的演变及其规律[C]. 第三届中美电子商务高级论坛. 南开大学，2006.
[67] 速卖通大学. 跨境电商：阿里巴巴速卖通宝典[M]. 北京：电子工业出版社，2015.
[68] 孙韬. 跨境电商与国际物流——机遇、模式及运作[M]. 北京：电子工业出版社，2020.
[69] 孙雨琳. 亚马逊平台跨境电子商务物流发展问题研究[J]. 山西农经，2020(13)：9，11.
[70] 唐欢欢. 基于层次分析法的阿里巴巴国际站询盘质量的研究[D]. 北京：中央民族大学，2019.
[71] 唐艳，崔丽芳. 基于亚马逊平台的在线 listing 界面优化对策[J]. 现代商业，2020(09)：41-43.
[72] 仝冰. 跨境电商发展对经济新常态下中国传统国际贸易的影响[J]. 中国市场，2018(28)：187，189.
[73] 王芳. 中国跨境电子商务发展现状及对策[J]. 中国流通经济，2015，36(03)：38-41.
[74] 王荣. 跨境电商平台特点分析[J]. 中国管理信息化期刊，2017，20(006)：133-134.
[75] 王外连，王明宇，刘淑贞. 中国跨境电子商务的现状分析及建议[J]. 电子商务，2013，000(009)：23-24.
[76] 王智. eBay 跨境电商平台的发展与研究[J]. 商场现代化，2017(24)：35-36.
[77] 王子乔. 内容引爆增长：建立竞争优势的内容营销方法论[M]. 北京：人民邮电出版社，2019.
[78] 武辰晔. 基于波特五力模型的苏州跨境电商产业竞争力分析[J]. 经济研究导刊，2020(15)：165-166.
[79] 武玥，王铸东，杨晓璇. 跨境电子商务发展趋势及对我国外贸转型升级的促进作用[J]. 商业经济研究，2015，000(023)：63-65.
[80] 夏茂深. P 公司跨境电商运营策略研究[D]. 成都：电子科技大学，2020.
[81] 熊鹏程，张振华. 速卖通现存问题及改进策略[J]. 合作经济与科技，2020(17)：90-91.
[82] 徐娟娟，郑苏娟. 跨境网络营销[M]. 北京：电子工业出版社，2019.
[83] 徐鹏. 女装品类外贸跨境电商企业的经营战略分析[D]. 北京：首都经济贸易大学，2015.
[84] 杨山山. 论 A/B 测试在电子邮件营销中的运用[J]. 现代营销(下旬刊)，2019(12)：90-92.
[85] 杨雪雁. 跨境电子商务实践[M]. 北京：电子工业出版社，2019.
[86] 姚怡静，吴荣兰. 翻译目的论视角下跨境电商商品标题翻译的技巧与误区研究[J]. 现代营销：经营版，2019，316(04)：128-130.
[87] 叶鹏飞，杨强. 亚马逊跨境电商服装零售运营实战[M]. 北京：电子工业出版社，2021.
[88] 叶巍岭. 价值营销循环模型[M]. 上海：上海财经大学出版社，2006.
[89] 易传识网络科技，丁晖. 跨境电商多平台运营[M]. 北京：电子工业出版社，2015.
[90] 尹年莲. 电子邮件营销初探[J]. 现代情报，2003(04)：53-55.
[91] 余华良，王炳焕，姬会英. 亚马逊中小卖家选品策略[J]. 合作经济与科技，2021(01)：62-64.
[92] 袁江军. 跨境电子商务基础[M]. 北京：电子工业出版社，2020.
[93] 翟华锋. 亚马逊如何通过数据分析进行选品[J]. 销售与管理，2019(13)：66-67.
[94] 张福学. 电子邮件营销手段探析[J]. 情报杂志，2002，21(11)：7-8，11.
[95] 张豪程. 我国电子商务立法问题研究[D]. 哈尔滨：黑龙江大学，2018.
[96] 张谦，王会芳，王雷. 跨境电商多平台操作实务[M]. 北京：人民邮电出版社，2021.
[97] 张思民. 跨平台移动 App 设计及应用[M]. 北京：中国铁道出版社，2017.
[98] 张夏恒. 跨境电商类型与运作模式[J]. 中国流通经济期刊，2017，31(1)：76-83.
[99] 张小英. 浅析跨境电商 Wish 平台商户目前面临的问题及应对策略[J]. 全国流通经济，2018(29)：21-23.
[100] 张咏，闫玉才. 自平台：移动互联时代的商业新常态[M]. 北京：人民邮电出版社，2015.

［101］赵欢庆.价值链对跨境电商生态圈的重新打造——以亚马逊为例[J].商业经济研究,2018(12):91-93.

［102］赵寅莅.中小跨境电商B2C业务品牌化建设对策分析[J].营销界,2020(03):70-71.

［103］周安宁.跨境电子商务网络营销[M].北京:中国商务出版社,2015.

［104］周世平,张梓锐,陈树漫.跨境电商运作分析——以亚马逊平台为例[J].物流技术,2018,37(12):135-138＋147.

［105］朱春临.基于银行卡的个人支付手段与支付模式探讨[J].上海金融,2007(9):84-87.

［106］朱江鸿.跨境电商实务[M].北京:北京交通大学出版社,2019.

［107］朱妮娜,吴莉."一带一路"倡议背景下我国跨境电商发展潜力及趋势分析[J].改革与战略,2015,031(012):134-137.

［108］卓凤莉.速卖通平台新手卖家选品过程分析[J].对外经贸,2018(11):75-78.

［109］纵雨果.亚马逊跨境电商运营从入门到精通[M].北京:电子工业出版社,2018.

［110］邹益民,黄海滨,高丁莉.跨境电商综合实训平台实验教程[M].杭州:浙江大学出版社,2018.